中国经济运行风险研究报告

Research on the Risk of Chinese Macroeconomic Operation 2017

2017

唐海燕 毕玉江 等/著

立信会计出版社

LIXIN ACCOUNTING PUBLISHING HOUSE

图书在版编目(CIP)数据

中国经济运行风险研究报告.2017 / 唐海燕等著.
—上海：立信会计出版社，2017.12
ISBN 978 - 7 - 5429 - 5666 - 8

Ⅰ.①中… Ⅱ.①唐… Ⅲ.①中国经济—经济运
行—风险评价—研究报告—2017 Ⅳ.①F123

中国版本图书馆 CIP 数据核字(2017)第 320854 号

责任编辑　　赵新民

中国经济运行风险研究报告 2017

出版发行	立信会计出版社			
地　　址	上海市中山西路 2230 号	邮政编码	200235	
电　　话	(021)64411389	传　真	(021)64411325	
网　　址	www.lixinaph.com	电子邮箱	lxaph@sh163.net	
网上书店	www.shlx.net	电　话	(021)64411071	
经　　销	各地新华书店			

印　　刷	上海盛通时代印刷有限公司			
开　　本	787 毫米×1 092 毫米		1/16	
印　　张	14.25	插　页	4	
字　　数	356 千字			
版　　次	2017 年 12 月第 1 版			
印　　次	2017 年 12 月第 1 次			
书　　号	ISBN 978 - 7 - 5429 - 5666 - 8/F			
定　　价	55.00 元			

如有印订差错，请与本社联系调换

中国经济运行风险研究报告课题组

课题组负责人　　唐海燕　　杨廷干　　毕玉江

课题组成员（按姓氏笔画排序）

　　　　　　叶晓佳　　刘　伟　　张丕强　　张会清　　张利兵

　　　　　　郑　义　　黄　波　　程新章　　彭锻炼

课题组秘书　　胡晨晞

前　　言

2016 年 10 月,《中国经济运行风险研究报告(2016)》顺利出版发行,这是我们连续出版的第十本年度报告,报告对中国经济运行的总体风险状况的持续性跟踪研究,赢得了较好的社会评价。

从目前积累的研究成果来看,系列风险研究报告基本上都能够对上一年度中国宏观经济运行风险进行客观评价,并对后续经济运行态势进行科学预测。而且,报告对于中国经济运行态势的关键分析和判断,也与后来的实际经济发展状况基本吻合。但由于报告的出版周期为 1 年,因此对全球范围内新出现的可能影响中国经济运行的一些风险因素,难以在研究中及时、全面地作出反映;并且,由于报告的研究和写作时间要早于实际经济运行,因此在研究侧重点的安排、视角的选择以及具体风险因素的识别方面,也可能难以完全反映中国实际经济运行中正在显现的各种新情况、新特点。

为较好地解决上述问题,自 2010 年开始,研究团队在年度报告的基础上,同时组织研究并按季度出版了《中国经济运行风险指数季报》,通过风险指数季报的发布,一方面尽可能地弥补年度报告在时效性上的不足,另一方面也便于重点聚焦于某个正在显现中的风险问题,从而努力使研究更为系统和深入。已经出版的系列季度风险指数季报,较好地跟踪和预测了中国宏观经济运行中的主要风险因素的动态变化,并对经济运行的总体风险状况和宏观调控政策的可能变化进行了前瞻性把握,持续发布的风险指数季报因其更好的时效性和更准确性的预测表现,赢得了良好的社会反响。

《中国经济运行风险研究报告(2017)》在研究思路和基本框架上,与上一年的研究基本保持一致,即采用"4+1+X"的基本架构,在选取宏观政策调控的四大最终目标作为基本因素("4+1+X"中的"4")的基础上,再根据当年经济运行中的热点问题或重要领域("4+1+X"中的"X")及微观经济主体运行状况("4+1+X"中的"1")确定若干有代表性的扩展特征因素,通过深入研究这些因素引致宏观经济运行风险的传导机制和风险水平,以最终反映中国宏观经济运行的总体风险状况。

　　经过几年的锻炼和磨合，上海立信会计金融学院围绕年度报告构建了一支稳定的研究团队，即以校内的教授、博士等学术骨干为主体，通过风险专题研究项目的形式充分整合了国内各大高校中有志于从事风险管理研究的优秀中青年学者，组建了项目团队以开展研究工作。

　　具体负责研究和报告撰写的人员如下。总论：毕玉江；经济增长风险部分：程新章、毕玉江、张会清；通货膨胀风险：郑义；就业风险：黄波；国际收支失衡风险：张丕强；金融运行风险：张利兵；财税风险：彭锻炼。

　　本报告严格遵循风险识别、风险度量和风险管理的基本研究范式，力图全面、准确地回答中国宏观经济运行的风险来源、风险大小及风险管理对策等关乎国计民生的重大现实问题，并期待能够为中国宏观经济运行风险方面的学术研究注入活力，为经济工作者和决策者提供有益参考。

　　最后需要指出的是，尽管本报告努力以数据为基础、以事实为依据，但部分风险主题的研究却不可避免地存在着主观推理和判断的成分，这有可能会在一定程度上影响到本报告研究结果的准确性。除此之外，本研究报告也许还存在着诸多我们尚未意识到的问题或缺陷，希望各位同仁能不吝指正，以便于我们在今后的研究中继续探索、完善和解决。

唐海燕

2017.11

目　　录

Contents

第一章 总 论

一、绪论

根据本研究报告的界定,经济运行风险,主要指实际经济运行相比较其正常(或均衡)状态而产生显著偏离的可能性。在实践中,宏观经济各个目标的实现程度通常被用于衡量经济运行的实际状况。因此,经济运行风险的大小程度,也主要表现为反映经济运行质量的各关键经济变量对其正常值的偏离程度。

自 2010 年以来,中国季度经济增长率就进入了下行通道。进入 2017 年以来,中国宏观经济依然处于弱势运行的区间。经济增长趋弱的态势表现在主要宏观经济指标的变动趋势方面。以固定资产投资完成额的增速为例,按季度来看,2016 年的四个季度,固定资产投资完成额当季实际同比增速分别为 13.75%、8.24%、6.72% 和 6.31%。而进入 2017 年以来,前三个季度的固定资产投资同比增速分别为 4.5%、3.15% 和 −1.09%,增速已经由正转负。宏观数据当中也有表现改善的,如外贸进出口,2017 年 2 月,中国进口增速达到 38.4%,呈现出乎意料的强势改善趋势,出口增速也比 2016 年明显改善;从内需方面来看,中国社会消费品零售总额的增速也处于平稳发展趋势,在 2017 年也未表现出明显的增长势头。

在外部经济环境方面,进入 2017 年之后,欧美经济保持复苏趋势,欧元区经济复苏良好,通货膨胀趋势稳定;美国失业率指标持续改善,宏观经济增长也呈现温和上升趋势。2017 年年初,美国新一任总统就任后,美国经济政策的发展趋势成为世界各国关注的对象。虽然欧美经济有向好势头,但是世界经济面临的不确定性因素也显著增加。地缘政治、恐怖主义风险对全球经济发展产生了一定的不良影响。英国脱欧产生的负面影响仍然难以准确估计,世界经济复苏的基础仍然不够牢固。

综合以上基本分析,我们认为 2017 年中国和世界经济运行的不确定性仍处高位。中国经济结构调整进入关键时期,宏观经济指标的改善尚不明显,投资增速持续下降、内需增长未见起色,未来宏观经济调控的压力将继续有所上升。

在后续章节对中国经济运行风险进行研究的过程中,本报告将严格遵循风险相关问题的规范研究范式:首先,识别中国经济运行风险的主要引致因素,并探讨这些因素导致的风险传导机制;其次,在对中国经济运行风险状况进行定性描述的基础上,通过设计风险衡量指标体系,形成组合的风险指数,对中国经济运行中所面临的风险大小程度进行量化,以提供反映中国经济未来所面临风险大小的量化结果;最后,基于前述风险因素识别及影响机制分析,提出相应的管理中国经济运行风险的政策建议。

本研究的主要内容有中国经济运行中的风险引致因素识别、中国经济运行风险的量化研究以及风险管理的对策建议等。在对经济运行风险的基本概念进行界定后,主要的后续研究内容具体安排如下。

第一部分,通过对 2017 年以来中国居民消费、固定资产投资、外贸进出口、各类价格指数、国际收支、货币信贷增长、政府财政收入支出和居民未来预期等方面的变化进行分析,以对中国当前经济运行现状进行描述,并识别和归纳影响经济运行的主要风险因素。

第二部分,筛选衡量经济运行风险的经济指标,并计算不同指标引致经济运行风险的相对权重,以构建经济运行风险衡量指数。

第三部分,利用所构建的经济运行风险衡量指数,对中国经济运行风险进行预测,并在此基础上对未来的宏观政策进行展望。

二、中国经济运行中的风险因素及特征表现

(一)经济增长速度略有回升

进入 2017 年以来,中国宏观经济增速略有改善迹象。2017 年第一季度,中国国内生产总值(gross domestic product,GDP)增长率为 6.9%,比 2016 年略高。第二季度和第三季度 GDP 增速分别为 6.9%、6.8%,均高于 2016 年同期值(见图 1-1)。宏观经济增长速度虽然不及 2016 年以前的水平,但是已经呈现出好转势头,对提振居民及企业信心具有一定正向影响作用。

图 1-1 中国 GDP 同比增长率

数据来源:Wind 资讯。

在整体经济运行仍然弱势的环境下,中国经济增长的动力特征和结构特征有所变化。由图 1-2 显示的工业增加值变化趋势来看,2013—2016 年,中国月度工业增加值同比增长率持续下降,但是进入 2017 年以来,该下降趋势得以缓解。

此外,中国经济增长的推动力也呈现持续调整的趋势。第三产业在经济增长中的作用持续上升。自 2016 年以来,第三产业对 GDP 累计同比增长率的贡献维持在接近或超过 60% 的水平上,第二产业的贡献率则降至 38% 以下。第三产业对经济增长的重要作用正逐渐显现出来(见图 1-3)。

图 1-2　中国工业增加值同比增长率

数据来源：Wind 资讯。

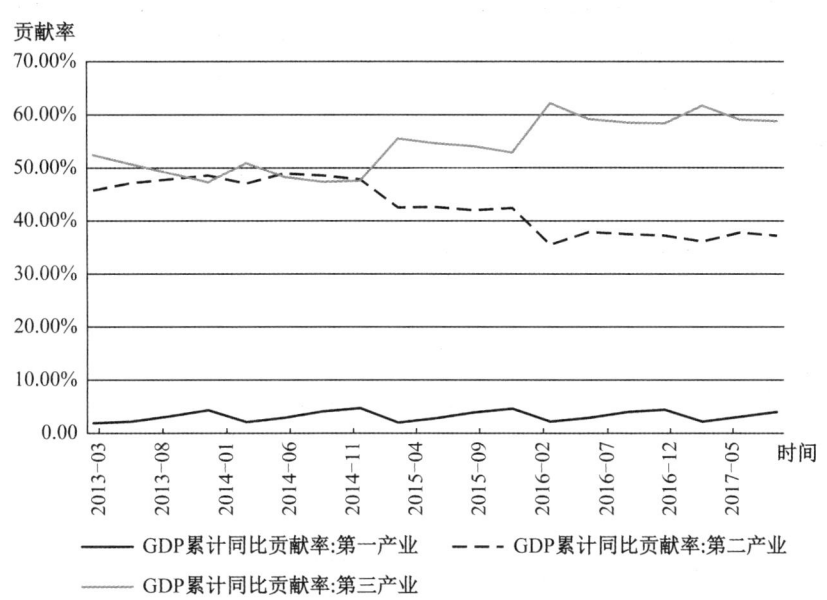

图 1-3　三大产业对 GDP 的贡献率

数据来源：Wind 资讯。

对内需而言,虽然消费的整体增速未见明显上升,但是消费增长的结构有所变化。由图 1-4 显示的中国社会消费品零售总额增长变动情况可以看到,进入 2017 年,中国内需增长速度与上年基本持平。但是乡村消费品零售总额的增速显著高于城镇,表明乡村消费市场的增长对整体消费增长产生了重要的推动作用。

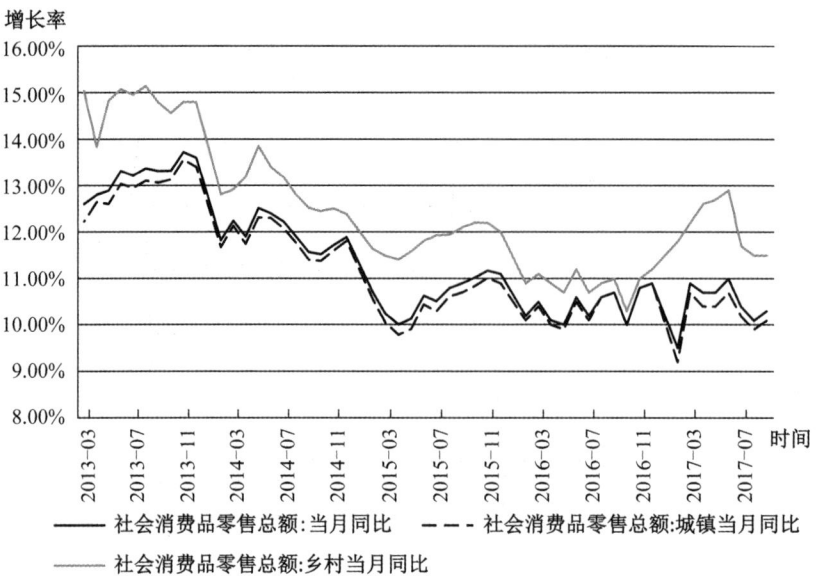

图 1-4　中国社会消费品零售总额增长情况

数据来源：Wind 资讯。

固定资产投资增速依然呈现出明显的下滑趋势。2017 年 9 月，中国月度固定资产投资完成额的累计同比增长率已经降为 7.5%，且从其变化趋势来看，仍处于持续下降的通道。投资对经济增长的带动作用持续下降（见图 1-5）。

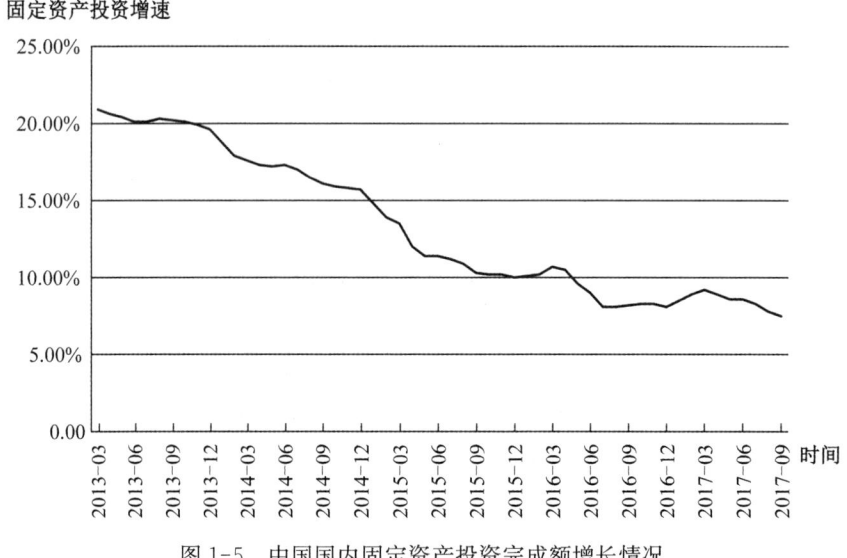

图 1-5　中国国内固定资产投资完成额增长情况

数据来源：Wind 资讯。

进入 2017 年，在内需、投资、外需中，外贸发展表现得较为抢眼。以美元表示的中国进出口增速呈现明显好转势头。如图 1-6 所示，2016 年，中国大多数月份的进出口增速都是负值，而进入 2017 年后，外贸增速恢复明显。2017 年 2 月的进口同比甚至达到 38.4% 的较高速度。而出口仅在 2017 年 2 月出现了一次小幅度的负增长现象，其余月份均为 5% 以上的正增长。

外贸进出口增速的好转为中国经济恢复增长起到了一定程度的带动作用。

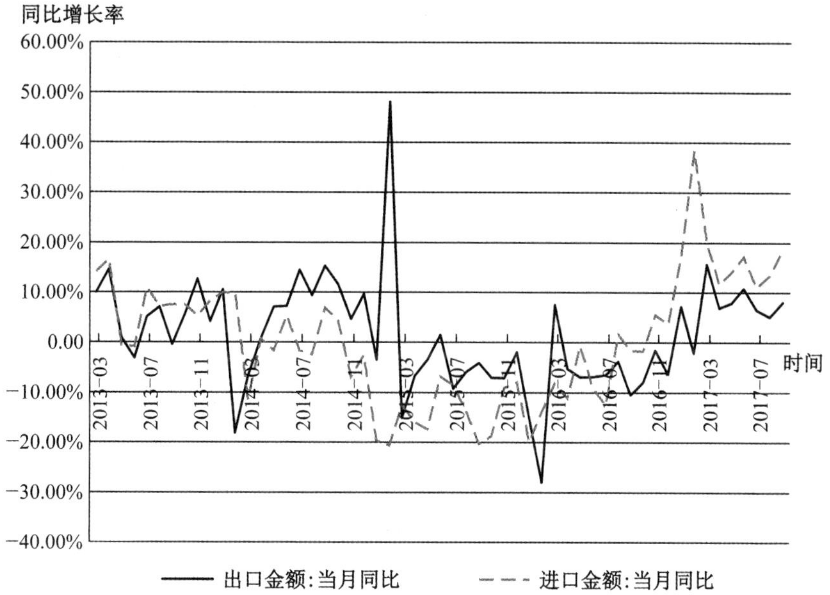

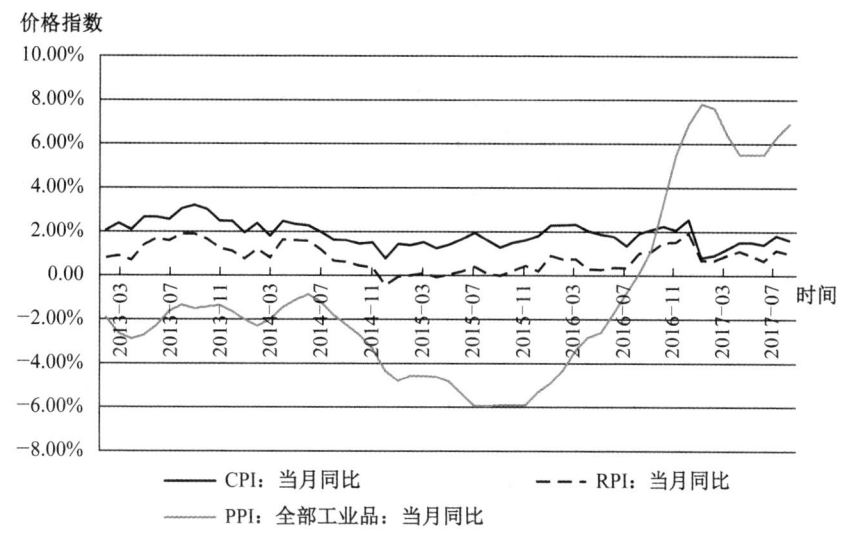

图 1-6　中国进出口贸易额增长状况

数据来源：Wind 资讯。

（二）价格水平继续维持低位运行

进入 2017 年，中国整体价格水平继续下降，2017 年 2 月和 3 月的居民消费价格指数（consumer price index，CPI）增速甚至只有0.8％和 0.9％，基本维持在 1.5％左右。商品零售价格指数（retail price index，RPI）保持了与 CPI 基本一致的变化趋势，维持在较低水平上。但是，工业生产者价格指数（producer pice index，PPI）却呈现大幅度波动的趋势。自 2016 年下半年以来，PPI 由负转正，甚至在 2017 年 2 月达到 7.8％的较高位置。但是，PPI 对 CPI 和RPI 的拉动作用却不明显（见图 1-7）。

图 1-7　中国各种价格指数变化

数据来源：Wind 资讯。

虽然PPI呈现了大幅上升的趋势,但是从其构成上来看,主要是少数工业品价格的上涨。由于上游产业价格对下游行业的影响存在时滞效应与结构差异,因而,2016年下半年以来的PPI大幅度上升并未对中国通货膨胀产生明显的推动作用。由于CPI构成中占重要比重的食品项价格未出现显著上升,因而,中国整体并不存在通货膨胀压力。

(三)货币信贷增速持续下降

进入2017年以来,中国货币信贷增速下降的趋势越来越明显。从2017年第二季度开始,M_2同比增速下降到个位数区间,而且一直处于下降通道。人民币贷款增速也不容乐观,进入2017年以后,始终在13%上下波动,虽然没有继续降低,但是也未出现上升趋势,这表明实体经济对贷款的需求没有上升趋势(见图1-8)。

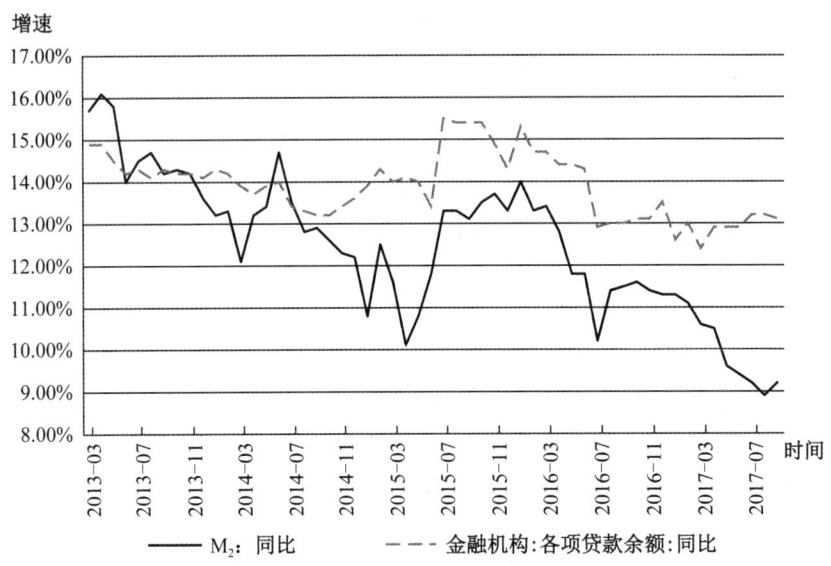

图1-8　中国货币信贷变化状况

数据来源:Wind资讯。

从每年各季度贷款增速变化规律来看,一般而言,金融机构倾向于在上半年用足贷款额度指标,而下半年则为满足贷款限额的需求而降低贷款增速。2017年出现的居民短期消费信贷波动引发监管的注意,政府对房地产市场的管控也降低了房产企业的贷款需求,因而整体贷款增速不会过快。

(四)生产层面指标出现一定程度的改善迹象

进入2017年以来,企业生产层面出现一定程度的改善迹象。2017年,中国采购经理指数(purchasing manager's index, PMI)指数一直高于51,处于较高的景气区间。特别是进入下半年以来,PMI新订单指数在9月份达到54.8,为近期高点。PMI新出口订单指数也在2017年6月达到52,9月份又达到51.3的较高水平。

图1-9显示了2010年以来中国PMI总指数、新订单指数、新出口订单指数的变化情况。PMI指数的变化趋势表明,自2016年第四季度以来,来自生产层面的指标出现了一定程度的好转迹象。

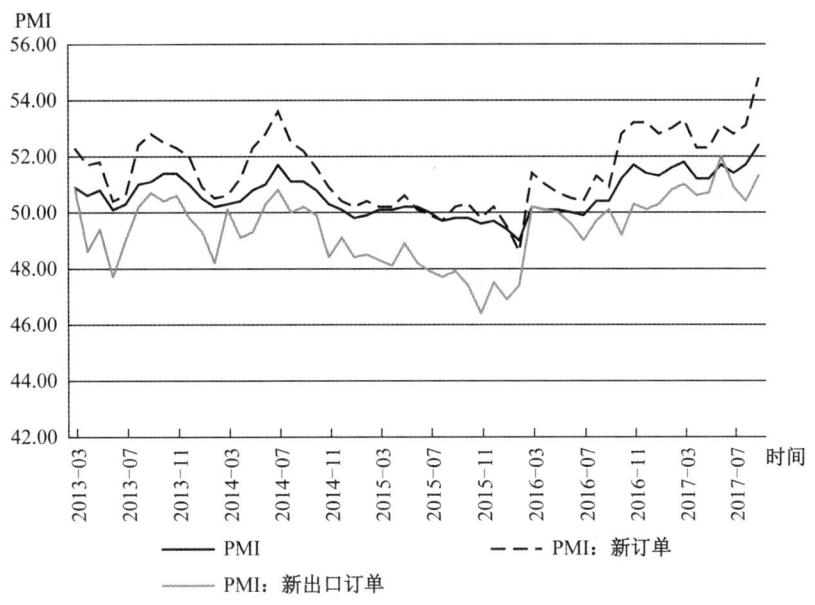

图 1-9 中国 PMI 指数变动情况

数据来源：Wind 资讯。

（五）财政收支压力持续上升

进入 2017 年以来，中国宏观经济运行有所改善，其中积极财政政策的作用较为显著，特别是在基建投资的增长方面。统计数据显示，2017 年 1～9 月，中国一般公共预算收入 134 129 亿元，同比增长 9.7％，一般公共预算支出 151 873 亿元，同比增长 11.4％（见图 1-10）。

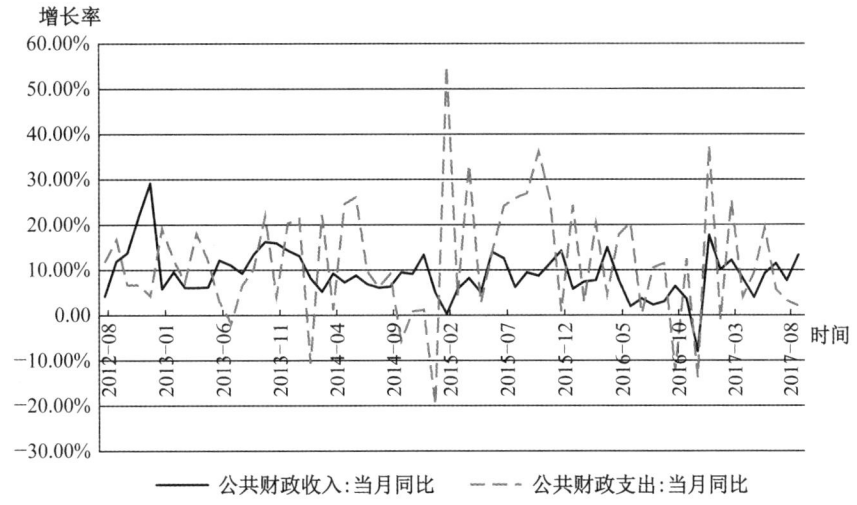

图 1-10 中国财政收支变化情况

数据来源：Wind 资讯。

在财政支出的构成方面，2017 年前三个季度财政支出中，增幅较高的是科学技术支出 4 660 亿元，增长 17％；社会保障和就业支出 19 946 亿元，增长 20％；节能环保支出 3 813 亿元,增长 33.6%;债务付息支出 4 733 亿元,增长 29.7%。在宏观经济运行较弱的区间里,财政支出的压力将持续有所上升。在收入增速持续下滑和支出增速持续上升的双重因素作用下,未来中国财政赤字风险将进一步有所增加。

（六）外汇储备风险持续下降

自 2014 年年中开始,中国外汇储备在达到接近 4 万亿美元的近期峰值之后,开始呈现下降趋势。在 2017 年 1 月达到近期低点 29 982 亿美元,随后,随着月度贸易顺差持续走高等因素的影响,外汇储备又出现恢复性增长趋势。2017 年 10 月,中国外汇储备数值为 31 092 亿美元,与最高值相比已经下降了 9 000 亿美元(见图 1-11)。由于进入 2017 年下半年以来,欧美加息步伐有所加快,可能会促进资本回流,而中国持续推进"一带一路"建设步伐,对外投资将继续增加,因而,未来外汇储备风险将维持在较低水平。

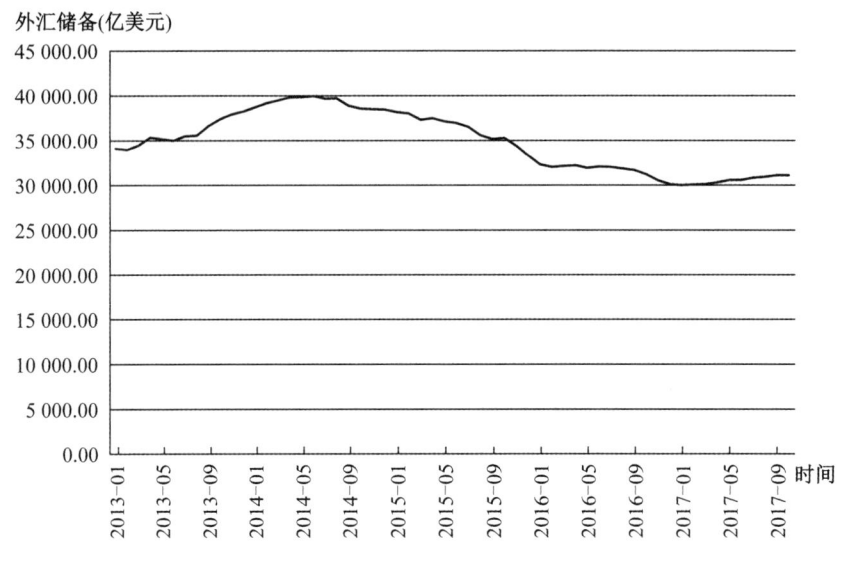

图 1-11　中国外汇储备变化情况

数据来源:Wind 资讯。

（七）居民消费信心持续增强

虽然中国整体消费处于较为稳定的状态,消费增速没有明显加快趋势,但是来自消费者信心方面的数据显示,居民对未来消费的预期仍然处于持续增长的通道。由图 1-12 显示的消费者信心指数变化趋势可以看到,自 2016 年年中以来,中国消费者信心及预期指数呈现出快速上升的态势,而且这一趋势在进入 2017 年以后得以持续。这说明中国居民对未来经济增长具有较大信心。

三、中国经济运行风险指数构建

本部分继续通过构建中国经济运行风险指数(risk index of economic operation,RIEO),以对中国经济的总体运行态势进行客观把握。按照本系列报告的研究方法,经济运行风险指数的编制过程如下:首先,筛选一组能够较好地反映经济运行态势的代表性指标,以构建风险测度模型;其次,利用上述模型考察宏观经济在一定时间范围内的变动趋势,得到风险测度结

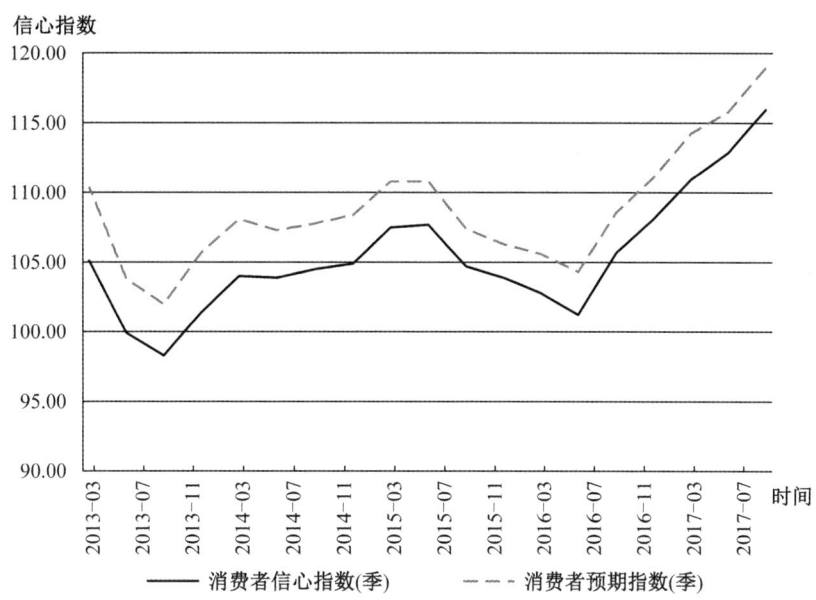

图 1-12 消费者信心及预期指数变化情况

数据来源：Wind 资讯。

果；再次，对测度结果及相应的风险区间进行标准化处理；最后，得到风险指数值，以反映宏观经济在未来一段时间内的可能运行状况。

为与本研究机构的主要研究成果保持一致，本年度报告的风险指数构建具体方法可参见《中国经济运行风险指数》课题组发布的系列中国经济运行风险指数研究报告中的内容。此处仅对风险指数的构建方法进行简要表述。

（一）指标选取

由于本研究所涉及的风险测度实际上是一种对经济运行态势的综合评价，因此所建立的风险测度指标体系要遵循相关性、全面性、可测性、稳定性、重要性和独立性等原则。经济运行风险指数的构建是否具有科学性，以及在实际应用中能否有较好的风险指示和预警功能，其首要的决定因素就是合适的指标选择。然而，指标体系的全面性不可避免地会影响指标的相互独立，造成指标间的信息重叠。指标的个数越多，指标间信息重叠的程度就可能越高；反之，指标个数越少，可以提高指标的独立性，但会影响指标的全面性。因此，需要在指标体系的全面性和独立性之间求得一种平衡，这也是本研究选择风险测度指标的基本原则。

对于经济运行风险测度指标选取而言，上述原则中的相关性是指所选取的指标，其变动状况在很大程度上能够直接反映出宏观经济在未来一段时间内的变化趋势。全面性是指测度指标的选取尽可能做到不遗漏各种能够影响或反映宏观经济运行态势的因素；可测性是指所选的指标必须是可以量化的，并且相对应的数据是现行统计核算体系中可以获取的；稳定性是指对所选指标变化幅度进行不同状态划分后，划分的标准能够保持相对的稳定；重要性是指选择尽量少的关键指标来反映经济运行的风险状况，而不刻意地追求指标选择的全面性和系统性；独立性是指所选取的各指标之间尽可能没有显著的相关关系或因果关系。

在实际经济发展过程中，对经济运行状况的评价，很大程度上反映为宏观政策调控目标的实现程度。而根据宏观经济学的一般原理，宏观政策调控的主要目标是经济增长、物价稳定、充分就业和国际收支平衡。除此之外,现实的政策实践中,一国内部的财政收支平衡、金融系统的稳定也常常是政策当局所重点关注的目标。因此,在具体构建经济运行风险指数时,用于反映经济运行状况的指标应当涵盖以上几个方面的内容。

对备选指标进行格兰杰(Granger)因果检验等判断分析,最后筛选出的指标包括:消费品零售增长率、进出口增长率、居民消费价格指数、城镇单位就业增长率、外汇储备/GDP、财政赤字/GDP、金融机构各项贷款增长率、股票市值/GDP。

消费品零售增长率进入指标体系,其原因在于,在拉动经济增长的三个最主要的因素中,消费支出的变化更能够真实地反映经济主体对未来经济发展趋势的预期,并且消费拉动经济增长的贡献效率要比投资和进出口更大。特别是在 2008 年美国金融危机爆发以后,国内对于内需拉动型的经济增长给予了更多的关注。由于中国目前的经济增长在很大程度上仍依赖于对外贸易的增长,并且外贸企业,尤其是出口企业的经营状况会直接影响到劳动力的就业水平,因此出口增长率能够直接反映宏观经济的运行状况。另外,考虑到进口的中间投入品对产出具有深刻而复杂的影响,进出口增长率被选为风险指数构建的一个主要指标。固定资产投资增长率从指标体系中被剔除,这在理论上可以作如下解释,即中国长期以来为保持经济增长速度的稳定,在消费和进出口受到各种冲击时,政府就会通过促进固定资产投资增长来避免外来冲击造成的经济下滑或恶化。据此可以推知,固定资产投资增长率在某一时期的迅速上升(或下降),在某种程度上可间接反映出消费增长和进出口增长在此时期有较大波动,所以为避免因素重叠,可将固定资产投资增长率指标剔除。

在反映物价水平的变动状况方面,CPI 被认为是最具有代表性的指标,并且实际统计分析也证实了这一点。因此,CPI 将成为构建风险指数的另一个重要指标。

另外,在反映就业状况的指标中,由于城镇登记失业率的可靠性较差,因此需选其他指标来替代就业率指标。而在劳动力稳定供给的情况下,城镇单位就业增长率如果出现较大的波动,则在很大程度上可以反映出宏观经济中的就业变化,因此,城镇单位就业增长率可选为反映就业状况的指标。

在中国目前的国际经济往来和外汇管制制度下,国际收支状况的变化会直接反映为外汇储备的增长变动。不仅如此,在中国目前的财政收支预算体系下,经济正常运行情况时财政赤字会相对较小并且稳定,如果经济过热(过冷),则会表现为财政收入增长速度加快(降低甚至负增长),因此财政赤字的变动及大小能够间接反映经济运行的变化状况。基于此,外汇储备/GDP 和财政赤字/GDP 可作为构建风险指数的指标选择。

在现代经济发展中,金融系统的运行状况会对经济运行产生重要影响,而在反映金融稳定状况的指标中,金融机构各项贷款的变动,一方面,会在未来一段时间内直接反映为实体经济的变化;另一方面,由于长期以来中国政策当局会根据经济调控需要来对金融机构的贷款发放施加影响,因此金融机构各项贷款的变化能够反映出政府对未来经济运行态势的判断。除此之外,由于股票市场一般被认为是经济运行状况的"晴雨表",并且随着股票交易价格的波动,相应发生变化的股票市值能够较好地反映出市场主体的未来经济预期。基于此,金融机构各项贷款增长率和股票市值/GDP 被选为风险指数构建的另外两个指标(见表 1-1)。

表 1-1　　　　　　　　　　　　　　　指标选择结果

对应的经济调控目标	指标选取	对应的经济调控目标	指标选取
经济增长	消费品零售增长率	国际收支平衡	外汇储备/GDP
	进出口增长率	财政收支平衡	财政赤字/GDP
物价稳定	居民消费价格指数	金融稳定	金融机构各项贷款增长率
充分就业	城镇单位就业增长率		股票市值/GDP

（二）模型构建及风险区间设定

本研究采用层次分析法（analytic hierarchy process，AHP)确定各变量在总风险指标中的权重。在具体确定不同指标之间的相对重要程度时，主要参考中国政策当局公开的官方表述及货币当局政策实施中对不同政策目标的倾向性。按上述原则无法确定相对重要程度的指标间的关系时，则采用德尔菲法（Delphi Method)来进行确定。

将各个指标与其权重相乘再求和便可得到经济运行风险的加权评价模型，利用模型进行经济运行风险的评价，对模型中每一个指标都将根据其预测值进行评分和划分风险状态，以便对经济运行风险作标准化处理，方便最终进行综合评价。

本报告中单个指标的评分将采用百分制，并拟将风险状况划分为"无风险"（0～20 分)、"风险关注"（20～50 分)、"有风险"（50～70 分)、"较高风险"（70～90 分)和"高风险"（90～100 分)五个级别。各个划分级别界限值的确定主要参照国际上通用的警戒值设置及现有的研究成果，对于目前尚没有可参考界限值的指标，则结合中国实际情况按近期的经济预测目标值的平均数调整而得。为综合衡量经济运行风险，需要对指标进行标准化处理，指标对应的风险状态是由区间表示的，因此可采用映射法将指标原始数据还原成分数值（见表 1-2)。

表 1-2　　　　　　　经济运行风险指数所选指标的风险状态界定

指标名称	无风险	风险关注	有风险	较高风险	高风险
消费品零售增长率(S_1)	13%～18%	10%～13% 18%～22%	5%～10% 22%～25%	0～5% 25%～30%	0 以下 30%以上
进出口增长率(S_2)	10%～25%	0～10% 25%～30%	−10%～0 30%～35%	−20%～−10% 35%～40%	−20%以下 40%以上
居民消费价格指数(S_3)	1%～3%	3%～5% −1%～0	5%～7% −3%～−1%	7%～10% −5%～−3%	10%以上 −5%以下
城镇单位就业增长率(S_4)	2.5%以上	1.5%～2.5%	0.5%～1.5%	−0.5%～0.5%	−0.5%以下
外汇储备/GDP(S_5)	10%～30%	30%～40% 8%～10%	40%～50% 5%～8%	50%～60% 3%～5%	60%以上 3%以下
财政赤字/GDP(S_6)	2%以下	2%～4%	4%～7%	7%～10%	10%以上
金融机构各项贷款增长率(S_7)	13%～15%	10%～13% 15%～18%	8%～10% 18%～23%	5%～8% 23%～28%	5%以下 28%以上
股票市值/GDP(S_8)	20%～30%	15%～20% 30%～50%	10%～15% 50%～70%	5%～10% 70%～100%	5%以下 100%以上
指标评分	0～20 分	20～50 分	50～70 分	70～90 分	90～100 分

上述指标体系中,如果某个指标变量 S_i 达到一定程度后,将可能对整体经济运行起到决定性作用,从而引发系统性风险。因此,本研究拟将"高风险"状态的中间值为界,构造经济运行风险指数的函数表达式如下:

$$\begin{cases} RIEO = \sum S_i W_i, \text{任何 } S_i < 90 \text{ 时} \\ RIEO = S_i, \text{任何 } S_i \geqslant 90 \text{ 时} \end{cases}$$

通过各个指标的预测值及其对应的风险状态评分,并利用上面的函数解析式,就可以直接计算出经济运行风险指数值。

四、经济运行风险预测及宏观调控政策前瞻

(一)风险预测

2016 年,中国经济增长进入较低区间,全年 GDP 增长率为 6.7%,比 2015 年下降 0.2 个百分点。进入 2017 年以来,中国经济增长的压力继续增大。拉动经济增长的"三驾马车"当中,投资增速持续下降,内需增长也并未显现好转趋势,外需有所恢复,但是外贸增长的基础并不牢固。虽然 PPI 已经由负转正,但是其向下游 CPI 的传递效应并不明显,通货紧缩风险依然较大。进入 2017 年下半年,人民币兑美元汇率走出一波快速升值趋势,最高升至 1 美元兑换 6.5 元人民币的近期高点。人民币升值的趋势将在未来一至两个季度对中国的外贸出口形成滞后的增长压力,因而,未来外贸增长的不确定性也仍然较大。从证券市场变动情况来看,进入 2017 年下半年,中国股票市场表现有所好转,上证综合指数从 5 月份略高于 3 000 点上升到 10 月末超过 3 400 点的水平,有超过 10% 的涨幅,表明证券交易者对未来宏观经济运行的信心有所回升。

从经济运行的外部环境来看,进入 2017 年以来,欧美经济的复苏得以持续。欧元区的经济增长趋势有较为明显的好转,美国的经济增长比上一年度有明显上升,这也部分解释了中国外贸增长明显好转的部分原因。但是,2017 年世界地缘政治风险明显增加,英国脱欧将进入实质性操作阶段,美国新任总统就职后的一系列政策出台也对世界其他国家的经济政策产生了相当程度的不确定性影响。因而,虽然进入 2017 年外部经济环境有所改善,但是来自其他领域的不稳定因素有所增加,中国经济运行面临的外部环境依然存在较大不确定性。未来整体经济运行风险将持续有所上升。

从经济运行的各分项指标来看,消费增长基本与前期持平,内需增长的动力依然不强。2017 年外贸风险虽有所下降,但是在近期人民币升值波动、国际地缘政治风险等不利因素的影响下,下一年度的外贸增长压力依然较大。虽然近期通货膨胀风险仍然不高,但是金融领域的指标表明实体经济发展的压力仍然存在,房地产市场的管控可能会通过产业链条对相关行业产生抑制作用,未来财政支出的压力也会继续有所上升。

基于前述中国经济运行风险指数的计算方法,根据各分指标综合计算,2017 年第二季度中国宏观经济运行风险值为 65.50,运行在"有风险"区间;第三季度宏观经济运行风险值为 66.32,风险值持续有所上升;第四季度宏观经济运行风险值为 64.52,总体经济运行保持在"有风险"区间(见图 1-13)。

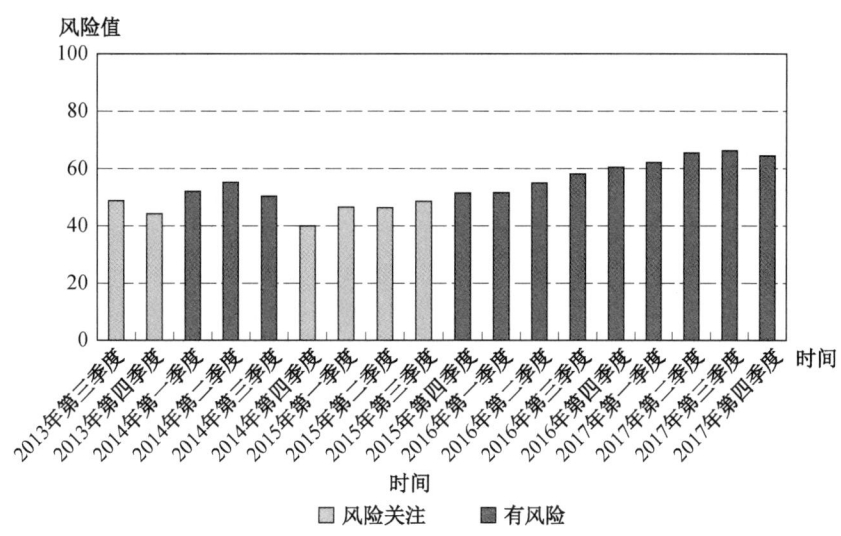

图 1-13　中国经济运行风险指数变化状况

（二）宏观调控政策前瞻

进入 2017 年以来,虽然中国宏观经济运行有趋稳迹象,季度 GDP 增长率也略有增长,通货膨胀风险较低,但是经济运行面临的不确定性因素依然较多。虽然欧美经济呈现复苏迹象,但是地缘政治风险、恐怖主义风险有增强的趋势。而贸易保护主义也成为各国经济复苏的重要阻碍因素。

在宏观调控方面,未来需要在稳定金融发展、稳定经济运行的基础上,稳中求进,充分利用财政政策的调控作用,综合分析库存调整周期、房地产投资变化、国际资本市场波动等重要因素的变化趋势,克服投资资本边际收益率下降趋势,促进经济转向效率型增长,通过宏观调控与产业政策相结合的方式引导资金进入实体经济,结合经济新常态下的供给侧结构性改革调整进程,促进经济平稳增长。

在财政政策方面,重点是要加强地方政府债务制度管理,严格执行法定限额管理。合理控制地方政府性债务水平,建立债务清理偿还机制。一是控制举债总量。财政部门根据量入为出、量出而入和审慎举债的原则,结合经济社会发展需要和单位偿债能力,对地方债务实行总量控制。二是多措并举,分类化债。按照债务来源、用途和性质的不同,积极采取多种方法对存量债务进行化解。建立债务投资项目绩效评价和问责制度。规范政府支出行为,提高财政资金使用效益。进一步明确政府和市场的界限,建立政府行为的正面清单和负面清单。政府应该建立中长期平衡预算,根据自身的职责范围和未来 5 年或 10 年的发展规划,"量入为出",建立中长期平衡预算,合理安排财政支出项目,防止财政支出过快增长。全面推进预算绩效管理,提高财政资金使用效益。采取有效措施遏制非税收入过快增长,理顺中国各级政府间的财政分配关系。改革中国非税收入的管理制度。提高中国非税收入的设立层次。

在金融风险管理方面,2017 年中国金融运行风险比前两年有一定提高,应把主动防范化解系统性金融风险放到更加重要的位置,采取多种措施,切实维护金融安全和稳定。要加强风险监测预警,着力防范化解重点领域风险,完善金融安全防线和风险应急处置机制。防范化解银行业不良资产风险,控制不良贷款增量。统一资产管理业务的标准规制,强化实质性和穿透式监管,减少监管套利,规范市场秩序。坚持综合施策,有效处置金融风险点,防范道德风险,牢牢守住不发生系统性风险的底线。在货币政策方面,要注重维持稳健的货币政策,提高金融运行效率。在短期内,需要忍受适度的经济下行带来的不利影响,不能轻易地对经济进行全面刺激,否则就会继续扩大货币供给,使已有的风险进一步积累。从长期来看,应进一步提高金融效率,避免只能依赖粗放、低效的货币投放来刺激经济发展的境况。在资本流动方面,要注意防止出现剧烈的资本流出。资本流出(甚至外逃)的重要因素是国内经济政策扭曲和制度缺陷,要通过加强政府的宏观调控力度、监督和防范资本流动、加强资本管制的国际协调、进一步深化外汇管理制度改革等方面的措施对资本外流进行管理,密切关注国际形势变化对资本流动的影响,完善对跨境资本流动的宏观审慎管理。在资产泡沫风险管理方面,要注重消化房地产泡沫风险,加强对房地产市场的宏观监控和管理。科学合理地去杠杆化,在这个方面,要注重做好去杠杆的预期引导,把握好去杠杆的节奏和力度,采取综合措施稳妥推进金融去杠杆,同时,采取积极有效的财政政策及产业政策托底经济。为避免金融去杠杆与经济下行周期叠加,财政政策及产业政策要发挥更加积极的作用,可适当增加中央政府杠杆水平,同时改善政府的支出结构和质量,在保持民生支出稳定的情况下,加大对经济社会发展具有重大影响的基础设施建设投入,以托底经济。财政加杠杆要与原来依靠政府融资平台快速扩张的粗放型加杠杆区别开来,通过编制资产负债表及动态资产负债表等方式,加强财政加杠杆的约束,改善支出质量,在托底经济增长速度的同时,提升经济发展质量。

在消费风险管理方面,一是要将提高居民的实际收入作为提振消费的根本性措施,进一步加强向民生倾斜的收入分配政策,提高社会保障水平,有效缓解居民的预防性储蓄需求,释放消费的活力与动力。二是要适应消费结构变化需要,引导社会增加服务型消费的供给。在政策层面应该更加关注消费结构的变化,以普惠金融引导、支持服务性消费供给增加。三是结合供给侧结构性改革的推进,将增加有效的消费供给作为重要政策着力点。从强化知识产权管理、鼓励并保护创新、调整税收政策、保护民族品牌、支持本国跨国公司等方面入手,鼓励企业提供高品质消费品和服务供给。四是优化消费环境,提升居民消费信心。政策层面应该是注重规范市场环境,及时出台支付、争端、运输的标准,规范消费信贷与消费金融的发展,对商家的市场行为进行规范,向消费者提供更加便利和安全的消费环境,提振居民消费信心。进一步规范市场行为与行业标准,给居民营造更加放心、便利的消费环境。五是关注消费结构升级的地域差异,实施差别化消费激励政策,激发不同地区、不同收入群体的消费需求,进一步增强内需带动经济增长的动力。

在国际收支和外贸风险管理方面,要根据国内外金融市场的最新发展和变化,动态实时地采取应变措施,建立健全可持续的国际收支平衡机制,发挥市场在外汇资源配置中的决定性作用,把稳定出口和扩大进口结合起来,推动对外贸易平衡发展。探索建立宏观审慎管理框架下的国际收支管理体系,加强外债和资本流动管理,防范跨境资金双向流动风险,进一步增强外汇管理服务实体经济和防范金融风险的能力,完善人民币汇率形成机制,稳步推进人民币国际化进程。在新常态发展背景下管理好中国国际收支,努力防范和化解国际收支失衡风险,为中国经济全面稳定健康发展保驾护航。在外贸风险管理方面,要注重优化外贸发展的国际环境,积极应对贸易保护主义。加快实施市场多元化战略,构建开放型经济新体制。一是通过"一带一路"战略与沿线国家的发展规划对接,共建产业园区,并结合各国发展需要,推动实施一批具有重要影响与很强带动力的合作项目。三是加强区域经济一体化,开拓新市场。加强与金砖国家、东盟自由贸易区其他成员的经济与货币的合作,寻求有共同利益的贸易伙伴,扩大合作领域、拓宽区域范围,建立起多层次、多方位、多形态的对外区域合作体系,以增强对抗新贸易保护主义的博弈能力,缓解其对中国出口企业的冲击。同时,还要积极探索培育新兴贸易业态,不断创新外贸发展新模式。进一步创新思维,加快发展外贸综合服务企业、跨境电商、海外仓、市场采购模式等新兴贸易业态,培育外贸新的增长点。在外贸政策方面,要贯彻落实稳外贸的政策措施,健全外贸发展的保障体系。鼓励商业银行在发展传统融资产品基础上,创新出口货物贸易结构性贸易融资工具。加大出口信用保险支持,进一步降低保费。完善出口退税服务,规范出口企业退税申报流程和单据审核流程。支持服务贸易的快速发展,推动外贸结构的优化升级。

参 考 文 献

［1］唐海燕,贾德奎.中国经济运行风险研究报告 2015［M］.上海:立信会计出版社,2015.

［2］《中国经济运行风险指数》课题组.中国经济运行风险指数［M］.上海:上海人民出版社,2015.

第二章　投资与经济增长风险

一、2016 年投资与经济增长风险研究回顾

在 2016 年的投资与经济增长风险报告中，我们认为，投资每增长 1%，导致下一年度经济增长 0.239%。2015 年投资名义增长率为 10.2%，导致 2016 年 GDP 名义增长率达到 8.54%，扣除通货膨胀因素（2% 左右），2016 年 GDP 实际增长率达到 6.5% 左右。从投资资金去向看，我们可以发现，当年服务业投资每增长 1%，会导致第三年经济增长率增长 0.20%。2014 年服务投资增长率为 21.04%，导致 2016 年名义 GDP 增长率为 8.4%，扣除通货膨胀因素，实际增长率达到 6.5% 左右。这说明我们的预测至少是部分准确地表述了中国经济增长的客观实际，说明我们的模型精度还是可信的。

2016 年度风险投资报告从以下视角阐述了投资引致经济增长的风险：首先，2016 年投资最大的风险在于民间投资下降的风险。具体下降的原因主要在于：一是政府投资的挤出效应明显；二是投资政策落实不到位，投资信心不足；三是政策预期因素。其次，国际投资规则变化，引致外商直接投资风险。国际投资需要规范且具有法律效应的国际投资规则，更需要合理的、相对公平的政策规制。国际投资规则是各国吸收外资时通过国际谈判形成的、旨在保护投资人权益、促进投资发展的相关原则和法律制度，新一轮全球投资规则是世界各经济体，尤其是以美国为首的西方发达国家和地区经济与利益博弈的又一次显化。新一轮的全球投资规则和中国国内的外资政策未必一致，如果彼此的差距或出入过大，就会影响到对外资的利用，或者对本国现存经济产生某些负面作用。

在降低民间投资风险方面，中国政府采取了以下措施：①坚持"补缺增效"稳投资，加大对关键领域和薄弱环节的投资，着力扩大战略性投资和有效投资，加强补短板建设，切实提高投资效益，更好地发挥投资对经济增长的关键作用；②进一步深化投融资体制改革，简化投资审批程序，优化投资结构，增加有效投资；③发挥财政资金撬动功能，创新融资方式，带动更多社会资本参与投资；④创新公共基础设施投融资体制，推广政府和社会资本合作模式；⑤进一步强化事中事后监管，对项目建设和资金使用加强稽查督察。

从国际投资规则变化的角度，政府在通过谈判要求更多话语权的基础上，对相关新规则进行"探索""借鉴""试点"等环节工作，以做到完全实行"与国际接轨的外商投资管理制度"。

事实证明，采取了这些措施后，中国在 2016 年的民间投资基本稳定，吸引外资有所增长。

二、2016 年中国投资的总体特征

2016 年，中国国内生产总值 744 127 亿元，比 2015 年增长 6.7%。其中，第一产业增加值 63 671 亿元，增长 3.3%；第二产业增加值 296 236 亿元，增长 6.1%；第三产业增加值 384 221 亿元，增长 7.8%。第一产业增加值占国内生产总值的比重为 8.6%；第二产业增加值比重为

39.8%;第三产业增加值比重为51.6%,比上年提高1.4个百分点;全年人均国内生产总值53 980元,比2015年增长6.1%;全年国民总收入742 352亿元,比2015年增长6.9%。2016年国内经济运行缓中趋稳、稳中向好。国内生产总值达到74.4万亿元,增长6.7%,名列世界前茅,对全球经济增长的贡献率超过30%。居民消费价格上涨2%。工业企业利润由上年下降2.3%转为增长8.5%,单位国内生产总值能耗下降5%,经济发展的质量和效益明显提高。

工业内部结构调整加快,新产业、新业态、新产品增长较快,产业结构加快向中高端水平迈进,但行业景气度差异较大:一是部分产能过剩行业十分困难。资源类、重化工业普遍陷入困境,增速大幅下滑,煤炭、钢铁、水泥等产品产量明显下降,行业总体库存压力较大,仍处在调整探底发展阶段,要彻底走出困境尚需时日。二是高新技术产业快速发展。计算机通讯、新能源、新材料、医药制造等产业发展优势明显,增长速度大幅快于传统制造业。三是新兴服务业发展势头强劲。服务新业态、新模式延续近两年高增长态势,电子商务、物流快递等行业表现尤为抢眼。

区域经济增长差距显著,多速增长格局出现。一些产业基础好、结构多元化、调整步伐快、开放程度高的地区,经济仍然保持良好发展势头;而一些产业结构落后单一、产能过剩行业比较集中的地区,经济下行速度较快。重庆和贵州两地逆市上行,实现了10%及以上的超高速增长,领跑全国;绝大多数省份相对平稳,保持在7%～9%中高速增长区间;辽宁、山西等资源型、重化工业大省下行压力较大,减速幅度大,增速低于3%,甚至其省内部分地市出现负增长,情况极不乐观。

2016年,受世界经济增长乏力、国内市场需求不振、传统行业产能过剩等因素的影响,2016年全国固定资产投资增速有所放缓。全年完成固定资产投资(不含农户)596 501亿元,同比增长8.1%,增速比1～11月份回落0.2个百分点,比2015年回落1.9个百分点。2016年投资增速虽然放缓,但在供给侧结构性改革和一系列稳增长政策的推动下,投资增长的内生动力已出现企稳态势,投资结构继续优化,积极因素正在累加。主要投资特征如下。

(一)制造业投资、民间投资增速双双企稳回升

制造业投资增速出现较大幅度回升,12月当月投资较快增长。2016年9月份制造业投资增速出现企稳回升,结束了连续15个月下滑的态势,特别是11月份以后回升步伐明显加快。2016年制造业完成投资187 836亿元,比2015年增长4.2%,增速比1～11月份加快0.6个百分点,比2015年回落3.9个百分点;12月份制造业当月投资增长10.4%,增速比11月份加快2个百分点,比2015年同期加快5.8个百分点,当月增速为全年最高。

从制造业内部结构看,主要行业投资均有所改善。2016年装备制造业投资75 468亿元,比2015年增长4.4%,增速比1～11月份加快0.7个百分点,对制造业投资增长的贡献率为41.9%;与食品、服装、健康等有关的消费品制造业投资53 726亿元,增长8.1%,增速比1～11月份加快0.3个百分点;高耗能制造业投资下降0.9%,降幅收窄0.5个百分点。

民间投资增速稳步回升。2016年民间投资365 219亿元,比上年增长3.2%,增速比1～11月份加快0.1个百分点。随着企业效益的持续改善以及相关政策效应的逐步显现,民间投资增速自9月份起已连续4个月回升,阶段性筑底迹象明显。

民间投资中,第一产业比2015年增长18.1%,增势平稳;第二产业增长3.2%,增速比1～11月份加快0.3个百分点,其中工业投资增长3.4%,增速比1～11月份加快0.3个百分点;第三产业中,教育、卫生、文化、社会保障等社会事务领域投资增长10.1%,房地产开发投资增长

7.5%。

（二）分产业投资结构继续优化

1. 第三产业投资增速平稳,对投资增长的贡献率大幅提升

2016 年,第三产业投资 345 837 亿元,比 2015 年增长 10.9%,增速比 1～11 月份回落 0.4 个百分点;占全部投资的比重为 58%,比 2015 年提高 1.4 个百分点;对全部投资增长的贡献率为 75.4%,比 2015 年提高 15.9 个百分点,第三产业投资已经成为拉动投资增长的主要动力。

（1）基础设施投资运行态势良好。2016 年,基础设施投资 118 878 亿元,比 2015 年增长 17.4%,增速比 1～11 月份回落 1.5 个百分点,比 2015 年加快 0.2 个百分点,比全部投资高 9.3 个百分点;基础设施投资占全部投资的比重为 19.9%,比 2015 年提高 1.5 个百分点。基础设施行业中,生态保护和环境治理业投资增长 39.9%,公共设施管理业投资增长 22.9%,水利管理业投资增长 20.4%,道路运输业投资增长 15.1%。地区结构中,中、西部地区基础设施投资增长 26.6%,占全部基础设施投资的比重为 58%,比 2015 年提高 4.2 个百分点。中、西部地区基础设施投资主要集中在铁路、农村公路、农田水利等薄弱领域,"补短板"效果明显。

（2）科、教、文、卫领域投资保持较快增长。2016 年,科、教、文、卫领域投资保持较快增长,全年完成投资 29 003 亿元,比 2015 年增长 19%。其中,教育投资增长 20.7%,卫生和社会工作投资增长 21.4%,科学研究和技术服务投资增长 17.2%,文化体育和娱乐业投资增长 16.4%。科、教、文、卫领域投资的较快增长有助于改善民生,更好地提高人民的生活水平。

（3）高技术服务业投资蓬勃发展。2016 年,高技术服务业完成投资 14 960 亿元,比 2015 年增长 18.3%,增速比第三产业投资高 7.4 个百分点,比全部投资高 10.2 个百分点;占第三产业投资的比重为 4.3%,比 2015 年提高 0.2 个百分点。在新经济的带动下,2016 年高技术服务业投资增势良好,已成为第三产业投资中新的增长点。

（4）房地产开发投资增速加快。在商品房销售快速增长的带动下,房地产开发投资增速回升。2016 年完成投资 102 581 亿元,比 2015 年增长 6.9%,增速比 1～11 月份加快 0.4 个百分点,比 2015 年加快 5.9 个百分点;房地产对全部投资增长的贡献率为 14.7%,比 2015 年提高 12.8 个百分点。

2. 工业投资增速企稳回升,增长动力明显改善

2016 年,工业投资 227 892 亿元,比 2015 年增长 3.6%,增速比 1～11 月份加快 0.2 个百分点,已连续两个月回升。从工业内部结构看,高技术产业、转型升级等领域投资均呈较快增长。

（1）新动能发展力量不断积蓄。2016 年,工业高技术产业投资 22 787 亿元,比 2015 年增长 14.2%,增速比工业投资高 10.6 个百分点;占全部工业投资的比重为 10%,比 2015 年提高 0.9 个百分点。

（2）工业技改投资稳步增长。2016 年,工业技改投资 92 567 亿元,比 2015 年增长 11.4%,增速比工业投资高 7.8 个百分点;占工业投资的比重为 40.6%,比 2015 年提高 2.8 个百分点。当年工业技改投资对全部投资增长的贡献率高达 21.1%。

3. 第一产业投资快速增长,涉农领域投入不断加大

2016 年,第一产业投资始终保持快速增长的态势,全年完成投资 18 838 亿元,比 2015 年增长 21.1%,增速比全部投资高 13 个百分点;占全部投资的比重为 3.2%,比 2015 年提高 0.4

个百分点。第一产业中,农业投资增长 30.4%,渔业投资增长 21.8%。此外,在第一产业投资快速增长的同时,农村公路建设、电网改造、水利灌溉工程等涉农领域的投入也在不断加强,农村基础设施建设稳步推进。

（三）中西部地区投资较快增长,分地区投资结构持续改善

2016 年,中西部地区投资增速引领全国,投资比重有所提高。2016 年全年,中部地区完成投资 156 762 亿元,比 2015 年增长 12%;西部地区完成投资 154 054 亿元,增长 12.2%,增速比 2015 年加快 3.2 个百分点;中西部 18 个省份中有 14 个投资保持两位数增长。中西部地区投资占全部投资的比重为 52.1%,比 2015 年提高 1.8 个百分点;对全部投资增长的贡献率高达 74.7%,比 2015 年提高 14.4 个百分点。2016 年,东部地区完成投资 249 665 亿元,增长 9.1%;占全部投资的比重为 41.9%,比 2015 年提高 0.4 个百分点。2016 年,东北地区投资虽呈下降趋势,但第四季度以来下降幅度已明显收窄。

（四）积极因素不断累加

新开工项目保持快速增长。2016 年新开工项目计划总投资增速一直高位运行,全年增长 20.9%,特别是亿元以上新开工项目计划总投资增速始终保持在 30% 左右,这将对 2017 年的投资起到重要的支撑作用。

企业效益、PPI 等指标好转,有利于增强企业投资信心。2016 年 12 月份,PPI 同比上涨 5.5%,涨幅为全年最高。2016 年 1～11 月份,规模以上工业企业利润增长 9.4%,当月利润增速更高达 14.5%。工业品价格的明显上涨说明国内工业品市场需求不足的情况有所缓解,企业生产经营情况出现了明显改善,这些改善有利于进一步提高企业的投资意愿,促进投资特别是民间投资增速的企稳回升。

2016 年,固定资产投资总体呈现缓中趋稳、稳中提质的运行特征,充分地反映了供给侧结构性改革和稳增长的政策效应正在持续释放。但当前投资运行中仍存在一些困难,如新动能虽然发展势头良好,但在投资中的比重仍然偏低,传统产业由于价格上涨带来的投资回暖是否具有持续性;另外,房地产市场销售放缓使企业对开发投资趋于谨慎等,这些问题仍需重点关注。

三、2017 年上半年投资特征

2017 年 1～6 月份,全国固定资产投资(不含农户)280 605 亿元,同比增长 8.6%,增速与 1～5 月份持平。从环比速度看,6 月份比 5 月份增长 0.73%。

分产业看,第一产业投资 8 694 亿元,同比增长 16.5%,增速比 1～5 月份回落 0.4 个百分点;第二产业投资 105 807 亿元,增长 4%,增速比 1～5 月份提高 0.4 个百分点;第三产业投资 166 104 亿元,增长 11.3%,增速比 1～5 月份回落 0.3 个百分点。

第二产业中,工业投资 104 203 亿元,同比增长 4.6%,增速比 1～5 月份提高 0.5 个百分点。其中,采矿业投资 3 955 亿元,同比下降 6.4%,降幅比 1～5 月份收窄 5 个百分点;制造业投资 86 809 亿元,同比增长 5.5%,增速比 1～5 月份提高 0.4 个百分点;电力、热力、燃气及水生产和供应业投资 13 438 亿元,增长 2.5%,增速比 1～5 月份提高 0.1 个百分点。

第三产业中,基础设施投资(不含电力、热力、燃气及水生产和供应业)59 422 亿元,同比增长 21.1%,增速比 1～5 月份提高 0.2 个百分点。其中,水利管理业投资增长 17.5%,增速比 1～5 月份提高 2.8 个百分点;公共设施管理业投资增长 25.4%,增速比 1～5 月份提高 0.2 个百分点;道路运输业投资增长 23.2%,增速比 1～5 月份提高 0.1 个百分点;铁路运输业投资

增长 1.9%,增速比 1～5 月份回落 1.5 个百分点。

分地区看,东部地区投资 121 595 亿元,同比增长 9.1%,增速比 1～5 月份提高 0.4 个百分点;中部地区投资 73 837 亿元,增长 10.1%,增速比 1～5 月份回落 0.3 个百分点;西部地区投资 72 350 亿元,增长 10.7%,增速比 1～5 月份回落 0.2 个百分点;东北地区投资 11 034 亿元,同比下降 9.5%,降幅比 1～5 月份收窄 4.9 个百分点。

四、风险因素识别

2017 年中国投资引致经济增长的风险主要体现在两个方面:一是投资资本边际收益率下降的风险;二是投资区域分割,导致的经济增长质量下降风险。

(一)投资资本边际收益率下降的风险

不断下降的 GDP 增长率印证了中国经济增长的模式是经济增长两种模式中的数量型增长,而不是效率型增长。当资本的边际收益等于 0 或者是接近 0 的时候,中国的经济增长则面临着前所未有的风险。

通过资本积累来驱动经济的增长无法持续的原因是什么? 就是资本的边际收益递减。当资本边际收益等于 0 的时候再增加资本就没用了,增长停止了。所以靠资源数量投入的增加来驱动经济的增长是无法持续的,而通过提升全要素生产率,来驱动经济的效率型增长是可以持续的,因为人类认识自然、认识经济的能力是无限的,技术进步是无止境的。

从工业革命开始,人类就致力于提高技术和全要素生产率,比如蒸汽机。蒸汽机的效率比人力、畜力、风力、水力有效得多。蒸汽机之后又有电力、铁路,工业革命以来 200 年现代世界经济的增长,依靠的不是政府的刺激性政策,主要依靠的是技术进步。从蒸汽机一直到今天的互联网,不断的技术进步推动了全要素生产率的提升,保持了工业革命以来现代世界经济的增长,也保证了中国经济从改革开放以来到现在的增长。

从企业的产品出厂价格指数(PPI)可以看得非常清楚,从 2012 年开始一直到 2016 年的下半年全是负增长,企业的产品出厂绝对价格在不断地下降。为什么会产生这个现象? 产能过剩。在过剩产能的压力下,企业竞相降价,试图保住自己的市场份额,试图保住自己的销售。产能过剩是什么意思? 产能过剩就是中国的各行各业已经不再需要新的投资了。

在出厂价格不断下降的时候,如果有新的投资进行,这个投资收益是多少? 投资收益是负的。所以我们不仅已经过了投资收益等于 0 这一点了,而且已经掉到 0 点以下了。各行各业的过剩产能很清晰地告诉我们,过剩产能一定会导致 PPI 的负增长,而 PPI 的负增长意味着资本积累现在已经过度了,资本的收益等于 0 甚至为负数,也就是说投资根本无法回收。

政府号召"引导资金进入实体经济",但怎么引导,资金也不去,因为实体经济的收益等于 0 了,所以资金不去实体经济了。要想让资金进实体经济要想别的办法,在资本普遍过剩的情况下,在产能各行各业都普遍过剩的情况下,资金不会进实体经济。所以在这个时候印钞票,除了制造通货膨胀没有其他任何的效果。

(二)投资区域分割导致的经济增长、质量下降风险

改革开放近 40 年来,中国以市场化为导向的经济改革取得了巨大成就,整个经济领域的市场化程度得到了极大提升。但与此同时,需要清醒地认识到,中国的地区市场分割状况依然严峻,而且地方政府在市场分割上很可能陷入了"囚徒困境"。但是对于一个地方政府而言,当面临与其他地方政府的博弈时,"以邻为壑"的政策对该地方政府反而会是一个占优策略,因为限制本地资源流出和外地产品流入可以更好地扶持本地经济。在市场分割的"囚徒困境"中，虽然地方政府能最大化各自利益，但整个中国经济会付出规模不经济的代价（陆铭，陈钊，2009）。

在"中国式分权"衍生出的晋升竞标赛的激励下，当其他地方采取分割市场的政策时，本地要实现更快的经济增长，就必须同样采取分割市场的政策，以提高本地经济的相对水平，提升自身在标杆竞争中的相对位置。虽然理论研究对于中国地方政府间在市场分割上的策略互动行为已有所涉及，但还无法给出明确的经验依据。邓明（2014）的研究，实证检验了地方政府在市场分割上所展开的策略互动行为，并实证研究了影响地区间市场分割策略互动的因素。研究发现，中国地区间的市场分割水平存在显著的空间自相关性，从而检验了地区间市场分割策略互动行为的存在性；财政分权、政府干预和国有企业比重等因素都显著影响了地区市场分割，对全国统一市场的形成产生了不利影响。对于导致地区间市场分割策略互动的原因，他们认为，财政分权导致了地方政府官员为政治晋升而展开的竞争，从而强化了地区间市场分割的策略互动，形成了地区间市场分割策略互动的激励因素，而中央政府的转移支付作为一种"协调手段"，有效地弱化了地区间市场分割的策略互动，当然这些结论存在比较显著的地区间差异。

党的十八届三中全会审议通过的《中共中央关于全面深化改革若干重大问题的决定》明确指出，"清理和废除妨碍全国统一市场和公平竞争的各种规定和做法，严禁和惩处各类违法实行优惠政策的行为，反对地方保护反对垄断和不正当竞争"。此外，中央政府颁布了一系列的法律、法规来减少地方保护行为，但上述法规和文件依然很难有效遏制住中国地方政府在构建全国统一市场方面所设置的种种障碍，这说明地方政府在贯彻执行法规方面存在一些问题。中国当前以经济上的分权和政治上的集权为特点的"中国式分权"及其衍生出来的激励机制，是导致地区间"以邻为壑"并且最终陷入市场分割"囚徒困境"的最根本原因。除此之外，还有如下三点，是影响市场投资分割的重要因素。

一是生产力水平和发展阶段的限制。中国是典型的二元经济结构国家。一半的人口仍然在农村，生产率与发达国家有重大差距的现实，决定了我国居民成员之间还将长期存在着不平等。这是形成市场分割和市场壁垒现象的客观原因，但是生产力水平低，虽然是容易形成市场分割的基础，但它并不意味着就会有严重的市场分割和市场壁垒。后者更多的还是与制度有直接的关系。

二是政府权力边界的不断扩张和膨胀。在转轨经济中，在所有可能分割市场运行的因素中（包括竞争与垄断、政府管制、文化习俗等），只有政府的行政权力才有可能长期地、有力地、大幅度地扭曲、撕裂、分割和限制市场。因此，不断扩张和膨胀的政府权力，尤其是以政权力量和市场利益双重叠加为特征的地方政府行政管理体制，在替代市场和社会组织边界的同时，必然会严重地撕裂统一市场，是妨碍我国区域经济发展一体化的主要因素。

三是具体的改革战略和政府管理方法的选择。如果政府主要按照时间维度设计改革方案，那么新旧市场分割就容易形成；如果主要按照空间维度设计改革方案，那么区域间歧视和不均等就必然形成；如果主要按照主体维度设计改革方案，那么市场主体的身份歧视就容易出现。举例来说，过去大面积地实行渐进式的"双轨制"的改革方式，即老的老办法，新的新办法。这种改革方法因为不会触动既有利益者、改革的阻力较小，因而后来备受改革者青睐，被大幅度地运用于其他方面，甚至用于社会领域的养老体系改革中。但是，这一改革方法直接造成了市场分割。更为严重的是,留在旧体制轨道上的利益主体,不仅逐渐成为进一步改革的阻碍者,而且还是新制度的腐蚀因素。

首先,国内市场分割和投资分割的弊端,导致各地产能的不充分利用,造成产能严重浪费。浪费产能之所以会出现,且呈现愈演愈烈之趋势,主要肇始于相关部门对地方部门利益的追逐。在地方政府看来,对于工业而言,没有投资就没有产出,因此为了地方经济增长,很多地方政府制订了各种鼓励工业企业投资的优惠政策,即便产能过剩,很多地方也会放手企业项目投资——之前,在很多地方政府的全力支持下,未批先建的项目比比皆是。

为了能够吸引投资,部分地方变着花样出台政策,而把企业忽悠进去之后,并不兑现之前的承诺,反正投资已经到位,企业是死是活就看运气了,这就形成了很多地方"笑颜迎客,关门打狗"的局面。

而对于企业而言,电源或热源建设是典型的"跑马圈地"行业,具有非常强的地域性和排他性特征,即一家公司在某一区域投资了电站,在没有重大用电增长情况下,其他企业就不能在同一区域再新增电源投资。因此,即便某一地区有哪怕一点点投资空间,都会被发电企业争相圈掉。这导致电源投资竞争激烈,且易投资过度,导致浪费。目前,国内类似的产能浪费数不胜数,没有统一的规划,或者地方政府和企业竞相追逐自身利益,导致这种浪费在产能过剩的背景下愈加明显。

其次,各地市场分割导致经济增长质量严重受损。经济增长质量是经济增长的一系列固有特性满足经济发展特定要求的程度的反映。在数量扩张的基础上,经济增长从效率改进、结构优化和资源成本等特性规律方面规定着经济质量的优劣,并内涵于经济发展的进程之中。各地市场分割,不仅导致产能浪费,而且资源配置效率很低,导致全国各地的经济增长质量不高。

五、风险度量

我们可以从两个不同的视角度量投资引致的经济增长风险:一是投资的资金来源(即国家预算内资金、银行贷款、国外投资、自有资金或其他资金来源);二是投资的资金流向(即投资投向的行业,如农业、服务业和制造业等)。

(一)投资资金来源导致的经济增长风险度量

国家投资资金来源不合理,往往导致经济增长大起大落的风险。从中国的实际情况看,短期内政府资本每增加1%,产出将会增加0.80%,而民间投资对产出的贡献并不明显,它每增加1%将带来产出增加0.11%。也就是说政府投资在短期可以暂时替代民间投资来扩大总需求,拉动经济的增长。尤其是在经济紧缩阶段民间投资将仅仅维持在自发投资的水平上,此时增加政府投资可以弥补民间投资的不足,启动需求,很好地发挥经济增长效应。但是从长期来看,政府投资的效率是远低于民间投资的,过多的政府投资会对民间投资产生挤出效应。实证分析结果表明:长期政府资本的产出弹性为负,其每增加1%将引起产出降低0.99%;民间资本的产出弹性为正,每增加1%的民间资本将引起产出同方向增长0.48%。因此,在长期政府投资对经济增长并没有促进作用,拉动经济增长的原动力应该是民间投资,只有民间投资得到持续适度的增长,才能保证一个更高的经济增长水平。

本报告引用前述的中国经济增长风险状况,鉴于预算内资金增长率、国内贷款增长率、利用外资增长率和自筹资金增长率指标中的数据都是名义数据(即不考虑物价指数),因此,GDP增长率数据也采用名义数据。本报告以预算内资金增长率作为政府投资的度量指标。

表 2-1   **1982—2016 年年度 GDP 风险、资金来源增长率**

年份	GDP 风险 GDPR	名义 GDP 增长率 GDP	投资增长率 INV	预算内资金 增长率 CAP	国内贷款 增长率 LOAD	利用外资 增长率 FDI	自筹资金 增长率 SCAP
1982	1	9	28.03	3.5	44.4	66.4	34.1
1983	1	12.3	16.23	21.6	−0.4	10	18.7
1984	3	21	28.17	23.9	47.3	6.2	27.6
1985	4	24.8	38.75	−3.1	97.4	29.5	41.6
1986	1	13.6	22.7	11.7	29	50.1	21.9
1987	1	17.3	21.51	9	32.4	32.5	19.9
1988	2	24.8	22.74	−13	12.1	51.3	32.5
1989	4	13.1	−5.23	−15.3	−22	5.7	0.7
1990	3	10.1	2.43	7.4	16.1	−2.2	−1.2
1991	2	16.6	23.84	−3.2	48.5	12	21.2
1992	3	23.4	44.43	−8.7	68.4	47	41
1993	3	30.9	61.78	39.2	38.8	103.6	69.6
1994	2	36.4	36.37	9.5	30.1	85.4	34.7
1995	1	24.3	15.13	17.3	5	29.8	16.3
1996	1	17.3	13.81	0.8	8.9	19.6	14.9
1997	1	11.3	8.14	11.3	4.6	−2.3	10.9
1998	2	6.4	13.69	71.9	15.9	−2.5	13.2
1999	2	6.6	3.61	54.7	3.3	−23.3	4.2
2000	2	10.8	11.28	13.9	17.5	−15.5	11.9
2001	2	10.3	14.73	20.7	7.6	2	17.2
2002	2	10.2	18.59	24.1	22.4	20.5	16.9
2003	1	13.5	30.12	−15	36	24.7	33.4
2004	1	18.1	27.21	21.1	14.5	26.4	31.4
2005	1	15.4	26.86	27.6	18.4	21.1	29.3
2006	2	15.8	25.76	12.5	20	8.9	28.8
2007	2	18	26.77	25.4	17.6	18.4	29.2
2008	2	16.8	25.85	35.8	14.8	3.5	25.7
2009	1	8.4	29.95	59.5	48.6	−12.96	35.2
2010	2	17.7	23.83	2.6	12	1.7	16.4
2011	2	17.8	12	10.54	5.30	7.60	28.30
2012	1	9.69	20.29	25.56	11.33	−11.72	19.63

（续表）

年份	GDP 风险 GDPR	名义 GDP 增长率 GDP	投资增长率 INV	预算内资金 增长率 CAP	国内贷款 增长率 LOAD	利用外资 增长率 FDI	自筹资金 增长率 SCAP
2013	1	10.09	19.11	17.65	15.89	−3.34	24.47
2014	1	7.88	15.7	13.92	7.82	−6.42	10.69
2015	1	7.0	10.2	15.62	−6.39	−29.57	9.37
2016	1	6.7	8.1	6.7	−2.74	4.1	8.93

1. 经济增长风险高的年份投资资金来源特征

从表 2-1 中可以看出,1985 年和 1989 年经济增长风险都高达 4,从这两年投资的当年基本特征看,1985 年投资过快增长(达到了 38.75%),1989 年投资减少(减少了 5.23%),这是引致经济增长风险的关键因素。从预算内资金增长率看,两者都为负值,预算内资金(政府投资)的减少可能是经济增长高风险的原因之一。

1984 年、1990 年、1992 年和 1993 年的经济增长风险都较高,经济增长风险为 3,处于有风险状态。从这几年投资当年投资增幅的基本特征看,1990 年投资过慢增长,增长率仅为 2.43%,这是导致经济增长率下滑的关键。1984 年、1992 年和 1993 年的经济增长风险较高的关键原因,在于投资过快增长。从预算内资金增长率看,1992 年,预算内资金增长率为负,1993 年预算内资金增长率过快增长,可能是经济增长高风险的原因之一。

2. 度量投资资金来源与经济增长风险间的关系

1）格兰杰因果关系检验

为了判断经济增长风险与各项投资之间的关系,我们对变量进行格兰杰因果关系分析。主要看"可能性"的值。设定显著性水平为 5%,如果可能性的值大于 5%,则接受原假设,即一变量不是另一变量的格兰杰原因;反之则反。例如,对应 CAP 并不是 GDP 变化的原因。

表 2-2　　　　　　　　　　　　　　**滞后 1 期结果**

配对格兰杰因果关系检验
日期:10/11/17 时间:9:15
数据来源:1982—2016 年
滞后:1

空位假设	观察量	F 统计	可能性
CAP 不是 GDP 的格兰杰原因	34	0.243 56	0.602 3
GDP 不是 CAP 的格兰杰原因		0.257 48	0.608 9
FDI 不是 GDP 变化的原因	34	1.875 43	0.165 9
GDP 不是 FDI 变化的原因		1.576 32	0.210 7
INV 不是 GDP 变化的原因	34	11.163 7	0.002 3
GDP 不是 INV 变化的原因		1.823 45	0.198 6
LOAD 不是 GDP 变化的原因	34	4.172 54	0.060 3
GDP 不是 LOAD 变化的原因		0.267 83	0.614 3

表 2-3 　　　　　　　　　　　　滞后 2 期结果

配对格兰杰因果关系检验
日期:10/11/2017 时间:9:17
数据来源:1982—2013 年
滞后:2

空位假设	观察量	F 统计	可能性
CAP 不是 GDP 变化的原因	33	1.372 34	0.279 7
GDP 不是 CAP 变化的原因		0.086 53	0.908 7
FDI 不是 GDP 变化的原因	33	2.814 75	0.076 7
GDP 不是 FDI 变化的原因			0.568 5
INV 不是 GDP 变化的原因	33	4.032 71	0.039 8
GDP 不是 INV 变化的原因			0.846 7
LOAD 不是 GDP 变化的原因	33	2.347 8	0.135 9
GDP 不是 LOAD 变化的原因			0.658 4

从上述格兰杰因果关系分析的结果(表 2-2 和表 2-3)看,无论是滞后 1 期,还是滞后 2 期,投资增长率是 GDP 变化的格兰杰原因,而 GDP 并不是投资增长率变化的格兰杰原因。国内贷款增长率滞后 1 期是 GDP 变化的格兰杰原因,而国外直接投资滞后 2 期是 GDP 变化的原因,在其他情况下,这些变量都不是 GDP 变化的原因。

2) 相关关系检验。

通过相关关系检验,我们发现,只有在投资增长率滞后 1 期的情况下,相关关系才是显著的,得到如表 2-4 所示的关系。

表 2-4 　　　　　　　　投资增长率与 GDP 增长率之间的相关关系表

因变量:GDP
方法:最小二乘法
日期:10/11/2017 　时间:12:19
数据来源:1983—2016 年
累计观察值:32

变量	相关系数	标准差	t-统计	可能性
C	5.865 432	1.796 43	3.275 42	0.002 3
INV	0.197 54	0.075 63	2.575 43	0.016 1
INV(−1)	0.278 94	0.075 43	3.456 789	0.001 6
R-平方值	0.610 03	自变量平均值	15.527 00	
调整的 R-平方值	0.567 59	自变量的均方差	6.786 54	
回归的标准误差	4.538 762	阿凯克信息标准	5.947 643	
总平方剩余	560.537 5	Schwarz 标准	6.157 654	
对数似然	−86.776 54	Hannan-Quinn 标准	6.024 53	
F 统计	20.673 45	Durbin-Watson 统计	1.343 210	
可能性(F 统计)	0.000 004			

由此,我们可以得到如下关系式:

$$GDP = 5.87 + 0.279 INV(-1)$$

投资每增长1%,导致下一年度经济增长0.279%。2016年投资名义增长率为8.1%,将导致2017年GDP名义增长率达到8.13%,扣除通货膨胀因素(2%左右),2017年GDP实际增长率将达到6.2%左右。

(二)投资资金流向导致的经济增长风险度量

投资资金流向不合理,往往会导致经济不可持续增长的风险。

1. 经济增长风险高年份的投资资金流向特征

经济增长风险最高的年份是1992年和1993年,从这两年的投资资金流向看,非常显著的特征是建筑业和服务业投资的大幅度增加,特别是1993年,建筑业增幅高达394.71%,服务业增幅高达64.68%(见表2-5)。

表2-5　　　　　　　　　　**GDP增长风险、投资流向增长率**

年份	GDP风险 GDPD	名义GDP增长率 GDP	投资增长率 INV	农、林、牧、渔业 RT	采掘业 DIG	制造业 MAKE	水的生产和供应业 W	建筑业 CON	服务业 SER
1990	2	9.86	2.43	31.53	19.9	5.71	26.01	-24.78	2.74
1991	2	16.68	23.84	25.93	18.9	25.11	16.4	21.04	29.16
1992	3	23.61	44.43	30.04	24.62	25.39	30.48	84.52	61.25
1993	3	31.24	61.78	6.23	15.86	47.59	38.29	394.71	64.68
1994	2	36.41	36.37	22.83	12.31	37.51	49.72	20.28	42.05
1995	1	26.13	15.13	34.91	10.95	26.62	9.36	5.2	13.37
1996	1	17.08	13.81	42.84	13.89	9.07	22.84	25.98	15.43
1997	1	10.95	8.14	40.66	30.09	-8.79	25.42	-17.68	20.62
1998	2	6.87	13.69	46.46	-16.66	-3.13	10.61	4.86	34.06
1999	2	6.25	3.61	32.67	-12.27	-20.31	2.27	41.3	9.76
2000	2	10.64	11.28	20.7	24.29	-0.64	13.07	-11.7	6.71
2001	2	10.52	14.73	20.41	9.37	28.42	-11.43	-4.17	14.17
2002	2	9.74	18.59	35.26	5.49	39.02	11.94	42.13	17.54
2003	1	12.87	30.12	-29.1	31.51	73.48	20.59	41.8	26.26
2004	1	17.71	27.21	14.43	34.96	33.33	46.25	4.28	22.37
2005	1	15.67	26.86	22.9	49.73	35.69	30.36	16.08	19.5
2006	2	16.97	25.76	18.34	30.41	28.27	13.65	0.58	23.43
2007	2	22.88	26.77	23.77	25.66	30.55	10.27	15.7	23.82
2008	2	18.15	25.85	48.8	31.08	27.41	16.16	19.48	24.79

（续表）

年份	GDP 风险 GDPD	名义 GDP 增长率 GDP	投资增长率 INV	农、林、牧、渔业 RT	采掘业 DIG	制造业 MAKE	水的生产和供应业 W	建筑业 CON	服务业 SER
2009	1	8.55	29.95	36.14	19.53	24.53	31.26	28.06	33.76
2010	2	17.69	23.83	14.91	19.43	25.5	8.63	40.64	25.23
2011	2	17.77	12	10.54	6.78	15.90	−6.51	19.80	11.94
2012	1	9.69	20.29	25.56	13.23	21.26	13.73	11.37	31.87
2013	1	10.09	19.11	29.97	10.15	18.63	27.04	−4.15	21.04
2014	1	7.88	15.7	28.91	0.22	13.10	13.49	29.97	21.25
2015	1	7.0	10.2	31.8	−10.98	8.01	12.78	34.45	10.6
2016	1	6.7	8.1	21.1	10.07	4.2	10.45	4.9	10.9

2. 度量投资资金来源与经济增长风险间的关系

1) 格兰杰因果关系检验

检验结果如表 2-6 和表 2-7 所示。

表 2-6　　　　　　　　　　　　滞后 1 期结果

配对格兰杰因果关系检验（滞后 1 期检验）

空位假设	观察量	F 统计	可能性
CON 不是 GDP 变化的格兰杰原因 GDP 不是 CON 变化的格兰杰原因	26	7.345 78 0.431 24	0.012 4 0.581 3
DIG 不是 GDP 变化的格兰杰原因 GDP 不是 DIG 变化的格兰杰原因	26	0.404 71 0.001 00	0.516 5 0.964 3
MAKE 不是 GDP 变化的格兰杰原因 GDP 不是 MAKE 变化的格兰杰原因	26	2.181 43 0.445 31	0.147 2 0.522 1
RT 不是 GDP 变化的格兰杰原因 GDP 不是 RT 变化的格兰杰原因	26	2.431 4 1.782 41	0.142 7 0.185 3
SER 不是 GDP 变化的格兰杰原因 GDP 不是 SER 变化的格兰杰原因	26	10.631 7 0.082 73	0.004 0 0.763 2
W 不是 GGDP 变化的格兰杰原因 GGDP 不是 W 变化的格兰杰原因	26	2.315 7 1.265 07	0.129 3 0.267 8

表 2-7　　　　　　　　　　　　滞后 2 期结果

配对格兰杰因果关系检验（滞后 2 期检验）

空位假设	观察量	F 统计	可能性
CON 不是 GDP 变化的格兰杰原因 GDP 不是 CON 变化的格兰杰原因	25	3.107 65 1.346 32	0.071 9 0.274 3

（续表）

空位假设	观察量	F 统计	可能性
DIG 不是 GDP 变化的格兰杰原因	25	0.365 74	0.657 2
GDP 不是 DIG 变化的格兰杰原因		0.114 36	0.871 5
MAKE 不是 GDP 变化的格兰杰原因	25	0.946 54	0.411 9
GDP 不是 MAKE 变化的格兰杰原因		1.348 65	0.274 3
RT 不是 GDP 变化的格兰杰原因	25	1.516 72	0.217 8
GDP 不是 RT 变化的格兰杰原因		1.610 43	0.225 6
SER 不是 GDP 变化的格兰杰原因	25	6.476 54	0.009 2
GDP 不是 SER 变化的格兰杰原因		2.802 17	0.094 3
W 不是 GGDP 变化的格兰杰原因	25	1.479 63	0.247 5
GGDP 不是 W 变化的格兰杰原因		1.040 79	0.372 3

结果表明，服务投资增长率（SER）和建筑业投资增长率（CON）滞后 1 期和滞后 2 期是 GDP 变化的格兰杰原因。其他变量都不是 GDP 变化的格兰杰原因。所以，我们只需要做 SER 和 CON 与 GDP 的相关关系。

2）相关关系检验

通过相关关系检验，我们发现，在服务投资增长率滞后 2 期的情况下，相关关系才是显著的，可以得到表 2-8 的关系。

表 2-8　　　　　**服务投资增长率与 GDP 增长率之间的相关关系表**

因变量：GDP
方法：最小二乘法
日期：10/11/2017　时间：12:39
数据来源：1983—2016 年
累计观察值：32

Variable	Coefficient	Std. Error	t-Statistic	Prob.
C	3.127 654	2.843 102	0.474 35	0.001 8
SER	0.153 21	0.103 543	1.754 38	0.017 6
SER(−2)	0.201 43	0.098 704	2.026 63	0.016 7
R-平方值	0.714 325	自变量平均值		16.476 32
调整的 R-平方值	0.643 147	自变量的均方差		7.768 75
回归的标准误差	4.675 43	阿凯克信息标准		6.111 65
总平方剩余	362.170 4	Schwarz 标准		6.324 317
对数似然	−57.054 32	Hannan-Quinn 标准		6.175 421
F-统计	11.357 68	Durbin-Watson 统计		1.386 567
可能性（F-统计）	0.000 094			

由此，我们可以得到如下相关关系等式：

$$GDP = 3.13 + 0.201SER(-2)$$

从上述等式中,我们可以发现,当年服务业投资每增长 1%,会导致第三年经济增长率增长 0.20%。2015 年服务业投资增长率为 34.45%,则会导致 2017 年名义 GDP 增长率达 8.4%。扣除通货膨胀因素,实际增长率将达到 6% 左右。

六、风险的防范与管理

(一)克服投资资本边际收益率下降,转向效率性增长

在资本边际收益率下降,数量型增长已经没有多大空间的情况下,中央政府在过去的几年中提出了一个很重要的政策方向的改变。第一是"新常态",新常态就是不要再预期 10% 的增长了,不会再有更高的增长了,那个时代已经过去了,甚至不要再预期 8% 的增长了。高速增长的阶段过去了。第二是提出来"供给侧"政策,供给侧就是要提高企业的效率,而在提高企业效率的方面,需要得到制度保障。

1. 保护私有产权

因为创新研发都需要进行长期的积累,并不是"灵机一动"就能够产生的,需要进行长期的研发投资、长期的技术积累,才能产生突破。而要让企业在研发上做长期的投资,必须保护它的产权。保护产权的意义在于,给企业家建立起对于未来收益的稳定预期,只有在稳定预期的支配下,企业家才能够做长期投资。

中国的企业家都喜欢"短平快"项目,都不愿意投研发,原因是什么?原因是未来的不确定性太高了。我投资研发,我十几年的积累,十几年以后怎么回事我还不清楚呢。所以现在我们的企业家不是把资金投入到研发项目上去,而是把资金转移到国外去。

保护私人产权是进行长期研发投资的前提条件,没有有效的产权保护,没有人愿意做长期投资。所以供给侧结构性改革,推动技术创新是解决中国今天面临着诸多经济问题的一个有效的方法,但是需要加强对产权的保护。

2016 年 11 月,中共中央和国务院联合颁发了《关于尊重和保护企业家精神的意见》,2017 年 3 月份的政治局会议上又通过了一个意见,内容大致相同。这说明中国要保护私有产权,要尊重企业家精神,否则创新就困难重重。

2. 放松和解除管制

管制是创新的大敌。中国为什么出现了世界级的(按照市值计算)互联网公司?原因之一就是互联网刚刚进入中国的时候,政府还没有管制,互联网公司就发展起来了。自由的环境、资源的自由流动,是创新的必要条件,政府少管市场,创新也不需要政府扶持,只需要政府创造一个良好的竞争环境。政府最优行动就是放松和解除管制。

"供给学派"宣称,企业家的创业精神和自由的经营活动是促进生产、增加供给的关键因素,而自由竞争的市场经济是企业家施展才能的关键因素,在市场机制的充分作用下,各种经济变量都能自动趋于均衡,保证经济长期地稳定发展。企业的创新需要宽松的环境,管制放松既是供给侧改革的重要一环,也是激活企业创新力的重要条件。

3. 全面减税

全面减税不仅仅是帮助企业渡过经济下行的难关,它的意义还在于落实十八届三中全会提出来的"要让市场在资源配置中发挥决定性作用",把资源更多地从行政性配置下解放出来,也就是从政府的手里解放出来,在市场上由企业来进行配置。这是减税最重要的意义,不仅仅

是减轻一些企业的负担,当然减轻企业的负担现在也是很必要的,更重要的意义是把资源从行政性配置转向以市场为基础的企业进行配置。

企业减轻税负后,投资意愿将重新焕发。根据投资乘数理论,当总投资增加时,国民收入和就业的增加将达到投资增量的数倍。居民的税负减轻之后,消费支出也会增加,一笔初始消费基金的支出,可以带动整个消费链增加若干倍于此的消费增量,经济也将进入良性循环。

2016年,中国财政赤字只占GDP的3.8%,中国应抓住有利时机,下决心扩大减税力度,并且进一步从供给侧深化改革,提高金融供给效率,降低资金成本;提高土地供给效率,降低资源成本;提高劳动供给效率,降低人工成本;提高制度效率,降低管理成本;提高创新效率,降低技术成本。以全面减税为起点的新供给侧改革,将推动中国经济开启新一轮上升周期。

(二)克服投资地区分割,转向高经济质量增长

我们建设统一市场,不是要把全国变成一个市场,本质上是要求各地区市场主体的竞相开放,包含各地市场主体的对内开放和对外开放。各地区市场主体都清除了造成市场壁垒的社会、区域和制度因素,都相互对别人开放了,统一市场的基础和前提就会自然形成。从范围上来看,中国各地区都竞相对内对外开放,如华东地区内的市场主体都相互全面开放、不相互设置壁垒,那华东统一市场就会形成;如果整个中国各地区间相互开放,中国统一市场就会形成;如果中国对全世界开放,那么中国的市场就是全球性市场或世界市场。因此,市场的对内开放其实是深度对外开放的基础。

鉴于此,推动统一市场建设和完善,政府工作的重点和重心,应该放在加快清理和废除造成市场分割和市场壁垒的各种规定和做法上,要求和鼓励各地区的市场对内开放和对外开放,这是建设统一市场的前提。为此提出如下建议。

1. 推动政府职能改革

应当转变政府职能促使地方政府由生产型政府向服务型政府转变,减少政府对微观市场的直接干预,减少公共部门控制的社会经济资源,降低公共部门在资源配置中的作用。当前,中国地区间市场分割很大程度上是地方政府官员的短期目标与中央政府的长期目标不一致导致的,尤其是当前中央政府为提高落后地区的经济发展并防止地方力量过强,大量地采取干部异地交流的做法,使得地方政府官员在一个地方的任期往往只有短短几年导致地方政府官员的目标短期化。而弱化地方政府干预经济的能力是实现地方政府目标与中央政府目标相一致的重要手段,从而限制地方政府分割市场的能力。市场决定资源配置是市场经济的一般规律,健全社会主义市场经济体制必须遵循这条规律。

2. 改进当前的激励机制

必须改进当前对地方政府的绩效评估和考核机制,破除"唯GDP论"的政绩观,更多地引入其他目标的权重,如社会发展、环境保护、降低收入差距等。事实上,中央政府也一直高度重视"唯GDP论"政绩观的危害性。"纠正单纯以经济增长速度评定政绩的偏向,加大资源消耗、环境损害、生态效益、产能过剩、科技创新、安全生产、新增债务等指标的权重,更加重视劳动就业、居民收入、社会保障、人民健康状况"。在中央政府和地方政府信息不对称的情况下,如何更坚定和彻底地促使地方政府贯彻执行科学的考核评价体系?我们认为,一方面,要进一步明确各级人大对政府的问责权力,界定其对政府的问责原则、范围和程序,使宪法赋予人大监督政府"治事"的权力能切实可行;另一方面,进一步发挥和完善新闻媒体在监督地方政府治理中的作用,在国家主流媒体的基础上充分利用网络媒体等宣传资源,建立健全地方政府对舆论监

督的公开回应机制,逐步形成地方政府高效响应舆论监督的长效机制。中央政府应该逐步打破当前体制下各地区的既得利益,进一步规范财税预算体制和转移支付体系。为了能够确保"做对协调",我们认为应当适度加强中央政府的集权程度。当前地区市场分割"囚徒困境"的出现,是因为地方既得利益群体的利益已经形成,要打破僵局,主要推动力来自政府最高层。中央政府只有掌握了更多的财权和事权,才能进一步推动各项改革,同时,也只有掌握了更多的财权,中央政府才有足够的财力进行转移支付,降低市场分割程度。

3. 加强反垄断法对行政垄断的管辖

行政垄断是地方政府滥用行政权力分割市场的主要手段和工具,是当前我国面临两类垄断行为中的主体,但是我国反垄断法并没有将行政垄断作为其主要管辖对象,反垄断法甚至规定地方政府实施的行政垄断行为只能由上级机关责令改正,反垄断法执行机构只能向其上级机关提出依法处理的建议。行政垄断行为与实施该行为的行政主体应该被纳入反垄断法的直接管辖下,在法律框架下规范地方政府滥用产业政策、任意设置市场分割壁垒的行为。为此,我国应该尽快在立法层面上推动反垄断法的修订,尤其是强化其对行政垄断行为和主体的管辖。

反行政垄断的法律规制,是界定政府与市场边界的基本法则之一,也是清理各种阻碍统一市场建设的不当规定和做法的依据。因为,反行政垄断的法律规制,规定了政府不能对市场做什么的底线。因此统一市场建设中的主要工作内容,就是要运用反行政垄断的各种规则,指导政府与市场边界的界定,清理各种不当规定和做法对统一市场的行政分割。

4. 全面推进负面清单管理,明晰地界定政府权力边界

清理和废除各种明显的和隐形的地方政府保护条例、办法,清理和废除各种行政垄断权力,清理和废除各种违法实行的优惠政策,最好的途径是缩减政府日益膨胀的权力,建立政府负面清单管理的"六张清单"制度:政府行政审批目录清单、政府行政权力清单、投资审批负面清单、政府部门专项资金管理清单、行政事业性收费目录清单和部门职责清单。现在各地也在纷纷实施政府的负面清单管理方法,但是实际情况是不仅负面清单仍然很长,而且清单内的都是关系到市场主体命运的实权,清单外的一般都是多少年不用的"闲权"。因此必须强调:一是要真正做到清单外无审批、无权力、无收费,必须严厉制止变相"留权、截权"行为;二是要做到清单目录压缩的"常态化",逐步缩小政府的权力边界;三是为了保证清单顺利执行,除了上级部门要加强监督外,还需要建立受到民众、企业和社会监督的保障平台(刘志彪,2016)。

5. 逐步推动产业政策过渡到竞争政策

非中性化的产业政策最容易导致不公平的发展竞争。在产业政策地方政府化运作之后,最容易导致对全国统一市场的分割。改革开放近40年来,我国面临的发展问题已经不是没有市场自由和市场竞争,也不是没有发展竞争,而是缺少平等竞争,缺少自由竞争中的公平环境和条件。各种行政垄断、行政干预,各种利益联盟和国有企业借助于产业政策等手段,严重扭曲市场的资源配置功能,导致了严重的寻租和不公正,以及市场取向的改革严重走样。这是中国存在严重的结构问题以及发展方式粗放的主要原因。基于建设统一市场、扫除平等竞争的障碍的要求,首先必须调整产业政策的行使方式,推进经济从"发展竞争",转向"自由竞争"和"平等竞争",也就是公平正义取向的、普惠型的竞争政策要逐步替代有倾斜的产业政策而成为我国统一市场运行的奠基石,成为规范市场竞争关系的主导规则,由此确立竞争政策在整个政策体系中的优先地位,这是中国未来更深层次的全面深化改革的重要体现和主要着力点所在。

参 考 文 献

［1］邓明.中国地区间市场分割的策略互动研究［J］.中国工业经济,2014(2).

［2］付强,乔岳.政府竞争如何促进了中国经济快速增长:市场分割与经济增长关系再探讨［J］.世界经济,2011(7).

［3］郝颖,辛清泉,刘星.地区差异、企业投资与经济增长质量［J］.经济研究,2014(3).

［4］刘志彪.反行政垄断和行政分割:统一市场建设的突破口和主体内容［J］.财经智库,2016(2).

［5］陆铭,陈钊.分割市场的经济增长——为什么经济开放可能加剧地方保护［J］.经济研究,2009(3).

［6］王晓东,张昊.中国国内市场分割的非政府因素探析——流通的渠道、组织与统一市场构建［J］.财贸经济,2012(11).

第三章　消费与经济增长风险

一、绪论

近年来,中国消费增长趋势较为平稳。消费整体增速虽然没有显著变化,但是消费的商品构成及消费方式有所调整,主要表现为消费升级类商品的消费增长较为明显,服务型消费如旅游娱乐休闲消费市场保持良好发展态势。基于网络信息技术的网络零售增速增幅明显。

（一）2016 年消费概况

在多种因素的综合作用下,2016 年中国消费总额增速比 2015 年继续有所下降。2016 年,中国社会消费品零售总额 332 316 亿元,比 2015 年增长 10.4％,扣除价格因素,实际增长9.6％,低于 2015 年 10.6％的实际增速。按经营地统计,城镇消费品零售额 285 814 亿元,增长10.4％;乡村消费品零售额 46 503 亿元,增长 10.9％。按消费类型统计,商品零售额296 518亿元,增长 10.4％;餐饮收入额 35 799 亿元,增长 10.8％。

网络消费在居民消费构成中的比重持续上升。2016 年全年网上零售额 51 556 亿元,比2015 年增长 26.2％,增速也有所放缓。其中网上商品零售额 41 944 亿元,增长 25.6％,占社会消费品零售总额的比重为 12.6％。在网上商品零售额中,食品类商品增长 28.5％,穿着类商品增长 18.1％,用品类商品增长 28.8％。

从统计数据上来看,中国整体消费增速呈现下降趋势。这一方面是由于经济结构调整进入深化期,需求与有效供给之间的矛盾进一步突出;另一方面是由于外部经济虽有改善,但是居民对未来经济增长的信心仍然有限。不断收紧的房地产市场政策,也从资产价值方面对居民消费信心产生了一定的不利影响。

（二）2016 年中国消费变化的基本特征

1. 整体消费增长速度明显下降

2016 年,中国社会消费品零售总额增长率的实际增速为 9.6％,比 2015 年降低了 1 个百分点。

从图 3-1 显示的历年中国社会消费品零售总额变动趋势可以看到,近 5 年来,消费的实际增速和名义增速都保持明显的下降趋势。2016 年社会消费品零售总额的实际增速已经接近2003 年 9.21％的最低水平。

2. 除汽车类和石油及制品类消费外,大多数商品类别的消费增速比上年均出现下降趋势

中国统计局发布的统计公报显示,2016 年,在限额以上企业商品零售额中,粮油、食品、饮料、烟酒类零售额比 2015 年增长 10.5％,增速比 2015 年下降 4.1 个百分点;服装、鞋帽、针纺织品类增长 7.0％,增速下降 2.8 个百分点;化妆品类增长 8.3％,比 2015 年略降;金银珠宝类

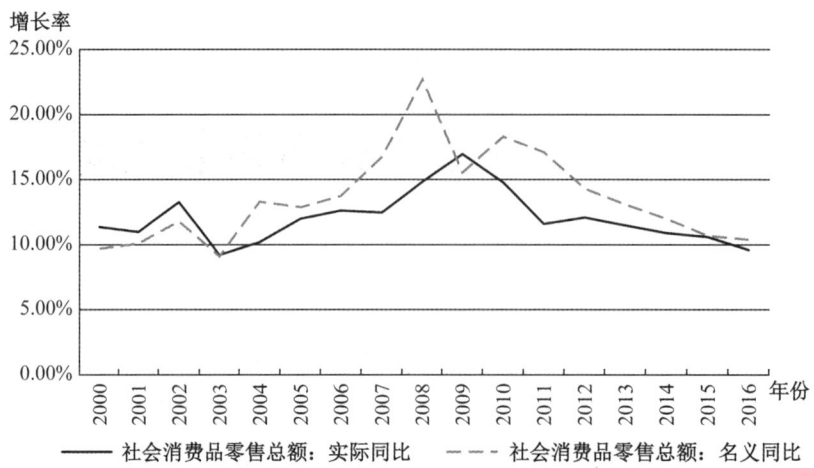

图 3-1　中国社会消费品零售总额变动趋势

数据来源：Wind 资讯。

与 2015 年持平；日用品类增长 11.4％，比 2015 年下降 1.1％个百分点；家用电器和音像器材类增长 8.7％，比 2015 年下降 2.7 个百分点；中西药品类增长 12.0％，比 2015 年下降 2.2％个百分点；文化办公用品类增长 11.2％，比 2015 年下降 4 个百分点；家具类增长 12.7％，比 2015 年下降 3.4 个百分点；通信器材类增长 11.9％，比 2015 年大幅度下降 17.4 个百分点；建筑及装潢材料类增长 14.0％，比 2015 年下降 4.7 个百分点；汽车类增长 10.1％，比 2015 年增加 4.8 个百分点；石油及制品类增长 1.2％，与 2015 年相比增速由负转正。

从图 3-2 显示的各商品类别消费增速变化情况来看，2016 年大多数商品类别的消费增速是趋缓的。通信器材类商品消费增速的降幅最为明显。粮油类、文化办公用品类以及建筑及装潢材料类商品的消费增速也出现较为明显的下降趋势。

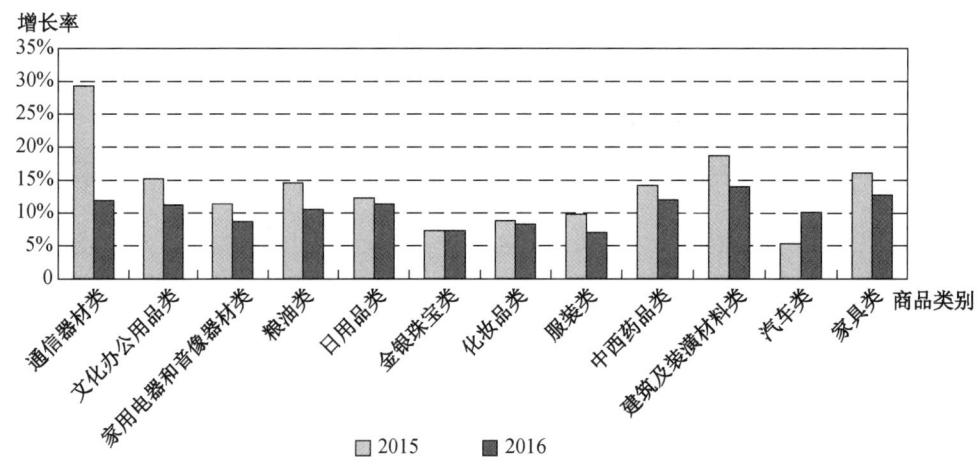

图 3-2　主要商品类别零售增长率变化情况

数据来源：中国国家统计局统计公报。

3. 内需对经济增长的贡献率和拉动度显著上升

虽然消费的增速趋缓,但是消费对经济增长的贡献率和拉动度却呈上升趋势。由表 3-1 中显示的数据可以看到,2016 年,最终消费支出对 GDP 增长的贡献率为 64.60%,拉动度为 4.30 个百分点,均比前 3 年数值有显著的上升。这说明内需对经济增长的促进作用在不断增强,中国经济增长的动力正在发生明显改变。

表 3-1　　　　　　　　　　　**消费支出对 GDP 增长的贡献率和拉动程度**

指标名称 年份	GDP 增长贡献率:最终消费支出	对 GDP 增长的拉动:最终消费支出
2004	42.60%	4.30%
2005	54.40%	6.20%
2006	42.00%	5.30%
2007	45.30%	6.40%
2008	44.20%	4.30%
2009	56.10%	5.30%
2010	44.90%	4.80%
2011	61.90%	5.90%
2012	54.90%	4.30%
2013	47.00%	3.60%
2014	48.80%	3.60%
2015	59.90%	4.10%
2016	64.60%	4.30%

数据来源:Wind 资讯。

4. 农村居民消费水平增长速度显著高于城镇居民

由图 3-3 显示的以上年度为基准的居民消费水平变动情况可以看到,2011 年以来,农村

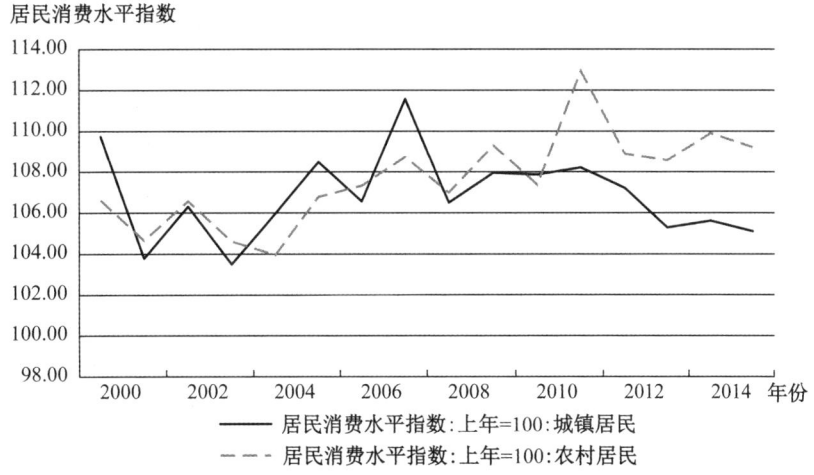

图 3-3　以上年度为基准的居民消费水平变动情况

数据来源:Wind 资讯。

居民和城镇居民的消费水平均呈现下降趋势,且城镇居民消费水平下降程度更为显著。城镇居民消费增速低于农村,一方面是由于农村居民整体消费水平低于城镇,另一方面也反映出我国农村消费市场的发展空间仍然十分巨大。

二、风险因素识别

（一）影响消费变动的主要因素

1. 收入总水平及收入分配差距

收入是支持消费的基础,只有收入增长,才能增加居民的消费信心。当然,这里指的收入不仅指收入水平的上升,更重要的是收入相对于居民消费需求上升的增长。收入的持续增长不仅使居民负担得起更多商品数量的消费,而且能够通过改善消费结构,使高品质消费品的生产得以增加,进而从消费结构的变动层面来支持经济结构的调整。

何代欣（2017）的分析认为,内需不足主要是居民消费不足,而产品与服务品质制约了内需扩大,市场分割及过度干预影响了消费升级,而中国收入分配差距现状对扩大居民消费不利。这里所说的国民收入分配格局,不单是人群之间的收入分配差距,还有政府与市场,政府、企业与居民,区域间和行业间的收入分配问题。另外,创新能力与产出水平还不能完全满足内需,也是制约内需增长的重要因素。

2. 消费构成因素的变化及其动力转化

由于中国经济结构在发生重大调整,与之对应的消费结构也在发生重要变化。不同消费要素的变化及其增长情况也会影响总体消费的变动。魏杰和汪浩（2016）从家电、汽车、住房、青少年消费这四大核心消费变动的视角分析了我国消费的变动与潜力。他们认为,这四大核心消费的前景不容乐观。而未来对经济增长能起到刺激作用的消费主要包括信息消费、教育消费、休闲度假式消费,而这些消费在"十三五"期间,对国内生产总值增长的拉动在3个百分点左右。

3. 人口结构变化产生的动态效应

中国人口结构的老龄化特征不断凸显,这对消费模式和经济增长产生了动态影响。游士兵和蔡远飞（2017）的研究表明,人口老龄化抑制了居民消费,一定程度上促进了国民储蓄,且不管从直接效应还是间接效应来看,人口老龄化都不利于经济增长。因而,应完善养老保障体系,发展"银发产业",提高居民消费能力,鼓励生育,加大人力资本投入,以应对人口老龄化对经济的不利影响。

石贝贝（2017）利用"中国健康与养老追踪调查"数据的分析发现,中国城乡老年人口消费水平低于平均水平,且消费结构相似。进一步的研究表明,优势个体特征、良好家庭互动以及健全社会保障等因素有利于释放老年人消费的潜能,其中,收入和教育变量作用显著,尤其在农村地区更加显著。因而,我们认为,中国应当统筹城乡发展,通过提供全面的老年产品与有效的老年服务,激发老年人口消费动能,最终促进全国消费需求的增加。

4. 居民消费倾向的变化

在消费函数中,居民消费倾向是影响消费水平的重要因素。随着中国近年来经济形势不断发生变化,不仅新兴消费模式、商业模式、支付模式对消费倾向会产生影响,一些宏观经济政策也会对消费倾向产生重要而且显著的影响作用。刘禹君和刘雅君（2017）使用空间计量经济模型分析了创新、创业对城乡居民消费倾向的影响。研究发现,创新和创业水平的提高有效促进了城镇居民消费倾向的提升,对农村居民消费倾向的促进作用并不明显,甚至具有抑制作用。发明专利对城乡居民消费倾向的促进作用最为显著。他们认为,实施创新驱动发展战略、培育经济增长新动力,应更加关注重大社会需求,鼓励原始创新、民生型创新和普惠型创新,支持创新型创业,使创新和创业成果有效拉动城乡居民的消费需求。

学术及社会各界普遍认为,居民消费率是越高越好。然而,也有学者的研究结论持有不同观点。郑东雅(2016)使用89个国家和地区的面板数据研究了不同类型中等收入经济体的消费模型。研究发现,跨越"下中等收入陷阱"的经济体,其消费占比先下降,然后上升。但是,类似的U形消费模式会使上中等收入经济体陷入"上中等收入陷阱"。跨越"上中等收入陷阱"的经济体,其消费占比一直在缓慢下降。这意味着要跨越"中等收入陷阱",可能非但不需要扩大消费,反而要降低消费占比。因而,我们认为,消费占比应该增加的观点是危险的,有可能使中国陷入"上中等收入陷阱"。

（二）影响消费波动的其他因素

1. 电子商务的飞速发展

得益于网络技术领域的后发优势与信息技术的飞速发展与应用,特别是移动互联技术的广泛应用,电子商务极大地便利了消费者的消费选择。目前的消费模式已经成为全球购买、全球选择、全球运输的消费模式,而移动支付手段的不断演进,进一步扩大了边远地区消费者的选择空间。移动互联技术已经在消费时间、消费空间方面对传统商业模式进行了颠覆,其对中国未来消费的增长也会产生长远而深刻的影响。

然而,消费的全球化也可能会对内需产生相当程度的挤出效应。周文等人(2016)基于近5年中国居民的境外消费数据,分析了境外消费迅速扩张的原因。研究发现,伴随人均收入增长而来的消费升级、国内产品质次价高等因素对境外消费起到了推波助澜的作用。随着人均收入水平整体提升,国内居民对高品质、品牌化消费品的需求不断增长,而国内消费品供给方却没有及时跟进,在相当大程度上助推了居民国外消费的快速增长。

2. 城市化率的影响

城镇居民的消费结构和农村居民有不小的差异,而中国持续推进的城镇化进程也从总体上对消费模式和消费结构产生了重要影响。乔晓楠等人(2017)的研究认为,城市化不仅是人口由农村向城市的转移,也是居民生活方式的转变。城市化过程通常能够带给居民获得高收入的机会,也会改变居民消费习惯,并促进消费结构升级。由于我国城市化率仍然较低,因而消费率也远低于发达国家和一些发展中国家。张杨波(2017)的研究认为,中国以往的城镇化之所以没有有效释放内需潜力,关键原因是没有将人的城镇化放在第一位。而加快健全城乡居民的社会福利保障制度,切实提高城镇居民的收入水平,逐步完善消费信贷制度是培育消费者的重要条件,也是完成人的城镇化的必要保障。

3. 住房价格

居民资产价格的变化会通过多种途径对消费产生复杂的影响。王劲松(2017)的理论分析认为,资产价格通过影响消费者的收入、财富、税收环境、储蓄环境和投资环境等对消费者的消费能力产生正向影响,进而通过影响消费能力、消费者对未来经济发展的预期和对未来发生支付危机的预期等对消费者的消费信心产生正向影响。也就是说,资产价格是通过影响消费者的消费能力和消费信心对消费需求产生正向影响的。

当前,影响中国居民消费的资产价格效应主要来自房地产市场。张冲(2017)构建了包括居民部门、房地产企业部门、非房地产企业部门和政府部门在内的四部门动态随机一般均衡模型,分析了居民对房地产需求增加的背景下,房价、居民消费行为以及其他宏观经济变量的变动情况。通过模拟发现,居民对房地产需求的增加将会快速拉动房价上涨并显著降低居民对非房地产产品的消费需求,从而使整个非房地产产品市场的需求大幅度萎缩,非房地产企业部门的发展也将面临严重的需求不足。

从当前影响中国整体消费增长的因素来看,居民收入增长、社会保障水平、高品质消费产品的供给等,是影响消费增长的主要因素。而资产价格的波动、宏观经济形势的变化也会通过消费信心、消费预期等因素对消费增长产生重要影响。

三、消费结构变化与经济运行风险:基于实证研究的分析

(一)关于消费与经济增长关系研究的简单回顾

由于中国正致力于调整经济增长的动力机制,而内需增加及其对经济增长的促进作用一直是学术界讨论的重要问题。

何代欣(2017)认为,如果说2010年前的扩大内需只是补足发展短板的愿望,那么今天所谈的扩大内需,则更多体现了支持中国经济从中高速迈向中高端的主要力量。20世纪90年代中期以来,我国最终消费支出比重的占比始终处于下行通道,说明内需在促进经济增长方面还有很大潜力。孙豪等人(2017)测度了中国31个地区在2002—2013年的需求动力演进过程及区域差异。研究发现,中国经济增长模式在2005年从投资主导型转向内需主导型,且消费对经济增长的拉动作用不断提升。

欧阳峣等人(2016)的研究认为,消费规模特别是居民消费规模是大国经济持续稳定增长的必要条件。他们的研究表明,中国居民消费规模对经济增长的长期效应随居民消费率的变化而变化,这证明中国居民消费存在规模效应,且该效应在不同的消费规模下形成不同的作用机制,导致不同的影响效应。当居民消费占GDP比率低于0.539时,居民消费率上升0.1,第二年经济增长率仅上升0.077;而当居民消费比率高于0.539时,居民消费规模上升0.1,第二年经济增长率则上升0.121。改革开放以来,居民消费对经济增长的贡献不断下降,经济增长主要依赖投入驱动。因此,中国要实现经济增长方式由投入驱动向需求拉动转变,关键是要扩大居民消费相对规模,并通过供给侧改革使国内市场能够有效地满足居民消费需求。

中国正处于城镇化进程当中,不仅城镇化的规模会影响消费的经济增长效应,城镇化的质量也会产生重要影响。程莉和滕详河(2016)的研究发现,人口城镇化质量对消费需求扩大具有正向影响,但受制于消费环境等因素,这一作用效应并非完全显著。人口城镇化质量具备提升消费结构的基础,关键在于释放前期累积的负面效应,而人口城镇化质量与经济增长基本形成一个互相作用的动态系统,存在通过消费传导实现经济增长的路径,但受制于过去粗放外延型的城镇化发展模式,这种正向传导机制发生扭曲,正向促进作用逐渐被负面影响所替代。

也有学者研究了消费构成中某些组成成分的变化对经济增长产生的影响。苏建军等人(2016)分析了旅游消费对中国经济增长的拉动效应和贡献作用。结果表明,旅游消费对总体经济增长具有较好的直接拉动效应。而且旅游消费对经济增长的中介贡献度基本呈上升趋势,国内旅游将取代入境旅游成为拉动经济增长的主体力量。秦琳贵和王青(2017)研究了文化消费对经济增长的作用。他们认为,文化消费可以作为投入要素直接拉动经济增长,也可以通过影响人力资本积累间接促进经济增长。他们的实证研究表明,这两种途径都是显著存在

的。经济增长与文化消费的长期均衡关系具有很强的误差修正效应,当经济增长受到外部冲击产生变化时,能够以比较快的调整速度自动回归到长期的均衡状态,而文化消费在长期会对经济增长产生更加强大的影响。潘文富和赵玲(2017)的研究认为,私人消费对产出的贡献远高于财政支出对产出的贡献。陈建宝等人(2017)利用马尔科夫转移向量误差修正模型考察了不同区制下政府消费与 GDP 之间的相关关系。研究表明,政府消费与经济增长间长期存在着相互制约的稳定均衡关系,当经济增长率偏离长期均衡水平时,系统有动力将其调回至均衡状态,表现出政府消费与经济增长具有相互制约和调整的能力。

刘金全和王俏茹(2017)通过建立面板平滑转移模型实证研究了最终消费率与经济增长之间的非线性关系,得出最终消费率与经济增长之间呈现倒 V 形关系的结论。通过门限值计算得出最优消费水平为 68.12%。在这一门限值以下,消费对经济增长具有显著的促进作用,而高于这一门限值后,这一促进作用有所减弱。他们的研究认为,我国目前的消费率依旧偏低,对经济增长的促进作用仍有很大的提升空间。

可以看到,学术界对消费与经济增长关系的探讨正逐渐深入,已经从总量层面发展到对消费构成因素的研究层面。另外,近期有不少学者关注到消费对经济增长的促进作用在不同的消费率阶段上存在差异。总体而言,中国仍然处于需要提升消费率的阶段,因而,借助于供给侧结构性改革的调整过程,真正将经济增长的动力机制转移到以消费为主的结构上来,是今后宏观经济政策制定过程中需要重点考虑的内容。

（二）数据处理

本部分将使用协整方法实证研究政府消费与居民消费对经济增长的影响作用。考虑到政府购买支出与城镇居民和农村居民消费支出对经济增长的作用可能存在差异,因而,在设计实证研究模型时,本部分主要考虑这三类消费支出对经济增长产生的影响作用。具体而言,本章使用 1978—2015 年间的年度数据,并将消费分为政府消费、城镇居民消费、农村居民消费三类,使用中央和地方财政支出数据代替政府消费变量,数据均取自历年统计年鉴。城镇居民、农村居民消费数据直接使用了统计年鉴中以 1978 年为基期值的居民消费水平指数。使用统计年鉴中的 GDP 数据以及历年总人口数,得到以 1978 年为基期的人均 GDP 指数。对政府消费支出数据先使用历年 CPI 指数进行调整得到实际值,然后换算成基期指数序列。对这些变量均进行自然对数变换,分别使用 cci、uci、gci、adp 代表经过变换并取自然对数后的城镇居民消费、农村居民消费、政府消费,以及人均 GDP 指数序列。

（三）实证分析

1. 变量的平稳性检验及协整检验

1）变量的平稳性检验

应用传统回归分析方法对各经济变量的关系进行估计与检验的前提条件是各变量必须具有平稳的特征,否则容易产生伪回归现象。由于现实中各经济变量时间序列可能具有非平稳性,因此,首先应对各变量进行单位根平稳性检验,如果变量是非平稳的,那么就采用协整检验分析各变量之间的关系。

我们首先通过单位根检验确定上述变量的单整阶数。为确保结果的正确性,对每个变量序列我们都使用 ADF 和 PP 两种检验确定其稳定性和单整阶数,在滞后期数的选择上,参照赤池信息准则(Akaike info criterion, AIC)和施瓦茨准则(Schwarz criterion, SC)。

表 3-2　　　　　　　　　　　　　　　　变量单位根检验结果

变量	ADF	检验方程形式	临界值		AIC	SC
	统计量		1%	5%		
gci	−0.762 812	$(C, T, 2)$	−4.243 64	−3.544 28	−3.271 37	−3.049 18
$dgci$	−3.670 43	$(C, 0, 1)$	−3.632 9	−2.948 4	−3.256 14	−3.122 82
cci	−3.550 06	$(C, T, 1)$	−4.234 97	−3.540 33	−4.073 87	−3.897 93
$dcci$	−4.248 32	$(C, T, 1)$	−3.632 9	−2.948 4	−3.859 45	−3.726 13
uci	−0.525 97	$(C, T, 0)$	−4.226 82	−3.536 6	−4.033 8	−3.903 19
$duci$	−3.654 85	$(C, 0, 0)$	−3.626 78	−2.945 84	−4.236 08	−4.148 1
adp	−2.899 12	$(C, T, 3)$	−4.252 88	−3.548 49	−5.191 97	−4.922 61
$dadp$	−4.163 08	$(C, 0, 1)$	−3.632 9	−2.948 4	−4.972 15	−4.838 84

注:检验方程形式 (C, T, d) 中 C 表明检验方程带有常数项,T 表明带趋势项。d 为滞后期数,选择标准是 AIC 和 SC 准则。计量软件为 EViews6.0。

从表 3-2 检验结果可知,上述各时间序列在 1% 的显著性水平上属一阶单整序列。

2) 变量的协整检验

我们在前述关于变量的平稳性检验的基础上,使用 Johansen 方法对变量进行协整分析。通过建立迹统计量和最大特征值似然比统计量来确定各变量之间的协整关系。在确定 VAR 协整检验的滞后阶数时,我们进行了滞后长度判别检验(Lag Length Criteria)。考虑到城镇居民和农村居民消费增长率之间存在差异,其增长率与经济增长率之间的协整关系也应有所不同,因此,我们分别对经济增长率与城镇和农村居民消费增长率进行协整分析。协整关系检验的结果见表 3-3 和表 3-4。

表 3-3　　　　　　　　　　消费与经济增长协整关系检验结果

原假设协整方程数目	迹统计量 (Trace Statistic)	迹统计临界值		最大特征值 (MaxEigen)	最大特征值统计临界值	
		5%	p-值		5%	p-值
没有	50.006 86	47.856 13	0.030 9	32.383 95	27.584 34	0.011 1
至多1个	17.622 91	29.797 07	0.594	11.721 34	21.131 62	0.575 4
至多2个	5.901 567	15.494 71	0.707 1	5.333 499	14.264 6	0.699 3
至多3个	0.568 067	3.841 466	0.451	0.568 067	3.841 466	0.451

注:* 表示在 5% 的显著性水平上拒绝原假设,p-值是 MacKinnon-Haug-Michelis(1999) p-values。

可以看到,迹检验和最大特征值检验都表明,在 5% 的显著性水平上,上述变量之间存在 1 个协整方程。

我们将正规化后的协整方程系数显示在表 3-4 中。

表 3-4　　　　　　　　　　　　　　协整方程系数

adp	cci	uci	gci
1	1.487 48	−0.512 542	0.199 56
	(−0.150 2)	(−0.167 01)	(−0.067 83)

注:括号内是相应系数变量的标准误差。

协整检验结果表明,从长期关系上来看,经济增长率与城镇居民消费增长率之间存在显著的长期协整关系。城镇居民消费水平上升 1%,会带来人均 GDP 增长 1.49%,其影响作用还是比较显著的。而政府消费水平上升 1%,会使得人均 GDP 增长 0.2%。

3) 脉冲响应分析

在上述协整分析的基础上,我们还分别对两组变量进行了基于 VAR 模型的脉冲响应分析。

由图 3-4 脉冲响应分析结果可以看到,当在本期给城镇居民消费水平一个标准差的正向冲击后,其对经济增长率的影响为正,且在第二期就达到最大值。而农村居民消费水平的正向冲击对经济增长率的正向影响稍显平缓,在第五期达到最大值。政府消费水平的正向冲击对经济增长的影响作用虽然也稍显迟缓,但是其影响程度却最大,而且持续时间较长。

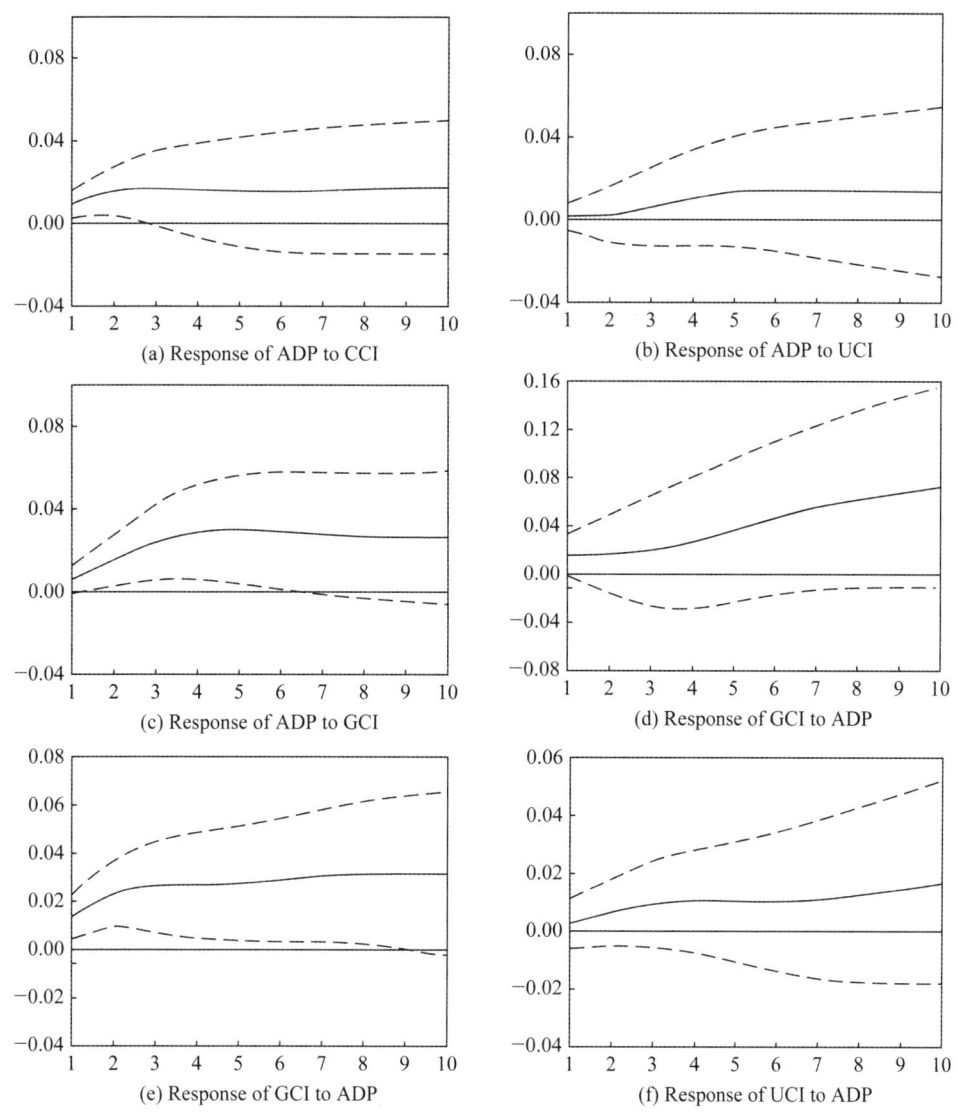

图 3-4　脉冲响应分析结果

如果对人均 GDP 施加一个标准差的正向冲击,则其对城镇居民消费和农村居民消费水平的影响存在较大差异。对城镇居民消费水平而言,其受到的正向影响作用在第 2 期就达到最高值,且一直保持在该水平上,影响作用较为显著。对农村居民消费水平而言,当人均 GDP 产生正向冲击后,其受到的影响程度较低,而且影响作用不显著。人均 GDP 冲击对政府消费的影响作用在前 3 期维持平稳变化的状态,从第四期开始显著上升。显然,经济增长水平对政府消费和城镇居民消费水平的正向影响程度较大,但是对农村居民的消费水平却没有带来显著的促进作用。

（四）实证研究的简要结论

基于以上实证研究的分析,我们基本可以得到以下结论。

（1）从消费构成因素来看,中国的经济增长更多地依靠了城镇居民消费和政府消费。城镇居民消费水平上升 1%,会带来人均 GDP 增长 1.49%,其影响作用还是比较显著的。而政府消费水平上升 1%,会使得人均 GDP 增长 0.2%。

（2）从经济增长对消费的带动作用来看,中国经济增长对消费产生的正向推动作用主要体现在政府消费和城镇居民消费水平的增长上,而对农村居民消费水平的增长效应不显著。因而,未来消费增长的调控政策一方面是要保证城镇居民消费总水平持续上升,另一方面则要注重开发农村消费市场,特别是在农村消费市场的消费转型升级这方面,要通过适当的消费补贴、金融支持,使经济增长的消费带动作用更多惠及农村居民。

四、消费波动的风险度量

（一）风险度量方法

按照本报告一直使用的方法,对历年社会消费品零售总额使用当年 CPI 进行调整得到实际值,根据实际值计算其当年实际增长率,再以各年实际消费增长率对均值的偏差绝对值作为当年消费风险等级划分的基数。分级方法显示在表 3-5 当中。

表 3-5　　　　　　　　　　　　消费增长风险评级

绝对值偏离程度	风险级别	风险评级
≤2%	1	无风险
≤5%	2	低风险
≤8%	3	中等风险
>8%	4	高风险

2016 年社会消费品零售总额的实际增长率比 2015 年下降了 1 个百分点,近 5 年都呈现连续下降趋势;社会消费品增长率继续走弱,且降幅有增加趋势。2016 年中国 GDP 增速为 6.7%,比 2015 年下降了 0.2 个百分点,宏观经济增长明显乏力,由此引发消费增长也显著趋弱。综合判断,消费风险维持在级别为 2 级的低风险区间。虽然风险评级与 2015 年相同,但是消费增速对平均值的负向偏离程度在加大,风险程度是有所上升的。

对于宏观经济增长风险,我们仍然按照已有方法进行 4 个等级的划分。2017 年,虽然世界经济整体似乎进入复苏通道,世界银行在年初也将 2017 年世界实际 GDP 增长速度调高至 2.7,但是,影响经济增长的不确定因素仍然较多。地缘政治风险、贸易保护主义抬头、欧洲经济一体化的倒退、恐怖主义风险,以及新兴经济体面临的资金流出压力增大等,都为世界经济复苏增加了难度。中国扩张性的财政政策与外部需求的复苏,对宏观经济增长起到了一定程度的促进作用。根据宏观经济增长风险评级规则,2017 年宏观经济增长风险评级与 2016 年持平,维持在级别为 2 的低风险等级。中国经济增速可能略好于上年,但是增速提高的幅度不会非常明显。

（二）2017 年消费波动风险评级

进入 2017 年,影响中国消费增长的因素主要有以下 3 点。

1）宏观经济环境

进入 2017 年,中国宏观经济运行趋于平稳。由于外部环境改善,世界需求有所上升,加之财政政策有所发力,消费增长的基础较好。房地产市场降温,在稳定住房价格的同时,也在某种程度上缓解了购房还贷压力,对提振消费信心有一定帮助作用。另外,较为稳定且整体较低的物价水平,也为居民消费增长起到助推作用。

2）居民收入平稳增长

统计数据显示,2017 年上半年,中国居民人均可支配收入 12 932 元,比上年同期名义增长 8.8%,扣除价格因素,实际增长 7.3%。比 2016 年全年居民可支配收入实际增长 6.3% 的数值高出 1 个百分点。收入水平的稳步增长是居民消费增长的重要基础。

3）消费环境因素

得益于移动支付手段的快速发展以及物流行业的配套跟进,中国居民日常消费的便利性得到极大提升。这在一定程度上有助于消费的持续增长。但是,随着收入水平的提高,中国居民的消费需求层次不断提升,对高品质、服务性消费的需求将呈现快速增长的趋势,然而相应的有效消费品供给却难以跟上,供需结构之间的不匹配会抑制有效消费的增长速度。

综合以上分析,2017 年年初预计当年中国社会消费品零售总额增速将维持在 10.5% 左右,增速将比 2016 年有所回升。但是影响消费增长的不确定性因素仍然存在,结构性供需矛盾难以在短期内解决,消费风险继续维持在 2 级的低风险区间。

五、风险管理

1. 将提高居民的实际收入作为提振消费的根本性措施

居民实际收入始终是决定消费增长的根本性因素,因而,提升居民收入总水平、改善收入分配格局是支持消费增长的基础。与此同时,应该进一步加强向民生倾斜的收入分配政策,提高社会保障水平,有效缓解居民的预防性储蓄需求,释放消费的活力与动力。祁京梅（2017）认为,进入 2017 年,在新兴消费模式和消费热点日趋活跃的推动下,居民消费能力和消费水平将不断提高;随着社会保障改革不断深化,消费潜力将进一步得到挖掘;"互联网＋"等流通业态的发展,将进一步提升消费的便利性,成为扩大城乡消费的助推器。扩大消费的政策建议应聚焦于增加居民收入、通过供给侧改革提高消费供给质量、鼓励绿色低碳消费、建立健全服务消费统计体制等方面。臧旭恒（2017）对 2016 年消费促进经济增长的情况进行了深入分析。他认为,虽然 2016 年前 3 个季度消费成为促进经济增长的最强支撑数据,但是消费成为经济增长的真正动力还不足。他认为,消费升级和消费需求更快的增长需要以下几个根本性的转变:首先是依赖于我国收入分配格局的大的调整改变,以及随之而来的中等收入阶层的壮大;其次是依赖于居民收入结构的改变,主要是劳动性收入和资产性收入结构的变化,重点是提高资产性收入;再次是依赖于相关改革政策的推进和落实导致的居民面对的经济生活中风险的大幅下降;最后是依赖于政府的土地财政收入政策导致的高房价的局面的根本性改变。

2. 适应消费结构变化需要,引导社会增加服务型消费的供给

近年来中国人口年龄结构的显著变化,已经在相当大程度上影响了消费总量的增长和结构调整进程。卢岩和王蕴(2017)指出,我国"50后"推动老龄消费需求快速增长,"60后"推动了健康养生、休闲娱乐等需求增长,"80后"成为新兴消费主力,推动教育培训、文化娱乐和家庭服务等需求增长。"互联网+服务"逐渐成为服务消费增长的新热点。因而,当前中国的消费结构向着老龄化、服务化方向发展的特征十分明显,特别是文化娱乐、旅游服务等项目的消费已经成为支持内需增长的重要力量。在政策层面应该更加关注消费结构的变化,以普惠金融引导、支持服务性消费供给增加。

3. 结合供给侧结构性改革的推进,将增加有效的消费供给作为重要政策着力点

当前中国居民对高品质服务型消费、高质量品牌性商品的需求仍处于上升趋势,每年不断增长的海外消费总额就充分说明了这一需求。但是国内能够适应这一消费需求的有效商品及服务供给却一直处于滞后发展的状态。刘东皇等人(2017)的研究指出,要逐渐从基本消费品的供给,转向信息消费、健康消费、文化消费、旅游消费、绿色消费、养老消费、幼儿消费等新的消费供给领域,生产出更多的中高端产品,开拓现代服务产品。我们认为,结合供给侧结构性改革这一调整过程,应该从强化知识产权管理、鼓励并保护创新、调整税收政策、保护民族品牌、支持本国跨国公司等方面入手,鼓励企业提供高品质消费品和服务供给。

4. 优化消费环境,提升居民消费信心

消费环境包括市场环境以及制度法律环境等。当前,中国居民的网络消费增长幅度较大,与此相对应的支付环境、运输物流环境、售后服务配套、企业信用情况、消费信贷的便利性与规范性等都是需要政策层面加以关注的重要对象。由于网络消费存在的购买及消费时点的滞后性,特别是中间有物流环节的介入,消费者的消费体验与实体店有较大差异,因而,与之相对应的消费争端的解决、支付便利性及安全性等问题,都会影响到网络消费的增长。政策层面应该是注重规范市场环境,及时出台支付、争端、运输的标准,规范消费信贷与消费金融的发展,对商家的市场行为进行规范,向消费者提供更加便利和安全的消费环境,提振居民消费信心。另外,近年来中国居民消费中的旅游消费、餐饮消费增长较快,共享消费模式也带来消费理念与消费业态的快速创新,这些消费项目都需要进一步规范市场行为与行业标准,给居民营造更放心、更便利的消费环境。

5. 关注消费结构升级的地域差异,实施差别化消费激励政策

虽然中国整体消费市场体量巨大、平稳增长,但是,由于中西部存在的收入差异、经济结构差异等因素,不同地区的居民消费结构升级步伐是不一致的。东部沿海的高收入地区居民消费将更加注重产品的品质和档次,在消费需求上具有与国际接轨的基础与发展趋势;中西部地区的居民消费则刚开始进入转型升级的通道。但是,由于中西部地区中等以上收入群体规模扩大,东部沿海地区的消费模式也会向其他地区延伸,未来消费结构的地区差异可能更多地会体现为群体差异。因而,在政策层面要结合区域差异,实施差别化消费激励政策,激发不同地区、不同收入群体的消费需求,进一步增强内需带动经济增长的动力。

参 考 文 献

［1］陈建宝,禚铸瑶,卢睿.政府消费与经济增长——基于 MS-VECM 的实证研究［J］.数理统计与管理,2017(1):18-28.

［2］程莉,滕祥河.人口城镇化质量、消费扩大升级与中国经济增长［J］.财经论丛,2016(7):11-18.

［3］何代欣.大国转型与扩大内需:中国结构性改革的内在逻辑［J］.经济学家,2017(8):19-26.

［4］刘东皇,杜宇玮,谢忠秋.新常态下中国消费成长:现实困境与突破路径［J］.当代经济管理,2017(8):1-5.

［5］刘禹君,刘雅君.创新、创业与居民消费倾向［J］.财经论丛,2017(2):3-9.

［6］刘金全,王俏茹.最终消费率与经济增长的非线性关系——基于 PSTR 模型的国际经验分析［J］.国际经贸探索,2017(3):41-56.

［7］卢岩,王蕴.把握新常态下居民消费特点促进服务性消费供需匹配［J］.宏观经济管理,2017(1):64-68.

［8］马利军.关于我国消费信贷与经济增长研究——基于 VECM 模型的分析［J］.价格理论与实践,2017(1):121-124.

［9］欧阳峣,傅元海,王松.居民消费的规模效应及其演变机制［J］.经济研究,2016(2):56-68.

［10］潘文富,赵玲.我国相机抉择财政政策对经济增长与私人消费的影响——基于 SVAR 模型分析［J］.华东经济管理,2017(5):121-125.

［11］祁京梅.2016 年消费形势分析及 2017 年走势预测［J］.理论学刊,2017(1):78-83.

［12］乔晓楠,张欣,贾晶茹.居民消费率一般演进规律与我国的特殊性研究［J］.经济纵横,2017(4):23-34.

［13］秦琳贵,王青.我国文化消费对经济增长影响的机理与实证研究［J］.经济问题探索,2017(3):38-45.

［14］石贝贝.我国城乡老年人口消费的实证研究——兼论"退休—消费之谜"［J］.人口研究,2017(5):53-64.

［15］苏建军,张毓,孙根年.中国旅游消费对经济增长的拉动效应与贡献度分析［J］.消费经济,2016(2):34-40.

［16］孙豪,毛中根,桂河清.中国经济增长模式演进及区域差异［J］.经济问题探索,2017(6):30-38.

［17］王劲松.资产价格对消费需求影响的理论分析［J］.经济问题,2017(3):6-11.

［18］魏杰,汪浩.新常态下保持中高速增长的原因分析——兼论"十三五"时期中国经济增长目标［J］.社会科学战线,2016(10):40-49.

［19］游士兵,蔡远飞.人口老龄化对经济增长影响的动态分析——基于面板 VAR 模型的实证分析［J］.经济与管理,2017(1):22-29.

［20］张冲.新一轮房价上涨对消费需求的影响［J］.财经问题研究,2017(6):15-21.

［21］臧旭恒.如何看消费对我国经济增长的作用[J].消费经济,2017(4):3-8.

［22］张杨波.新型城镇化、扩大内需与消费升级[J].浙江学刊,2017(3):129-134.

［23］郑东雅.扩大消费能跨越"上中等收入陷阱"吗[J].浙江社会科学,2016(5):4-13.

［24］周文,倪瑛,常璨元.中国消费者境外消费的特点、成因与供给侧结构性改革[J].学术研究,2016(6):92-96.

第四章　对外贸易与经济增长的风险

一、绪论

1. 2016 年以来中国外贸发展的总体情况

由于国内经济增速趋于放缓,加上国际市场需求持续低迷,中国的对外贸易规模延续了 2015 年的负增长走势。但由于中国政府出台了稳外贸、促创新的政策措施,切实为企业减负助力,外贸增速的下滑态势得到一定程度的缓解。2016 年中国的对外商品贸易总额为 36 856.2 亿美元,同比下降 6.8%(见图 4-1)。这与 2015 年风险研究报告中"预计 2016 年中国的外贸增速将小幅回升,但仍难以扭转负增长的趋势"的判断相吻合。不过,与同期美国货物贸易−2.9%的增速相比,中国的贸易降幅仍然偏高,第一商品贸易大国的桂冠也因此让位于美国。但以人民币计算,2016 年中国的对外商品贸易总额为 243 389 亿元,同比仅下降 0.9%,降幅较 2015 年收窄 6.2 个百分点。进入 2017 年,随着前期的政策效果逐步显现和国际市场需求回暖复苏,再加上低基数效应的作用,中国的对外贸易开始企稳回升,1~6 月份的对外商品贸易总额为 19 052 亿美元,同比大幅增长 12.7%。以人民币计算的对外商品贸易总额为 131 118 亿元,同比增速更是高达 19.3%。

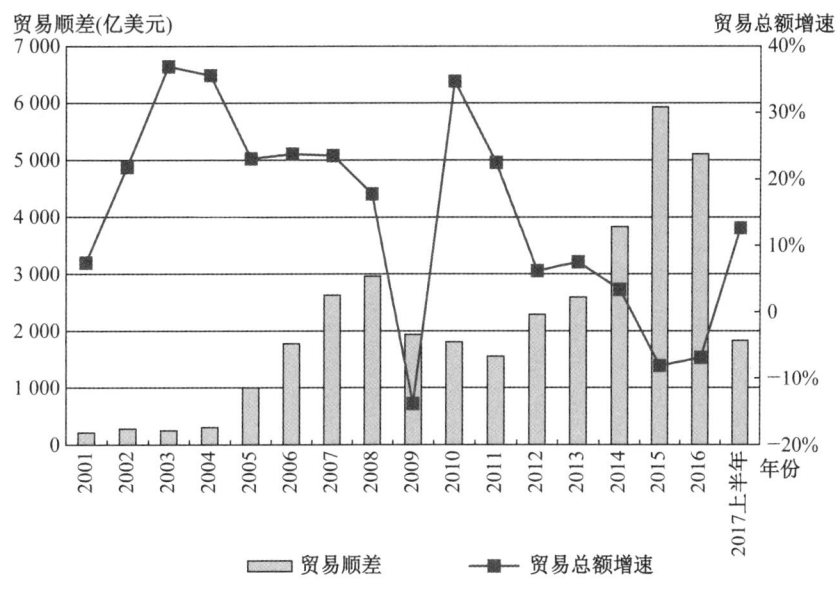

图 4-1　2001 年以来中国的对外贸易总额增速与贸易顺差

为减轻出口企业压力,改善外贸发展环境,中国政府不断完善出口退税分担机制、加大出口信保支持力度,但由于国际市场环境很不理想,出口贸易难有明显起色。2016 年的出口值为 20 981 亿美元,同比减少 7.7%,出口降幅较 2015 年扩大 4.8 个百分点。相比之下,在降低日用品进口关税、稳定资源和农产品进口等政策的作用下,进口贸易的表现较好,进口降幅明显收窄。2016 年的进口值为 15 874 亿美元,同比减少 5.5%,而 2015 年则是负增长14.3%。出口和进口贸易的迥异表现也使得贸易顺差高位回落,从 2015 年的 5 939 亿美元降至 2016 年的 5 107 亿美元。2017 年以来,中国的出口和进口贸易均呈现强劲反弹势头,1~6 月以美元计算的出口增速和进口增速分别为 8.2% 和 18.7%,以人民币计价的出口增速和进口增速分别高达 14.6% 和 25.5%。进口贸易增速大幅高于出口贸易,将会促使贸易顺差进一步回落,不仅有利于缓解对外贸易结构失衡的问题,而且有利于改善国际贸易环境。

2. 2016 年以来中国外贸发展的主要特点

(1)对外贸易企稳回升,月度增速稳步上行。面对严峻的国际贸易形势,中国政府在 2016 年进一步加大力度支持外贸发展,采取切实加快退税进度、提高贸易便利化水平、促进加工贸易创新发展、加快外贸新业态发展等措施,努力实现"稳外贸、调结构、转方式"的政策目标,着力培育外贸竞争新优势。从图 4-2 的外贸月度增速来看,这些扶持政策起到了比较好的积极作用。中国的出口同比增速从 2016 年 1 月的 -15.2% 逐步升至 2017 年 6 月的 10.9%,同期的进口增速更是从 -19.9% 大幅升至 17%,对外贸易的企稳回升为中国经济的健康发展起到了重要的推动作用。

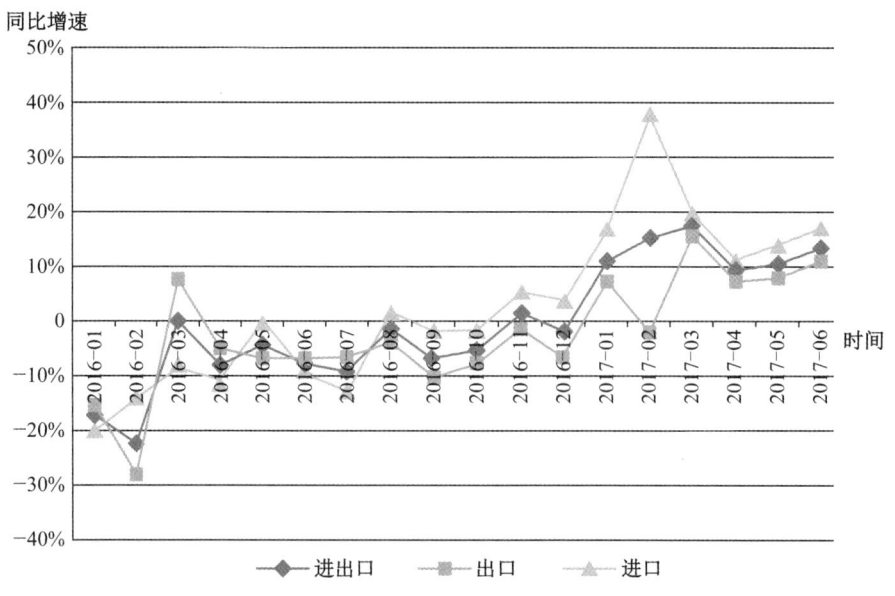

图 4-2　2016 年以来对外贸易额的当月同比增速

(2)机电产品和部分劳动密集型产品的出口抗压能力较强,资源品的进口贸易大幅波动。如表 4-1 所示,2016 年中国机电产品的出口贸易虽然有所下降,但降幅小于商品贸易的整体水平,显示出较强的抗压能力,在出口贸易中的占比提高到 58.5%。作为传统优势产品的纺织品出口相对稳定,同比降幅仅为 3.0%。然而,钢材出口继续大幅萎缩,同比降幅从 2015 年的 11.3% 扩大到 2016 年的 12.1%。2017 年以来,机电、纺织、鞋等主要产品的出口贸易均呈现复苏态势,但增长幅度均小于整体水平。

在进口贸易方面,大宗商品价格的大起大落导致资源品进口贸易的大幅波动。2016 年中国的原油进口大幅下降 14.0%,但 2017 年上半年则飙升 60.5%;2016 年铁矿砂进口下降 2.0%,2017 年上半年骤增至 62.9%。此外,由于中国在 2016 年加快推进汽车平行进口试点, 2017 年上半年汽车进口增长 16.6%,显著高于制造业进口增长的整体水平。

表 4-1　　　　　　　　　**2016 年以来进出口贸易额中代表性商品的同比增速**

代表性商品	出口贸易		代表性商品	进口贸易	
	2016 年	2017 年上半年		2016 年	2017 年上半年
机电产品	−6.9%	5.6%	机电产品	−4.4%	7.5%
高技术产品	−7.7%	5.6%	高技术产品	−4.5%	7.7%
纺织品	−3.0%	1.4%	大豆	−2.6%	27.8%
服装	−7.6%	−2.0%	铁矿砂	−2.0%	62.9%
鞋	−9.5%	2.0%	原油	−14.0%	60.5%
钢材	−12.1%	3.4%	汽车	−0.5%	16.6%
全部商品	−7.7%	8.2%	全部商品	−5.5%	18.7%

（3）农、矿产品进口价格持续攀升,对外贸易的价格条件趋于恶化。如图 4-3 所示,国际 大宗商品价格经过前两年的持续下跌之后,2016 年已经触底回升,带动中国进口商品价格指 数从 2015 年的 88.4 回升至 2016 年的 97。而国际需求疲软使得中国的出口商品价格难以提 振,出口商品价格指数从 2015 年的 99.1 降至 2016 年的 97.8。2017 年以来,虽然中国的出口 价格有所回升,但国际大宗商品价格的强劲反弹导致进口价格快速上涨,2017 年上半年的出 口价格指数和进口价格指数分别为 105.4 和 112.6,对外贸易的价格条件指数从 2015 年的 112.1 持续回落至 2017 年上半年的 93.6。在各类贸易品中,矿产品和农产品价格的大幅上涨 是中国贸易条件恶化的主要因素。2017 年上半年矿产品和农产品对外贸易的价格条件指数 分别为 87.4 和 90.3,较 2015 年分别下降了 32.9% 和 29.3%。

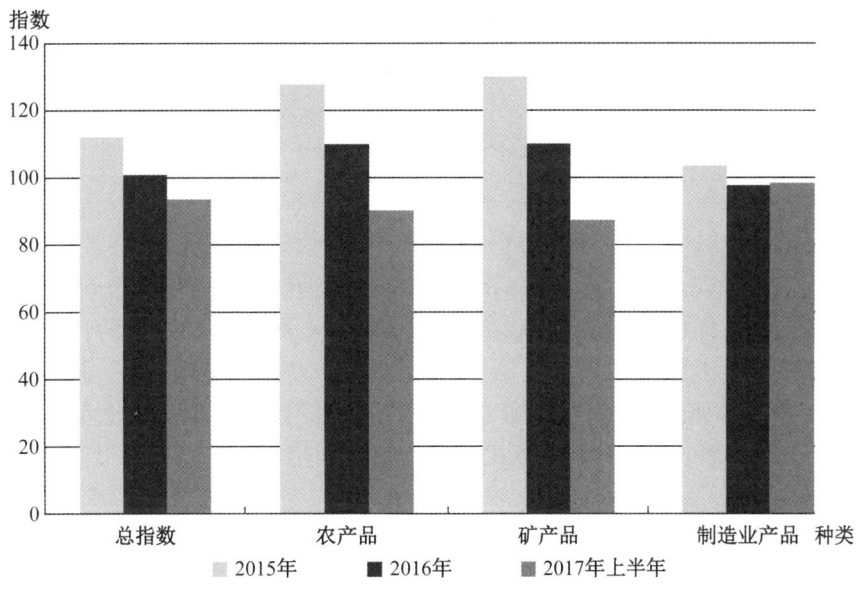

图 4-3　2016 年以来对外贸易的价格条件指数及与上年对比

（4）民营企业的出口地位持续提升,贸易方式的结构逐渐优化。如表4-2所示,2016年各种类型的企业出口都遇到较大困难,但民营企业显示出更强的抗压能力,出口贸易的同比增速为－6.1％,明显好于其他企业。在2017年出口贸易企稳回升的情况下,民营企业同样展现出更为强劲的增长势头,2017年上半年民营企业的出口贸易同比增速为9.1％,仍然高于8.2％的全国水平。相比之下,外资企业的出口表现则要逊色不少。2017年6月末,民营企业占中国出口总量的比重首次超过外资企业,成为"稳出口"的核心动力。

表4-2　　　　　　**2016年以来主要贸易企业的出口比重和增速及与2015年对比**

项目		占出口贸易比重			出口贸易增速		
		2015年	2016年	2017年上半年	2015年	2016年	2017年上半年
企业类型	国有企业	10.7％	10.3％	10.6％	－5.5％	－11.0％	9.5％
	外资企业	44.2％	43.7％	42.8％	－6.5％	－8.7％	7.6％
	民营企业	42.8％	43.6％	44.6％	2.0％	－6.1％	9.1％
	其他企业	2.4％	2.4％	2.3％	－4.9％	－6.9％	2.2％

在对外贸易"提质增效"的政策引导下,加工贸易的粗放发展模式受到明显抑制。2016年,此类方式的进出口贸易降幅高达10.6％,占外贸总量的比重下降1.3个百分点(见表4-3)。而一般贸易增速只下降了4个百分点,占外贸总量的比重上升1.6个百分点。2017年以来,加工贸易虽然有所回升,但增长幅度仍然弱于一般贸易。2017年上半年,加工贸易和一般贸易的同比增速分别为9.3％和11.2％,占中国外贸总量的比重分别为28.5％和57％。值得注意的是,尽管加工贸易量的比重趋于降低,但质的内涵却明显提升。据商务部统计,2016年加工贸易的国内增值率达80.1％,同比提高1.6个百分点[①]。

表4-3　　　　　　**2016年以来主要贸易方式的进出口比重和增速及与2015年对比**

项目		占进出口贸易比重			进出口贸易增速		
		2015年	2016年	2017年上半年	2015年	2016年	2017年上半年
贸易方式	一般贸易	54.3％	55.9％	57.0％	－7.4％	－4.0％	11.2％
	加工贸易	31.5％	30.2％	28.5％	－11.6％	－10.6％	9.3％

（5）大部分地区都经历了外贸企稳回升的过程,中西部地区的回升势头尤为强劲。2016年,中国大多数省份的对外贸易都呈现下滑态势,只有山西、广西、四川等个别省份出现正增长(见表4-4)。不过,东部地区的外贸降幅低于全国整体水平,占贸易总量的比重从2015年的81.3％升至2016年的82.2％。2017年以来,随着外贸形势的逐步回暖,大多数省份的对外贸易明显回升,而中西部地区的对外贸易显示出强劲的增长势头。2017年上半年,中西部地区的外贸同比增长16.9％,广西、四川两省的外贸增速更是超过30％,而东部地区的外贸增速只有9.5％。

_____

① 商务部:《中国对外贸易形势报告(2017年春季)》。

表 4-4　　　　　　　**2016 年以来主要省份的进出口贸易占比和增速及与 2015 年对比**

地区		占进出口贸易比重			进出口贸易增速		
		2015 年	2016 年	2017 年上半年	2015 年	2016 年	2017 年上半年
东部地区	北京	3.3%	3.3%	2.9%	−8.5%	−6.5%	−5.5%
	天津	3.0%	2.9%	3.0%	−17.6%	−10.1%	12.2%
	上海	10.8%	11.0%	11.1%	−6.0%	−5.1%	13.8%
	江苏	14.7%	15.0%	15.5%	−4.6%	−5.1%	12.4%
	浙江	9.1%	9.4%	9.5%	−4.7%	−4.0%	10.6%
	福建	3.8%	3.7%	3.9%	−9.9%	−7.5%	13.3%
	山东	7.1%	7.4%	8.0%	−14.9%	−2.2%	19.3%
	广东	29.5%	29.4%	27.0%	−6.1%	−7.0%	4.4%
中西部部分地区	山西	0.4%	0.5%	0.5%	−5.3%	7.9%	14.0%
	内蒙古	0.4%	0.4%	0.4%	−8.7%	−4.9%	20.8%
	安徽	1.1%	1.1%	1.2%	−1.2%	−4.2%	22.7%
	广西	1.1%	1.2%	1.3%	−3.2%	2.6%	31.4%
	四川	1.2%	1.3%	1.6%	−22.5%	2.4%	41.4%
	陕西	0.8%	0.8%	0.9%	7.8%	−0.1%	19.0%

（6）对外贸易的区域格局趋于集中化，与新兴市场的贸易联系显著增强。如图 4-4 所示，欧盟和美国这两个传统市场仍然是中国对外贸易的主要地区，2016 年两大市场在中国外贸构成中的比重高达 29.2%，较 2015 年上升了 1.3 个百分点。不过，由于中国企业加大了对欧盟国家的直接投资，稳定了双边贸易联系，使得欧盟在中国外贸构成中的比重从 2015 年的 14.3% 升至 2017 年 6 月末的 15.1%，同期美国所占的比重则维持在 14.2% 的水平。

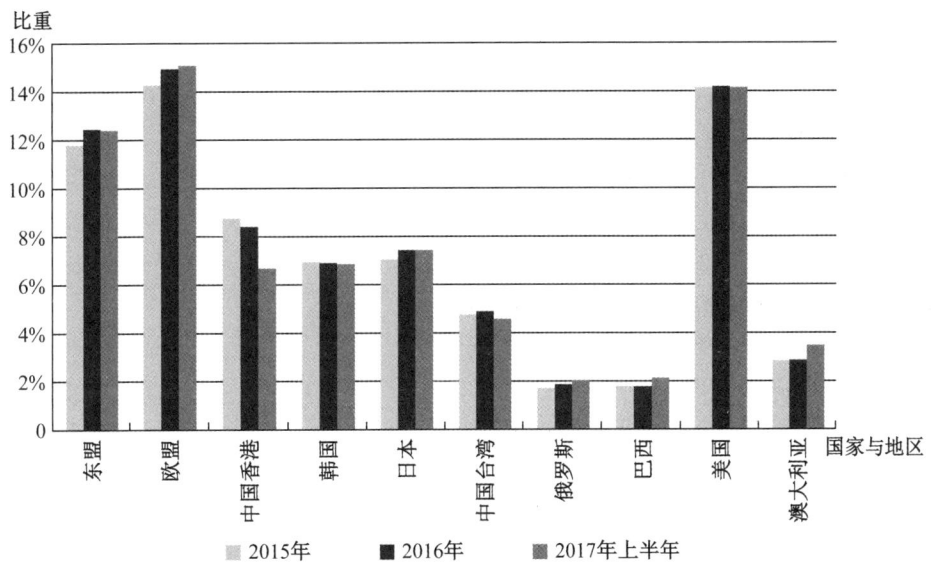

图 4-4　2016 年以来主要贸易伙伴在中国进出口总额中的比重及与 2015 年对比

　　此外,在"一带一路"战略的引领下,中国与东盟、俄罗斯、巴西等新兴市场的贸易联系也有所强化。2016 年中国与东盟的双边贸易仅减少了 1.4%,明显低于总体的贸易降幅,与俄罗斯的双边贸易甚至逆势增长 2.6%。进入 2017 年,中国与新兴市场的贸易联系快速升温,2017 年上半年,中国与俄罗斯、巴西的双边贸易额同比分别增长 25.2% 和 35.2%,远远高于总体的贸易增速,两者在中国外贸构成中的比重从 2015 年的 3.5% 升至 2017 年 6 月末的 4.3%。

二、风险识别

　　前一部分对 2016 年以来中国对外贸易的总体情况和主要特点进行了阐述,本部分将从出口和进口两个方面详细分析影响中国外贸增长的风险因素。

　　1. 出口

　　(1) 2016 年世界经济增长动力不足,国际市场需求持续低迷。2016 年全球经济仍处于国际金融危机后的深度调整期,经济复苏乏力,国际市场需求疲弱。联合国在《2017 年世界经济形势与展望》中指出,2016 年 2.2% 的世界经济增速是 2009 年以来最低的增速,投资增长在许多主要发达国家和发展中国家都明显放缓。全球贸易量在 2016 年只增长了 1.2%,处于历史较低水平。受全球经济低迷和市场需求疲软的拖累,中国的出口降幅在 2016 年进一步扩大 4.8 个百分点。

　　发达经济体中,美国在 2016 年上半年的低迷之后,第三季度 GDP 增速达到 3.2%,超出市场预期,失业率在 11 月降至近 10 年来的最低值 4.6%。2016 年前三季度欧元区经济增速低于 2015 年同期水平,但 12 月制造业 PMI 上升至近 6 年以来的最高值,且经济信心指数升至 5 年来新高。但由于经济复苏动能较弱,欧元区失业率仍然处于较高水平。日本经济延续扩张态势,2016 年 12 月制造业 PMI 创 11 个月以来新高,但 CPI 仍与 2% 的目标通胀率有较大差距。

　　新兴经济体中,印度经济增速有所下滑,特别是受"废钞"导致的现金不足等因素的拖累,制造业 PMI 在 2016 年第四季度出现回落,12 月降至荣枯临界点下方。南非经济在 2016 年第一季度经历收缩之后,随着消费支出和工业生产的增长,第二季度开始止跌回升,经济开始持续扩张。由于消费和固定资产投资降幅趋缓,俄罗斯经济萎缩幅度收窄,制造业 PMI 在 2016 年 12 月升至 53.7。受投资、消费持续收缩的影响,巴西经济深陷衰退,2016 年第四季度制造业 PMI 在荣枯临界点下方持续降至 45.2,表明经济仍然在萎缩。

　　(2) 综合成本居高不下,传统竞争优势进一步弱化。近年来国内人力、土地等要素成本的持续增长和环保要求的日趋严格,使得出口企业的综合成本持续上升。尽管国家有关部门通过降税降费、调降利率,以及降低物流、行政相关交易成本等措施努力减轻企业负担,但从实际情况来看,企业承担的成本压力仍然在持续攀升。

　　《进出口经理人》杂志社和德国莱茵集团联合发起的"外贸企业生存现状调查"结果显示,2016 年,国际市场需求减速是影响中国企业出口的最大因素,成本上升因素位列第二;2017 年,成本上升因素首次超过国际市场需求减弱因素,成为影响中国企业出口的最大障碍。这种变化一方面反映出国际贸易形势在 2017 年有所好转,企业出口订单有所恢复;另一方面反映出劳动力、原材料和税费等在内的成本上升问题,伴随着中国制造业转型升级的过程而更加凸显。

　　再从外贸大省山东的情况来看,2009 年以来,该省劳动力成本年均增幅超过 10%,部分企业出现较为严重的招工难。土地、环境保护等约束进一步趋紧,水电气、运输等各项成本居高不下。受此影响,山东省纺织服装、橡胶轮胎等劳动密集型和资源密集型产业加快向东南亚国家转移,省内 20 多家纺织服装生产企业相继到越南、柬埔寨、孟加拉国等东南亚国家投资设厂[1]。

(3) 全球贸易保护主义普遍抬头,中国遭遇贸易摩擦创新高。国际金融危机以来,市场需求不足的矛盾突出,一些国家采取设置贸易壁垒等非常规手段抢占国际市场,全球贸易保护主义高发的势头一直没有明显缓解。中国作为第一货物贸易大国,巨大的出口体量使得贸易摩擦难以避免,2016 年中国遭遇贸易救济案件数量达到历史高点。

商务部数据显示,2016 年中国共遭遇来自 27 个国家(地区)发起的 119 起贸易救济调查案件,其中反倾销 91 起,反补贴 19 起,保障措施 9 起;涉案金额 143.4 亿美元,案件数量和涉案金额同比分别上升 36.8% 和 76%。其中,近半数的贸易救济案件针对中国钢铁产品。共有 21 个国家和地区发起针对钢铁的立案调查 49 起,涉案金额 78.95 亿美元,案件数量和金额同比上升 32.4% 和 63.1%。其他贸易摩擦较多的产品主要集中在化工和轻工领域,光伏、瓷砖、轮胎等产品更是遭到多国设限。

一方面,在低端的轻工、纺织等领域,中国的比较优势正在削减,并未培育出高端品牌,难以实现差异化竞争,因而遭遇到来自东南亚等发展中国家的贸易摩擦;另一方面,随着产业结构的调整升级,在光伏、机电等高端产业领域,中国和发达国家的产业结构正从互补变为交叉,甚至重叠,因而在产能过剩和高端产业领域遭遇到更多的贸易壁垒。在全球贸易保护主义普遍抬头的背景下,中国预计将面临更多的贸易摩擦,而贸易摩擦政治化、措施极端化等倾向也将日益明显[2]。

2. 进口

(1) 中国经济增速延续下行态势,进口需求难以提振。随着"去产能、去杠杆、去库存"工作的持续推进,中国经济增长的下行压力进一步加大。2016 年全年国内生产总值 744 127 亿元,GDP 增速为 6.7%,相较于 2015 年 GDP 增速下降 0.2 个百分点。

导致中国经济增长乏力的主要因素是投资动力弱化。由于经济结构调整深化背景下产能过剩与供给侧改革推进对投资形成约束,传统企业经营利润空间相对收窄,固定资产投资边际收益率持续下滑,导致经济主体投资实体经济积极性下降。2016 年全社会固定资产投资累计完成额同比增长 8.10%,增速较 2015 年下降了 1.9 个百分点,投资增速首次降至个位数。产能过剩与供给侧改革对传统制造业的制约尤为明显,实体经济环境偏弱,叠加 2015 年以来传统制造企业收益下行,使得传统企业对实体经济投资持悲观预期,从而抑制其新增投资的积极性。2016 年制造业固定资产投资累计增速与新增固定投资累计增速为 −4.5% 与 −19.9%,分别较 2015 年下降 12.6% 和 35.8%。

与此同时,中国消费增长较为平稳,反映出经济增长动力正在由投资主导向消费主导转换。2016 年社会消费品零售总额 332 316 亿元,同比增长 10.4%,扣除价格因素,实际增长 9.6%。电子商务的快速发展是支撑消费增长的一个重要因素。2016 年网上零售额 51 556 亿元,同比增长 26.2%。其中,网上商品零售额 41 944 亿元,增长 25.6%,占社会消费品零售总额的比重为 12.6%。

---

① 山东省发展和改革委员会. 2016 年对外贸易发展思路与重点. www.sdfgw.gov.cn,2016-06-08.

② 夏旭田. 2016 年中国遭遇贸易摩擦创新高钢铁轻纺化工是重灾区. 21 世纪经济报道,2017-01-06.

（2）大宗商品价格同比下跌,抑制进口贸易金额的增长。随着世界经济在 2016 年触底回升,国际大宗商品价格经历年初的下跌之后,也开始呈现企稳上涨的态势,但与 2015 年同期水平相比仍然偏低。因此,尽管中国加大了主要大宗商品的进口数量,但进口商品价格下跌的影响,导致进口贸易额的增长受限。2016 年,中国的进口价格指数总体下跌 2.1％。其中,铁矿石、原油、成品油、铜、钢材的进口价格分别下跌 0.5％、18.6％、10.8％、6％和 5.5％。

抓住大宗商品进口价格下跌的机遇,中国加大了这些商品的进口力度。2016 年,中国对原油、铁矿石、钢材、铜的进口量分别增长 13.6％、7.5％、3.4％和 2.9％。因进口价格下降,中国进口原油、铁矿石、铜精矿等 10 类大宗商品减少付汇约 4 100 亿元,有利于企业降成本、增效益[1]。但从 2017 年的情况来看,由于全球经济持续复苏,国际大宗商品市场很可能继续走强,进口价格大幅攀升将会成为中国进口贸易要面对的新风险。

（3）人民币汇率贬值加剧,增加进口贸易的换汇成本。2016 年之前的多年连续升值,使得人民币积累了相当大的贬值压力。2016 年,随着"汇改大门"的开启,在市场化机制的作用下,人民币汇率进入了贬值通道且贬值幅度不断扩大。全年人民币相对美元贬值约 6.67％,对"一篮子货币"贬值幅度为 5.13％。与此同时,人民币汇率的波动幅度也明显加大。突出表现为,人民币兑美元汇率虽然全年在大趋势上都处于贬值态势,但在 2016 年下半年尤其是 10 月份人民币加入 SDR 货币篮子生效以后的贬值幅度远远超过前期。

就国内进口消费品而言,人民币贬值将会导致进口价格的相对提高,而一些食品、生活日用品等存在刚性需求,进口价格提高并不会明显减少国民的消费需求,只会增加进口成本,对于电子商务渠道的进口贸易而言更是如此。有媒体报道,2016 年人民币的贬值因素使得海淘成本增加 10％[2]。另外,中国的很多企业在生产过程中所使用的原材料和机械设备都是进口的,人民币兑美元汇率的贬值必然会导致这些进口商品价格调高,在很大范围内加大企业的生产成本。

三、风险度量

1. 加工贸易与经济增长的关系

加工贸易在中国对外开放过程中扮演了重要的角色,但近年来加工贸易似乎遇到了瓶颈,关于加工贸易的发展问题也引起了较多的争论。这部分我们着重评估加工贸易与经济增长之间的关系,考虑加工贸易对中国经济增长的影响。

（1）加工贸易影响经济增长的理论分析与相关文献。改革开放以来,中国经济保持了长期、快速的增长,加工贸易作为中国参与国际分工的主要途径,其对经济增长的贡献不容忽视。因此,加工贸易对经济增长的影响也成为学术界关注的重点问题,许多文献对两者间的关系进行了大量的理论分析和实证研究。然而,加工贸易本身的特征决定了参与者很可能处在全球价值链的末端环节。在中国由"制造大国"向"制造强国"转变的关键时期,审视加工贸易在经济增长中的作用,具有十分重要的意义。

王晶和曹菁轶（2009）综合运用加工贸易增值系数、加工贸易拉动度及线性回归分析等方法,实证分析加工贸易对中国经济增长的影响。结果显示,加工贸易进出口额每增长 1 个百分点,经济增速将提高 0.41 个百分点,并且加工贸易进口对经济增长的贡献要大于加工贸易出

---

① 商务部. 中国对外贸易形势报告（2017 年春季）. www. mofcom. gov. cn.
② 阮妍妍. 人民币贬值海淘成本增加 10％左右. 杭州日报,2016-12-13.

口的贡献。万依和罗剑宏(2015)的实证研究表明,加工贸易对中国经济增长的贡献度及拉动度为正值,加工贸易与经济增长之间互为格兰杰因果原因,两者相互影响、相互促进,存在着长期均衡的正相关关系,尤其是加工贸易对经济增长有着极大的影响,在推动经济发展的过程中做出了巨大贡献。蒋兴红和李永敏(2016)归纳总结了加工贸易在中国对外开放和经济发展中的重要作用,包括增加社会就业机会、促进产业结构升级、支持沿海经济增长、实现创汇增收等多个方面。然而,实证研究却发现,加工贸易对中国经济增长的影响并不总是正面积极的,而是存在阶段性差异的。1989—2011 年,加工贸易对经济增长发挥了较大作用,但 2013 年以来,加工贸易对经济增长的贡献度和拉动度均为负值,对经济增长起到了反面作用。

考虑到国内相关研究的结论并不一致,并且样本数据大多较为陈旧,我们利用最新的年度数据,在分析加工贸易和经济增长时间演化特征的基础上,计量研究加工贸易对中国经济增长的影响。

(2) 加工贸易与经济增长的特征分析。如图 4-5 所示,改革开放以来,中国的加工贸易经过了一段高速发展的历程,加工贸易总额从 1982 年的 3.29 亿美元增长到 2014 年的 14 101 亿美元,期间只有 2009 年受到金融危机的影响出现负增长,其他年份都是正增长,且大多数年份的增速都在两位数以上。不过,2015 年以来,由于国际经济持续低迷,中国的加工贸易再度出现负增长,2015 年和 2016 年的增速分别为-11.61% 和-10.6%。

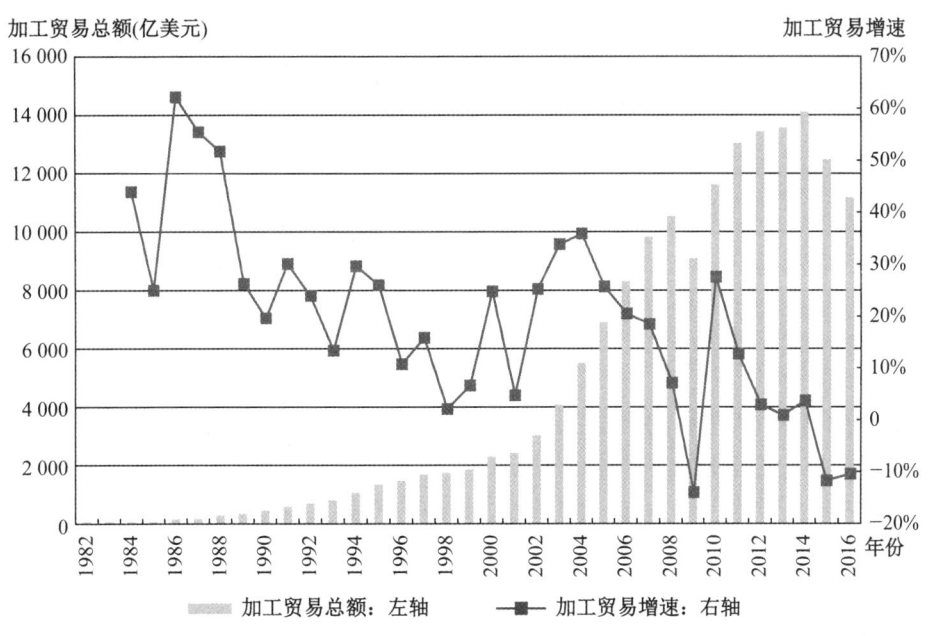

图 4-5　1982—2016 年中国加工贸易总额及增速变化

与加工贸易在改革开放早期的高速增长相对应的是,加工贸易在中国经济总量中的重要性显著提升。以加工贸易总额占国内生产总值的比重来衡量的加工贸易依存度指标从 1982 年的 0.12% 快速攀升至 2006 年的 30.22%(见图 4-6),成为驱动中国经济增长的一支重要力量。但自从 2007 年次贷危机爆发以来,传统的加工贸易模式遇到比较大的挑战,增长速度明显放缓,在国民经济中的重要性逐步降低,加工贸易依存度指标从 2006 年的最高点持续降至 2016 年的最低点 9.95%。

不过,加工贸易的经济效益并未随着依存度的降低而降低,而是有了比较大的提升。以加工贸易出口与加工贸易进口比值来衡量的增值系数从 1982 年的 0.192 上升到 2009 年的 1.821,反映出加工贸易的国内增加值大幅提高。尽管 2010 年之后,加工贸易增值系数略有下降,但在促进加工贸易转型升级的政策指导下,最近 2 年的增值系数又开始稳步回升,从 2014 年的 1.682 升至 2016 年的 1.803,对中国转变经济发展方式起到了重要的推动作用。

图 4-6　1982—2016 年中国加工贸易增值系数和依存度指标变化

(3) 加工贸易影响中国经济增长的计量研究。为验证加工贸易对中国经济增长的作用,并评估这种作用发挥的具体程度,我们根据经济增长理论建立如下的回归方程进行计量分析:

$$d\ln GDP_t = a_0 + a_1 d\ln PTrade_t + a_2 d\ln K_t + a_3 d\ln L_t + u_t \tag{4-1}$$

式(4-1)中 GDP 为中国的国内生产总值(亿元);PTrade 为中国的加工贸易总额(亿元);K 是资本要素,以全社会固定资产投资(亿元)代替;L 为劳动要素,以全社会就业人数(百万人)代替。ln 为自然对数符号,d 为一阶差分符号,a 为解释变量系数,a_0 为常数项,u 为残差项,下标 t 为年份。样本区间为 1982—2016 年,原始数据来源于 CEIC 系统。

单位根检验结果表明,式(4-1)中各变量经过一阶差分处理后均为平稳变量,适用于普通的最小二乘回归法。为揭示加工贸易作用的时间变动特征,我们采用基于递归样本的滚动回归方法(rolling regression)来估计式(4-1)中的变量系数。滚动回归的时间窗口设为 5 年,图 4-7 直观显示了变量 PTrade 的系数变化情况。

由图 4-7 可知,加工贸易对中国经济增长的影响具有鲜明的时间差异性。在对外开放的早期阶段,由于加工贸易规模相对较小,并且粗放型特征明显,对经济增长的贡献偏低,甚至很多时候表现为负作用。2000 年以来,随着加工贸易规模的快速攀升,对经济增长的支持作用日益凸显,作用系数从 2000 年的 0.002 升至 2006 年的 0.008。尽管 2007 年以来,加工贸易依存度逐渐下降,但由于加工贸易层次显著提升,不仅加工贸易的对象从轻纺工业品转向技术含

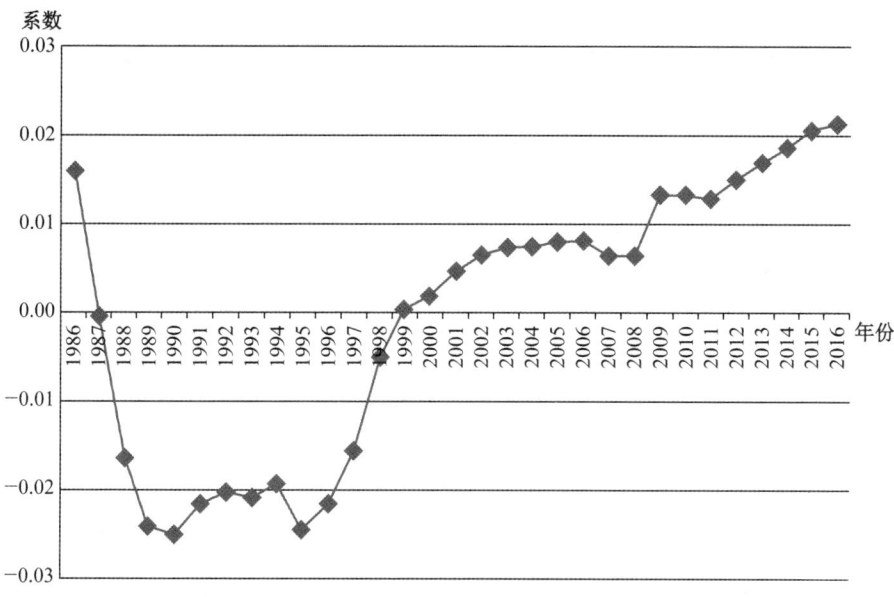

图 4-7　1986—2016 年加工贸易影响经济增长的作用系数变化情况

量较高的机电产品和高科技产品,而且增值系数和经济效益也有了明显改善,从而使得加工贸易的经济增长效应进一步提升,作用系数从 2007 年的 0.007 升至 2016 年的 0.021。

因此,我们不能因为加工贸易规模降低的表象而错误判断加工贸易对经济增长的作用,而要看到加工贸易效率提升的内涵所引导的经济增长质量的改善。应当紧紧抓住全球产业重新布局的机遇,明确加工贸易创新发展的路径,加快构建开放型经济新体制,继续发展加工贸易并推动加工贸易转型升级。要加快建立与开放型经济相适应的管理体系,探索更为开放和更加便利的国际投资贸易规则,实现加工贸易由"大进大出"变为"优进优出",推动加工贸易提质增效,促进贸易大国向贸易强国的转变。

2. 对外贸易风险的度量

1) 总体评价

与往年报告所采用的风险评级方法一样,我们根据进口与出口年度增长率对其长期趋势(也即潜在的进口增速与出口增速)的偏离度来评定对外贸易的风险等级。在估算进口与出口增长率的长期趋势时,以 1979—2016 年进口和出口增长率的算术平均数作为长期趋势值。进出口贸易的偏离程度与风险级别的定义遵循以往报告的规则,此处不再重复。

从图 4-8 中进口和出口历年的风险等级可以看出,2016 年进口风险等级与 2015 年持平,但出口风险等级较 2015 年上调一个级别。进出口贸易增速延续了 2015 年的负增长态势,与长期趋势值的差距分别高达 20.7 个百分点和 23.6 个百分点。这一结果部分符合我们在 2016 年报告中"进出口贸易增速将会小幅回升,但难有明显改观,风险等级很可能继续持平"的预测。进口贸易增速符合小幅回升的预期,但出口贸易增速低于预期。考虑到发达经济体和新兴经济体在 2017 年的复苏态势继续巩固,世界经济增速和全球贸易活动有望回升,再加上"一带一路"战略的稳步推进,中国的对外贸易形势将会好于 2016 年,从而支持外贸增速由负转正。但是,美国的加息政策和缩表操作、全球贸易保护主义、国际产业竞争等外部环境的挑战仍然存在甚至进一步加重。同时,中国自身的债务负担、房产调控、汇率走势等内部风险的压力也值得警惕。但总的来看,近期支持中国外贸发展的有利因素多于不利因素。因此,中国 2017 年的对外贸易形势有望好转,进出口贸易增速将会明显回升,预计风险等级大幅调低。

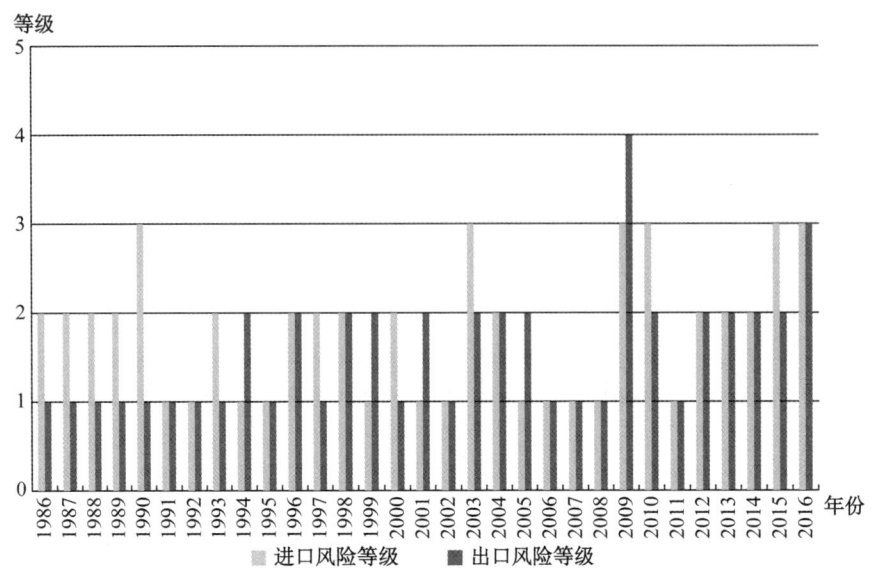

图 4-8 1986—2016 年进出口风险等级评价

2) 中国参与全球价值链的特征与风险度量

本报告应用新近发展的生产分解模型,从前向联系和后向联系两个视角深入研究了 2000 年以来中国参与全球价值链的程度、位置、竞争力特征,以及与主要经济体在全球价值链中的双边联系特征。

(1) 文献回顾。以 Gereffi(1994)为代表的早期研究多用案例分析的方法来描述特定行业/产品的国际分工关系,以及各国在该行业/产品全球价值链中的参与特征。这些案例研究突破了传统贸易理论的局限性,从垂直专业化的角度来分析全球价值链特征,但个案分析并不具有普适性,也没有形成规范的理论框架。此后,一些文献基于垂直专业化理论和增加值贸易思想系统性地研究国际分工问题,利用单个国家的投入产出表来测算一国参与全球价值链的程度和地位。Hummels et al.(2001)认为,一国可以通过两种途径参与垂直专业化国际分工,即进口中间投入品用于生产出口品(后向联系)和出口中间投入品被其他国家用于生产出口品(前向联系),并且利用指标 VS(出口中包含的进口品)、VS1(出口品中被其他国家作为中间投入用于出口的部分),以及两者占总出口的比例来衡量垂直专业化的贸易规模和参与程度。Fally(2011)、Antràs et al.(2012)等文献尝试构建生产链长度、上游度、下游度等指标来测度一国在全球价值链的何种环节进行专业化生产,进而评判一国整体及其产业在全球价值链中的位置与分工地位。尽管上述指标在相关研究中得到广泛应用,但这些方法仅局限于一国分析框架,并不完全符合全球价值链的实际情况,无法厘清进口品价值的来源和出口品价值的去向。

随着全球贸易分析项目(GTAP)、世界投入产出数据库(WIOD)等跨国投入产出表陆续问世,越来越多的文献在多国框架下研究垂直专业化和全球价值链问题。Johnson 和 Noguera(2012)提出一个多国、多产品贸易的分析框架,指出垂直专业化分工模式下,总贸易与增加值贸易存在显著的区别,并利用 VAX 比例(国内增加值出口占本国总出口的比例)来测算垂直专业化程度。Koopman et al.（2010）基于增加值贸易理论和前向联系创立了一个总出口的数理分解模型，并借鉴 Hummels et al.（2001）的做法构建了全球价值链参与指数和位置指数，量化评估一国在全球价值链中的参与程度和分工地位。Koopman et al.（2012）对出口分解模型作了进一步的完善（简称 KWW 模型），将出口贸易分解为 4 个部分，即增加值出口中被外国吸收的部分、增加值出口中返回国内的部分、包含在出口中的外国增加值，以及重复计算的中间品贸易部分，并根据出口品价值的最终去向，将出口贸易细分为 9 个部分。KWW 模型不仅修正了 VS、VAX 等指标的缺陷，而且为全球价值链分析提供了一个较为成熟的理论框架。然而，KWW 模型只适用于国家层面的加总分析，难以对双边层面或者部门层面的出口贸易进行分解，不能反映一国参与全球价值链的完整信息。Wang et al.（2013）基于后向联系扩展了出口分解模型（简记 WWZ 模型），提出多个层面（国家—部门层面、双边层面、双边—部门层面）的出口贸易分解法，将出口贸易细分为 16 个部分，并建立了从贸易总值统计到贸易增加值统计的完整核算法则，为全球价值链研究提供了一个更加全面、系统的量化评价体系。

　　Wang et al.（2016）对出口分解模型作了进一步的拓展，认为一国主要通过 4 种增加值贸易来参与全球价值链，即出口国内增加值被外国用于生产出口品、进口外国增加值用于本国生产出口品、出口国内增加值被外国用于生产最终产品并在该国消费、进口外国增加值用于本国生产最终产品并在本国消费。出口分解模型只考虑到前两种情况，却忽视了后两种情况（在大型经济体中尤为突出），因而是不完整的。另外，现有的全球价值链参与度指标都是以总出口为分母，这对于那些提供国内增加值较多但直接出口量较少的部门（如采矿业、服务业等）来说明显不合适。为此，Wang et al.（2016）将全球价值链的分析框架从出口阶段向上延伸到生产阶段，根据垂直专业化分工合作的前向联系和后向联系，分别构建了增加值生产的分解模型（前向联系）和最终产品生产的分解模型（后向联系），并重新定义了国家—部门层面参与全球价值链的程度、位置、竞争力等指标。通过这个生产分解模型，可以从前向联系和后向联系两个视角全面审视一国参与全球价值链的特征，不仅修正了出口分解模型只考虑出口贸易环节而忽视国内需求环节的缺陷，而且修正了现有文献中关于全球价值链评价指标的缺陷，从而更完整、准确地描绘国家和部门在全球价值链中的角色。

　　近年来，国内学者也开始从增加值贸易的视角来研究全球价值链问题，大多数文献都是利用出口分解模型和相应统计指标来评估中国在全球价值链中的参与度、分工地位等特征。王岚（2014）利用 KWW 模型测度了中国制造业的国际分工地位。结论显示，1995—2009 年，中国制造业的分工地位经历了先降后升的"V"形轨迹，低技术制造业在融入全球价值链的同时实现了分工地位的提升，而中高技术制造业参与全球价值链的"锁定"效应很明显。樊茂清和黄薇（2014）、刘琳（2015）等文献利用同样方法也得出了类似结论。尹伟华（2016）、孟东梅等人（2017）利用 WWZ 模型分别评价了中国制造业和服务业在全球价值链中的地位演变，发现中国制造业和服务业出口在全球价值链中的参与程度不断加深，并且都在向价值链上游部分移动。高敬峰（2013）、苏庆义和高凌云（2015）等文献则借鉴 Fally（2011）、Antràs et al.（2012）的方法评估中国在全球价值链中的分工位置，发现中国制造业出口产品向上游生产环节转移，但总体而言仍处于全球价值链的下游环节。

　　除了从国家—部门层面评价中国参与全球价值链的总体情况之外，国内还有部分文献利用 WWZ 模型从双边层面研究中国与其他国家的增加值贸易。程大中（2015）分析了 1995—2011 年，中国与主要经济体在全球价值链中的投入—产出联系，发现中国大陆与美国、日本、韩国、中国台湾、德国的关联程度较高,但与美国、德国的关联程度在上升,与日本、韩国、中国台湾的关联程度在下降,中国大多数行业倾向于同较高收入经济体进行增加值贸易。张定胜等人(2015)的研究表明,在中国出口的国外增加值来源中,发达国家的份额不断降低,而发展中国家和资源型国家的份额不断增加。中国出口中来自发达国家的增加值与发达国家出口中来自中国的增加值之间的比率在下降,而发展中国家该比率的变化趋势正好相反。据此判断中国在发达国家出口中创造增加值的能力正在加强,且为发展中国家贡献增加值的能力也在加强。

从国内外的相关研究来看,基于跨国投入产出分析和出口贸易分解的 KWW 模型和 WWZ 模型已经成为全球价值链量化评估的主要方法,但 Wang et al. (2016)的生产分解模型能够更系统、更准确地描绘全球价值链特征。本报告首次利用生产分解模型及相应统计指标,从前向联系和后向联系两方面评估中国参与全球价值链的总体特征和部门特征,以及中国与主要经济体在全球价值链中的贸易联系与分工特征。此外,国内相关研究依托的 WIOD 数据截止到 2011 年,而 Timmer et al. (2016)指出,2011 年以来国际分工呈现出一些新的特征,突出表现为世界贸易明显减速、全球价值链联系趋于弱化等,中国在国际分工体系中的需求转换是一个重要的影响因素。现有文献受限于数据滞后性,未能揭示中国自 2012 年以来参与全球价值链的新趋势,本报告借助最新发布的跨国投入产出表,尽可能反映全球价值链的最新动态。

(2)生产分解模型介绍。表 4-5 是一个包含 G 个国家和 N 个部门的跨国投入产出表(inter-country input output,简记 ICIO)。其中,Z^{sr} 是 $N \times N$ 的中间投入矩阵(s 国生产但由 r 国使用);Y^{sr} 是 $N \times 1$ 的最终产品向量(s 国生产但被 r 国消费);X^s 是 $N \times 1$ 的 s 国总产出向量;Va^s 是 $1 \times N$ 的 s 国直接增加值向量。在这个投入产出模型中,跨国投入系数矩阵 $A = Z\hat{X}^{-1}$,$\hat{X}$ 为产出向量 X 的对角矩阵,增加值系数向量 $V = Va\hat{X}^{-1}$。总产出 X 可分为中间品和最终产品,即 $X = AX + Y$,从中不难得出经典的里昂惕夫方程:$X = BY$,全局里昂惕夫逆矩阵 $B = (I-A)^{-1}$。

表 4-5　　　　　　　　　　　　　　典型的跨国投入产出表

投入＼产出		中间使用				最终需求				总产出
		1	2	…	G	1	2	…	G	
中间投入	1	Z^{11}	Z^{12}	…	Z^{1g}	Y^{11}	Y^{12}	…	Y^{1g}	X^1
	2	Z^{21}	Z^{22}	…	Z^{2g}	Y^{21}	Y^{22}	…	Y^{2g}	X^2
	⋮	⋮	⋮	⋱	⋮	⋮	⋮	⋱	⋮	⋮
	G	Z^{g1}	Z^{g2}	…	Z^{gg}	Y^{g1}	Y^{g2}	…	Y^{gg}	X^g
增加值		Va^1	Va^2	…	Va^g					
总投入		$(X^1)'$	$(X^2)'$	…	$(X^g)'$					

根据投入产出表的行平衡条件,Wang et al. (2016)对国家—部门层面的国内增加值作出如下分解[①]:

$$(Va^s)' = \hat{V}^s X^s = \underbrace{\hat{V}^s L^{ss} Y^{ss}}_{(1)-V\_D} + \underbrace{\hat{V}^s L^{ss} \sum_{r \neq s}^{G} Y^{sr}}_{(2)-V\_RT} + \underbrace{\hat{V}^s L^{ss} \sum_{r \neq s}^{G} A^{sr} \sum_{u}^{G} B^{ru} \sum_{t}^{G} Y^{ut}}_{(3)-V\_GVC}$$

————————

① $L^s = (I-A^s)^{-1}$ 为局部里昂惕夫逆矩阵;$\hat{V}$ 为增加值系数的对角矩阵。

$$
\begin{aligned}
&= \underbrace{\hat{V}^s L^{ss} Y^{ss}}_{(1)-V\_D} + \underbrace{\hat{V}^s L^{ss} \sum_{r \neq s}^{G} Y^{sr}}_{(2)-V\_RT} + \underbrace{\hat{V}^s L^{ss} \sum_{r \neq s}^{G} A^{sr} L^{rr} Y^{rr}}_{(3a)-V\_GVC\_R} \\
&+ \underbrace{\hat{V}^s L^{ss} \sum_{r \neq s}^{G} A^{sr} \sum_{u}^{G} B^{ru} Y^{us}}_{(3b)-V\_GVC\_D} + \underbrace{\hat{V}^s L^{ss} \sum_{r \neq s}^{G} A^{sr} (\sum_{u}^{G} B^{ru} \sum_{t \neq s}^{G} Y^{ut} - L^{rr} Y^{rr})}_{(3c)-V\_GVC\_F} \quad (4\text{-}2)
\end{aligned}
$$

按照生产和贸易活动是否涉及跨国生产合作(production sharing),模型将 s 国生产的增加值去向分解为 3 个部分:即满足国内最终需求的增加值(V_D)、包含在最终产品出口(一般贸易)中的增加值(V_RT)、包含在中间品出口(全球价值链贸易[①])中的增加值(V_GVC)。其中,V_D 仅用于满足国内需求,不涉及国际贸易;V_RT 仅用于满足国外最终需求,类似于传统的李嘉图贸易(Ricardian trade,即最终产品的贸易),不涉及跨国生产合作;V_GVC 用于外国的生产活动,反映一国前向参与全球价值链的规模。

根据国内增加值吸收主体的差异,V_GVC 可进一步细分为 3 个部分:直接被 r 国吸收的增加值(V_GVC_R)、返回到出口国 s 的增加值(V_GVC_D);间接被 r 国吸收或再出口到 t 国的增加值(V_GVC_F)。其中,V_GVC_R 是指 r 国利用进口自 s 国的中间品生产最终产品在 r 国消费;V_GVC_D 是指 r 国利用进口自 s 国的中间品生产最终产品或加工成其他中间品,然后直接或通过全球价值链上的其他国家间接出口到 s 国以满足其最终需求;V_GVC_F 是指 r 国利用进口自 s 国的中间品生产最终产品或加工成其他中间品,然后出口到 t 国用于消费或由 t 国生产最终产品并对其他国家出口。

V_GVC_R 只涉及 1 次跨境增加值贸易,反映浅层次的全球价值链前向参与形式(shallow GVCs),而 V_GVC_D 和 V_GVC_F 都涉及至少 2 次跨境增加值贸易,反映相对深层次的全球价值链前向参与形式(deeper GVCs)。增加值生产分解模型与之前的代表性文献存在对应关系,第(2)(3a)(3c)项之和等于 Johnson 和 Noguera(2012)的 VAX 数量(即满足国外最终需求的国内增加值),第(2)(3)项之和等于 Koopman et al.(2012)总出口中包含的国内增加值(DVA)。

与国内增加值分解模型相类似,根据投入产出表的列平衡条件,国家—部门层面的最终产品生产可作出如下分解:

$$
\begin{aligned}
Y^s = \sum_{r}^{G} Y^{sr} &= \underbrace{V^s L^{ss} \hat{Y}^{ss}}_{(1)-Y\_D} + \underbrace{V^s L^{ss} \sum_{s \neq r}^{G} \hat{Y}^{sr}}_{(2)-Y\_RT} + \underbrace{\sum_{r}^{G} V^r \sum_{u \neq r}^{G} B^{ru} A^{us} L^{ss} \sum_{t}^{G} \hat{Y}^{st}}_{(3)-Y\_GVC} \\
&= \underbrace{V^s L^{ss} \hat{Y}^{ss}}_{(1)-Y\_D} + \underbrace{V^s L^{ss} \sum_{s \neq r}^{G} \hat{Y}^{sr}}_{(2)-Y\_RT} + \underbrace{\sum_{r \neq s}^{G} V^r L^{rr} A^{rs} L^{ss} \hat{Y}^{ss}}_{(3a)-Y\_GVC\_R} + \underbrace{V^s \sum_{s \neq r}^{G} B^{sr} A^{rs} L^{ss} \sum_{t}^{G} \hat{Y}^{st}}_{(3b)-Y\_GVC\_D} \\
&+ \underbrace{\sum_{r \neq s}^{G} V^r (\sum_{u \neq r}^{G} B^{ru} A^{us} L^{ss} \sum_{t}^{G} \hat{Y}^{st} - L^{rr} A^{rs} L^{ss} \hat{Y}^{ss})}_{(3c)-Y\_GVC\_F}
\end{aligned} \quad (4\text{-}3)
$$

按照增加值生产分解模型中的分类方法,最终产品生产分解模型将生产最终产品所使用的增加值分解为 3 个部分:满足国内需求的最终产品生产所使用的国内增加值(Y_D),满足国外需求的最终出口品生产所使用的国内增加值(Y_RT);包含在中间品进口(全球价值链贸易)里的增加值(Y_GVC)。值得注意的是,式(4-1)中的 V_D、V_RT 与(4-3)中的 Y_D、Y_RT 虽然在不同部门之间差异较大,但在部门加总的国家层面完全对等。

---

① 根据跨国生产合作或产品内国际分工的定义,这里的全球价值链贸易仅指包含在中间品(可被其他国家用于进一步的生产加工)里的增加值贸易。

Y_GVC 反映一国后向参与全球价值链的规模,按照增加值的来源差异可将其进一步细分为 3 个部分:包含在进口中间品里的 r 国增加值(Y_GVC_R,即 s 国从 r 国进口中间品,用于生产满足国内需求的最终产品,该中间品完全由 r 国生产)、包含在进口中间品里的 s 国增加值(Y_GVC_D,即 s 国最初出口中间品,经过其他国家加工之后再以中间品进口的形式返回 s 国,用于生产满足国内需求的最终产品或再出口)、包含在进口中间品里的 t 国增加值(Y_GVC_F,即 s 国从 r 国进口中间品,用于生产满足国内需求的最终产品或再出口,该中间品由 t 国生产并经 r 国加工后出口到 s 国)。

Y_GVC_R 只涉及 1 次跨境增加值贸易,反映浅层次的全球价值链后向参与形式,而 Y_GVC_D 和 Y_GVC_F 都涉及至少 2 次跨境增加值贸易,反映相对深层次的全球价值链后向参与形式。第(1)、第(2)、第(3b)项之和为 s 国生产最终产品所使用的国内增加值,第(3a)、第(3c)项之和则为 s 国生产最终产品所使用的国外增加值(FVA)。

生产分解模型不仅可以在国家—部门层面作加总分析,涉及贸易活动的部分还可以在双边层面、双边—部门层面作进一步的分解,用于分析国家之间在全球价值链中的贸易联系与生产合作关系,这也使得该模型成为迄今为止最为系统地剖析全球价值链的研究方法。

量化评估指标。根据前述的增加值生产分解模型和最终产品生产分解模型,可以从前向联系和后向联系两个视角测度国家—部门层面参与全球价值链的程度,全球价值链前向参与指数($GVCPt\_f^s$)和后向参与指数($GVCPt\_b^s$)分别表示为:

$$GVCPt\_f^s = \frac{V\_GVC^s}{\hat{V}^s X^s} = \frac{V\_GVC\_R^s}{\hat{V}^s X^s} + \frac{V\_GVC\_D^s}{\hat{V}^s X^s} + \frac{V\_GVC\_F^s}{\hat{V}^s X^s} \tag{4-4}$$

$$GVCPt\_b^s = \frac{Y\_GVC^s}{Y^s} = \frac{Y\_GVC\_R^s}{Y^s} + \frac{Y\_GVC\_D^s}{Y^s} + \frac{Y\_GVC\_F^s}{Y^s} \tag{4-5}$$

可以证明,式(4-4)中分子的全球加总等于式(4-5)中分子的全球加总,也就是说,在全球层面上,$GVCPt\_f$ 和 $GVCPt\_b$ 所反映的价值链参与程度和前后向产业联系完全相同,这一性质与传统的 VS 和 VS1 比例指标相似。但两种指标也有明显区别:一方面 $GVCPt\_f$ 和 $GVCPt\_b$ 是增加值的概念,而 VS 和 VS1 比例是总值的概念;另一方面 $GVCPt\_f$ 和 $GVCPt\_b$ 是生产(包含贸易)的概念,而 VS 和 VS1 比例仅仅是贸易的概念。

在全球价值链和增加值贸易的背景下,基于出口总量的显示比较优势指数(RCA)已经不能反映真实的国际竞争力,对于那些生产增加值较多但直接出口值较少的部门而言更是如此,并且中间品贸易的重复计算问题也会使传统的 RCA 指数失真,需要基于国内增加值的出口量来加以修正。根据前向联系的增加值生产分解模型并参照 Koopman et al.(2012)的做法,可以得出如下的国际竞争力指数:

$$NRCA_i^s = \left(\frac{DVA_i^s}{\sum_i^N DVA_i^s} \right) \bigg/ \left(\frac{\sum_s^G DVA_i^s}{\sum_s^G \sum_i^N DVA_i^s} \right) \tag{4-6}$$

式(4-6)中的 NRCA 即为国家—部门层面的新显示比较优势指数,DVA 为 s 国 i 部门出口的国内增加值,其值由式(4-2)可得。

Wang et al.(2016)还重新定义了生产链长度(length of production chain)的概念,即从一国特定部门的初始投入品到另一国特定部门最终产品的生产阶段平均数量,其数值可用生产过程中初始投入品的增加值被计入最终产品总产出的平均次数来衡量,进而在生产分解模型的基础上,从前向联系和后向联系两方面给出全球价值链的长度测算公式,并构建国家—部门层面的全球价值链位置指数。根据式(4-2)、式(4-3)中关于全球价值链的划分标准和分解形式,可以得到 s 国前向参与全球价值链的生产长度指标 PLv_GVC^s 和后向参与全球价值链的生产长度指标 PLy_GVC^s 的数学表达式:

$$PLv\_GVC^s = PLvd\_GVC^s + PLvi\_GVC^s = \frac{Xvd\_GVC^s}{V\_GVC^s} + \frac{Xvi\_GVC^s}{V\_GVC^s} = \frac{Xv\_GVC^s}{V\_GVC^s} \tag{4-7}$$

$$PLy\_GVC^s = PLyd\_GVC^s + PLyi\_GVC^s = \frac{Xyd\_GVC^s}{Y\_GVC^s} + \frac{Xyi\_GVC^s}{Y\_GVC^s} = \frac{Xy\_GVC^s}{Y\_GVC^s} \tag{4-8}$$

其中,式(4-8)中的 $PLyd\_GVC^s$ 和 $PLyi\_GVC^s$ 分别为 s 国进口中间品的国内生产链长度和国际生产链长度,Y_GVC^s 与式(4-3)相同,表示包含在 s 国中间品进口里的增加值,Xy_GVC^s 是这些增加值在 s 国形成的最终产品总产出,Xyd_GVC^s 和 Xyi_GVC^s 分别为 s 国最终产品总产出的国内部分和国外部分。

$$Xvd\_GVC^s = \underbrace{\hat{V}^s L^{ss} L^{ss} \sum_{r \neq s}^{G} A^{sr} L^{rr} Y^{rr}}_{Xvd\_GVC\_R} + \underbrace{\hat{V}^s L^{ss} L^{ss} \sum_{r \neq s}^{G} A^{sr} \sum_{u}^{G} B^{ru} Y^{us}}_{Xvd\_GVC\_D} +$$
$$\underbrace{\hat{V}^s L^{ss} L^{ss} \sum_{r \neq s}^{G} A^{sr} \left(\sum_{u}^{G} B^{ru} \sum_{t \neq s}^{G} Y^{ut} - L^{rr} Y^{rr} \right)}_{Xvd\_GVC\_F} \tag{4-9}$$

$$Xvi\_GVC^s = \underbrace{\hat{V}^s L^{ss} \sum_{r \neq s}^{G} A^{sr} L^{rr} L^{rr} Y^{rr}}_{Xvi\_GVC\_R} + \underbrace{\hat{V}^s L^{ss} \sum_{r \neq s}^{G} A^{sr} \sum_{v}^{G} B^{rv} \sum_{u}^{G} B^{vu} Y^{us}}_{Xvi\_GVC\_D} +$$
$$\underbrace{\hat{V}^s L^{ss} \sum_{r \neq s}^{G} A^{sr} \left(\sum_{v}^{G} B^{rv} \sum_{u}^{G} B^{vu} \sum_{t \neq s}^{G} Y^{ut} - L^{rr} L^{rr} Y^{rr} \right)}_{Xvi\_GVC\_F} \tag{4-10}$$

式(4-8)中的 $PLyd\_GVC^s$ 和 $PLyi\_GVC^s$ 分别为 s 国进口中间品的国内生产链长度和国际生产链长度,Y_GVC^s 与式(4-2)相同,表示包含在 s 国中间品进口里的增加值,Xy_GVC^s 是这些增加值在 s 国形成的最终产品总产出,Xyd_GVC^s 和 Xyi_GVC^s 分别为 s 国最终产品总产出的国内部分和国外部分。

$$Xyd\_GVC^s = \underbrace{\sum_{r \neq s}^{G} V^r L^{rr} A^{rs} L^{ss} L^{ss} \hat{Y}^{ss}}_{Xyd\_GVC\_R} + \underbrace{V^s \sum_{u \neq s}^{G} B^{su} A^{us} L^{ss} L^{ss} \sum_{v}^{G} \hat{Y}^{sv}}_{Xyd\_GVC\_D} +$$
$$\underbrace{\sum_{r \neq s}^{G} V^r \left(\sum_{u \neq s}^{G} B^{ru} A^{us} L^{ss} L^{ss} \sum_{v}^{G} \hat{Y}^{sv} - L^{rr} A^{rs} L^{ss} L^{ss} \hat{Y}^{ss} \right)}_{Xyd\_GVC\_F} \tag{4-11}$$

$$Xyi\_GVC^s = \underbrace{\sum_{r \neq s}^{G} V^r L^{rr} L^{rr} A^{rs} L^{ss} \hat{Y}^{ss}}_{Xyi\_GVC\_R} + \underbrace{V^s \sum_{v}^{G} B^{sv} \sum_{u \neq s}^{G} B^{vu} A^{us} L^{ss} \sum_{v}^{G} \hat{Y}^{sv}}_{Xyi\_GVC\_D} +$$
$$\underbrace{\sum_{r \neq s}^{G} V^r \left(\sum_{v}^{G} B^{rv} \sum_{u \neq s}^{G} B^{vu} A^{us} L^{ss} \sum_{v}^{G} \hat{Y}^{sv} - L^{rr} L^{rr} A^{rs} L^{ss} \hat{Y}^{ss} \right)}_{Xyi\_GVC\_F} \tag{4-12}$$

PLv_GVC^s 和 PLy_GVC^s 即为全球价值链的上游度指数和下游度指数。PLv_GVC^s 数值越大,说明从 s 国特定部门的初始投入品到其他国家最终产品的过程中经历的长度越长,意味着该部门越处于全球价值链的上游;PLy_GVC^s 数值越大,说明从外国初始投入品到 s 国特定部门最终产品的过程中经历的长度越长,意味着该部门越处于全球价值链的下游。对比上下游指数的相对位置,可得到国家—部门层面的全球价值链位置指数:

$$GVCPos^s = \frac{PLv\_GVC^s}{(PLy\_GVC^s)'} \tag{4-13}$$

式(4-13)的指数在生产分解模型的统一框架下综合考虑上下游位置,能够准确度量国家—部门层面的全球价值链相对位置,从而克服了Fally(2011)、Antràs et al.(2012)等文献中相应指标所反映的位置次序不一致的问题。另外,该指数还具有非常好的数学性质,即在全球加总的层面上,GVCPos的值等于1,所以国家—部门层面的指数分布是在1的上下浮动。

(4)数据说明。现有的跨国投入产出表主要包括WIOD、OECD-ICIO、GTAP-ICIO、ADB-ICIO等。其中WIOD的优点在于数据更新较快,且能提供时间序列的连续数据,最适合分析单个国家的全球价值链特征,缺点是包含的国家数量尤其是亚洲国家数量偏少,而亚洲国家正是全球价值链的重要组成部分;OECD-ICIO和GTAP-ICIO的优点在于包含的国家较多,缺点在于数据更新较慢(最近的数据年份只到2011年);ADB-ICIO是亚洲发展银行在WIOD的基础上编制而来,目前已更新至2015年,优点在于增加了泰国、越南、马来西亚等7个亚洲国家(同时减少了瑞士、挪威、克罗地亚3个欧洲国家),最适合用于分析亚洲生产网络的价值链联系。

基于上述数据表的优缺点比较,并结合本报告的研究目标,此处以WIOD来研究中国参与全球价值链的单边整体特征,再以ADB-ICIO来研究中国与主要经济体在全球价值链中的双边联系特征。最新版的WIOD数据年份为2000—2014年,包含43个国家/地区和56个行业门类(按ISIC Rev.4编码)。最新版的ADB-ICIO数据年份包括2000年、2005年、2008年、2011年、2015年,包含46个国家/地区和35个行业门类(按ISIC Rev.3编码)。原始数据来源于对外经济贸易大学全球价值链研究院。

(5)中国在全球价值链中的参与度。由图4-9可知,中国更多的是以后向参与的方式融入全球价值链,观察期内后向参与度指数的平均值为0.134,而前向参与度指数的平均值仅为0.104。这是因为中国以加工贸易作为参与国际分工的主要路径,进口中间品经过加工装配后再出口的生产与贸易特征,决定了中国融入全球价值链的后向参与度要高于前向参与度。

从动态角度来看,前向参与度与后向参与度的演进轨迹大致相近,均呈现出"M"形态。2000—2007年,中国抓住"入世"机遇,加速融入全球价值链,前向参与度指数和后向参与度指数分别增加了55.1%和41.4%;2008—2011年,受国际金融危机影响,前后向参与度指数均出现短暂下降,但在危机冲击消退之后便再度回升;2012—2014年,受世界经济形势低迷、贸易保护主义兴起等因素的影响,中国的进出口贸易受到较大冲击,前后向参与度指数随之再次进入下降通道,在全球价值链中的参与度出现趋于"脱钩"的态势,这也验证了Timmer et al.(2016)的判断。而国内已有文献的分析还停留在2011年的数据,未能反映这一最新动态,相关结论亟待更新。

比较图4-9和图4-10可以看出,由于制造业是一国参与国际分工的主导部门,所以中国制造业在全球价值链中的参与度与国家总体参与度的动态演进轨迹几乎完全一致,只不过制造业的参与度水平要明显高于国家层面的总体水平。值得注意的是,与2012年以来制造业后向参与度的大幅下降相比,前向参与度却趋于回升,这可能是中国促进加工贸易转型升级的政

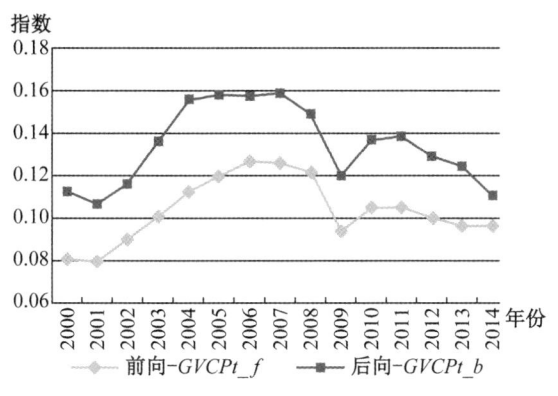

图 4-9　中国在全球价值链中参与度指数变化

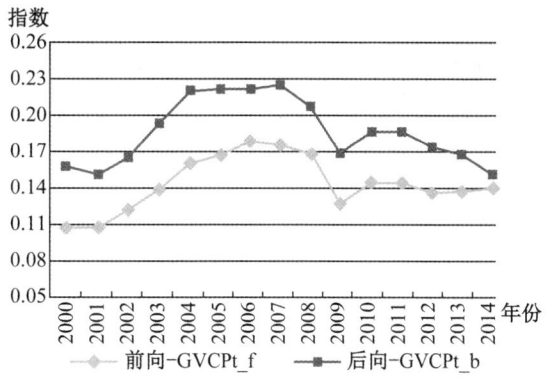

图 4-10　中国制造业在全球价值链中参与度指数变化

策导向所致。例如《关于促进加工贸易转型升级的指导意见》(2011 年)中明确要求"提高加工贸易技术含量和附加值",实际上是用国内增加值来替代进口的国外增加值。从式(4-4)、式(4-5)不难看出,前后向参与度指数会因此出现分化走势,这也意味着近年来中国制造业在全球价值链中的角色正在从"价值输入"逐步转向"价值输出",推动加工贸易转型升级的工作取得了初步成效。

表 4-6 进一步比较了代表性行业的参与度差异。从 2014 年的数据来看,前向参与度较高的行业主要是提供原材料和中间投入品的资源型部门(如采掘业、化学制品业、橡胶制品业等)以及部分服务业(如批发零售业、运输服务业等);后向参与度较高的行业主要是从事后端装配和深加工的装备制造、石化冶金等行业。在所有的细分行业中,高技术的电子信息产业(即计算机、电子和光学制品业)在全球价值链中的前后向参与度都是最高的,它不仅是中国国际化程度最高的行业,而且是推动制造业信息化、现代化发展的核心部门。

比较参与度指数的变化情况,可以发现如下几个特征。

一是 2000—2011 年,几乎所有制造业部门的前后向参与度都在提升,反映出这一阶段中国制造业正在全面融入全球价值链,前端中间品生产和后端加工制造的工序都在逐步延伸,中国的"世界工厂"地位日渐形成和巩固。与此同时,为制造业提供支持的大多数农业部门(数据备索)和服务业部门(如金融服务、交通运输、批发零售等)的前后向参与度也在快速提升,说明全社会要素都已加速融入全球价值链。

二是 2012—2014 年,多数制造业部门的前向参与度基本维持不变,但以电子信息产业、电气设备制造为代表的先进制造业前向参与度却进一步提升,反映出中国先进制造业稳步提升国内附加值,克服了国际贸易环境低迷形势的不利影响,引领制造业部门的结构升级。与此同时,所有行业的后向参与度都有不同程度的下降,意味着国内生产活动对国外增加值的依赖性全面减弱。

三是科学研发部门的前向参与度快速上升,从 2000 年的 0.016 大幅升至 2011 年的 0.119,再进一步升至 2014 年的 0.121。科技服务部门也有类似的演进轨迹。考虑到这些知识密集型服务业自身并不直接出口,而是隐含在其他贸易品尤其是制造业产品中参与国际分工,科技部门与制造部门的持续融合,说明中国制造业出口品中的研发要素和技术含量显著增加,支持制造业部门在全球价值链中的地位得到"质"的提升。

表 4-6　　　　　　　　　代表性行业在全球价值链中的参与度指数及其变化

行业代码	行业简称	前向参与度			后向参与度		
		Δ(2011-2000)	Δ(2014-2012)	2014	Δ(2011-2000)	Δ(2014-2012)	2014
B	采掘业	−0.003	−0.002	0.151	0.070	−0.020	0.113
C13—C15	纺织服装	0.036	0.006	0.123	−0.033	−0.015	0.101
C17	纸制品业	0.039	0.001	0.179	0.045	−0.013	0.156
C19	油煤制品	0.007	−0.002	0.157	0.151	−0.048	0.239
C20	化学制品	0.057	0.001	0.205	0.052	−0.031	0.184
C22	橡塑制品	0.042	−0.003	0.212	0.038	−0.025	0.167
C24	金属制造	0.005	0.006	0.163	0.084	−0.026	0.209
C26	电子信息	0.082	0.022	0.270	0.028	−0.032	0.279
C27	电气设备	0.032	0.010	0.185	0.049	−0.025	0.190
C28	机械设备	0.065	0.004	0.131	0.053	−0.023	0.169
C29	汽车制造	0.015	0.003	0.081	0.038	−0.021	0.149
C30	运输设备	−0.015	0.013	0.071	0.039	−0.027	0.173
G46	批发贸易	0.051	−0.019	0.149	−0.032	−0.006	0.047
H51	航空运输	0.092	−0.055	0.254	0.103	−0.031	0.169
K64	金融服务	0.031	−0.003	0.101	0.007	−0.003	0.032
M72	科学研发	0.103	0.005	0.121	−0.013	−0.015	0.104
M74—M75	科技服务	0.027	0.003	0.057	0.074	−0.017	0.112

注:Δ(2011-2000)表示 2011 年的参与度指数减去 2000 年的参与度指数,反映参与度的动态变化,其他类推。

（6）中国在全球价值链中的位置。由图 4-11 可知,2000—2014 年,中国在全球价值链中的位置演变呈现出"V"形轨迹,2000—2011 年间的价值链位置向下游延伸,2012—2014 年间的价值链位置开始向上游反转。制造业的价值链位置变动轨迹与国家层面很相似,只不过所处位置更偏向下游,且变动幅度更大。这种动态变化可由前述的国际分工参与路径来解释,因为前一阶段中国通过低层次的组装生产和加工贸易参与全球价值链,偏重后向参与的价值链融入方式引起制造业乃至国家层面的价值链位置向下游倾斜。近年来,在一系列加工贸易转型升级的政策引导下,国内制造业及相关服务业部门开始向全球价值链的上游位置攀升。

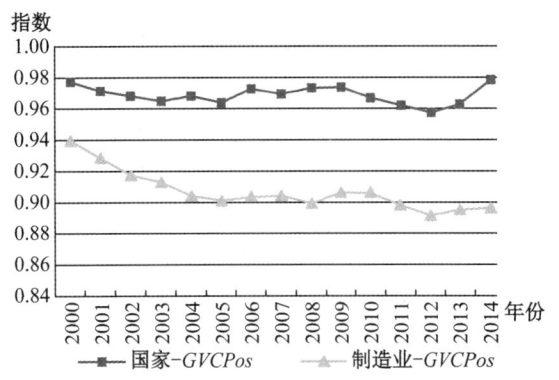

图 4-11　中国在全球价值链中的位置变化

表 4-7　　　　　　　　　代表性行业在全球价值链中的位置及其变化

行业简称	Δ(2011—2000)	Δ(2014—2012)	2014
纺织服装	−0.067	−0.005	0.770
电子信息	−0.018	0.009	0.858
电气设备	−0.042	0.001	0.788
机械设备	−0.133	0.012	0.845
汽车制造	−0.161	0.015	0.826
运输设备	−0.082	−0.018	0.799
金融服务	−0.027	0.047	1.182
科学研发	−0.156	0.014	1.061
科技服务	−0.058	0.015	1.147

比较表 4-7 中代表性行业 GVCPos 指数的变化可以看出,2000—2011 年,虽然中国在加速融入全球价值链,但加工贸易为主的嵌入方式导致制造业的后向参与度超过前向参与度,全球价值链位置反而向下游偏移,显示出锁定在"价值链低端"的迹象,这在装备制造、汽车制造等价值链绵长的行业表现得尤为突出。2012—2014 年,在"促进加工贸易向产业链高端发展"的政策引导下,多数制造业的价值链位置转而向上游攀升,电子信息、装备制造等先进制造业成为价值链提升的"排头兵"。与此同时,所有的服务业部门在全球价值链中的位置也随之上移,不仅自身获取了更多的国际分工利益,而且为制造业部门的价值链的提升提供了有力的支持。

为了了解中国在全球价值链中的相对位置,我们根据 GVCPos 指数值进行降序排列,在表 4-8 中列出了全球价值链中 43 个国家／地区的排位情况。从 GVCPos 数据来看,澳大利亚、挪威、俄罗斯等资源国处在全球价值链的相对上游位置,日本、德国、韩国等制造强国处在中上游位置,墨西哥、捷克、土耳其等新兴经济体处在中下游位置。中国的 GVCPos 指标值为 0.978,在 43 个国家／地区中排名第 35 位,处在下游位置。

表 4-8　　　　　　　　　全球价值链位置的国际比较(2014 年)

GVCPos 降序排列				NGVCPos 降序排列			
上游 (1～11)	中上游 (12～22)	中下游 (23～33)	下游 (34～43)	上游 (1～11)	中上游 (12～22)	中下游 (23～33)	下游 (34～43)
澳大利亚	巴西	墨西哥	波兰	韩国	斯诺文尼亚	卢森堡	马耳他
挪威	荷兰	奥地利	中国(35)	日本	澳大利亚	意大利	斯洛伐克
卢森堡	瑞典	意大利	西班牙	瑞士	法国	匈牙利	克罗地亚
俄罗斯	马耳他	葡萄牙	印尼	芬兰	荷兰	葡萄牙	保加利亚
爱尔兰	比利时	捷克	克罗地亚	瑞典	中国(16)	巴西	印度
芬兰	韩国	爱沙尼亚	加拿大	丹麦	捷克	西班牙	拉脱维亚
日本	法国	拉脱维亚	罗马尼亚	奥地利	挪威	俄罗斯	墨西哥

（续表）

GVCPos 降序排列				NGVCPos 降序排列			
上游 （1～11）	中上游 （12～22）	中下游 （23～33）	下游 （34～43）	上游 （1～11）	中上游 （12～22）	中下游 （23～33）	下游 （34～43）
希腊	德国	立陶宛	保加利亚	中国台湾	英国	立陶宛	塞浦路斯
瑞士	匈牙利	土耳其	斯洛伐克	德国	爱尔兰	土耳其	罗马尼亚
塞浦路斯	英国	中国台湾	印度	美国	加拿大	波兰	印尼
丹麦	斯诺文尼亚	美国	—	比利时	爱沙尼亚	希腊	—

　　GVCPos 指标较为准确地揭示了各国／地区在全球价值链中从事专业化生产的相对位置，对于人们理解全球价值链的构成形态具有重要意义。但是，包括 GVCPos 在内的已有价值链位置指数都存在一个共同的缺陷，即这些指标只能度量全球价值链的物理位置，并不能反映这种位置所蕴含的分工地位和分工利益差异。通常所说的价值链提升指的是经济位置的提升，即分工地位的改善和分工利益的增加，单纯的物理位置并没有太大的实际意义。例如，以资源品和原材料参与国际分工的国家，生产工序的物理流程决定其处在全球价值链的上游位置，但这些国家大多数是在国际分工体系中处于从属地位。而一些在物理位置上并不靠近生产工序前端的国家，因为拥有核心技术而成为国际分工体系的主导者，获得最多的分工利益，才是真正处在全球价值链的上游位置。

　　考虑到一国的分工地位根本上取决于科技实力，而科技实力很大程度上又依赖于研发投入的力度。为此，我们对 GVCPos 指标作出必要的修正，以研发投入比例 RD（研发投入／国内生产总值）作为修正系数，综合考虑全球价值链的物理位置和技术含量，尽可能反映经济意义上的价值链位置，新的位置指数 $NGVCPos^s = GVCPos^s \times RD^s \times 100$。从表 4-8 中 NGVCPos 指标值的排列次序来看，该指标所反映出的全球价值链位置可能更符合经济实际。日本、德国、韩国、美国等传统制造强国和科技强国在全球价值链中处于上游位置，是全球价值链的主导者。巴西、俄罗斯等资源国受制于偏低的科技水平，主要是以低端原材料的供应方角色参与国际分工，在全球价值链中处于中下游位置。中国虽然在物理位置上并没有发生太大的变化（GVCPos 指标值的排序一直处于下游位置），但得益于持续加大的研发投入，在全球价值链中的经济位置显著改善，从 2000 年的中下游位置（第 27 位）攀升至 2014 年的中上游位置（第 16 位）。

　　（7）中国在全球价值链中的竞争力。图 4-12 中各行业 NRCA 平均值的变动趋势反映出，中国在全球价值链中的国际竞争力趋于弱化，从 2000 年的 1.035 降至 2014 年的 0.991，尤其是在 2007 年金融危机爆发之后，竞争力指数的降幅更为明显。然而，这种总体考察掩盖了行业间优胜劣汰的结构优化进程。表 4-9 显示，观察期内 NRCA 指数下降的多为资源密集型和劳动密集型的传统行业，例如农林牧渔业、家具制造业、纺织服装业等。而资本技术密集型制造业的

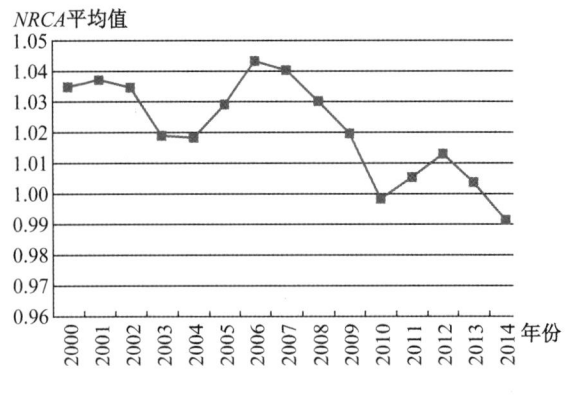

图 4-12　所有行业竞争力指标的平均值

$NRCA$ 指数反而有了显著提升,例如,电子信息产业的竞争力指数大幅提升为 0.777,从 2000 年的竞争均势行业快速成长为具有较强竞争优势的行业。服务业内部也存在类似的分化现象,科学研究、科技服务、金融服务等现代服务业的竞争力指数大幅提升,而交通运输、餐饮住宿等传统服务业的竞争力指数则大幅下降。

表 4-9　　　　　　　　　　　　　　　竞争力指标变动较大的行业

行业简称	△(2014—2000)	行业简称	△(2014—2000)
水产渔业	−1.247	电子信息	0.777
采掘业	−0.325	电气设备	0.406
纺织服装	−0.701	机械设备	0.320
油煤制品	−0.214	汽车制造	0.299
橡塑制品	−0.251	运输设备	0.295
家具制造	−0.779	零售贸易	0.367
水路运输	−0.661	金融服务	0.445
航空运输	−0.510	科学研发	0.922
住宿餐饮	−0.226	科技服务	0.626

　　从表 4-10 中的数据来看,中国在全球价值链中的国际竞争力主要体现在制造业部门,服务业部门的国际竞争力相对偏弱。2014 年制造业部门的 $NRCA$ 平均值达到 1.444,从传统制造业到先进制造业的大多数行业都处于竞争优势地位,中国不仅是一个"制造大国",在一定程度上也已经具备"制造强国"的基本特征。而服务业部门的 $NRCA$ 平均值仅为 0.868,细分服务行业的国际竞争力普遍较弱,接近半数的服务业 $NRCA$ 值甚至低于 0.5,处于较为明显的竞争劣势地位,只有批发贸易、水路运输等少数低端服务业的 $NRCA$ 值高于 1。不过,随着中国大力发展现代服务业,一些知识密集型服务业在近年得到长足发展,专业咨询、科学研发等行业目前已接近竞争均势状态,金融服务业甚至具有了较强的竞争优势。

　　表 4-10 还比较了中国与主要国家在代表性行业的竞争力水平,从中可以看出,在传统制造业部门,中国多数行业的国际竞争力已经明显超过发达工业国,但普遍面临着新兴工业国的竞争压力。例如食品加工业、家具制造业的竞争力弱于墨西哥和巴西,木制品业、橡塑制品业的竞争力弱于波兰。土耳其在传统制造业中的竞争力尤其值得关注,纺织服装、金属制品、家具制造等多个行业的竞争力水平都在中国之上。

　　在先进制造业部门,中国的竞争力水平与发达工业国存在全方位的差距,在化学制品业、交通运输设备制造业表现得尤为突出,电子信息产业、装备制造业的竞争力虽然高于法国和美国,但与日本、韩国、德国相比仍有不小的差距。不过,与新兴工业国相比,中国多数行业都具有较大的竞争优势,化学制品业、电子信息产业以及装备制造业的优势最为明显。

　　在现代服务业部门,中国的竞争力水平与发达国家也存在较大的差距,不仅全面落后于美国、法国等服务业高度发达的国家,而且多数行业落后于制造业主导的德国、日本。尽管中国在金融服务业的竞争力指数较高,但在行业统计口径上主要是指中央银行主导的货币媒介服务,很大程度上反映的是货币供应量水平,在保险服务业以及金融市场服务行业的竞争力水平

表 4-10　　　　　　　中国与主要国家在代表性行业中的 *NRCA* 指数值(2014 年)

	行业简称	中国	德国	法国	日本	韩国	美国	墨西哥	波兰	巴西	土耳其	印度
传统制造业	食品加工	1.067	0.841	1.440	0.393	0.304	0.717	1.370	1.596	2.453	1.255	0.456
	纺织服装	2.760	0.377	0.611	0.334	1.281	0.164	0.980	0.711	0.630	5.195	1.739
	木制品业	2.015	0.653	0.522	0.216	0.250	0.519	0.593	2.353	1.272	0.861	1.075
	橡塑制品	1.304	1.614	1.229	2.045	0.736	0.758	1.113	1.985	0.799	1.498	0.602
	金属制品	1.512	0.840	0.413	2.349	1.921	0.507	1.512	0.553	1.245	1.717	1.289
	家具制造	1.494	1.201	0.799	0.467	0.499	0.813	1.670	1.373	1.546	1.551	1.647
先进制造业	化学制品	1.154	1.348	1.207	0.844	2.324	1.434	0.872	0.691	0.862	0.811	1.291
	电子信息	1.836	0.720	0.530	2.048	3.332	1.160	0.985	0.315	0.064	0.153	0.119
	电气设备	1.800	2.196	0.759	1.795	1.960	0.606	1.608	1.173	0.359	0.824	0.539
	机械设备	1.154	2.449	0.859	1.555	1.290	0.877	1.073	0.733	0.506	1.250	0.470
	汽车制造	0.547	3.138	0.710	3.468	1.934	0.656	3.221	1.155	0.695	1.096	0.543
	运输设备	0.689	1.069	2.393	1.498	2.994	2.359	0.893	0.696	0.549	0.535	1.115
现代服务业	电信通讯	0.797	0.583	1.227	1.155	0.378	1.325	0.411	0.728	0.527	0.976	1.550
	信息服务	0.208	1.497	0.924	0.613	0.275	0.916	0.010	0.944	0.329	0.064	7.614
	金融服务	1.355	0.596	0.957	0.907	0.640	0.967	0.206	0.474	1.040	0.781	0.900
	专业咨询	0.984	1.237	1.657	—	0.352	1.721	0.323	0.812	1.212	—	0.143
	科学研发	0.972	0.850	1.408	0.412	1.623	2.280	0.944	0.505	1.449	0.010	—
	科技服务	0.891	0.640	0.336	5.511	1.826	0.428	0.285	0.919	—	3.637	—

远低于发达国家①。中国与新兴工业国的竞争力大致相当但各有侧重,例如,中国在专业咨询和科学研发行业有着一定的竞争优势,但在信息服务、电信通信行业的竞争力弱于印度、波兰等国。

(8)中国参与全球价值链的国别/地区构成特征。从前向联系的角度来看,中国参与全球价值链的地区构成比较稳定。从表 4-11 显示,中国的国内增加值主要出口到发达国家,发展中国家占比相对较低,2015 年两者在中国 DVA 出口构成中的比重分别为 55.2% 和 44.8%,与 2000 年相比变化不大。从后向联系的角度来看,中国进口 FVA 的地区构成发生了很大的变化。2000 年发达国家是中国进口 FVA 的主要来源地,到了 2015 年,发达国家的占比急剧降至22.2%,发展中国家则快速升至 77.8%。

后向联系的结构变化可能是因为中国的产业升级所致。在入世早期,中国的工业化水平相对较低,急缺机械设备、化工产品、零部件等中间品来发展重化工业,需要大量进口发达国家的产品来满足国内需求。随着国内产业升级和技术进步的加快,原先由发达国家供应的半成品和零部件大多转为国产化。与此同时,重化工业的快速发展使得国内资源供不应求,再加上劳动密集型制造业对外转移或工序外包,需要大量进口发展中国家的能源资源以及半成品,对低

---

① 2014 年,中国保险服务业(K65)的竞争力指数只有 0.394,而美国达到了 1.762,英国更是高达 2.984。

端中间品的外部依赖性趋于增强,由此导致进口 FVA 的来源地从发达国家转向发展中国家。

为明晰中国与主要经济体在全球价值链中的贸易联系,表4-11 还列示了中国增加值贸易的前 20 大国别构成数据(按 2015 年数据降序排列)。2015 年的数据显示,中国与美国在全球价值链中的贸易联系最为紧密,美国不仅是中国最大的 DVA 出口市场,而且是中国最大的 FVA 进口来源地。中国与日本、韩国、德国等制造强国的贸易联系也较为紧密,这些国家在中国的 DVA 和 FVA 贸易中所占比重相对较高。此外,中国与印度、印尼、泰国、越南等国同属于亚洲生产网络的重要成员,有着长期稳定的生产合作关系和贸易联系。

表 4-11　　　　　中国增加值贸易的国别/地区构成及前 20 大合作伙伴

国家/地区	DVA 出口的国别/地区构成		国家/地区	FVA 进口的国别/地区构成	
	2000 年	2015 年		2000 年	2015 年
发达国家	57.9%	55.2%	发达国家	51.5%	22.2%
发展中国家	42.1%	44.8%	发展中国家	48.5%	77.8%
美国	19.74%	23.07%	美国	10.46%	5.61%
日本	11.73%	6.77%	韩国	8.70%	4.58%
德国	4.24%	5.00%	日本	17.25%	4.02%
韩国	5.96%	4.76%	中国台湾	8.64%	4.00%
印度	1.87%	3.73%	澳大利亚	3.23%	3.21%
英国	4.39%	2.94%	德国	4.58%	2.77%
澳大利亚	1.86%	2.74%	俄罗斯	1.88%	2.24%
加拿大	2.60%	2.54%	巴西	0.77%	1.49%
墨西哥	1.69%	2.25%	印尼	2.26%	1.11%
法国	2.48%	2.10%	马来西亚	1.37%	1.04%
意大利	2.24%	2.03%	英国	2.97%	0.97%
泰国	2.40%	1.62%	法国	2.21%	0.92%
越南	0.57%	1.58%	加拿大	2.45%	0.91%
荷兰	2.88%	1.55%	泰国	0.86%	0.73%
俄罗斯	0.44%	1.41%	意大利	1.81%	0.69%
印尼	1.63%	1.40%	越南	0.62%	0.63%
土耳其	0.62%	1.34%	印度	1.15%	0.62%
中国台湾	2.63%	1.32%	菲律宾	0.44%	0.56%
巴西	0.70%	1.22%	荷兰	1.08%	0.45%
马来西亚	1.90%	0.98%	瑞典	0.80%	0.43%

注:表中发达国家和发展中国家的划分标准参照联合国贸发会议组织(UNCTAD),美国、加拿大、澳大利亚、新西兰以及欧盟成员国属于发达国家,亚洲仅有日本属于发达国家,包括韩国在内的新兴经济体均属于发展中国家。跨国投入产出表中的"其他国家(RoW)"虽然包括瑞士、挪威等少数发达国家,但更多的是亚非拉地区的发展中国家,故将其归入发展中国家。

比较 2000 年和 2015 年的数据可以看出,美国、德国、印度等国在中国 DVA 出口构成中的比重趋于上升,尤其是美国的比重提升到 23.07%,远高于其他国家,说明中国的 DVA 出口过于依赖美国市场。另外,我们还根据国别构成的变异系数测算了中国对 46 个国家/地区出口 DVA 的国别集中度,该指标从 2000 年的 1.988 升至 2015 年的 2.095,显示中国出口 DVA 的地区构成趋于集中化[①]。与此同时,主要经济体在中国进口 FVA 中的比重普遍下降,只有俄罗斯、巴西、菲律宾等少数国家的比重趋于上升,国别构成的变异系数从 2000 年的 1.939 降至 2015 年的 1.569,说明中国进口 FVA 的国别构成趋于分散化,其原因同样可由前述产业升级过程中的需求转换来解释,此处不再赘述。

(9) 中国与主要经济体在全球价值链中的合作形式。由生产分解模型可知,一国可以通过浅层形式和深层形式参与全球价值链,相应地,在双边层面上,中国与主要经济体在全球价值链中的联系也可以分为浅层合作和深层合作两种形式。只不过,不同国家在资源禀赋、工业水平等方面的条件各具特色,与中国的生产合作形式存在较大差异。基于生产分解模型的理论阐释,我们从前向联系和后向联系两个视角,以双边浅层次的跨境增加值贸易占比 (V_GVC_R/V_GVC) 和 (Y_GVC_R/Y_GVC) 来衡量浅层合作程度,表 4-12 给出了 2015 年中国与 46 个国家/地区的对应指标值。

从前向联系来看,中国与大多数经济体(30 个国家/地区)的价值链联系是浅层次增加值贸易主导的合作形式,超过 50% 的双边生产合作是以浅层参与形式实现的,说明中国通过中间品贸易出口到这些国家/地区的增加值,大部分是被进口国/地区直接吸收,只有少部分是被进口国/地区加工后再出口。其中,澳大利亚、美国、加拿大、英国等收入水平高、经济规模大的发达国家,最终消费能力很强,中国输出的中间品经过少量的末端工序处理后,便直接转化为最终消费品被当地市场所吸收;蒙古、斯里兰卡、印尼、孟加拉等工业水平低、出口能力弱的发展中国家,中国输出的中间品多被加工成日常消费品,用于满足当地的基本消费需求。至于泰国、墨西哥、中国台湾地区,以及捷克、匈牙利等中东欧国家/地区,都是采取出口导向型发展模式,当地的加工制造能力较强但消费能力较弱,中国输出到当地的中间品多被用于加工再出口,因此,中国与其前向生产合作多以深层参与形式来实现。

表 4-12　　　　中国与主要经济体在全球价值链中的浅层合作比例(2015 年)

前向联系 (V_GVC_R/V_GVC) 降序排列				后向联系 (Y_GVC_R/Y_GVC) 降序排列			
蒙古 89.6%	加拿大 66.7%	马来西亚 56.2%	中国台湾 46.1%	蒙古 79.5%	俄罗斯 58.4%	罗马尼亚 37.2%	波兰 27.1%
澳大利亚 88.0%	英国 66.4%	荷兰 54.3%	比利时 44.5%	越南 78.1%	马耳他 55.5%	匈牙利 37.0%	土耳其 26.1%
美国 83.9%	土耳其 65.6%	波兰 52.8%	爱沙尼亚 41.1%	菲律宾 77.5%	印度 53.4%	奥地利 35.8%	斯诺文尼亚 26.0%

① 准确地说,这种集中化趋势是从 2011 年之后开始的。变异系数值曾经从 2000 年的 1.939 降至 2011 年的 1.788,但由于近年来主要经济体出现分化,中国的 DVA 出口从欧洲和日本市场转向美国市场,导致美国占比从 2011 年的 18.95% 升至 2015 年的 23.07%,带动变异系数值从 2011 年的 1.788 升至 2015 年的 2.095。

（续表）

前向联系（V_GVC_R/V_GVC）降序排列				后向联系（Y_GVC_R/Y_GVC）降序排列			
斯里兰卡 82.0%	韩国 63.8%	罗马尼亚 51.5%	拉脱维亚 40.7%	澳大利亚 76.7%	美国 51.4%	英国 35.7%	西班牙 25.1%
俄罗斯 79.6%	芬兰 62.5%	瑞典 50.1%	爱尔兰 40.3%	韩国 72.8%	德国 49.3%	意大利 35.3%	斯洛伐克 24.6%
印尼 78.7%	意大利 60.3%	葡萄牙 50.0%	斯洛伐克 37.1%	泰国 70.4%	比利时 45.7%	葡萄牙 34.1%	爱尔兰 19.8%
巴西 76.1%	越南 60.0%	马耳他 49.2%	斯诺文尼亚 36.1%	巴西 68.7%	芬兰 43.0%	捷克 32.7%	拉脱维亚 19.8%
日本 75.9%	塞浦路斯 58.1%	丹麦 49.2%	捷克 30.4%	马来西亚 67.8%	保加利亚 43.0%	丹麦 32.7%	希腊 14.2%
印度 74.9%	奥地利 58.0%	泰国 49.2%	匈牙利 26.1%	中国台湾 67.7%	荷兰 39.2%	斯里兰卡 32.5%	立陶宛 9.3%
菲律宾 69.4%	法国 57.8%	保加利亚 47.6%	卢森堡 20.6%	日本 60.4%	孟加拉 38.9%	爱沙尼亚 31.8%	卢森堡 4.0%
希腊 68.9%	德国 56.5%	墨西哥 47.1%	—	加拿大 59.8%	法国 38.4%	塞浦路斯 30.5%	—
孟加拉 67.8%	西班牙 56.2%	立陶宛 46.1%	—	印尼 59.0%	墨西哥 37.4%	瑞典 30.2%	—

后向联系的情况正好相反，中国与大多数经济体（30 个国家/地区）的价值链联系是深层次增加值贸易主导的合作形式，说明中国从这些国家/地区进口中间品里包含的增加值，大部分来自第三方国家/地区，而非直接源于出口国/地区。30 个国家/地区中大多数是欧盟成员国，也是欧洲生产网络的主要组成部分，相互之间的价值链关系紧密复杂，增加值嵌入比例较高。例如，中国从捷克进口的中间品里包含了大量德国、法国等国的增加值，同样，中国从德国进口的中间品里也会包含大量捷克、波兰等国的增加值。相比之下，中国与大多数亚洲国家/地区的后向联系主要是通过浅层参与形式实现的，中国从这些亚洲国家/地区进口中间品里包含的增加值，大部分直接来自出口国/地区，隐含第三方国家的增加值很少。这可能是由于亚洲生产网络的分工细密程度和价值链关系不像欧洲生产网络那么复杂，相互间的增加值嵌入比例相对较低所致。中国大陆从日本、韩国、台湾地区进口的高端零部件只能由当地生产，其他亚洲国家受制于技术条件难以参与其中；而从越南、泰国、印尼等国进口的低端中间品属于价值链条短的工业品或者当地特有的资源品，能够吸纳其他国家的增加值相当有限。

（10）中国与主要经济体在全球价值链中的相互依存度。传统的贸易理论基于双边总贸易数据来分析国际分工体系中的相互依存度，但在全球价值链背景下，双边增加值贸易真正反映世界各国相互间的生产合作关系和分工依存度。为此，我们设计前向依存度指标 $BiDVA_{cj}(=RDVA_{cj}/RDVA_{jc}=(DVA_{cj}/DVA_c)\div(DVA_{jc}/DVA_j))$ 和后向依存度指标 $BiFVA_{cj}(=RFVA_{cj}/RFVA_{jc}=(FVA_{cj}/FVA_c)\div(FVA_{jc}/FVA_j))$ 来衡量中国与主要经济体在全球价值链中的依存度特征。其中，下标 c 代表中国，j 代表增加值贸易的伙伴国／地区。

$RDVA_{cj}$ 为中国对 j 国出口的国内增加值占中国出口国内增加值总量的比例,衡量中国对 j 国的前向依赖性;$RDVA_{jc}$ 为 j 国对中国出口的国内增加值占 j 国出口国内增加值总量的比例,衡量 j 国对中国的前向依赖性。若 $BiDVA_{cj}$ 大于 1,说明两相比较,中国对 j 国的前向依存度更高,中国的增加值出口更加依赖于 j 国市场;反之,则说明 j 国的增加值出口更加依赖于中国市场。后向依存度指标的含义同理可知。

表 4-13　　　　　　　中国与代表性国家/地区在全球价值链中的前向依存度指标

国家/地区	2000 年			国家/地区	2015 年		
	$RDVA_{cj}$	$RDVA_{jc}$	$BiDVA_{cj}$		$RDVA_{cj}$	$RDVA_{jc}$	$BiDVA_{cj}$
美国	19.74%	1.80%	10.98	美国	23.07%	4.35%	5.30
墨西哥	1.69%	0.46%	3.67	墨西哥	2.25%	1.42%	1.58
英国	4.39%	1.45%	3.02	英国	2.94%	2.05%	1.43
德国	4.24%	1.45%	2.93	德国	5.00%	3.52%	1.42
荷兰	2.88%	1.15%	2.50	印度	3.73%	2.70%	1.38
日本	11.73%	5.50%	2.13	意大利	2.03%	2.13%	0.96
法国	2.48%	1.25%	1.98	法国	2.10%	2.28%	0.92
意大利	2.24%	1.26%	1.78	加拿大	2.54%	2.76%	0.92
加拿大	2.60%	1.57%	1.65	荷兰	1.55%	1.79%	0.87
泰国	2.40%	2.65%	0.91	日本	6.77%	8.95%	0.76

表 4-13 列示了 2000 年和 2015 年中国与代表性国家/地区($BiDVA_{cj}$ 排名前 10)的前向依存度指标,从中可以看出,2000 年中国与发达国家的 $RDVA_{cj}$ 普遍大于 $RDVA_{jc}$,中国在发达国家增加值出口中的比例明显偏低,而中国的增加值出口则高度依赖于欧美市场。经过 10 多年的发展,中国已是世界第二大经济体,国内市场也成为各国竞相争夺的目标,前向依存度因此发生了很大的变化。与 2000 年相比,2015 年中国在发达国家增加值出口中的比例显著上升,$RDVA_{jc}$ 普遍提升了 1 倍左右,带动前向依存度指标 $BiDVA_{cj}$ 大幅下降。尽管中国的增加值出口仍然依赖于美国、墨西哥、英国、德国,但依存度指标 $BiDVA_{cj}$ 降低了一半以上,中国与荷兰、日本、加拿大等国的相互依存关系甚至发生逆转,大多数国家都对中国市场形成了高度的依赖性。

表 4-14 列示了 2000 年和 2015 年中国与代表性国家/地区($BiFVA_{cj}$ 排名前 10)的后向依存度指标,可见后向的双边依存度同样发生了很大的变化。2000 年中国的加工贸易尚处于起步阶段,对来自欧、美、日、韩及中国台湾的中间品具有相当高的依赖性,但中国在欧美国家的中间品进口份额占比偏低,只是在同属亚洲生产网络的日本、韩国、中国台湾地区的中间品进口中占有较高份额,总体而言中国对主要制造强国/地区的后向依存度偏高,与日、美、德三强的 $BiFVA_{cj}$ 指标值均在 2 以上。到了 2015 年,随着制造业的技术进步和发展壮大,中国的"世界工厂"地位日益巩固,不仅在中间品的进口依赖性方面显著降低,而且成为大多数国家/地区进口中间品的主要来源甚至首要来源。例如,日本占中国的中间品进口份额($RFVA_{cj}$)从 2000 年的 17.25% 降至 2015 年的 4.02%,同期中国占日本的中间品进口份额($RFVA_{jc}$)从

6.59%大幅升至16.32%,此消彼长导致中国与日本的后向依存度指标$BiFVA_{cj}$从2.62降至0.25。2015年的$BiFVA_{cj}$值在一定程度上反映出,无论是发达国家/地区还是发展中国家/地区,无论是制造强国/地区还是资源强国/地区,都对中国提供的中间品具有高度依赖性。中国作为中间品的最大供应国,在全球价值链中扮演着关键的"枢纽"角色,很大程度上维系着世界各国的生产协作关系。

表4-14　　　　　中国与代表性国家/地区在全球价值链中的后向依存度指标

国家/地区	2000年			国家/地区	2015年		
	$RFVA_{cj}$	$RFVA_{jc}$	$BiFVA_{cj}$		$RFVA_{cj}$	$RFVA_{jc}$	$BiFVA_{cj}$
日本	17.25%	6.59%	2.62	台湾地区	4.00%	10.82%	0.37
美国	10.46%	4.01%	2.61	美国	5.61%	16.91%	0.33
德国	4.58%	2.24%	2.04	德国	2.77%	8.66%	0.32
台湾地区	8.64%	4.91%	1.76	韩国	4.58%	18.36%	0.25
韩国	8.70%	7.51%	1.16	日本	4.02%	16.32%	0.25
法国	2.21%	1.94%	1.14	俄罗斯	2.24%	11.45%	0.20
英国	2.97%	3.20%	0.93	巴西	1.49%	8.64%	0.17
意大利	1.81%	1.95%	0.93	澳大利亚	3.21%	20.29%	0.16
加拿大	2.45%	2.75%	0.89	英国	0.97%	6.71%	0.14
西班牙	1.27%	1.63%	0.78	法国	0.92%	6.68%	0.14

(11)结论与启示。2000—2011年,虽然中国加速融入全球价值链,但所处位置反而向下游偏移,显示出锁定在"价值链低端"的迹象。2012年以来,中国在全球价值链中的参与度出现"脱钩"趋势,但在加工贸易转型升级的政策引导下,先进制造业和知识密集型服务业的前向参与度却有进一步提升,科技服务部门与生产制造部门的持续融合使得制造业出口品中的研发要素和技术含量显著增加,并且国内生产活动对国外增加值的依赖性全面减弱,推动中国的全球价值链位置从2000年的中下游位置攀升至2014年的中上游位置。2000—2014年,中国资源密集型和劳动密集型行业的国际竞争力趋于下降,但资本技术密集型制造业的国际竞争力反而有了显著提升。同时,现代服务业的竞争力大幅提升,而传统服务业的竞争力大幅下降。中国在全球价值链中的国际竞争力主要体现在制造业部门,已经具备"制造强国"的基本特征。在传统制造业部门,中国多数行业的国际竞争力明显超过发达工业国/地区,但普遍面临着新兴工业国/地区的竞争压力;在先进制造业部门,中国的竞争力水平与发达工业国/地区仍然存在全方位的差距,但与新兴工业国/地区相比,多数行业都具有较大的竞争优势。

在全球价值链中,中国与美、德、日、韩等制造强国以及亚洲新兴经济体的双边联系相对紧密。中国的国内增加值主要出口到发达国家/地区,发展中国家/地区占比相对较低,并且观察期内的比例变化不大。但后向联系的地区构成却发生了很大的变化,中国在产业升级过程中的需求转换,导致进口增加值的主要来源地从发达国家/地区转向发展中国家/地区。中国大陆与大多数经济体的前向联系是浅层次增加值贸易主导的合作形式,但与泰国、墨西哥、中国台湾地区,以及中东欧国家/地区的前向生产合作多以深层参与形式来实现;后向联系的情况正好相反,中国与大多数经济体(主要是欧盟成员国)的价值链联系是深层次增加值贸易主导的合作形式,但与大多数亚洲国家/地区的后向联系主要是通过浅层参与形式实现的。随着中国经济的快速增长和国内市场的发展壮大,中国对发达国家/地区的前向依存度显著降低,而发达国家对中国的前向依存度则显著提高,对中国市场形成了高度的依赖性。与此同时,中国成长为全球中间品的最大供应国,不仅对主要制造强国/地区的后向依存度大幅降低,而且自身成为大多数国家/地区进口中间品的主要来源甚至首要来源,在全球价值链中扮演着关键的"枢纽"角色。

　　3. 对外贸易风险与经济增长风险的综合评价

　　基于前文关于对外贸易的风险评价,本部分结合经济增长的风险等级,综合评价进出口贸易风险与经济增长风险之间的联系。与以往研究报告的评价方法一致,在评定经济增长风险等级时,根据实际 GDP 增长率与长期趋势值相偏离的程度予以判定,以 1979—2016 年实际 GDP 增长率的算术平均值作为长期趋势。为便于观察,图 4-13 中绘出了 2001 年以来对外贸易风险与经济增长风险的等级评定情况。

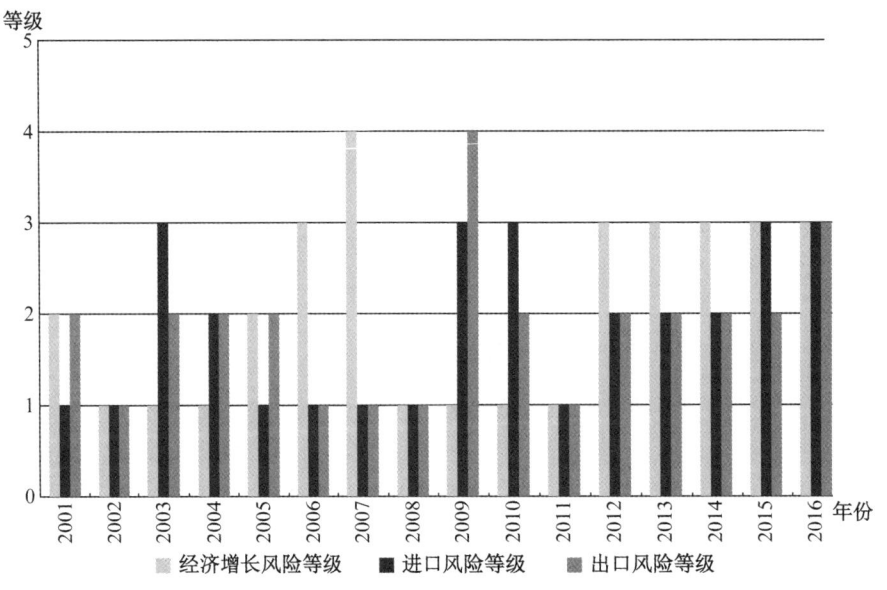

图 4-13　2001—2016 年对外贸易风险与经济增长风险的等级评定

　　2016 年延续了 2015 年的中低速增长特征,经济增长的风险等级维持在中等风险的水平。在经济进入新常态的背景下,中央不再过度追求经济增长的速度,而是更加重视经济增长的质量,这种中低速增长趋势将会延续较长时间。出口增速低于预期,使得出口贸易的风险等级上升至中等风险的水平。从经济增长的内部构成来看,进出口贸易对经济增长的负面影响进一步加重。2016 年货物和服务净出口因素对国内生产总值增速的贡献率为 −0.45 个百分点,而 2015 年为 −0.09 个百分点。与此同时,消费主导经济增长的模式进一步强化,2016 年资本形成因素占国内生产总值的份额为 42.2%,较 2015 年小幅上升 0.6 个百分点,而最终消费因素所占的份额大幅上升 5 个百分点,达到 64.6%。由此可见,在 2016 年全球经济贸易持续低迷的情况下,依靠外需拉动的经济增长动力失速,而消费拉动的经济增长动力正在逐步加强。尽管这一结构变化符合中国经济转型的战略导向,但由于支持消费可持续增长的社会条件尚不完善,短期内外贸活动的大幅减速会对经济增长和社会就业形成较大的牵制,不利于经济转型的平稳过渡。

在 2016 年的风险报告中,我们曾预测"2016 年经济增速可能略低于 2015 年,进出口贸易增速虽有望回升,但很难摆脱负增长的局面,经济增长与对外贸易的风险等级保持不变的概率很大",实际数据与预测情况基本相符。鉴于 2017 年国务院政府工作报告已明确提出,将国内生产总值的目标增速下调至 6.5% 的相对低位,并且不对外贸发展预设增长目标,而是强调"进出口回稳向好,国际收支基本平衡",这些都表明中国政府坚持推进供给侧改革、推动经济结构优化升级的坚定决心。受益于全球经济持续回暖,2017 年中国经济增速略高于 2016 年,进出口贸易增速由于基数效应的影响可能会有比较大的提升,经济增长与对外贸易的风险等级全面调降的概率很大。

四、风险预测与管理

1. 对外贸易风险预测

全球经济自 2016 年第四季度开始加速,这一势头一直在持续,带动中国的进出口贸易在 2017 年上半年大幅反弹。展望 2017—2018 年的国内外经济形势,中国的对外贸易风险将会明显降低。

从主要经济体来看,2017 年上半年美、欧、日经济实现了同步向好。美联储公布的 2017 年 5 月份货币政策会议纪要显示,绝大多数美联储官员认为,美国就业增长稳定,居民收入和财富稳步增长,消费信心保持强劲。美国劳工部 5 月份非农就业报告表明,4 月份美国的失业率降至 4.4%,创 10 年来最低水平。在去杠杆化基本完成的背景下,美国政府将采取大规模减税、扩大基础设施投资等扩张性财政政策,并继续吸引制造业回流,预计将进一步拉动美国总需求,并改善基础设施状况和加快制造业发展,推动经济加快复苏。

欧盟统计局的数据显示,2017 年第一季度,欧盟国内生产总值(GDP)环比增长 0.6%,同比增长 2.1%,显示欧盟经济复苏保持连贯性和普遍性。除希腊外,欧盟成员国均已连续 3 个季度保持经济正增长。虽然 2017 年欧元区经济仍面临许多不确定性因素,但由于欧洲稳定机制不断完善,欧洲中央银行持续实行宽松的货币政策,欧元区应对风险和促进复苏的能力已明显提高,加之持续实行"欧洲投资计划"、增强成员国扩张财政政策的灵活性等有利因素的推动,欧元区经济预计将继续复苏。

在 2017 年 4 月举行的政策会议上,日本中央银行发布了 9 年来最为乐观的经济评估,称该国经济已经"转向适度扩张"。日本 2017 年仍将实行量化宽松货币政策并继续扩张财政,加之将再次上调消费税的时间由 2017 年 4 月推迟到 2019 年,将刺激日本经济进一步回暖,但受制于严重的人口老龄化、国内缺少投资机会、经济缺乏活力等深层次结构性矛盾,预计日本经济很难有大的改观,仍将面临通缩压力。

从新兴经济体来看,2017 年,发达国家经济复苏加快将在一定程度上扩大新兴市场和发展中国家的外需,并带来较多的外国直接投资,改善当地财政收支和拉动经济增长。一些新兴市场国家的货币政策将趋于宽松,货币对美元汇率相对走弱,也有利于支持其经济企稳回升。国际货币基金组织(IMF)认为,2017 年至 2018 年,全球经济增长前景向好的主要支撑因素是新兴市场和发展中经济体经济增长加快。自 2017 年 4 月份以来,俄罗斯、印度、巴西制造业PMI 均已处于 50 以上的扩张区间。IMF 预测,受全球大宗商品价格回稳提振,俄罗斯和巴西经济将分别增长 1.4% 和 0.2%,从而走出衰退泥潭。

再从国内经济来看,供给侧结构性改革取得显著成效,中国经济呈现"缓中趋稳,稳中向好"的发展态势。国家统计局服务业调查中心、中国物流与采购联合会近日发布的数据显示,2017 年 6 月份,中国制造业采购经理指数为 51.7%,相比 5 月上升了 0.5 个百分点,为年内次高。另外,2017 年 6 月非制造业 PMI 为 54.9%,高于 5 月 0.4 个百分点,连续上升了两个月[1]。这些数据意味着制造业与非制造业景气度均维持高位,业内对中国经济企稳向好的信心普遍增强,中国经济增长的底部已基本建立。但经济运行中也有一些不利的因素。例如民间制造业投资难有较大起色、企业和政府债务压力仍然较大、房地产投资增速可能下滑等。

综上所述,2017—2018 年中国外贸发展面临的外部环境有望好转,但不确定性因素仍然较多。虽然发达国家经济加快复苏和新兴市场国家经济企稳回升将使世界经济呈现复苏向好的态势,但受制于各国面临的深层次结构性矛盾、财政和货币政策空间有限等因素,全球总需求不足的矛盾尚难有效解决,2017—2018 年世界经济仍将在低速增长区间运行。同时,美国等主要经济体重振制造业,引发全球价值链调整和重构,将在一定程度上会减少国际贸易。此外,全球贸易保护主义有可能进一步升温,导致中国遭遇的贸易摩擦进一步增多。与此同时,随着"一带一路"战略的稳步推进和国际产能合作的不断落实,中国的国际经济环境将会明显改善,跨境电子商务的模式创新也会为外贸发展提供有力支持。但是,考虑到中国面临的国际竞争压力不断加大、传统竞争优势持续削弱,以及国内经济潜在风险等因素,对外贸易形势不宜过分乐观。考虑到 2016 年的外贸基数偏低,预计 2017 年中国的外贸增速将大幅回升。由于外部需求条件好于内部需求条件,出口增速将会高于进口增速,贸易顺差也会随之由降转升。

2. 对外贸易引致经济增长风险的管理对策

鉴于 2017 年的国内外经济形势趋好,应当抓住机遇,加快转变对外经济发展方式。政策重心应当着眼于改善对外贸易发展环境,深化对外经贸合作,支持外贸业务的模式创新,努力培育竞争新优势。同时,要进一步落实稳外贸的政策体系,通过"一篮子"综合举措帮助企业走出困境、完成转型。具体的管理对策包括以下几方面:

(1) 优化外贸发展的国际环境,积极应对贸易保护主义。积极应对世界经济贸易格局的新变化,加快实施市场多元化战略,构建开放型经济新体制。一是通过"一带一路"战略与沿线国家的发展规划对接,共建产业园区,并结合各国发展需要,推动实施一批具有重要影响与很强带动力的合作项目。通过与沿线国家共建自贸区,为相互贸易与投资的扩展提供制度性保障,以利于中国参与全球经贸规则的制定。二是继续深化中美经贸合作,构建互利互信的新型大国关系。加快推进中美投资协定谈判,争取早日达成一个高水平、双向平衡的双边投资协议。还可以亚洲太平洋经济合作组织为载体,中美两国展开合作,加快亚太自由贸易区的建设。三是加强区域经济一体化,开拓新市场。加强与金砖国家、东盟自由贸易区其他成员的经济与货币的合作,寻求有共同利益的贸易伙伴,扩大合作领域、拓宽区域范围,建立起多层次、多方位、多形态的对外区域合作体系,以增强对抗新贸易保护主义的博弈能力、缓解其对中国出口企业的冲击。

(2) 探索培育新兴贸易业态,不断创新外贸发展新模式。进一步创新思维,加快发展外贸

---

[1]　2017 年全球经济形势分析:多隐忧困扰下半年增长. 中国经济时报. 2017-07-04.

综合服务企业、跨境电商、海外仓、市场采购模式等新兴贸易业态,培育外贸新的增长点。一是探索建立工作协调机制,推进解决跨境电子商务发展遇到的深层次矛盾和体制性难题,完善政策措施。支持高标准推进跨境电子商务综合试验区建设,支持部分有条件的省市先行先试,集中建设一批跨境电商综合服务平台、跨境电商产业聚集区和公共海外仓。二是鼓励支持具有国际贸易经验、专业化人才,实力强、信誉好的企业和省市搭建外贸综合服务平台,为企业尤其是中小企业提供国际贸易"一站式"服务,带动中小企业从事对外贸易业务。三是坚持实施国际自主品牌发展战略,以推行国际标准、国际认证为基础,创新品牌产品国际营销模式、拓展品牌国际营销渠道,支持企业开展国际并购,强化品牌知识产权的培育和保护。重点培育一批国际自主品牌,打造若干个产业聚集度高、带动作用强的地域名牌。

(3) 贯彻落实稳外贸的政策措施,健全外贸发展的保障体系。一是鼓励商业银行在发展传统融资产品基础上,创新出口货物贸易人民币协议融资、远期信用证、海外代付、外保内贷、内保外贷、出口买方信贷、出口融资租赁等结构性贸易融资工具,对有市场、有订单但无合格抵押担保物的企业提供融资支持。二是加大出口信用保险支持,利用财政保费补贴、出口信保融资贴息等政策,实现对小微企业的全覆盖。鼓励出口信用保险主体扩大保险规模和覆盖面,进一步降低保费。三是完善出口退税服务,规范出口企业退税申报流程和单据审核流程。加强对出口企业退税政策、申请单据填写规范、申请流程的培训。落实首问负责制、限时办结制,严格退税单据审核时限,加快退税进度。四是推进跨境贸易人民币结算,简化经常项下跨境贸易人民币结算业务,实行先结算后审查。鼓励商业银行开展人民币境外项目融资、跨境人民币直接投资等资本项下人民币结算业务,推动跨境人民币业务在跨境直接投资领域取得实质的进展。

(4) 支持服务贸易的快速发展,推动外贸结构的优化升级。一是重点发展软件开发、系统解决方案、云计算、物联网信息、数据挖掘等高端领域外包,着力提高计算机和信息服务行业规模、产业层级和国际竞争力。加大对相关领域重点企业和重点项目的支持,完善人才培训体系和公共服务平台建设。二是鼓励企业拓展境外工程承包市场,开展建筑设计、工程监理等建设服务新业务,力争在工程总承包/设计采购施工(EPC)、建设经营转让(BOT)等国际工程总承包模式上实现新突破。三是加大知识产权保护力度,积极开展知识产权评估、交易、转化、质押、投融资等商业化服务,引导服务贸易企业提升知识产权创造、运用、保护和管理能力,有效应对国际知识产权纠纷。四是支持服务贸易相关行业协会等社会组织建设,充分发挥其在增强行业自律、规范行业竞争、加强对外交涉、维护企业权益、优化信息服务等方面的作用。加强与国际相关行业协会、中介机构交流合作,推动服务贸易各行业领域与国际标准接轨。

五、结论

首先,我们回顾了 2016 年以来中国对外贸易的主要特征,揭示了进出口贸易中的一些风险因素。中国的对外贸易形势极为严峻,外贸发展水平和面临困难超出预期。外部需求难以提振、成本压力持续加大是中国出口面临的主要风险,国内经济趋于下行、进口需求扩张动力不足是进口面临的主要风险。

然后,我们实证研究了加工贸易对中国经济增长的影响,并量化评估了中国参与全球价值链的特征。研究表明,加工贸易对中国经济增长具有重要的支持作用。尽管加工贸易规模在近年趋于下降,但加工贸易效率明显提升,对中国经济增长的作用反而进一步增强。应当紧紧抓住全球产业重新布局机遇,明确加工贸易创新发展的路径,加快构建开放型经济新体制,继续发展加工贸易并推动加工贸易转型升级。2016年进口贸易的风险等级仍然维持在中等风险状态,但出口贸易的大幅萎缩,使其风险等级调高至中等风险状态。中国参与全球价值链的特征显示,中国的全球价值链位置从2000年的中下游位置攀升至2014年的中上游位置,资源密集型和劳动密集型行业的国际竞争力趋于下降,但资本技术密集型制造业的国际竞争力反而有了显著提升,已经具备"制造强国"的基本特征。中国作为自由贸易的受益国,在参与全球价值链的过程中实现了经济繁荣和产业升级,应当维护和巩固"全球化"红利,坚决抵制贸易保护潮流。高举"自由贸易"大旗,借助自身在全球价值链中的重要地位,着力推进"一带一路"建设,加快FTA、RCEP等双边和多边自由贸易谈判,打造公平竞争、开放共赢的新型国际经济协作机制。

最后,我们预测了2017年的对外贸易风险,并就如何管理外贸风险提出了几点对策。预计2017年世界经济表现将趋于好转,但美联储的加息政策和缩表措施、全球贸易保护主义可能成为国际经贸领域的不确定因素。中国的对外贸易有望企稳回升,进出口贸易增速会有比较大的提升,风险等级可能大幅调降。为减少外贸引致经济增长的风险,2017年的政策重心为优化外贸发展的国际环境,积极应对贸易保护主义;探索培育新兴贸易业态,不断创新外贸发展新模式;贯彻落实稳外贸的政策措施,健全外贸发展的保障体系;支持服务贸易的快速发展,推动外贸结构的优化升级。

参 考 文 献

[1]程大中.中国参与全球价值链分工的程度及演变趋势——基于跨国投入—产出分析[J].经济研究,2015(9).

[2]樊茂清,黄薇.基于全球价值链分解的中国贸易产业结构演进研究[J].世界经济,2014(2).

[3]高敬峰.中国出口价值链演化及其内在机理剖析[J].财贸经济,2013(4).

[4]蒋兴红,李永敏.加工贸易在中国经济增长中的影响分析[J].现代营销旬刊,2016(10).

[5]刘琳.中国参与全球价值链的测度与分析——基于附加值贸易的考察[J].世界经济研究,2015(6).

[6]孟东梅,姜延书,何思浩.中国服务业在全球价值链中的地位演变——基于增加值核算的研究[J].经济问题,2017(1).

[7]苏庆义,高凌云.全球价值链分工位置及其演进规律[J].统计研究,2015(12).

[8]万依,罗剑宏.我国加工贸易与经济增长关系的实证研究[J].湖北社会科学,2015(1).

[9]王晶,曹菁轶.加工贸易对我国经济增长影响的实证分析[J].西安邮电学院学报,2009(4).

[10]王岚.融入全球价值链对中国制造业国际分工地位的影响[J].统计研究,2014(5).

[11]尹伟华.中国制造业产品全球价值链的分解分析——基于世界投入产出表视角[J].世界经济研究,2016(1).

[12] 张定胜,刘洪愧,杨志远.中国出口在全球价值链中的位置演变——基于增加值核算的分析[J].财贸经济,2015(11).

[13] ANTRaS P, CHOR D, FALLY T, et al. Measuring the upstreamness of production and trade flows[J]. The American Economic Review, 2012(102).

[14] FALLY T. On the fragmentation of production in the U. S[R]. University of Colorado-Boulder Working Paper, 2011.

[15] GEREFFI G. The organization of buyer-driven global commodity chains: how US retailers shape overseas production networks, in G. Gereffi and M. Korzeniewicz (eds), Commodity Chains and Global Capitalism[M]. Westport, CT: Praeger, 1994.

[16] HUMMELS, DAVID, JUN ISHII, et al. The nature and growth of vertical specialization in world trade[J]. Journal of International Economics, 2001(54).

[17] JOHNSON, ROBERT, GUILLERMO NOGUERA. Accounting for intermediates: production sharing and trade in value-added[J]. Journal of International Economics, 2012 (86).

[18] KOOPMAN, ROBERT, POWERS WILLIAM, et al. Give credit where credit is due: tracing value added in global production chains[R]. NBER Working Paper, No. 16426, 2010.

[19] KOOPMAN, ROBERT, ZHI WANG, et al. Tracing value-added and double counting in gross exports[R]. NBER Working Paper, No. 18579, 2012.

[20] TIMMER M P, LOS B, STEHRER R. et al. An anatomy of the global trade slowdown based on the WIOD 2016 release[R]. University of Groningen GGDC Research Memoranda, No. 162, 2016.

[21] WANG Z, WEI S J, ZHU K F. Quantifying international production sharing at the bilateral and sector level[R]. NBER Working Paper, No. 19677, 2013.

[22] WANG Z, WEI S J, XU X D, ZHU K F. Characterizing global value chains[R]. Stanford Center for International Development Working Paper, No. 578, 2016.

第五章　通货膨胀风险

一、绪论

防止过度通货膨胀,把物价控制在一个合理的区间内是全球政治家的重要任务之一。众所周知,宏观经济政策的四大目标包括充分就业、价格水平稳定、经济增长和国际收支平衡,价格水平稳定不仅关乎老百姓的购买力和福祉,更关乎社会和谐与政治稳定。物价水平的大起大落不仅威胁到经济的可持续发展,而且也是一次财富的重新洗牌和再分配效应。

回眸 2016 年,世界经济渐趋复苏,国际贸易和投资持续低迷。受世界经济持续复苏、石油输出国组织达成石油限产协议等多种因素影响,国际大宗商品价格有所回升。英国脱欧等不确定因素引发国际金融市场一度出现较大幅度的震荡。美国经济在宽松货币政策、住房销售和零售稳步增长等因素推动下继续温和复苏,欧元区在欧洲中央银行加大宽松货币政策力度等因素推动下,业已呈抬头趋势。日本经济在货币量宽和财政扩张双轮推动下,延续扩张态势。新兴市场经济国家"几家欢乐几家愁",内部分化有所加剧。一方面,全球需求萎靡不振及制造业产能过剩,导致以制造业为支柱产业的亚洲及中东欧新兴经济体的出口及经济增速放缓;另一方面,大宗商品价格回升使得资源出口型的中东、非洲及拉美新兴经济体增长有所改善。

经济复苏自然会驱动物价上升,提振居民消费信心,引领企业投资扩张。本报告首先关注两个重要指标:生产价格指数和消费价格指数。自 2016 年 8 月份以来,大宗商品价格上涨促使全球通胀显著回升。全球生产者价格通胀的上升尤其明显,比之于消费者价格指数来说,大宗商品在生产者价格指数中占有更高权重,且大宗商品是生产中的一项重要中间投入。尤其令人鼓舞的是,截至 2016 年 9 月份,中国 PPI 首次上升,结束了自 2012 年 3 月以来长达 54 个月的连续下降。个中原因可能是原材料价格上升,以及在削减过剩工业产能和恢复房地产投资方面采取的措施。随着汽油和其他能源相关产品的零售价格上涨,全球消费者价格指数也已上升。发达经济体消费者价格指数的上升幅度尤其大,但是核心通胀的上升幅度小得多,在几乎所有发达经济体,核心通胀率仍大大低于中央银行的目标水平。在新兴市场经济体,总体消费者价格通胀直到最近才开始回升,因为燃料价格上涨的影响,直到 2016 年年底才开始超过早先汇率贬值作用消退对通胀造成的下行压力。总之一句话:近期和长期通胀预期依然处在低水平。

就中国来说,最近一年来的经济表现可圈可点。中共十九大的召开,政策支持有望继续稳步增加。目前各个方面都在推进复杂的再平衡过程,活动范围从工业轮转到服务业,需求方向也从出口和投资重新调整到消费。然而,一个重要方面的进展滞后,即经济活动继续严重依赖信贷支持,势必进一步加重企业和地方政府负债快速叠加的风险,同时引致价格水平走高:一方面会倒逼政府提高政策利率、削减预算外公共部门投资,加快户籍改革以促进劳动力市场空缺与求职者之间实现更高效的匹配,放松对国有企业占支配地位的行业监管;另一方面也将驱动政府增加对社会援助、医疗支出、失业福利和重组基金的资金再配置,果断重组或者以硬预算约束僵尸企业,管控资本市场上的金融风险,强化监管约束影子产品。

自 2017 年 1 月份开始,中国 CPI 同比增长率虽然连续 9 个月渐趋提升,但数值偏低,均值约为 1.47%。相比较于 2016 年中国 CPI 月平均值 2.01%,2017 年以来的 CPI 增长率稍稍偏低。PPI 自 2016 年 9 月结束了长达 54 个月的负增长后已直线跳涨至目前的 6.9%。回看这一波上涨的背后,主要是大宗商品和国际石油价格双双抬升。考虑到去产能仍然是中国供给侧结构性改革的首要任务,广义货币供给量增长率一直处于 10% 的下方,货币政策稳字当头,本报告 2017 年初判断当年发生通货膨胀(CPI 高于 3%)的概率极低。CPI 缓慢抬升,PPI 平稳略升,全年通货膨胀无忧,当然需要警惕油价和大宗商品价格过快上涨带来的输入性风险。

基于此,下面将对 2017 年以来中国经济运行中影响物价水平的潜在因素进行分析,然后测度并判断本年度经济运行中通货膨胀风险指数的大小,最后提出预控和管理物价波动的政策建议。

二、风险因素识别

(一)不同价格指标的表现特征

1. CPI 小幅波动上涨

如图 5-1 所示,2016 年以来 CPI 出现了小幅的上涨,尤其是 2016 年年底第四季度 CPI 上涨幅度加大,主要是因为每年最后几个月鲜菜、猪肉等食品价格历来上涨较快,导致第四季度 CPI 水平总体高于第三季度;但是除食品之外的其他商品及服务价格总体保持稳定。自 2017 年 2 月份开始 CPI 增长速度骤降,出现了小幅的波动,主要是受季节性因素影响。从 2017 年 1 月份到 9 月份中国 CPI 同比增长率虽然连续 9 个月渐趋提升,但数值偏低,均值约为 1.47%,物价水平的上升幅度比较有限。观察图 5-2 可以看出,城市居民消费价格指数高于农村居民消费价格指数,全国居民消费价格指数与城市居民消费价格指数运行轨迹几乎一致,略低于城市居民消费价格指数,叠加效应明显。总之,CPI 整体上表现出比较稳定的走势,呈"弱增长、持平稳"态势,未来 1 年内经济运行中暂时没有明显的通货膨胀压力。

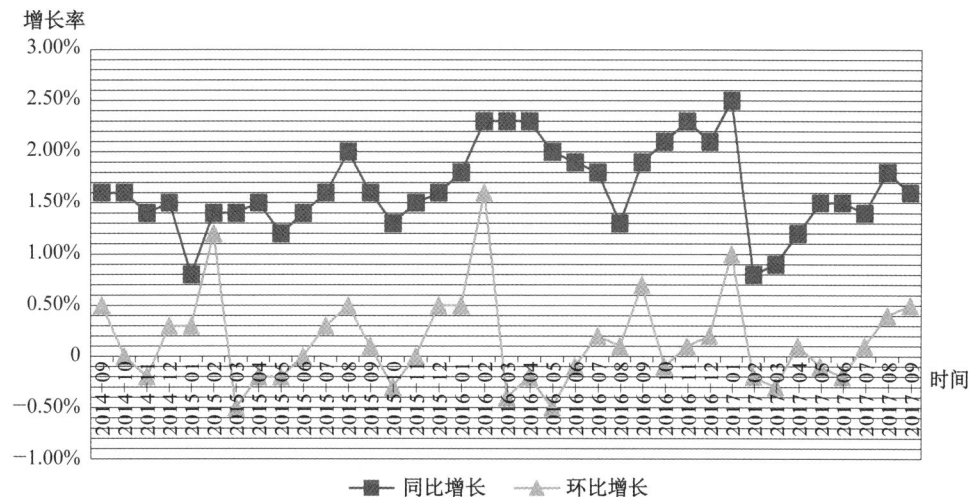

图 5-1　2014.09—2017.09 CPI 增长率(月度数据)

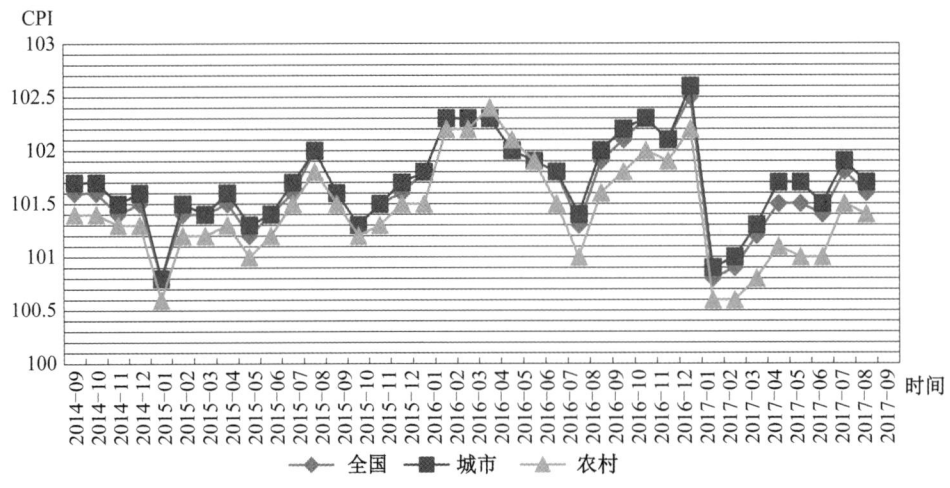

图 5-2　2014.09—2017.09 CPI(月度数据)

2. PPI 快速上行

截至 2016 年 9 月份,中国的工业生产者出厂价格指数首次上升,结束了自 2012 年 3 月份以来长达 54 个月的连续下降,其原因可能是原材料价格上升,以及在削减过剩工业产能和恢复房地产投资方面采取的措施。观察图 5-3,从 2017 年 1~9 月的平均值来看,工业生产者出厂价格同比上涨 6.5%,再观察图 5-4,比之于 2016 年 9 月份来说,工业生产者购进价格同比上涨 8.4%。在工业生产者出厂价格中,生产资料价格同比上涨 7.8%。其中,采掘工业价格上涨 16.2%,原材料工业价格上涨 9.6%,加工工业价格上涨 5.9%。生活资料价格同比上涨 0.7%。在工业生产者购进价格中,黑色金属材料类价格同比上涨 14.6%,有色金属材料及电线类价格上涨 13.4%,燃料动力类价格上涨 10.9%,建筑材料及非金属类价格上涨 9.6%。短时间内 PPI 快速上行主要是源于国际原油市场价格提升和国际大宗商品价格复苏叠加。当然,国内供给侧结构性改革连续发力,去产能显著增强,源于去产能和环保限产带来供给进而抬升生产资料价格也可能会驱动 PPI 上行。也有少数经济学者认为,房地产行业收缩过程中腾挪出来的大量资金流入初级产品市场拉升 PPI 也是有可能的。

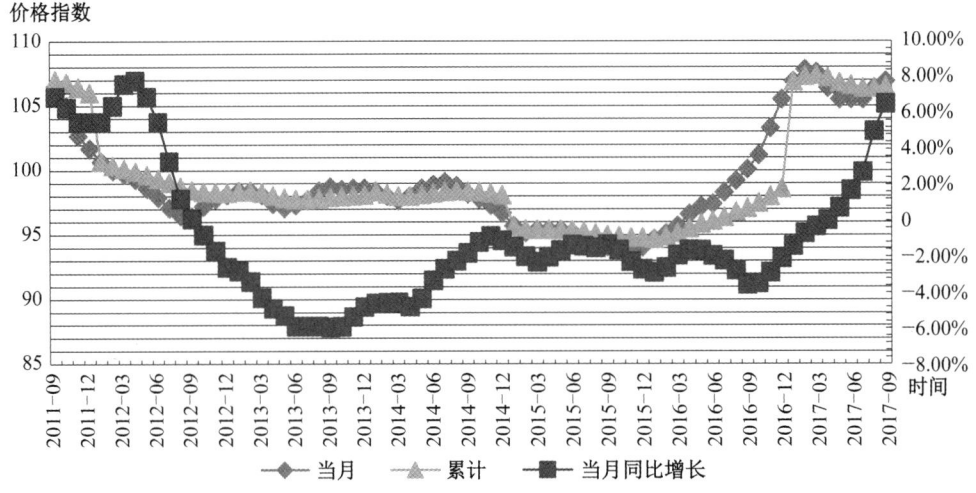

图 5-3　2011.09—2017.09 工业生产者出厂价格指数(月度数据)

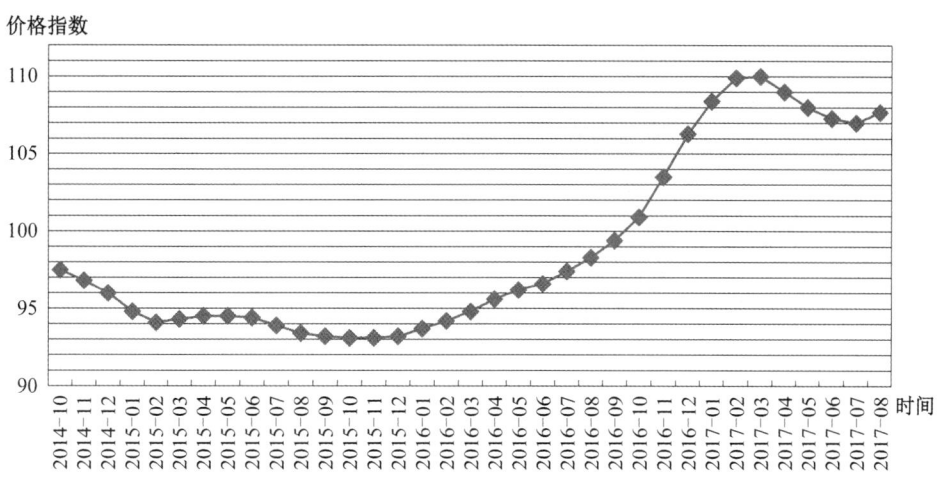

图 5-4　2014.10—2017.08 工业生产者购进价格指数(月度数据)

3. 汽柴油价格低位保持稳定

如图 5-5 所示,自 2016 年以来,国内原油价格低位小幅上涨,但是自 2016 年 11 月以来汽柴油价格迅速提升,汽油价格从 2016 年 1 月份的 5.2 元/升上涨到 2017 年 2 月份的 6.1 元/升。2017 年 4 月份以后随着消费税效应的消退,受主要调油料即将征收消费税的刺激,需求疲软的利空影响显现出来,价格一路向下,及至 2017 年 6 月份汽柴油价格双双回落,价格较年初下跌近 16%;国内汽油、柴油零售价格分别跌至 5.6 元/升、5.63 元/升。

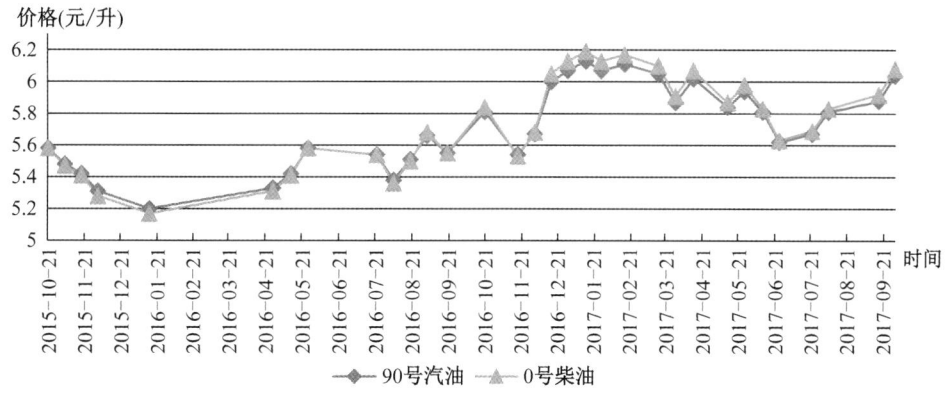

图 5-5　2015.10—2017.09 90 号汽油、0 号柴油价格趋势图(月度数据)

但是自 2017 年 7 月份以来,国内汽柴油价格再次提升,主要是源于国际石油价格和大宗商品价格双抬升所致。由于燃料费用是大多数工业品和几乎所有消费品价格的重要构成,因此汽柴油价格的明显上升势必会提高商品流通环节中的运输成本,进而推动消费品的价格上涨。从图 5-5 可以看出,90 号汽油从 5.2 元左右上涨到 6.1 元左右,油价涨幅均值为 10.5%,可能会增加居民交通成本和商品运输成本,提高经济运行中的通货膨胀压力。但是图 5-6 表明近 9 个月的油价涨幅均值为－0.21%,有跌有涨,应该不会带来通货膨胀。

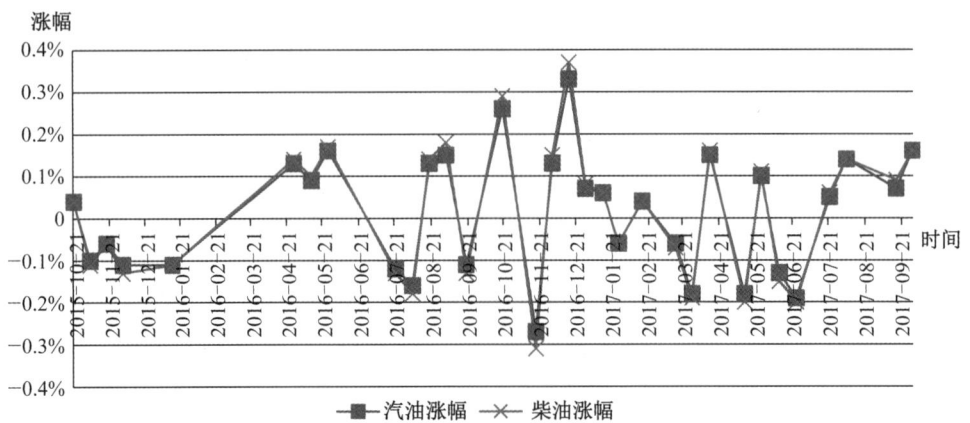

图 5-6　2015.10—2017.09 90 号汽油、0 号柴油价格涨幅(月度数据)

4. 大宗商品价格指数有所上升

图 5-7 表明,自从 2016 年 1 月份开始大宗商品价格指数一改下行趋势,逆势上升。由 2016 年 1 月的 650 上涨到 2017 年 2 月的 900 左右,自 2017 年年初开始大宗商品价格指数再次下行,及至 6 月份跌到最低点 822,而后再次连续 3 个月上升。为何会有这样的大起大落?究其原因,本报告认为,自 2016 年年初开始的一轮大宗商品价格反转向上,跟中国经济从"L"形到有所翘尾向上有一定关系。2016 年之前大宗商品价格深陷长达数年的下跌整理期,加上中国政府的去产能政策,造成钢铁、煤炭、水泥、化工原材料、采矿加工等行业连年亏损。物极必反,长时间推行的"三去一降一补"的政策,即去产能、去库存、去杠杆、降成本、补短板五大任务直接造成了生产资料供给不足,促成深陷亏损边缘的大宗商品价格开启了新一轮上涨周期,成就了整个 2016 年的商品价格小牛市。

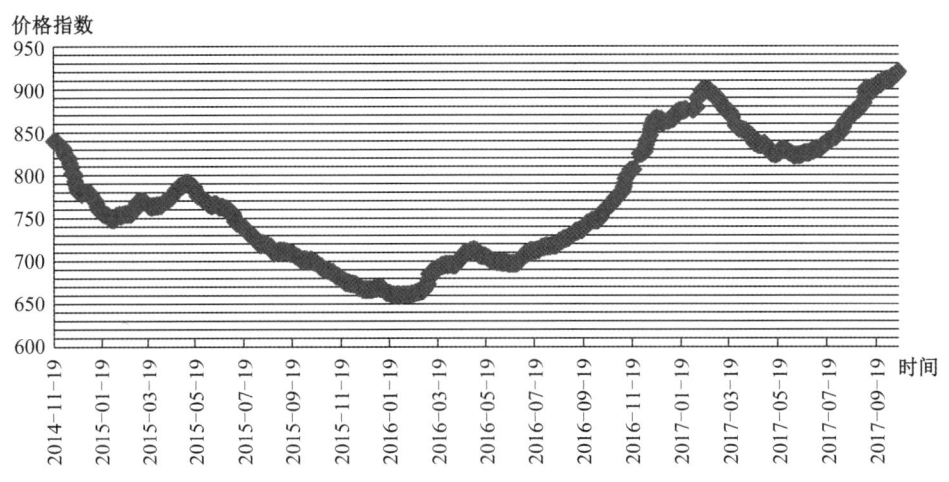

图 5-7　2014.11.19—2017.09.19 大宗商品价格指数走势(月度数据)

但是自 2017 年年初开始,随着政府加强对房地产市场的调控加码,以及以"一行三会"(央行,银、证、保监会)联合进行的金融严监管,让"去库存"稍加放缓,却让"去产能、去杠杆"继续加码,造成短期内的 CPI、PPI 同比和环比涨幅均出现不同程度的回落或收窄。大宗商品价格也结束了 2016 年的小牛市,调整近 5 个月之久。但是,自 2017 年 6 月中旬开始,钢铁、煤炭、矿石、橡胶、化工原材料,包括铜、铝等之前库存较为充裕的基础原材料商品等,均出现不同程度的企稳回升。即使是豆油、菜粕等农产品的价格,也受这一轮大宗商品价格的带动进而止跌反弹。由于供应紧张和需求走强,世界银行在最新一期《大宗商品市场前景》报告中预测,2017 年能源、金属等大宗商品价格将出现较大幅度上涨。世界银行高级经济学家、《大宗商品市场前景》报告主要作者约翰·巴菲斯说:"2016 年大部分大宗商品价格都已触底,2017 年会稳步回升。"

观察图 5-8 可以看出,自 2017 年 5 月份以来,大宗商品价格指数连续上涨,趋势明显。综合前面指数走势以及相关专家的判断,本报告预期大宗商品价格指数会继续抬升,带来明显的通胀预期。首先是投资增速提高。从 2016 年第一季度到 2017 年第二季度来看,全国固定资产投资增速为 5%,固定资产投资价格指数值从 2016 年第一季度的 97 攀升到 2017 年第二季度的 105。预计 2017 年全年固定资产投资水平有所提高,全国固定资产投资增速将回升至 7% 左右。其次是工业生产企稳回升。PPI 连续上升,中国工业制造行业,是目前全球消费大宗商品数量最多的行业,有些重要初级产品的世界消费占比甚至超过 60%。中国工业生产企稳回升,势必促进新 1 年内大宗商品需求水平的提高。最后是商品出口保持增长。2017 年 3~9 月份,中国出口同比增长 7 个月连续上升,均值为 9.31%,这说明国际市场需求不减,中国商品竞争优势仍在。受到上述"三驾马车"的拉动,预计 2017 年全年度中国大宗商品需求稳定增长。通货膨胀压力凸显。

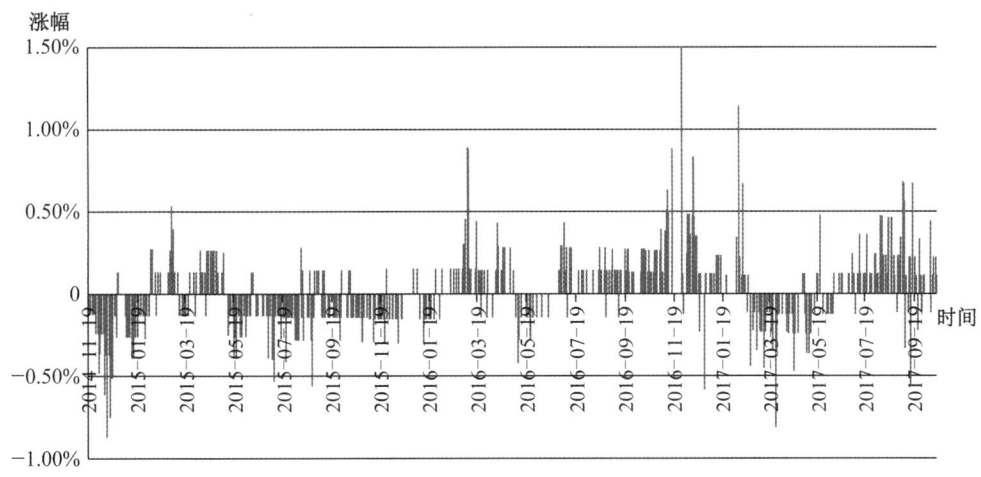

图 5-8　2014.11.19—2017.09.19 大宗商品价格指数涨幅(环比)(月度数据)

(二)风险引致因素

众所周知,货币超发、国际石油价格和大宗商品价格快速提升、PPI 增长过快,以及经济过热都有可能引发新一轮的通货膨胀,但是就上述影响因素来说,货币供给增长速度过快仍然是最重要的通货膨胀影响因素。因此在未来可能引致通货膨胀风险的因素中,本报告认为,2017 年及未来较长一段时间内,国内货币供应及流动性宽松仍将是中国通货膨胀风险的主要引致因素,部分食品价格及资源品价格的波动有可能会推高总体物价水平;国际原油价格复苏和大宗商品价格持续小幅度上升,可能会向中国输入通货膨胀压力。另一方面,同过去几年 10% 以上甚至 20% 的货币供给增速相比,近 9 个月的 M_2 增长速度几乎稳定在 10% 左右的水平上,近 6 个月的固定资产投资累计额增速约为 8%,商品房销售额累计值增速由 2016 年的 30% 跌至 2017 年 8 月份的 17.3%,因此,发生通货膨胀风险的概率较小。

1. 货币供给降速,通胀风险降低

由图 5-9 可以看出,截至 2017 年 9 月底,中国广义货币供应量 M_2 余额约为 165.57 万亿元,同比增长 9.2%,增速比上月末高 0.3 个百分点,比上年同期低 2.3 个百分点,近 9 个月的同比平均增长率约为 9.8%。而 2015 年全年度中国的 M_2 供应同比增长率约为 12.3%,2016 年全年度中国的 M_2 同比供应增长率约为 12%,可以看出当下的中国广义货币供应量 M_2 明显收缩,这既有去产能的政策要求驱动货币供给收窄,也有过去几年货币超发内驱房市过热引发中央银行货币政策紧缩的原因。

截至 2017 年 9 月末,狭义货币(M_1)余额 51.79 万亿元,同比增长 14%,增速与上月末持平,比上年同期低 10.7 个百分点;流通中货币(M_0)余额 6.97 万亿元,同比增长 7.2%。前 3 个季度净投放现金 1 445 亿元。观察图 5-10,可以看出近 9 个月 M_1、M_0 的同比平均增长率分别为 9.81% 和 6.16%,不超过 10%。反观近 8 年来 M_1、M_0 的同比平均增长率却分别高达 16.8% 和 9.86%。显而易见,货币供给增长速度小幅渐趋下降。主要是因为 2016 年第四季度以来债券融资成本上升,企业债券发行量下降,银行企业债券投资自然会收缩。与此同时,金融机构去杠杆持续,银行理财产品收缩,这会导致非银行金融机构存款低于 2016 年同期。一方面,房地产调控加强,居民中长期贷款及房地产企业贷款都可能下降。另一方面,金融监管促使资金脱虚向实,客观上也是防控金融风险的不得已选择。由于当前经济工作的重点之一是防止经济过度“金融化”,降低实体经济与金融市场走势分化趋势,所以要坚持稳健的货币政策,在保持流动性合理充裕的同时,谨防资产泡沫和防范金融风险。这也是国策。

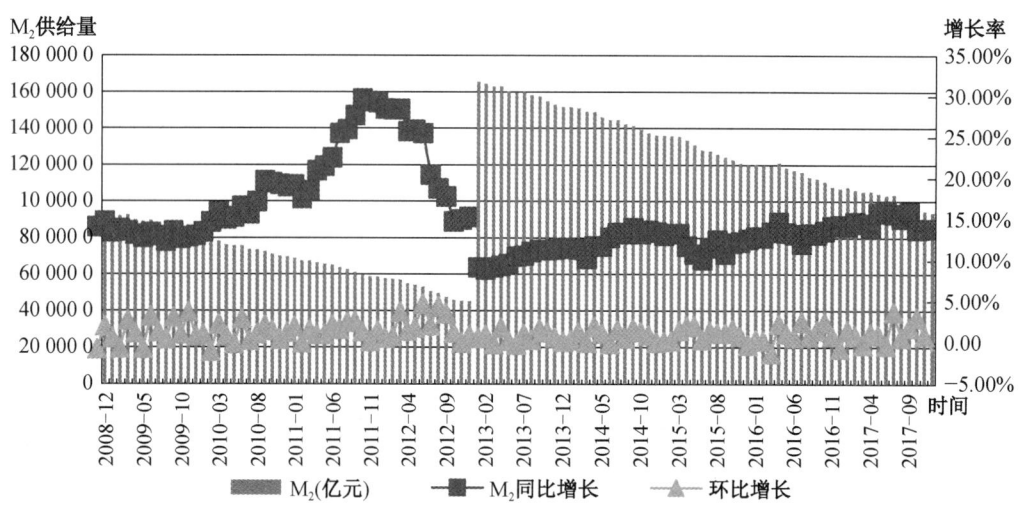

图 5-9　2008.12.19—2017.09.19 M_2 供给量及其同比增长、环比增长趋势(月度数据)

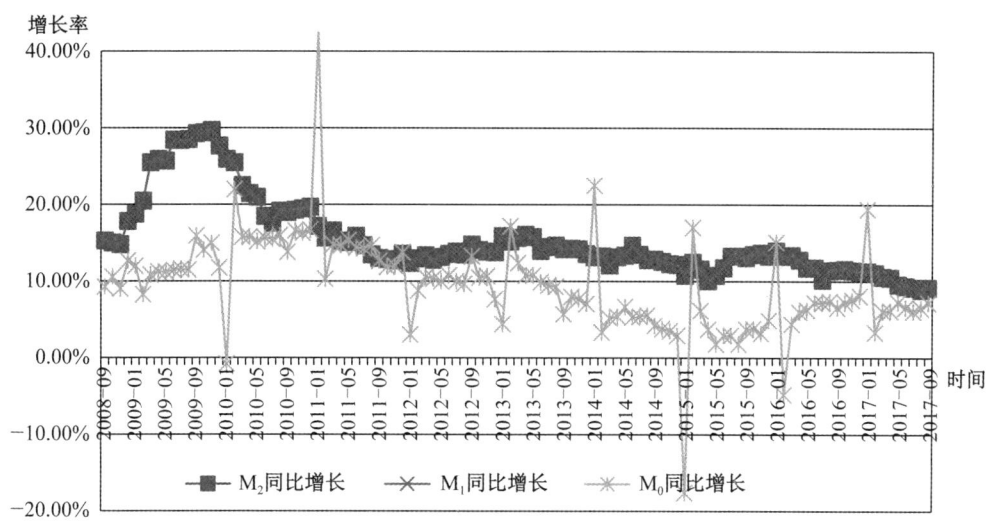

图 5-10　2008.12.19—2017.09.19 M₂、M₁、M₀ 同比增长率(月度数据)

2. 固定资产投资持续降幅增长,通货膨胀概率降低

由图 5-11 能够看出,中国城市固定资产投资自 2012 年 4 月份以来持续降幅增长,同比增长率由 2012 年 4 月份的 34% 跌到 2017 年 8 月份的 3.4%,2017 年 1～9 月份城市固定资产投资月平均增长率约为 6.35%,2016 年平均值约为 7.37%,而 2013 年平均值约为 15.24%,2011 年平均值约为 24%。很明显,近两年的城市固定资产投资增长率业已跌落到个位数。

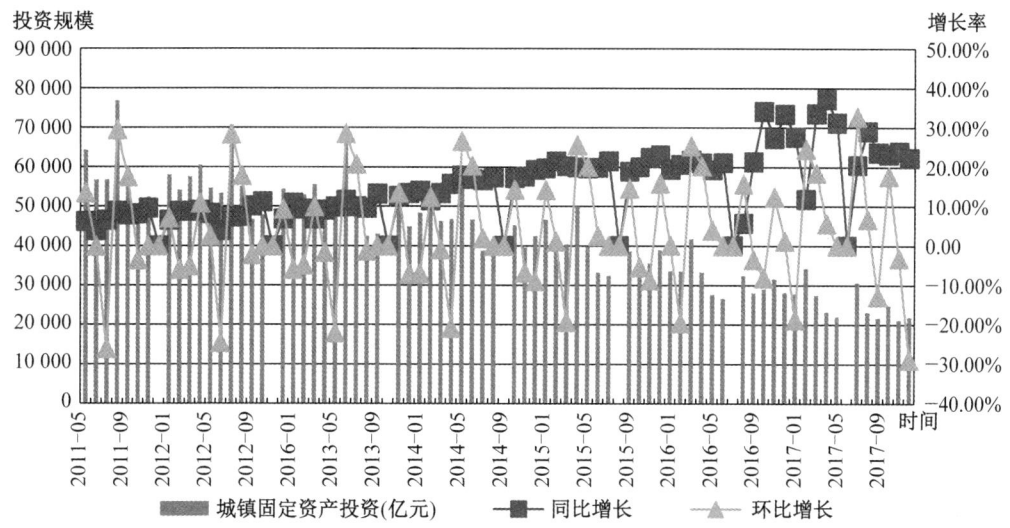

图 5-11　2011.05—2017.09 城市固定资产投资及其同比、环比增长(月度数据)

众所周知,固定资产投资增长过快会导致能源或原材料的需求上升,从而引致或加剧通货膨胀压力。与 2010 年的 25%、2009 年的 35% 的增长速度相比较,中国固定资产投资增长率逐年回落。观察图 5-12,可以看到各种生产资料价格指数近 3 年也是低位态势,直接制约了城市固定资产投资额的上涨。因此在可预期的一段时间内(一般指 1 年),预计城市固定资产投资增长将逐渐不再成为引致中国国内通货膨胀压力上升的重要风险因素。

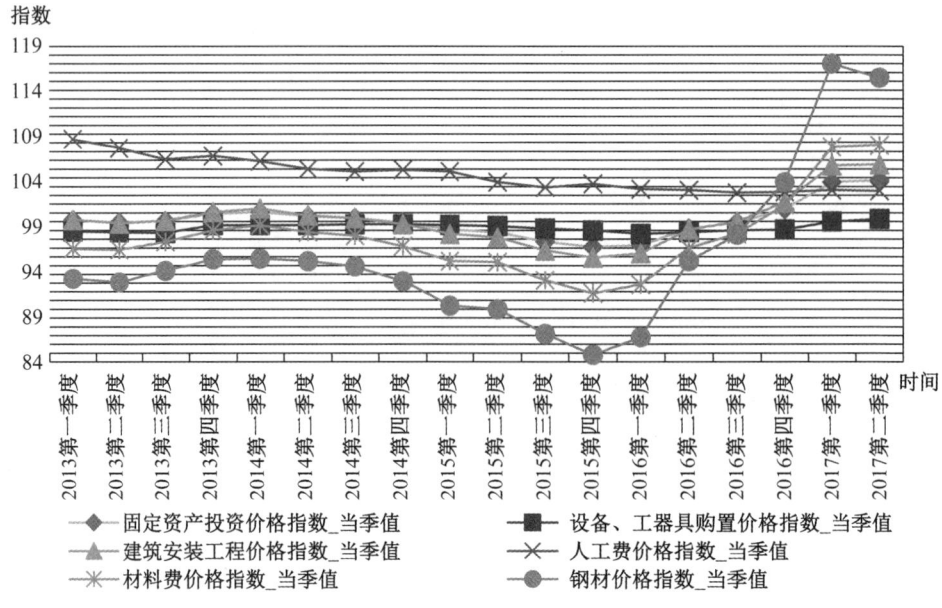

图 5-12　2013 第一季度—2017 第二季度固定资产投资价格指数(季度数据)

3. 鉴往知来,通货膨胀预期强化

通货膨胀预期是指公众对未来一段时期内可能发生的通货膨胀及其幅度大小的事前估计。在通货膨胀大幅上涨的背景下,适应性通货膨胀预期将会进一步推升物价水平。预期行为本身具有主观性,但人们进行预期所依据的却是客观事实,中国国内居民通货膨胀预期的变化,会直接体现为投资或消费行为的变化,由此会导致通货膨胀的进一步波动。观察图 5-13 可以看出,自 1978 年开始,中国 M_2/GDP 的比值逐年提高,货币供给速度完胜 GDP 增长速度,再来观察 CPI 的走势,也是逐年持续小幅上扬。也就是说,适度通货膨胀是一个常态,鉴往知来,大众没有理由相信零通胀。基于此,通货膨胀预期也会影响实际通胀。

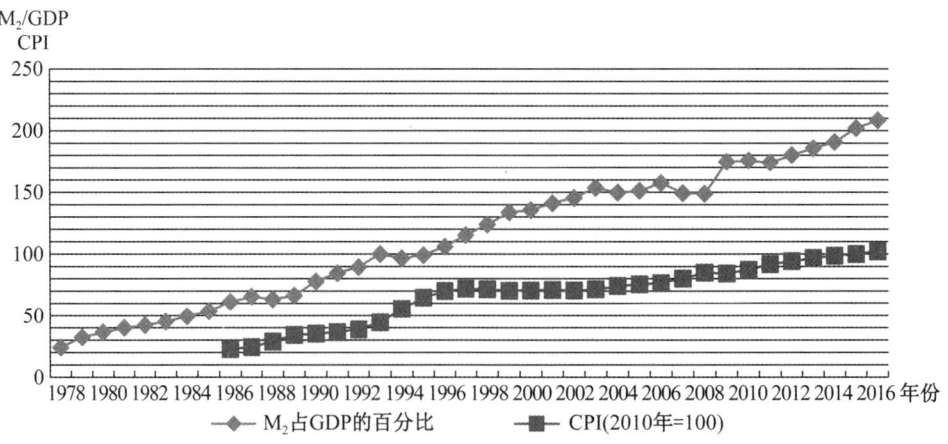

图 5-13　1978—2016 年 M_2/GDP、CPI 走势

观察图 5-14 可以看到,年膨胀率(inflation)在 1978—2016 年稳定在 5% 左右,2000 年以后该值稳定在 3.58%,但是 2014 年、2015 年的年膨胀率却低于 1%。所以,未来一段时间内公众的通货膨胀预期指数势必下降,将对通货膨胀压力有抑制作用。2016 年开始以来,公众未来物价预期指数和预测物价上涨的比例均呈现了较明显的下降态势,实际上 2016 年的年膨胀率约为 1.2%。基于此,从大众通货膨胀预期的角度来看,预期指数下降会在一定程度上减轻中国国内的通货膨胀压力。

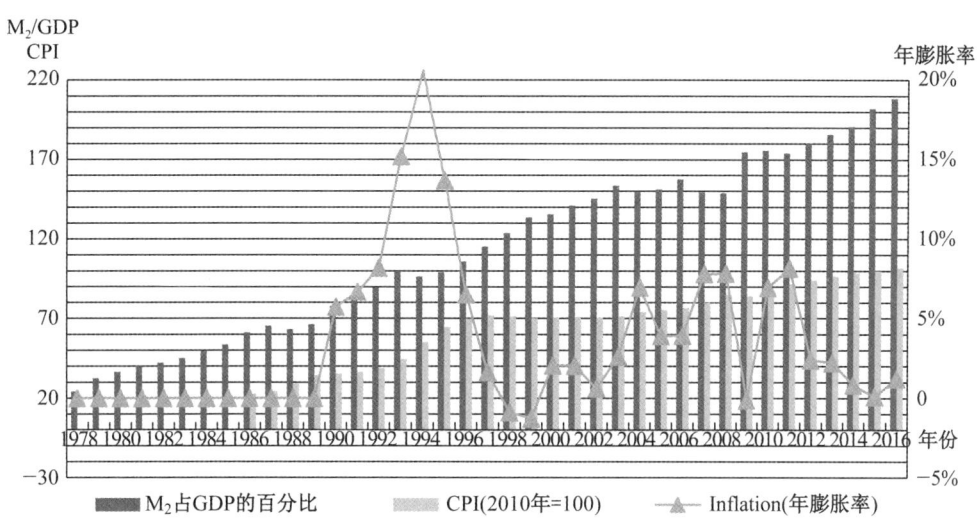

图 5-14　1978—2016 年 M₂/GDP、CPI 及年膨胀率

4. CPI 构成指数复苏,通货膨胀可能性小

CPI 是一个反映居民家庭一般所购买的消费品和服务项目价格水平变动情况的宏观经济指标,是在特定时段内度量一组代表性消费商品及服务项目的价格水平随时间而变动的相对数,是用来反映居民家庭购买消费商品及服务的价格水平的变动情况。居民消费价格统计调查的是社会产品和服务项目的最终价格,包括 200 多种各式各样的商品和服务零售价格的平均变化值。这 200 多种商品和服务被分为 8 个主要的类别。这些重要指标的变动率在一定程度上反映了通货膨胀或紧缩的程度。

观察图 5-15 可以看出,除了食品、烟酒类居民消费价格指数以外,衣着类居民消费价格指数、居住类居民消费价格指数、生活用品及服务类居民消费价格指数、教育文化和娱乐类居民消费价格指数 1 年来均有小幅上扬,复苏抬头。由图 5-16 可以看到,自 2017 年年初开始,CPI 逐月小幅上升。

就中国过去几十年的通货膨胀率变化来看,在构成 CPI 的主要分类指标中,食品价格的波动最为频繁,并且食品价格指数对猪肉价格的变化极为敏感,其也是导致 CPI 上升的主要因素之一。尤其是每年第四季度猪肉以及其他食品类价格会有明显的上涨趋势,未来两个季度要警惕这些指标的运行趋势,有可能会引致通货膨胀。

5. 增长平稳,通胀无忧

中国经济高速增长是过去半个世纪以来世界最抢眼的经济发展史诗,1978—2013 年中

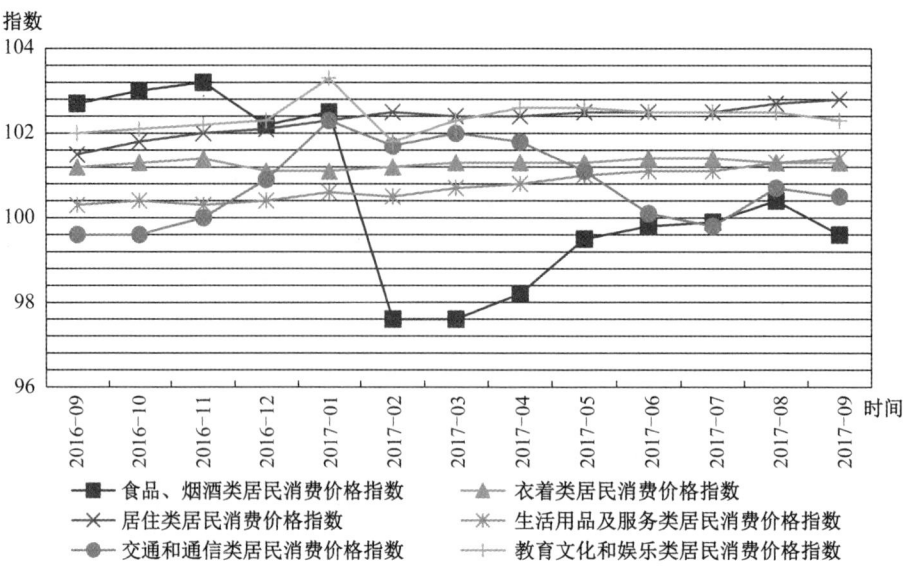

图 5-15　2016.09—2017.09 CPI 构成部分指数走势（月度数据）

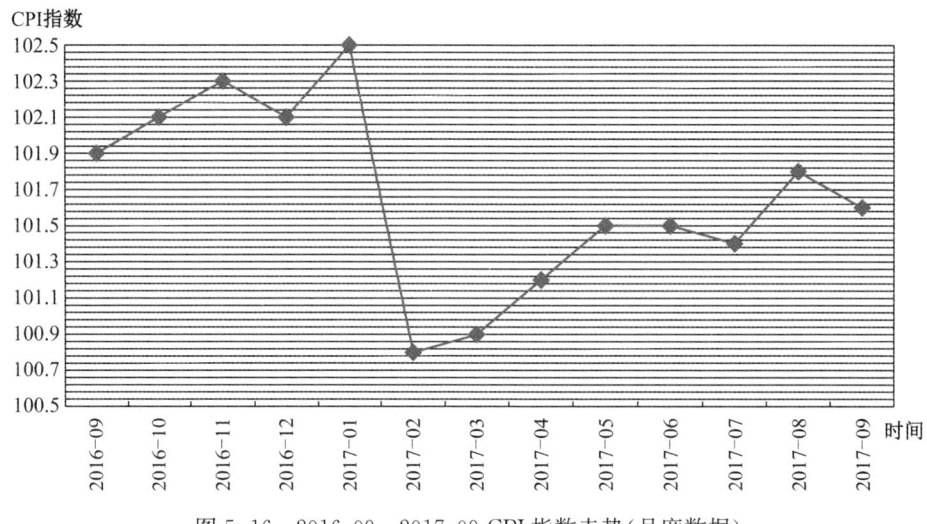

图 5-16　2016.09—2017.09 CPI 指数走势（月度数据）

国 GDP 年均增长高达 9.87%，一跃成为世界经济增长的引擎。但是自 2012 年起中国经济渐趋下行，经济增长率从 7 时代落入 6 时代。在"三期叠加"的大背景下，中国正面临"发展起来以后的问题不比不发展时少"的经济调整期。多数学者看好中国经济，研究认为未来 20 年中国经济还有 7%～8% 的年均增长潜力（林毅夫，2012；张军等，2016），中国经济增长趋势呈"L"形（Patrick et al.，2016）。但也有不少学者认为过度"有为"的公共部门及其引发的寻租诟病也可能会倒逼中国经济"离散下行"，甚至触发"硬着陆"（Pritchett 和 Summers，2014 等）。观察图 5-17，近 3 个季度的经济走势表明，中国经济业已呈现复苏态势，经济向好趋稳。

一方面，中国经济高速增长；另一方面，过度超发的货币供给驱动的较高的通货膨胀率也是一个常态，因此经济增长速度与通货膨胀风险之间有着紧密的联系。从目前中国的宏观经济运行来看,告别高速增长的经济发展态势对于缓解通货膨胀压力将较为有利。如图5-18所示,自2011年第四季度以来,中国的企业家信心指数和经济学家信心指数均出现了下降态势,这表明市场主体和学者们都对中国未来的经济增长状况持谨慎态度,中国经济业已进入增长新模式,告别"三高一低"的粗放增长模式,服务业占比超过50%,制造业升级换代,农业高度现代化、智能化趋势明显。经济增长速度维系在6.7%～6.9%,这表明中国出现全面通货膨胀风险的可能性大大降低。

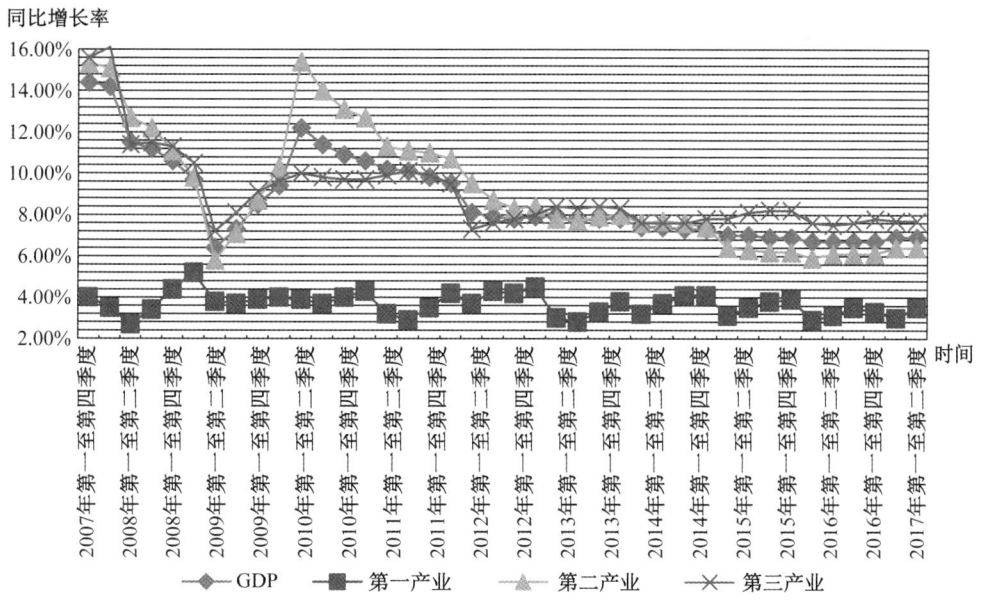

图 5-17　2007年第一季度至2017年第二季度国内生产总值(GDP)及组成部分同比增长率(季度数据)

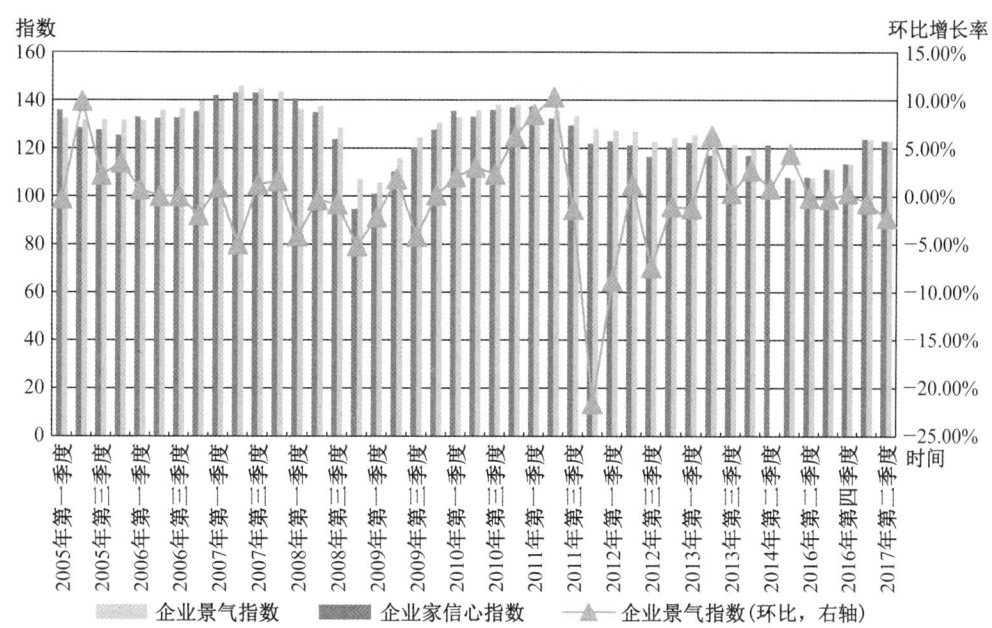

图 5-18　2005年第一季度至2017年第二季度企业家信心指数、企业景气指数及其环比增长率(季度数据)

6. 人民币走强,加剧通货紧缩

自从2005年人民币汇率形成机制改革以来,币值对发达国家来说,中国国内有着较高利率水平(实际利率2%+,见图5-20),国内金融改革驱动的经济自由、资本项目自由流动致使国际金融市场上的人民币升值预期强烈,导致国际投机资本(即热钱)的大量流入,这些热钱在赌人民币升值的同时,也会在房地产市场、债券市场、股票市场,以及其他市场不断寻找套利机会,从而进一步加大中国的通货膨胀压力。但是,这一趋势自2015年年初以来有了较大改观。如图5-19所示,进入2015年之后,人民币对美元已经从过去以升值为主转变为贬值态势,且自2015年下半年以来人民币兑换美元的汇率出现了较明显的贬值态势,这将在一定程度上改善市场对人民币进一步升值的预期,从而减小中国国内的通货膨胀压力。

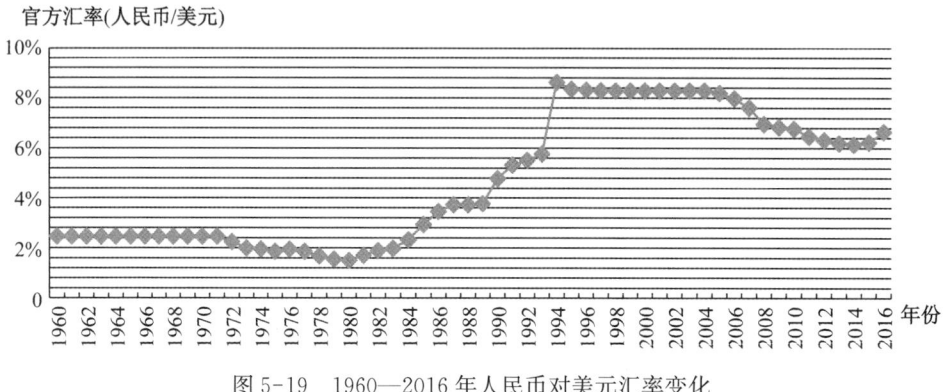

图5-19　1960—2016年人民币对美元汇率变化

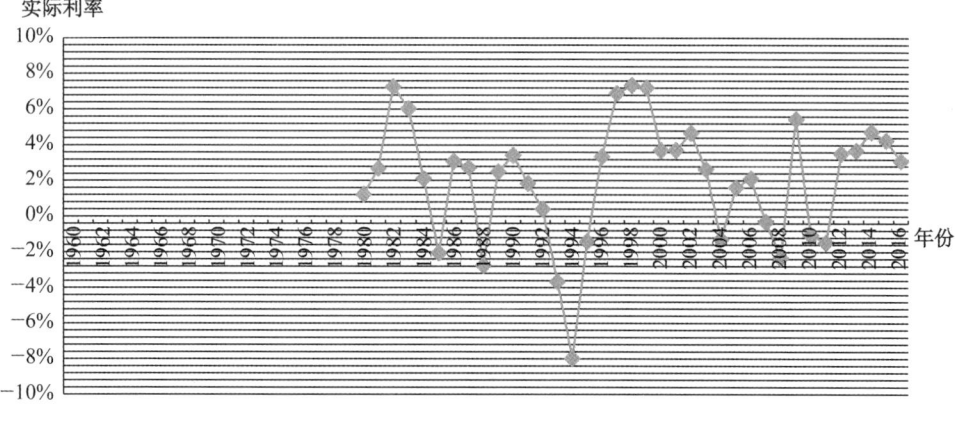

图5-20　1960—2016年中国实际利率水平

但是2017年5月中下旬以来,人民币汇率一直保持着升值态势,进入8月和9月两个月份,这一势头愈发明显。其中,8月份人民币兑美元汇率单月升值幅度近2%,创造了2005年人民币汇率形成机制改革以来单月升值幅度最高纪录;到了9月份,人民币更升破6.5关口。而2016年年底人民币兑美元节节下滑接近7。市场普遍预测2017年人民币兑美元汇率将大跌,甚至低至7.5。但是事实证明,大多数预期都错了。正如工银国际首席经济学家、董事总经理程实所指出的三个原因:其一,人民币基本面持续增强。2017年年初人民币兑一篮子货币有效汇率的阶段性高估基本消除,转入阶段性低估,因此稳步升值成为大势所趋。其二,人民币预期由冷转暖。年初疏堵并举的预期管理击溃了贬值"心魔",加之5月至今逆周期因子遏制了"羊群效应",人民币汇率企稳预期正在取代贬值预期成为市场共识。其三,美元指数持续走低。由此,中央银行汇率政策摆脱两难困局,人民币汇率运行情景显著改善。

事实上人民币兑美元的走势是由其基本面所支撑的,人民币走强趋势明显。这将加快资金流入人民币资产,进而支撑人民币,最终形成一个长达数年的自我强化周期。但是,当前通货紧缩占优,因此要扩大内需,而人民币的升值意味着更高的原料和劳动力成本,进而抑制出口,加剧经济下行压力,引发通货紧缩的危险。

三、风险度量

(一)通货膨胀风险指数界定

2016年充满了太多的不确定性,英国脱欧、特朗普胜选、意大利公投失败等黑天鹅事件不断出现,给全球经济复苏带来了严峻挑战。自2012年以来,全球贸易增速已经持续多年低于经济增速。与此同时,全球通胀势头有所显现,2016年第二季度以来,欧洲、美国、英国、日本的通胀水平均出现了持续增长势头。在这样的大背景下,中国经济依然保持较强的活力,在供给侧结构性改革推动下,中国经济企稳回升,投资、工业利润、农业增加值等多项经济指标回升向好。通货膨胀往往发生在经济增长率上升的时期,通货紧缩则往往发生在经济增长率下降的时期。因此,随着经济增长企稳,人们自然会想到物价是否会随之上升。随着全球经济复苏以及国内CPI、PPI、PMI等指标的提升和经济增长平稳向好的出现,通货膨胀再一次引起学界注意。

基于前面对通货膨胀风险内涵的界定,下面将划分通货膨胀风险等级,并在此基础上,针对未来通货膨胀率所属的风险等级来定义通货膨胀风险指数。为了确定通货膨胀所处的区间,根据通货膨胀率大小表示通货膨胀风险等级,以便于较准确地判断通货膨胀风险是否需要采取相应的控制措施。根据物价水平上涨幅度的不同,通货膨胀理论将通货膨胀分为恶性通货膨胀(15%以上)、奔腾式通货膨胀(6%~10%)、温和式通货膨胀(4%~6%)和爬行式通货膨胀(2%~3%)。但是这种划分比较粗,界定的区间过大,因此并不适用于本报告所需要的通货膨胀风险等级划分。

目前学术界基本形成共识的经济学含义较明确的通货膨胀区间概念有两个:一个是通货膨胀目标制国家所锚定的最优通货膨胀目标区间,另一个是中国学者陈东琪(1998)最早提出的通货膨胀的"可容忍区间"。最优通货膨胀目标区间是指理论上对宏观经济福利影响不为负的通货膨胀率的上下波动范围,目前市场经济发展较成熟(或采用通货膨胀目标制)的西方国家,一般把这一通货膨胀目标区间设定为1%~3%。殷波(2011)基于长期社会经济福利考虑,利用动态随机一般均衡(DSGE)模型计算出中国的最优通货膨胀目标区间为0.5%~3%[①];白仲林和赵亮(2011)的研究则表明中国通货膨胀的最优目标区间为0~3.2%。但是,与发达经济体有所区别的是,对于发展中或新兴市场经济体而言,追求经济增长在较长时期内仍是货币政策调控的重要目标之一,因此,目前乃至未来较长的一段时间内,最优通货膨胀目标区间设定并不完全适用于中国的现实情况。

---

① 殷波(2011)估算了在各种不同的货币政策规则下,中国经济所应选择的最优通胀目标。研究结果表明,从短期看3%左右的通胀目标是最优的,而从中长期看低通胀目标(0.5%~1%)是最优的。

　　通货膨胀的可容忍区间,是指对应于某个国家经济发展的特定阶段,一个相对可接受的通货膨胀变动范围。在此范围内,不仅社会公众能够承受通货膨胀率波动带来的购买力变化,而且政府在不明显变动宏观调控政策时,也能保证国民经济的持续健康运行。考虑到可容忍区间的内涵解释较符合中国转型经济的客观事实,本报告将主要据此来划分通货膨胀风险等级对应的区间。通货膨胀的可容忍区间是一个动态概念,即理论上同一国家不同经济发展时段的可容忍区间应当有所不同。

　　2017 年及未来的一段时期,去产能仍然是供给侧结构性改革的一项重点任务,还包括去库存、去杠杆、降成本、补短板等。当然,去产能是首位的。正是基于这样的背景,中国正在转变经济增长方式,加快调整经济结构,注重经济发展质量,经济增长更主要依靠国内消费的健康平稳增长,经济发展状况不再主要表现在 GDP 的增长数据上,而是体现在资源配置效率的提高,TFP 的稳步提升,落脚点要体现在普通民众的福利增进和生活状况改善方面。因此,本年度的研究将继续沿用 2016 年报告对不同通货膨胀风险区间的界定数值,即本报告拟将中国通货膨胀的可容忍区间界定为 $-0.9\% \sim 4.0\%$[①],而把在此范围之外的通货膨胀波动区间界定为不可容忍或风险区间。

表 5-1　　　　　　　　　　　　　　中国通货膨胀风险衡量指数

风险等级	无风险	风险关注	有风险	高风险	很高风险
通货膨胀率	$0 \sim 3.0\%$ 0	$3.1\% \sim 4.0\%$ $-0.9\% \sim -0.1\%$	$4.1\% \sim 6.0\%$ $-2.9\% \sim -1.0\%$	$6.1\% \sim 9.9\%$ $-4.9\% \sim -3.0\%$	10% 及以上 -5.0% 及以下
风险指数	1	2	3	4	5

　　对不同的通货膨胀率波动区间,相应调整为对应的风险指数(指数分为 1、2、3、4、5 五级)。其中,指数数值越小,代表风险程度越低,反之风险程度越高。具体的指数化结果可见表 5-1。其中,"无风险"等级表示此范围内的通货膨胀水平对经济运行而言是良性的,抑或有利于经济长期的健康发展;"风险关注"等级表示此范围内的通货膨胀水平不会对经济运行产生明显的负面影响,但需要引起政策当局的密切关注;"有风险"等级表示此范围内的通货膨胀水平会对经济运行产生明显的负面影响,并造成较明显的社会福利损失,政策当局需要实施相应的调控操作以将通货膨胀控制在适宜范围内;"高风险"等级表示此范围内的通货膨胀水平不但会对经济运行产生十分显著的负面影响,并且会造成显著的社会福利损失,政府需将政策调控目标完全集中于通货膨胀抑制上;"很高风险"等级表示此范围内通货膨胀水平会严重影响经济运行,政府必须采取强有力的措施加以整治,否则会引发严重的社会经济危机。

　　(二)通货膨胀风险预测

　　1. 模型建立

　　由于货币供应和产出增长是引致中国通货膨胀风险的主要因素,并且由于通货膨胀存在惯性,因此历史通货膨胀水平也会影响未来通货膨胀水平的变化,据此可以建立通货膨胀、产出增长和货币供应之间的数学关系式,所建立的模型如式(5-1)所示。

----

　　① 本区间的确定有较大的主观性,并且本报告所涉及的风险区间划分无法做到十分精确,所以,此处给出的仅是一个可供参考的结果。

$$\pi_t = \sum_{k=1}^{p} \alpha_k y_{t-k} + \sum_{k=1}^{p} \beta_k m_{t-k} + \sum_{k=1}^{p} \gamma_k \pi_{t-k} + \varepsilon_t \tag{5-1}$$

式(5-1)中，π_t 为 t 时期的通货膨胀率；y_t 为 t 时期的产出增长缺口；m_t 为 t 时期的货币供应增长率；ε_t 为扰动项。式(5-1)的经济学含义为，当期的通货膨胀水平受过去的通货膨胀水平、产出增长缺口及货币供应增长率的影响，即产出水平和货币供应增长水平是影响通货膨胀水平的重要因素。除此之外，由于经济主体的预期及价格黏性等因素，通货膨胀还具有惯性特征。对于式(5-1)，可以通过滞后项阶数的选择，以区分不同经济条件下产出水平、货币供应增长和通货膨胀对下一期通胀施加影响的惯性效应。

2. 数据选取及计量分析

计量分析时，模型中的通货膨胀率、产出增长缺口和货币供应增长率分别用 CPI、实际 GDP 增长率缺口（经 HP 滤波得到）和广义货币供应量 M_2 增长率作为替代变量，所用的 CPI、GDP 和 M_2 数据均为季度数据，数据来源为 Wind 宏观经济专题数据库。为避免伪回归，首先对通货膨胀率 CPI、GDP 增长率缺口和 M_2 增长率的时间序列分别进行单位根检验，结果发现三个序列均为一阶差分平稳变量，方程中的滞后阶选择遵循 AIC 和 SC 取值最小原则，最后 CPI 和 GDP 增长率缺口取二阶滞后项，M_2 增长率取四阶滞后项。最后使用最小二乘法 (OLS) 进行回归分析，结果如 (5-2) 式所示。

$$\pi_t = 1.237\,9\pi_{t-1} - 0.430\,5\pi_{t-2} + 0.167y_{t-1} + 0.286\,2y_{t-2} + 0.178m_{t-1} - 0.061\,9m_{t-2} \tag{5-2}$$
$$+ 0.071\,1m_{t-3} - 0.030\,8m_{t-4} - 2.357\,6$$

利用式(5-2)对中国 2017 年第四季度的通货膨胀风险进行预测，结果可参见表 5-2；在此基础上，通过趋势平滑对 GDP 增长率及货币供应增长率指标进行预测，并利用式(5-2)得到 2018 年第一季度到 2018 年第三季度的通货膨胀风险预测值，结果如表 5-2 所示。

表 5-2　　　　　　　　　　　中国通货膨胀风险预测

时间	2017 年第四季度	2018 年第一季度	2018 第二季度	2018 年第三季度
通货膨胀率预测值	1.8%	1.7%	1.9%	2.2%
通货膨胀风险指数	1	1	1	1

从表 5-2 中的预测数据可以看出，在政府调整经济结构过程中，基于中国经济增长速度放缓的背景下，中国的通货膨胀上涨趋势在近几年得到了很好的控制，CPI 整体出现低位震荡的趋势，2017 年全年的通货膨胀率都有望稳定在 1.5%～1.8%；而根据前面按通货膨胀容忍度划分的风险指数来判断，中国 2017 年第四季度到 2018 年第三季度的通货膨胀风险都将可能处于"无风险"区间。图 5-21 为国泰君安证券关于中国 CPI 的预测平均值，可以看出，2017 年第四季度到 2018 年的绝大部分时间内，预测数据都在 2% 左右小幅波动。

根据前述内容及预测结果可以看出，中国经济增长量稳质优，货币供给稳中有降。CPI 的推动因素由前期的"食品降，非食品升"转变为"食品、非食品双升"。消费、投资、出口"三驾马车"均呈现小幅回落态势。原因有三点：一是"去产能"任务与环保督查政策限制了部分生产活动，导致上游采矿业等高耗能行业增速快速下滑；二是上半年财政刺激连续加码后，财政支出有所回落，影响了基建等领域的投资，预计未来财政政策将逐步发力；三是稳健中性的货币政策与金融监管加强的大环境下，金融业持续"去杠杆"。在外生性原因的另一面，经济也呈现出

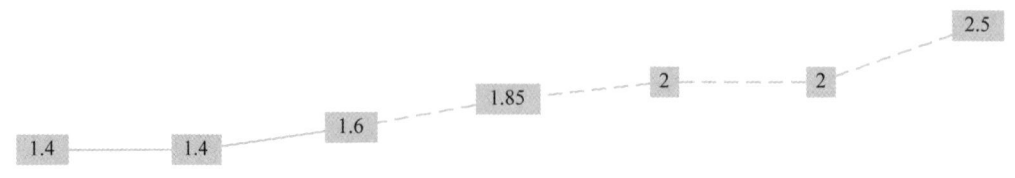

2017年第一季度　2017年第二季度　2017年第三季度　2017年第四季度　2018年第一季度　2018年第二季度　2018年第三季度

图5-21　2017年第一季度至2018年第三季度中国CPI预测值(百分比)(季度数据)

较强韧性,表明当前经济仍保持在"L"形尾部平台:一是房地产投资仍未失速,1~9月同比增长7.9%;二是制造业表现稳健,无论是制造业PMI、增加值还是投资都表现强劲;三是通胀回升,核心通胀仍处在高位,显示需求仍然稳定;四是人民币贬值预期扭转,货币政策空间释放。

中共十九大召开前后,稳健的货币政策与积极的财政政策将继续为改革保驾护航,其中财政政策将继续从推进减税降费、试点项目收益专项债券、规范PPP模式等方面入手;货币政策将保持稳健的大基调。

虽然国际大宗商品触底反弹,例如汽柴油零售价格和资源品价格还可能进一步上涨,另外劳动力成本的上升也有可能会对物价水平上升形成潜在影响,这些都有可能是引致中国国内物价波动的风险因素。但是考虑到与中国有密切经济往来的其他经济体的市场增长仍较有限,并且中国经济正处在关键的经济结构改革及转型期,固定资产投资规模增长率逐月小幅下降,政府推出大规模量化宽松政策以刺激经济的可能性不大,"稳"字当头,为供给侧改革和去产能营造利好环境。所以综合考虑上述因素,本报告将延续上一年报告的判断,即在可预期的一段时间内(2017年第四季度到2018年第三季度),中国经济发展过程中产生全面通货膨胀风险的可能性较小。

四、结论及政策建议

本报告对中国2017年前后可能出现的通货膨胀风险的表现特征及风险引致因素进行了总结和分析,并对2017年第四季度到2018年第三季度的通货膨胀水平及风险指数进行了预测和判断。基于前述通货膨胀指数的描述,综合引致通胀风险的分析及通胀的预测,预计1年内经济基本面稳健,景气下行拐点难现,通胀指数小幅上扬,全年通胀风险无忧。

(一)CPI如期回升,未现明显通胀风险

可以看出,中国居民消费价格指数CPI在2017年过去的3个季度中,都在1.5%的较低水平之上小幅波动。一方面PPI回升明显,另一方面CPI温和平稳。两者似乎出现一个背离,一定程度上显示了PPI向CPI传导渠道的阻滞。从产出缺口的走势来看,未来一段时期通胀将面临一定的上行压力,但这大部分已经反映在了近期PPI大幅上行的走势上。考虑到PPI向CPI的传导效应有一个时滞,以及食品价格季节性上涨叠加2016年食品弱势造成的低基数,再加上服务等价格刚性上涨等因素,本报告2017年年初判断当年CPI将如期回升,2018年通胀中枢还将超越2017年。

（二）PPI 持续小幅上涨，在中高位震荡

全球朱格拉周期下的 PPI 将在中高位震荡，预估计 2018 年中枢为 3% 左右。当前学界普遍认为 PPI 的走高与供给侧改革和环保督查导致的工业品生产收缩密不可分。本报告认为持续一段时间的去产能和供给侧改革的确助涨了 PPI 抬头，但是这一轮 PPI 的逆袭提升主要是外因造成的。事实上，全球主要经济体业已处于新一轮朱格拉周期的起点上，具备支撑朱格拉周期继续形成的动力。而全球朱格拉周期带动的不仅仅是主要经济体内部需求回暖，还将通过出口带动中国的需求。整体需求的上升将拉动工业品价格，有大量历史数据表明全球朱格拉周期与各国 PPI 高度相关。从全球层面来看，从 2015 年年底开始，主要经济体的 PPI 都开始呈上升趋势，至 2016 年年底，随着新一轮朱格拉周期的开始，PPI 上升更为明显。鉴于此，中国 PPI 的持续上行，不仅仅是由于供给侧改革造成的，输入性通胀压力是关键。

（三）经济基本面稳健，经济下行拐点难现

由于 2017 年前两个季度的 GDP 增长率为 6.9%，我们年初预计下半年季度 GDP 增速或稳在 6.8% 左右，全年增速达 6.9%，高于 2016 年的概率提升。由于全球正处在新一轮朱格拉周期的起点，这将明显改善中国的出口条件，提振制造业动力，更有经济信心作为铺垫来大力推动供给侧改革（去产能、环保限产），打造工业 4.0，迎来制造业强国时代。一句话，年内难以看到经济景气下行的拐点。

基于上述分析和判断，本报告将继续维持 2016 年报告的观点，即中国政策当局需要继续加强流动性管理，控制银行信贷的投放速度和货币供应量的增长速度，主动引导固定资产的投资方向，并尽量避免应对经济下滑的刺激政策措施成为未来通货膨胀压力上升的原因。另外，政策当局需要把货币信贷和流动性管理的总量调节与强化宏观审慎管理结合起来，根据宏观形势变化及银行体系稳健性状况等进行适度调整，继续实施好差别准备金动态调整措施，引导并激励金融机构自我保持稳健和调整信贷投放，从而在管理通货膨胀风险的同时能够提升金融机构风险防范能力。除此之外，通过有效管理公众的通货膨胀预期，以实现物价总水平的持续稳定，也应当被政策当局长期纳入宏观调控的"工具箱"中。

参 考 文 献

［1］白仲林，赵亮. 中国通货膨胀率的最优目标区间几何？［J］. 统计研究，2011(6).

［2］陈东琪. 通货膨胀和通货紧缩交互换位时代的政策操作——兼论中央银行如何用微调方式稳定经济增长［J］. 财贸经济，1998(8).

［3］唐海燕，贾德奎. 中国经济运行风险研究报告 2014［M］. 上海：立信会计出版社，2014.

［4］肖争艳，安德燕，易娅莉. 国际大宗商品价格会影响我国 CPI 吗——基于 BVAR 模型的分析［J］. 经济理论与经济管理，2009(8).

［5］姚余栋，谭海鸣. 通胀预期管理和货币政策——基于"新共识"宏观经济模型的分析［J］. 经济研究，2013(6).

［6］殷波. 中国经济的最优通货膨胀［J］. 经济学（季刊），2011(3).

第六章 就业风险

一、绪论

根据国家统计局《2016 年国民经济和社会发展统计公报》:2016 年,我国 GDP 累计 744 127 亿元,增速为 6.7%,经济增长持续放缓;但经济结构进一步优化,作为吸附就业能力最强的第三产业,其产业增加值比重为 51.6%,较上年提高 1.4%,增速也达到 7.8%。

受益于经济结构的优化,全国全年就业状况仍然较好。从就业数据来看,截至 2016 年年末,全国就业人员 77 603 万人,较上年增长 0.2%。其中:城镇就业人员 41 428 万人,全年城镇新增就业 1 314 万人;全国农民工总量 28 171 万人,较上年增长 1.5%。另外,年末城镇登记失业率为 4.02%,也为近年来最低。

尽管如此,在相当长一段时间内,我国劳动力的总趋势仍供大于求,且结构性矛盾突出,就业形势依然严峻:一方面,需要就业的总人数在一定时期内仍持续增加,城镇新增劳动力、农业转移劳动力仍处于高位。根据人力资源和社会保障部相关预测,我国适龄劳动力将持续上升,并于 2020 年达到 8.31 亿人峰值。特别地,2017 届高校毕业生达到 795 万人,截至 2017 年 6 月初,仍有 443 万人处于求职状态。另一方面,就业的结构性矛盾仍然存在,招工难和就业难并存,表现为技能人才、高层次人才短缺,但也有些劳动者很难实现稳定就业。与此同时,区域、行业、企业就业情况的分化趋势凸显,结构性和摩擦性失业增多。

由此,国务院总理李克强在 2017 年 3 月 5 日召开的第十二届全国人民代表大会第五次会议上作政府工作报告时指出:一方面,2017 年仍将继续"稳增长、保就业、惠民生",要坚持就业优先战略,实施更加积极的就业政策,力争城镇新增就业 1 100 万人以上,城镇登记失业率 4.5% 以内。其中,城镇新增就业预期目标比 2016 年多 100 万人,突出了更加重视就业的导向。另一方面,政府要牢牢抓住就业这一民生之本,通过完善就业政策、加大培训力度,加强对灵活就业、新就业形态的支持等举措来促进就业创业。

由于农村就业具有"蓄水池"功能与逆周期特征,我们应加强对城镇就业和失业的关注(如历年政府工作报告均给出城镇新增就业人数、应予以控制的城镇登记失业率目标),同时考虑到就业风险主要表现为失业率的攀升,加之现阶段我国经济增速放缓与结构调整将导致周期性失业、自然失业并存,因此,与往年就业风险报告的逻辑一致,本报告有关就业风险的研究仍将关注城镇的长短期失业状况。通过选用带结构突变的时间序列模型、HP 滤波方法,将城镇调查失业率分解为长短期失业率,以此作为就业风险识别与预测的基础。

后继安排如下:首先分析近期国内外就业状况,然后结合国内近期宏观数据识别就业风险因素,并运用带结构突变的时间序列模型、HP 滤波方法分离城镇失业率(得到城镇长短期失业率),其次界定长短期就业风险等级并以此作为因变量,选取显著影响长短期失业率的宏观经济因子为自变量,采用排序 Probit/Logit 模型进行城镇长短期就业风险度量与预测。

二、近期国内外就业状况分析

本部分将对近期国内外就业情况进行简要分析。首先根据我国城市公共就业服务机构所提供的就业供求调查信息、中国人民大学中国就业研究所研发的就业市场景气指数,分析国内就业市场状况,进而基于国际货币基金组织(international monetary fund,IMF)、国际劳工组织(international labour organization,ILO)和经济合作与发展组织(organization for economic co-operation and development,OECD)数据,分析全球及重点区域,特别是美国、欧洲、日本的就业和经济发展状况。

(一)我国城镇就业状况分析

1. 全国及各区域(城市)劳动力市场供需状况

中国人力资源市场信息监测中心对全国 100 多个城市的公共就业服务机构市场供求信息进行统计,并据此计算了求人倍率(即当期劳动力市场中每个岗位需求所对应的求职人数),2001 年以来中国大中城市劳动力市场的求人倍率走势如图 6-1 所示。

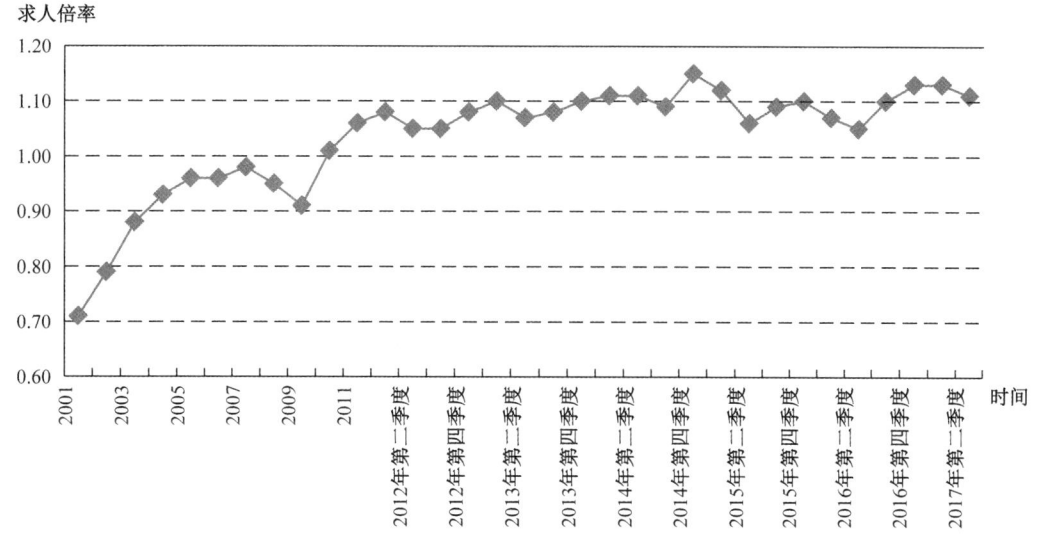

图 6-1　近期全国主要城市人才市场求人倍率变化

数据来源:中国人力资源市场信息监测中心。

由图 6-1 可知:①求人倍率在 2001 年为 0.71,此后稳步上升。尽管因次贷危机影响求人倍率于 2009 年回落到 0.91,但 2010 年之后仍超过 1.0,这表明劳动力市场供大于求;②2013年以来,求人倍率在 1.10 倍左右,处于相对高位,并于 2014 年第四季度达到 1.15;随后因经济增速放缓,求人倍率趋于下降,2016 年第二季度仅为 1.05;③近期该指标再次攀升,2016 年第三季度至 2017 年第二季度,该指标值分别为 1.10、1.13、1.13 和 1.11,这表明近期劳动力市场需求总体旺盛,但 2017 年中略有回落。

上述中国人力资源市场信息监测中心对近期就业状况的总体判断和中国人民大学中国就业研究所研发的 CIER 指数(就业市场景气指数)走势基本一致,如图 6-2 所示。

图 6-2 中数据表明,自 2011 年以来,CIER 指数虽有所起伏,但基本上也是处于上升趋势:2011 年第一季度该指标仅为 0.95,但 2015 年第一季度达到 2.44 的峰值;随后同样与经济增长同步下行,2016 年第一季度仅为 1.71;近期 CIER 指数趋于回升,2016 年第三季度至

2017 年第二季度分别为 2.22、2.41、1.91 和 2.26。

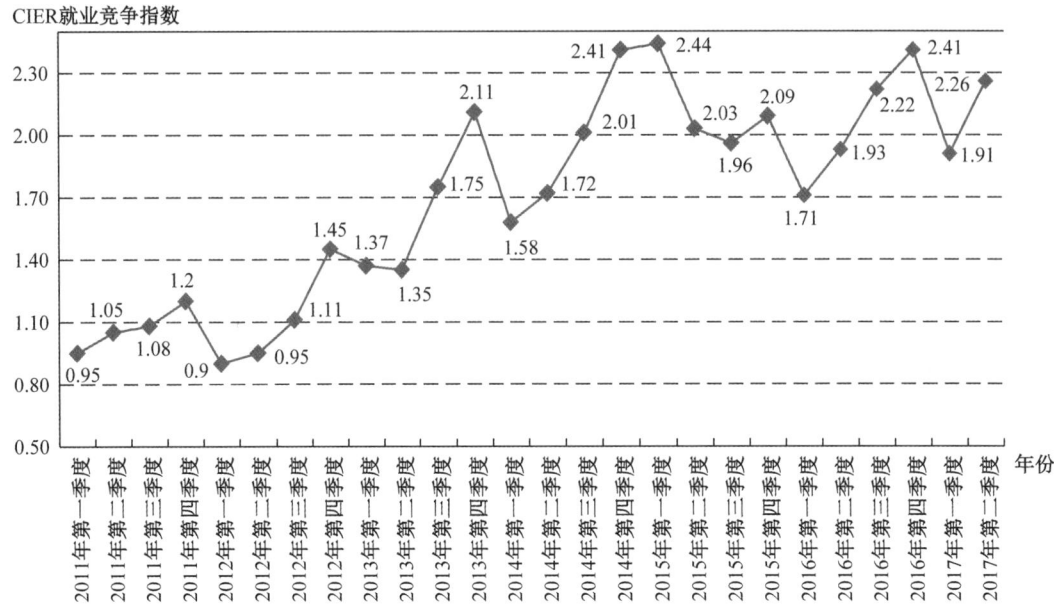

图 6-2　2011 年第一季度至 2017 年第二季度 CIER 就业竞争指数走势

数据来源与说明:数据源自中国人民大学中国就业研究所,表 6-1 至表 6-5 同。据智联招聘和苏州工业园区人力资源开发公司等提供的第一手数据,将 CIER 指数定义为"招聘需求人数/求职申请人数"(数据经季度调整),该指数以 2008—2013 年经济普查数据的法人单位数年均变动率为基准,调整了智联数据中企业数量的增长。另外,该指数已被证明和主要宏观经济指标如 CPI、GDP 具有显著相关性(丁大建、耿林、崔钰雪,2012)。

图 6-3 进一步给出了 2013 年第一季度至 2017 年第二季度分区域的人才供需状况。

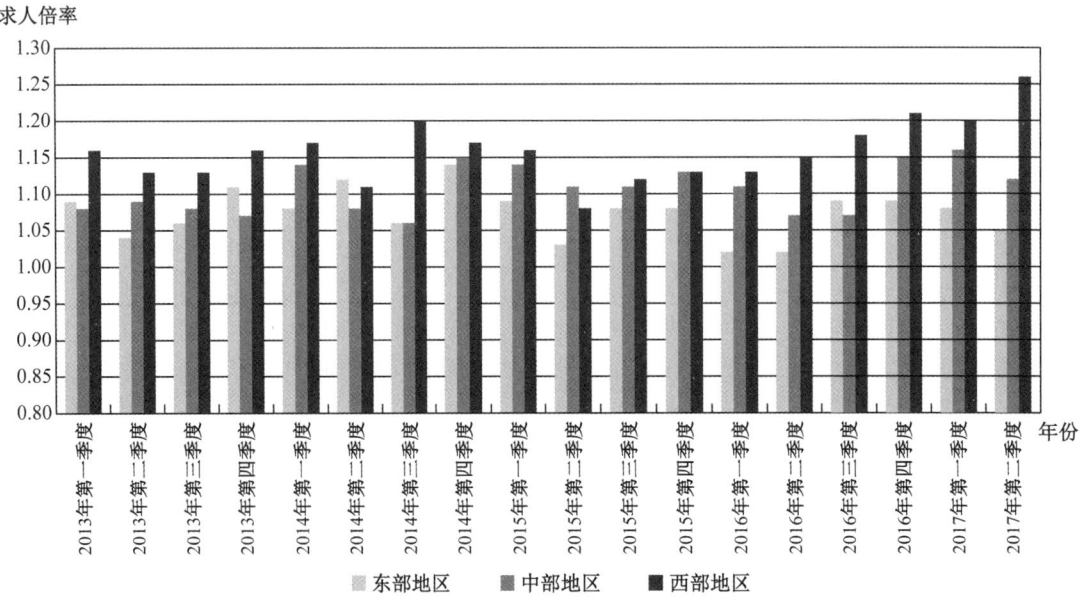

图 6-3　2013 年第一季度至 2017 年第二季度东、中、西部主要城市人才市场求人倍率变化

数据来源:中国人力资源市场信息监测中心。

由图 6-3 可知:一方面,各区域求人倍率的总体趋势与全国一致,2013—2014 年处于上升态势,随后趋于回落(至 2016 年初),近期再次回升,表现为经济结构调整的就业带动效应。另一方面,各区域求人倍率的分化较为明显:西部地区人才市场需求旺盛,2016 年第三季度至 2017 年第二季度求人倍率分别为 1.18、1.21、1.20 和 1.26;中部地区求人倍率次之,2016 年第三季度至 2017 年第二季度分别为 1.07、1.15、1.16 和 1.12;东部地区劳动力市场岗位数尽管也是供大于求,但求人倍率相对偏低,2016 年第三季度至 2017 年第二季度分别为 1.09、1.09、1.08 和1.05。总体来看,近期东、中部地区劳动力市场表现与全国走势更为接近。

中国人民大学中国就业研究所同时发布了各区域 CIER 指数,如表 6-1 所示。

表 6-1　　　　　　　　　　　　　近期各区域 CIER 指数

时间 ＼ 区域	东部地区	中部地区	西部地区	东北地区
2017 年第二季度	2.03	1.76	1.67	1.33
2017 年第一季度	1.60	1.35	1.33	1.17
2016 年第二季度	1.22	1.16	1.17	0.99

由表 6-1 中数据可见:2017 年第二季度,各区域 CIER 指数均有明显提升,表明就业形势持续改善,但 CIER 指数在东、中、西、东北地区逐步递减。具体来看,东部地区 CIER 指数为2.03,同比增幅为 0.81,较上季度增长 0.43,就业形势最好;中部地区 CIER 指数为 1.76,同比增幅为 0.60,较上季度增长 0.41;西部地区 CIER 指数为 1.67,同比增幅为 0.50,较上季度增长 0.34;东北地区 CIER 指数为 1.33,同比增幅为 0.44,较上季度增长 0.16。

需要指出的是,CIER 指数与求人倍率的大致趋势一致,但在 2017 年第二季度表现不一,即前者表明近期就业形势略有回落,而后者认为近期就业形势趋好。一个可能的原因是两者调查数据选取的差异,CIER 指数的原始数据选取基于智联招聘网络平台信息发布,求人倍率的数据则源于中国人力资源市场信息监测中心对全国 100 多个大中城市劳动力市场的数据整理,而且后者有关东部地区的划分涵盖了东北地区,前者将东北地区数据单列分析。另外,从智联招聘网站信息发布来看,与经济表现一致,东部(除东北外)的信息发布占 3/4 左右,中、西部地区信息发布各占 10%,东北地区信息发布仅占 5%左右。因此,东部地区仍为吸附就业的主体,其就业状况应该更能代表全国情况。

表 6-2 列示了近期不同类别城市的 CIER 指数情况。

表 6-2　　　　　　　　　　　　　近期各类城市的 CIER 指数

时间 ＼ 城市	一线城市	新一线城市	二线城市	三线城市
2017 年第二季度	0.97	1.30	2.08	2.53
2017 年第一季度	0.68	0.98	1.64	2.12
2016 年第二季度	0.61	0.86	1.13	1.61

注:按照《第一财经周刊》于 2017 年公布的城市等级分类标准,一线城市包括北、上、广、深等 4 个,新一线城市包括成都、大连、杭州等 17 个,二线城市包括常州、佛山、福州等 24 个,三线城市包括包头、大庆、呼和浩特等 10 个。从在线发布的岗位数来看,一线、新一线、二线、三线城市占比分别为 40%、30%、20%和 10%左右。

　　表 6-2 中数据表明,一线、新一线、二线、三线城市的 CIER 指数近期均有回升,再次证明了就业形势的改善。但各类城市就业状况的差异仍然存在,表现为一线城市的就业岗位竞争激烈,CIER 指数仍在 1.0 以下;新一线、二线、三线城市的 CIER 指数均大于 1.0,且依次递增,表明劳动力就业趋向大城市,并带来"供大于求"的格局。

　　2. 各行业(企业)用人需求分析

　　表 6-3 列示了近期就业需求排名前 10 位的行业 CIER 指数,由表 6-3 中数据可见:

　　(1)互联网/电子商务行业就业需求仍稳居第一,2017 年第二季度 CIER 指数值为 9.06,但相较上季度 9.21 和 2016 年同期的 11.47 有所下降;与之对应的交通/运输业、物流/仓储业,以及计算机软件、IT 服务(系统/数据/维护)等行业的 CIER 值也排名靠前,表明信息行业与共享经济带来旺盛的就业需求。

　　(2)基金/证券/期货/投资、保险两类金融行业用人需求呈现上升趋势,2017 年第二季度 CIER 指数分别为 5.26 和 5.85,上季度则分别为 4.18 和 5.12,2016 年同期分别为 4.24 和 3.51。

　　(3)中介服务行业持续较高的用人需求。2017 年第二季度 CIER 指数值为 5.74,第一季度为 4.40,2016 年同期为 3.22。另外,教育/培训/院校、专业服务/咨询(财会/法律/人力资源等)、媒体/出版/影视/文化传播、酒店/餐饮等其他第三产业用人需求尽管较大,但波动也较大。

　　(4)传统的农/林/牧/渔业的用人需求维持较高水平,且近期有所上升,2017 年第二季度、第一季度、2016 年同期的 CIER 值分别为 3.78、3.15 和 3.39。另外,房地产/建筑/建材/工程行业的就业需求近期也保持上升趋势,CIER 值在 2017 年第二季度、第一季度分别为 3.83 和 2.78。

表 6-3　　　　　　　　　　　**近期就业需求排名前 10 位行业的 CIER 指数**

行业排名	2017 年第二季度		2017 年第一季度		2016 年第二季度	
	行业	CIER 指数	行业	CIER 指数	行业	CIER 指数
1	互联网/电子商务	9.06	互联网/电子商务	9.21	互联网/电子商务	11.47
2	交通/运输	7.64	交通/运输	5.13	基金/证券/期货/投资	4.24
3	保险	5.85	保险	5.12	交通/运输	3.84
4	中介服务	5.74	中介服务	4.40	保险	3.51
5	基金/证券/期货/投资	5.26	基金/证券/期货/投资	4.18	农/林/牧/渔	3.39
6	物流/仓储	4.10	计算机软件	3.51	中介服务	3.22
7	房地产/建筑/建材/工程	3.83	农/林/牧/渔	3.15	专业服务/咨询(财会/法律/人力资源等)	2.81
8	农/林/牧/渔	3.78	物流/仓储	3.03	媒体/出版/影视/文化传播	2.35
9	教育/培训/院校	3.64	IT 服务(系统/数据/维护)	2.98	物流/仓储	2.16
10	计算机软件	3.57	房地产/建筑/建材/工程	2.78	酒店/餐饮	2.13

表 6-4 列示了近期就业需求排名后 10 位的行业 CIER 指数。

表 6-4　　　　　　　　近期就业需求排名后 **10** 位行业的 **CIER** 指数

行业排名	2017 年第二季度		2017 年第一季度		2016 年第二季度	
	行业	CIER指数	行业	CIER指数	行业	CIER指数
1	印刷/包装/造纸	0.35	能源/矿产/采掘/冶炼	0.32	能源/矿产/采掘/冶炼	0.24
2	石油/石化/化工	0.52	印刷/包装/造纸	0.36	电气/电力/水利	0.27
3	环保	0.54	石油/石化/化工	0.36	检验/检测/认证	0.29
4	能源/矿产/采掘/冶炼	0.60	环保	0.37	环保	0.31
5	仪器仪表及工业自动化	0.65	仪器仪表及工业自动化	0.44	石油/石化/化工	0.32
6	物业管理/商业中心	0.71	检验/检测/认证	0.47	印刷/包装/造纸	0.33
7	检验/检测/认证	0.75	物业管理/商业中心	0.50	办公用品及设备	0.35
8	航空/航天研究与制造	0.78	航空/航天研究与制造	0.54	仪器仪表及工业自动化	0.38
9	电气/电力/水利	0.82	电气/电力/水利	0.56	物业管理/商业中心	0.40
10	办公用品及设备	0.86	医疗设备/器械	0.58	医疗设备/器械	0.44

由表 6-4 中数据可知,用人需求排名后 10 位的行业相对稳定,且 2017 年第二季度的 CIER 指数相对第一季度和 2016 年同期均有所上升,说明尽管这些行业劳动力市场供大于求,但近期就业状况普遍有所改善。相对而言,印刷/包装/造纸、石油/石化/化工、能源/矿产/采掘/冶炼等传统制造业的 CIER 指数更低(2017 年第二季度分别为 0.35、0.52 和 0.60),表明就业更困难。

表 6-5 给出了近期不同规模企业的 CIER 指数值。

表 6-5　　　　　　　　近期不同规模企业的 **CIER** 指数

企业 时间	大型企业	中型企业	小型企业	微型企业
2017 年第二季度	2.46	1.25	1.10	2.15
2017 年第一季度	1.65	0.92	0.85	2.09
2016 年第二季度	0.92	0.79	0.61	3.58

由表 6-5 中数据可见:大型企业用人需求强劲上升,2017 年第二季度 CIER 值为 2.46,第一季度、2016 年同期则分别为 1.65 和 0.92;微型企业用人需求也很旺盛,但相较于 2016 年同期有较大降幅,2017 年第二季度 CIER 值为 2.15,第一季度、2016 年同期则分别为 2.09 和 3.58;中小型企业 CIER 指数也上升到 1.0 以上,2017 年第二季度分别为 1.25 和 1.10,供需相对平衡。

(二)国外就业状况分析

本部分将集中分析近期全球及重点区域(美国、欧盟和日本)的经济发展与就业状况。

1. 全球就业与经济发展概况

1)全球经济展望:IMF。

IMF 分别于 2017 年 1 月、4 月、7 月和 10 月进行了全球经济预测,见表 6-6。

表 6-6　　　　　　"全球经济展望(WEO)"对 2017—2018 年 GDP 增长的预测(百分比)

区域 \ 预测时点 年份	2016 年 10 月		2017 年 1 月		2017 年 4 月		2017 年 7 月	
	2017	2018	2017	2018	2017	2018	2017	2018
全球	3.4%	3.6%	3.4%	3.6%	3.5%	3.6%	3.5%	3.6%
发达经济体	1.8%	1.8%	1.9%	2.0%	2.0%	2.0%	2.0%	1.9%
美国	2.2%	2.2%	2.3%	2.6%	2.3%	2.5%	2.1%	2.1%
加拿大	1.9%	1.9%	1.9%	2.0%	1.9%	2.0%	2.5%	1.9%
欧元区	1.5%	1.6%	1.6%	1.6%	1.7%	1.6%	1.9%	1.7%
英国	1.2%	1.7%	1.6%	1.4%	2.0%	1.5%	1.7%	1.5%
德国	1.4%	1.4%	1.5%	1.5%	1.6%	1.5%	1.8%	1.6%
法国	1.3%	1.6%	1.3%	1.6%	1.4%	1.6%	1.5%	1.7%
意大利	0.9%	1.1%	0.7%	0.8%	0.8%	0.8%	1.3%	1.0%
日本	0.6%	0.5%	0.8%	0.5%	1.2%	0.6%	1.3%	0.6%
新兴和发展中经济体	4.6%	4.8%	4.5%	4.8%	4.5%	4.8%	4.6%	4.8%
巴西	0.5%	1.5%	0.2%	1.5%	0.2%	1.7%	0.3%	1.3%
俄罗斯	1.1%	1.2%	1.1%	1.2%	1.4%	1.4%	1.4%	1.4%
印度	7.6%	7.7%	7.2%	7.7%	7.2%	7.7%	7.2%	7.7%
中国	6.2%	6.0%	6.5%	6.0%	6.6%	6.2%	6.7%	6.4%

数据来源:IMF。

　　IMF 于 2017 年年初发布的"全球经济展望更新(World Economic Outlook Update)"题为"A Shifting Global Economic Landscape(转变中的全球经济)",预计全球经济在经历了 2016 年的持续不振后,2017 年和 2018 年增长将加速,且新兴市场和发展中经济体将有更好表现。但与此同时,美国政策的不确定性及其扩散将对全球经济增长产生不利影响。

　　据表 6-6 数据,IMF 在 2017 年年初的预测认为,2017 年和 2018 年:全球 GDP 增长率预计分别为 3.4% 和 3.6%,与 2016 年 10 月预测保持一致;发达经济体 GDP 增长率预计分别为 1.9% 和 2.0%,较上期预测分别增长 0.1% 和 0.2%;新兴和发展中经济体 GDP 增长率预计分别为 4.5% 和 4.8%,较上期预测分别增长 0.1% 和 0.2%;美国的 GDP 增速预计为 2.3% 和 2.6%,分别上调 0.1% 和 0.4%;对中国而言,信贷扩张会在短期内扩张经济,但债务问题与资本外流风险仍然存在,GDP 增速预计为 6.5% 和 6.0%(较上期预测上调 0.3% 和保持不变)。

　　IMF 于 2017 年 4 月发布的"全球经济展望"题为"Gaining Momentum?(增长势头加强?)",分析认为,源于经济周期性复苏,IMF 预计 2017 年和 2018 年全球 GDP 增长率将分别达到 3.5% 和 3.6%,较年初预测分别提升 0.1% 和持平。表 6-6 中数据还表明:较年初预测,发达经济体 2017 年和 2018 年经济增长将基本维持不变;而英国经济增长预期上调幅度较大,2017 年预计为 2.0%(上调 0.6%)、2018 年预计为 1.5%(上调 0.1%);日本 2017 年和 2018 年经济增长预期也有较大上调,分别为 1.2%(上调 0.4%)和 0.6%(上调 0.1%)。相较年初,新兴和发展中经济体经济预期维持不变,2017 年和 2018 年仍为 4.5% 和 4.8%。与年初预测比较,俄罗斯的经济增长率有所上调,2017 年和 2018 年分别为 1.4％和 1.4％(分别调升 0.3％和 0.2％);中国的经济增长预期也分别上调 0.1％和 0.2％,2017 年和 2018 年分别为 6.6％和 6.2％。

IMF 于 2017 年 7 月发布的"全球经济展望"题为"A Firming Recovery(复苏企稳)",表明 2017 年 4 月预测的全球经济增长回升达到预期,虽然全球经济增长预测保持不变,但各国(区域)仍有一定分化。据表 6-6 数据:①美国增长预测相比 4 月下降,2017 年和 2018 年经济增长均为 2.1％,较 4 月份预测值分别下调 0.2％和 0.4％,主要原因是其未来财政政策的扩张程度可能将低于早先的预期;②由于经济表现好于预期,欧元区经济增长预测上调,2017 年和 2018 年增长预期分别为 1.9％和 1.7％(分别增加 0.2％和 0.1％);③考察其他发达经济体,除英国经济增长预测略有下调外,德国、法国、意大利的经济增长预测均有上调,日本的经济增速预期也略有上升;④新兴和发展中经济体的经济增速略有上调,2017 年和 2018 年增长预期分别为 4.6％和 4.8％(分别增加 0.1％和保持不变);⑤分国别来看,2017 年和 2018 年新兴市场经济增长预测:预期巴西经济增长为 0.3％和 1.3％(较 4 月预测上调 0.1％和下调 0.4％);俄罗斯和印度的经济增长预测和 4 月份预测相比维持不变;中国的增长预测为 6.7％和 6.4％(分别上调 0.1％和 0.2％),反映了 2017 年第一季度的强劲增长以及对持续财政支持的预期。

2) 全球就业展望:ILO。

根据 ILO 发布的"全球就业与社会展望 2017(World Employment and Social Outlook: Trends 2017)",由于 2016 年全球经济增长仅 3.1％(远低于预期),尽管 2017 年、2018 年经济增长预期将提升到 3.5％和 3.6％,但经济复苏迟缓对就业也产生了不利影响。

表 6-7 给出了国际劳工组织 2016 年失业率、失业人口,及 2017 年和 2018 年对应预期值。

表 6-7　　　　　　　全球分区域(国家)的失业率和失业人口预测

区域(国家)		失业率(百分比)			失业人口(百万人)		
		2016 年	2017 年	2018 年	2016 年	2017 年	2018 年
全球主要经济体	全球	5.7	5.8	5.8	197.7	201.1	203.8
	发达经济体	6.3	6.2	6.2	38.6	37.9	38.0
	新兴经济体	5.6	5.7	5.7	143.4	147.0	149.2
	发展中经济体	5.6	5.5	5.5	15.7	16.1	16.6
ILO 区域及部分国家	阿拉伯国家	10.7	10.6	10.5	5.8	5.9	5.9
	沙特阿拉伯	5.5	5.5	5.5	0.7	0.7	0.7
	中西亚	8.9	9.2	9.3	6.6	6.9	7.1
	土耳其	10.3	10.8	11.0	3.1	3.3	3.4
	东亚	4.5	4.5	4.5	41.6	41.9	42.4
	中国	4.6	4.6	4.7	37.3	37.6	37.9
	日本	3.1	3.0	3.0	2.0	1.9	2.0
	韩国	3.7	3.6	3.7	1.0	1.0	1.0
	东欧	6.2	6.2	6.0	9.1	9.0	8.7
	俄罗斯联邦	5.7	5.8	5.7	4.3	4.3	4.2

(续表)

区域(国家)		失业率(百分比)			失业人口(百万人)		
		2016 年	2017 年	2018 年	2016 年	2017 年	2018 年
ILO 区域及部分国家	拉丁美洲和加勒比地区	8.1	8.4	8.5	25.1	26.6	27.1
	巴西	11.5	12.4	12.4	12.4	13.6	13.8
	墨西哥	4.0	4.0	4.2	2.3	2.4	2.5
	北非	12.1	12.0	11.9	9.0	9.1	9.2
	北美	5.1	5.1	5.3	9.4	9.5	9.7
	加拿大	7.1	7.1	7.1	1.4	1.4	1.4
	美国	4.9	4.9	5.0	8.0	8.0	8.3
	北欧、南欧和西欧	9.3	9.1	8.9	20.2	19.7	19.4
	法国	10.0	9.8	9.8	3.0	2.9	2.9
	德国	4.3	4.2	4.2	1.8	1.8	1.8
	意大利	11.5	11.4	11.1	2.9	2.8	2.8
	英国	4.8	5.0	5.3	1.6	1.7	1.8
	东南亚和太平洋地区	3.8	3.8	3.9	13.3	13.7	14.0
	澳大利亚	5.7	5.5	5.3	0.7	0.7	0.7
	印尼	5.6	5.8	5.9	7.1	7.4	7.7
	南亚	4.1	4.1	4.1	29.5	29.8	30.2
	印度	3.5	3.4	3.4	17.7	17.8	18.0
	撒哈拉以南非洲	7.2	7.2	7.2	28.0	29.1	30.1
	南非	25.9	26.0	26.3	5.4	5.5	5.6

数据来源:ILO,"全球就业与社会展望2017"。

由表 6-7 中数据可知:

(1) 从全球来看,2015—2016 年的失业率基本稳定,但随着全球劳动力供给持续增加,失业人口将持续上升。具体来看,2016 年失业率为 5.7%,较 2015 年略有下降,但 2016 年全球失业人口仍将达到 1.98 亿人左右。2017 年、2018 年全球失业率预计为 5.8%,失业人口预计将超过 2 亿人(分别为 2.01 亿人和 2.04 亿人)。

(2) 分不同经济体来看,发达、新兴和发展中经济体的失业率在 2016 年分别为 6.3%、5.6% 和 5.6%,与全球失业率较为稳定的趋势一致,2017 年年初预计当年三类经济体的失业率分别为 6.2%、5.7% 和 5.5%(2018 年维持不变)。从失业人口来看,2016 年发达经济体的失业人口为 3 860 万人,我们 2017 年年初预期当年和 2018 年有所下降,预期分别为 3 790 万人和 3 800 万人。另一方面,2016—2018 年,新兴和发展中经济体的失业人口预期将有所回升,其中,新兴经济体的失业人口在 2016 年约为 1.43 亿人,2017 年和 2018 年预期会分别达到 1.47 亿人和 1.49 亿人。

(3) 分区域来看,北非和阿拉伯国家的失业率均在 10% 以上,2016 年分别为 12.1% 和

10.7％,2017 年年初我们预计当年为 12.0％和 10.6％,2018 年预计为 11.9％和 10.5％。北欧、南欧和西欧的失业率也较高,2016 年为 9.3％,预计 2017—2018 年分别为 9.1％和 8.9％;2016—2018 年,中西亚地区失业率分别为 8.9％、9.2％和 9.3％(预计值),拉丁美洲和加勒比地区失业率分别为 8.1％、8.4％和 8.5％(预计值),撒哈拉以南非洲地区失业率预计均为7.2％,东欧的失业率分别为 6.2％、6.2％和 6.0％(预计值)。其他地区的失业率在 5％左右或以下,其中,东南亚和太平洋地区的失业率最低,2016—2018 年分别为 3.8％、3.8％和3.9％(预计值)。

从失业人口来看,东亚,南亚,撒哈拉以南非洲,拉丁美洲和加勒比地区,北欧、南欧和西欧等 5 个区域的失业人口较多(均在 2 000 万人以上,其中东亚地区最多)。除北欧、南欧和西欧外,上述其他 4 个区域 2016—2018 年的失业人口呈上升趋势,表明就业压力巨大。

(4) 分国别来看,南非、巴西、土耳其 2016 年的失业率均在 10％以上,且 2017—2018 年持续恶化;其中,南非失业率在 2016 年高达 25.9％,2017—2018 年预计为 26.0％和 26.3％。意大利、法国的失业率在 2016 年也分别达到 11.5％和 10.0％,但 2017—2018 年预计将会持续下降。另一方面,日本、印度和韩国的失业率相对较低,均在 4％以下。

作为人口大国,中国、印度和巴西的失业人口也较多,2016 年失业人口分别为 3 730 万人、1 770 万人和 1 240 万人,2017 年年初预计当年失业人口分别为 3 760 万人、1 780 万人和1 360万人,2018 年预计失业人口分别为 3 790 万人、1 800 万人和 1 380 万人。

2. 美国的就业与经济发展概况

随着美国经济恢复,其就业状况持续好转,图 6-4 为 2000 年以来其国内失业率走势。

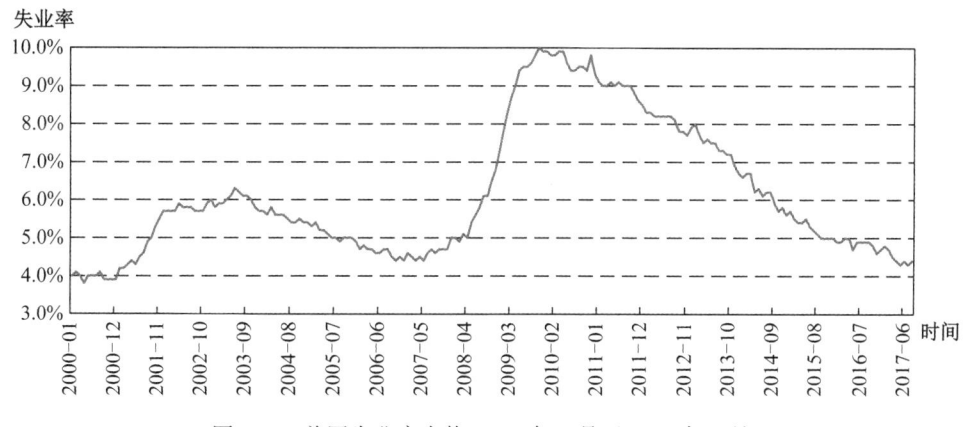

图 6-4 美国失业率走势(2000 年 1 月至 2017 年 8 月)

数据来源:OECD;失业率(百分比)为"修正失业率"(Harmonised Unemployment Rates),数据经季节调整。图 6-5、图 6-7、图 6-8、图 6-10、图 6-11、图 6-13、图 6-14、图 6-15、图 6-16 数据来源相同。

由图 6-4 可见,2000 年以来,美国国内修正失业率呈现"升—降—升—降"四阶段趋势:2000 年年初约为 4.0％,随后趋于上升,2003 年 6 月达到 6.3％;此后趋于下降,2007 年 5 月为4.4％;后因次贷危机影响再次攀升,2009 年 10 月高达 10％;而后再次回落,2017 年 6～8 月分别为 4.4％、4.3％和 4.4％,和次贷危机前水平相当。

图 6-5 给出了对应期间美国 GDP 增长率走势。

由图 6-5 可见:美国 GDP 增长率在 2000 年年初在 4％以上,但随后下降至 2001 年第四季度的 0.2％;而后再次上升,2003 年年底、2004 年年初达到 4.4％;此后经济增长一路向下,

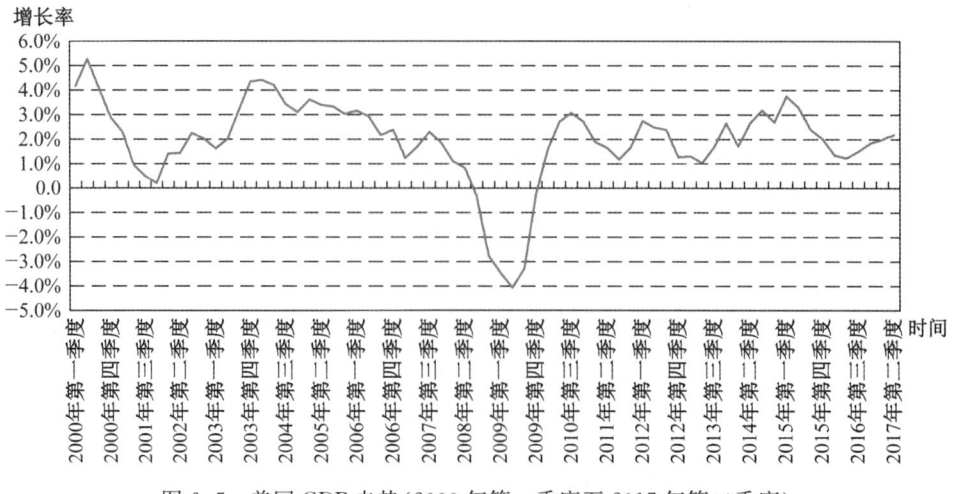

图 6-5　美国 GDP 走势（2000 年第一季度至 2017 年第二季度）

因次贷危机影响，2008 年第三季度至 2009 年第四季度甚至处于负增长区间；在 2009 年第二季度经济增长探底后（为 −4.1%），又迅速反弹，2010 年第一季度恢复正增长（为 1.6%），2010年第三季度达到 3.1%；此后经济增长处于震荡上行，2015 年第一季度曾达到 3.8%，但 2015—2016 年经济增速再次下滑，2016 年第二季度仅为 1.2%，低于预期；近期经济增速恢复上行，2017年第一季度至第二季度 GDP 增长率分别为 2.0% 和 2.2%，但是否趋稳仍有待观察。

　　以下进一步考察美国近期经济波动，借鉴 Baker、Bloom 和 Davis（2016）提出的美国经济政策不确定性指数（economic policy uncertainty index，EPU），其走势如图 6-6 所示。

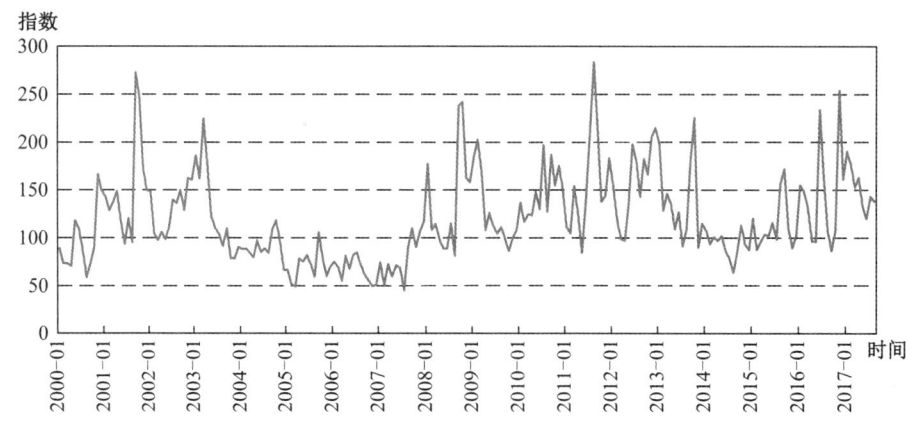

图 6-6　美国经济政策不确定性指数（2000 年 1 月至 2017 年 8 月）

数据来源：http://www.policyuncertainty.com，下面图 6-9、图 6-12、图 6-17 数据来源相同。

　　如图 6-6 所示，因网络股泡沫危机影响，2000—2001 年，美国经济政策不确定性指数上升，2001 年 9 月达到 272.8；而后趋于回落，2007 年 7 月即次贷危机爆发前为 44.8；此后因次贷危机而再次爬升，2011 年 8 月为 283.7；随后再次震荡下行，2014 年 8 月为 63.9；2014年 9 月至 2016 年年底，不确定性指数再次上升（2016 年 11 月为 254.1）；近期有所下降，2017年 6～8 月份分别为 120.0、143.1 和 138.1，较次贷危机前偏高，且下降趋势有待进一步考察。

2. 欧洲就业与经济发展概况

1）欧洲失业率与经济增长概况

图 6-7 列示了 2000 年以来欧元区 19 国和欧盟 28 国的"修正失业率"走势。图示可见：2000 年 1 月，欧元区 19 国和欧盟 28 国的修正失业率分别为 9.4％和 9.2％；此后维持在 9.0％左右，并于 2005 年中趋于下降，2008 年 3～4 月达到最低点，分别为 7.4％和 6.8％；后因次贷危机影响而上升，2010 年 4 月和 5 月分别为 10.3％和 9.7％；尽管此后有微弱下行（2011 年 4 月和 5 月分别为 9.9％和 9.5％），但仍因欧债危机再次上升，2013 年 4 月和 5 月分别为 12.1％和 11.0％（最高点）；在此之后再次下降，2017 年 5～7 月，欧元区 19 国修正失业率分别为 9.2％、9.1％和 9.1％，欧盟 28 国失业率均为 7.7％，低于 21 世纪初期，但略高于次贷危机前水平。

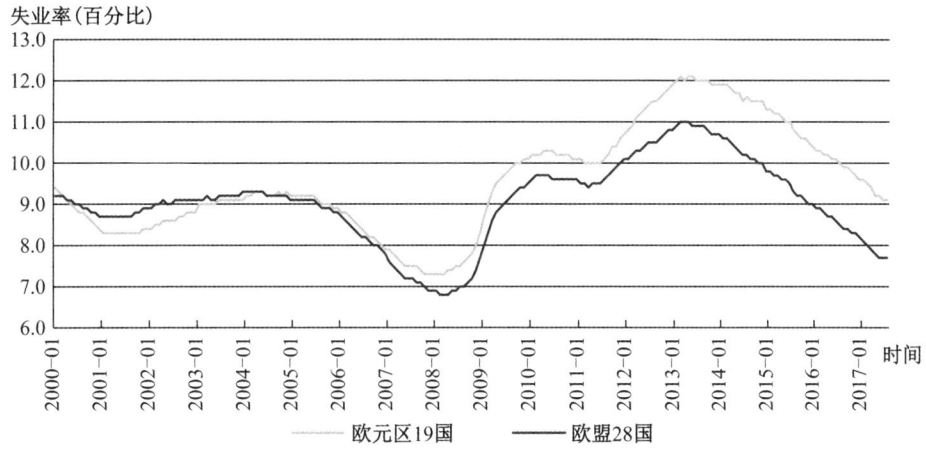

图 6-7　2000 年 1 月至 2017 年 7 月欧洲失业率概况

与上述修正失业率对应的是欧元区 19 国和欧盟 28 国的经济增长走势，如图 6-8 所示。

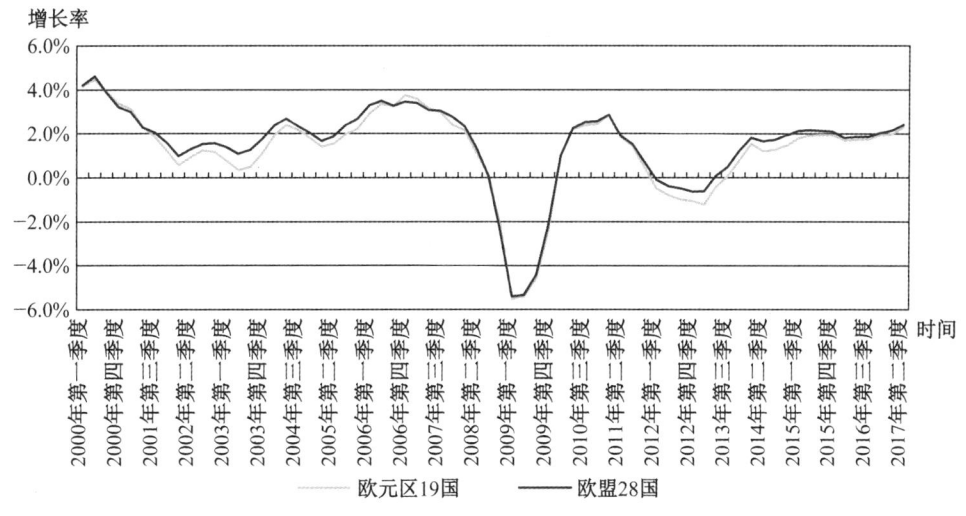

图 6-8　2000 年第一季度至 2017 年第二季度欧洲 GDP 季度同比增长率概况

由图 6-8 可知：21 世纪初，欧元区 19 国和欧盟 28 国的 GDP 增长率处于较高水平，分别为 4.2%；此后趋于下降，2003 年第二季度分别为 0.4% 和 1.1%；随后缓慢上升，2006 年第四季度分别为 3.8% 和 3.5%；但其后因次贷危机而趋于下降，2009 年第一季度深度衰退到 −5.5% 和 −5.4%；而后触底反弹，2011 年第一季度经济增速一度回升至 2.9% 和 2.9%；但随后因欧债危机而再次下滑，2013 年第一季度曾跌至 −1.2% 和 −0.6%；在此之后，经济增长缓慢恢复，2017 年第一季度和第二季度，欧元区 19 国的 GDP 增长率分别为 2.0% 和 2.3%，欧盟 28 国分别为 2.1% 和 2.4%，但仍低于次贷危机前水平。

图 6-9 给出了 2000 年以来欧洲经济政策不确定性指数走势。

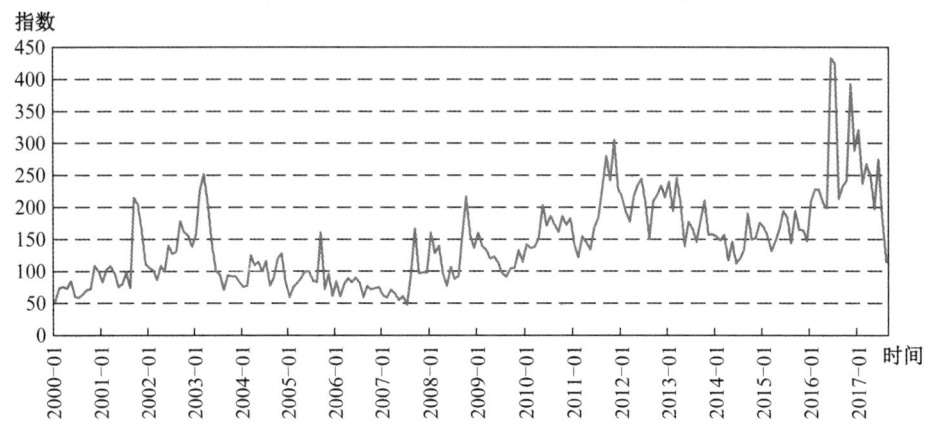

图 6-9　2000 年至 2017 年欧洲经济政策不确定性指数

由图 6-9 可知，2000 年以来，欧洲经济政策不确定性指数走势可分为 6 个阶段：2000 年 1 月至 2003 年 3 月为上升阶段，期初和期末的不确定性指数分别为 52.0 和 251.2；2003 年 4 月至 2007 年 7 月为下降阶段，期末值为 47.7；2007 年 8 月至 2011 年 11 月因次贷危机和欧洲主权债危机，经济不确定性指数上升到 304.6；2011 年 12 月至 2014 年 6 月为下降阶段，期末指数值为 111.8；2014 年 7 月至 2016 年 6 月经济不确定性再次攀升，期末值为 433.3；近年来经济不确定性趋于下降，2017 年 6 月至 8 月分别为 274.4、181.4 和 114.2。

　　2）德国、法国和英国的失业率和经济增长状况

图 6-10 给出了德国、法国和英国的"修正失业率"走势。

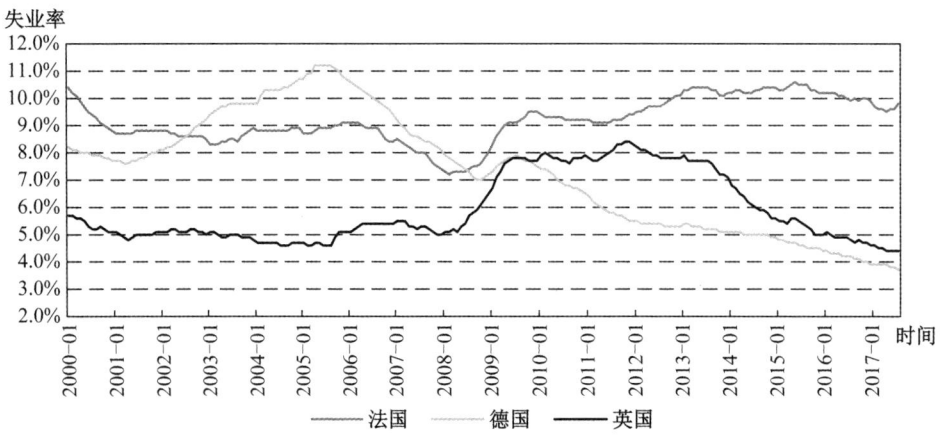

图 6-10　2000 年至 2017 年德国、法国和英国的失业率状况

由图 6-10 可见,德国、法国和英国的修正失业率自 21 世纪初以来的走势各不相同:

(1) 德国失业率自 2000 年以来基本上处于上升趋势,2005 年 4 月至 8 月维持在 11.2%的高位;此后一路回落,2008 年 9 月和 10 月均为 7%;其后虽有小幅回升(2009 年 7 月为 7.9%),但很快再次下降,2017 年 5~7 月分别为 3.8%、3.8%和 3.7%,处于历史最低水平。

(2) 法国的失业率在 20 世纪初处于较高水平,2000 年 1 月为 10.4%;此后趋于回落,2004 年年初至 2006 年中期维持在 9%左右,随后进一步下降,2008 年 2 月处于 7.2%的低点;随后因次贷危机影响而上升,2015 年 5 月曾高达 10.6%;其后缓慢下降,2017 年 5~7 月分别为 9.6%、9.6%和 9.8%。总的来看,法国失业率在次贷危机后维持较高水平。

(3) 英国的失业率在 2000 年 1 月为 5.7%,此后缓慢下降,并维持在 5%左右(如 2008 年 4 月为 5.1%);2008 年年中之后,因次贷危机影响,其失业率快速上升,2010 年年初达到 8%以上,2011 年 10 月和 11 月为 8.4%;2012 年开始,失业率趋于下降,从目前来看,2017 年 4~7 月英国失业率稳定在 4.4%,处于 21 世纪较低水平。

图 6-11 为 2000 年第一季度以来德国、英国和法国的 GDP 增长率走势。

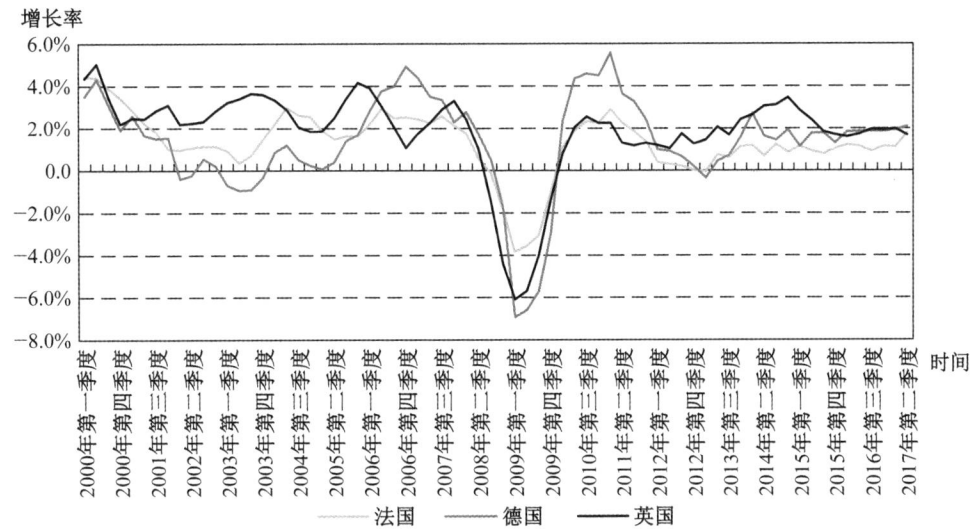

图 6-11　2000 年第一季度至 2017 年第二季度德国、英国和法国的 GDP 季度同比增长率概况

由图 6-11 可见,德国、英国和法国的经济增长自 21 世纪初以来经历了较为一致的走势:21 世纪初,3 个国家的经济增长率相对较高,德国、英国和法国增长率在 2000 年第一季度分别为 3.5%、4.4 和 4.4%。此后经济增长趋于下降,并处于低位震荡,如德国经济增长在 2003 年第一季度至第四季度分别为 -0.7%、-0.9%、-0.9%和 -0.3%;英国的经济增长在 2006 年第四季度仅为 1.1%,法国经济增长在 2003 年第二季度仅为 0.4%。受次贷危机影响,3 个国家经济增长深度下挫。2009 年第一季度,法国、德国、英国的经济增长率分别为 -3.8%、-6.9%和 -6.1%;随后经济增长回调,但近期增长率仍较低,2017 年第一季度,法国、德国、英国的经济增长率分别为 1.1%、1.9%和 2.0%,2017 年第二季度则分别为 1.8%、2.1%和 1.7%。

图 6-12 给出了 2000 年以来德国、英国和法国的经济政策不确定性指数走势。大致来看,3 个国家的经济不确定性呈现较为相似的趋势:次贷危机之前,3 个国家的经济不确定性较低,

指数值在 100 左右；随后因次贷危机影响而趋于上升，在 2016 年前后，不确定性达到峰值，德国、英国和法国分别于 2016 年 6 月、2016 年 7 月和 2017 年 4 月达到 454.0、1 141.8、574.6 的高位，但近期 3 个国家的不确定性指数值趋于回落，分别为 104.8、247.0 和 164.1，表明经济发展风险下降。

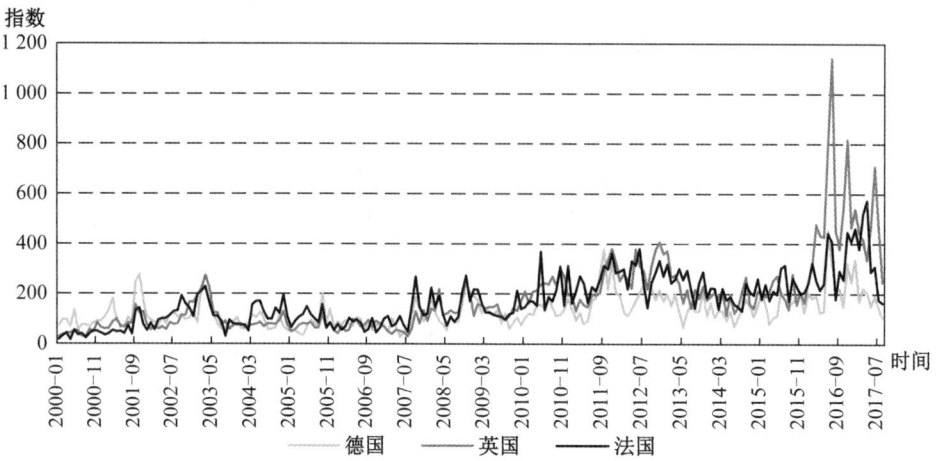

图 6-12　2000 年 1 月至 2017 年 8 月德国、英国和法国的经济政策不确定性指数

3）欧洲主权债务危机国家的失业率与经济增长情况

图 6-13 给出了受欧债危机影响较大的 5 国，即葡萄牙、爱尔兰、意大利、希腊和西班牙等国家的修正失业率走势。

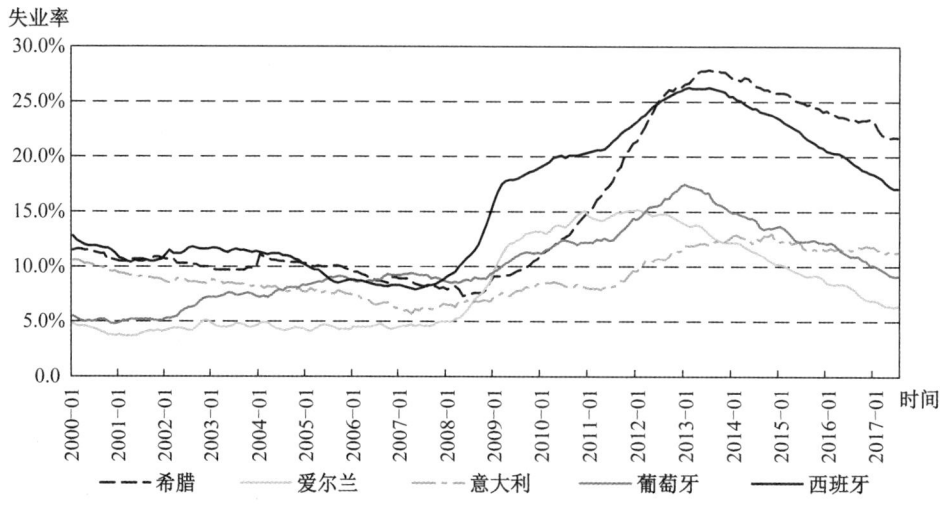

图 6-13　2000 年 1 月至 2017 年 7 月受欧债危机影响较大的欧洲 5 国之失业率状况

由图 6-13 可见：①自 21 世纪初以来，西班牙、希腊、意大利的修正失业率走势较一致，总体上经历了"降—升—降"的趋势，即在次贷危机爆发前的失业率均处于低位，受次贷危机及其后的欧债危机影响而上升，此后再次下降，但近期仍处于相对高位。希腊的失业率从 2013 年 7 月和 9 月的 27.9％下降到 2017 年 7 月的 21.7％，西班牙的失业率自 2013 年 2 月和 7 月的 26.3％下降到 2017 年 7 月的 17.1％，意大利的失业率自 2014 年 11 月的 13.0％下降到 2017

年 7 月的 11.3%。②葡萄牙的失业率自 2000 年 1 月至 2013 年年初以来基本处于上升趋势，2000 年 1 月为 5.5%，2013 年 1 月为 17.5%，此后趋于下降，2017 年 7 月为 9.1%。③爱尔兰的失业率在 2000 年 1 月为 4.8%，至 2008 年年初均稳定在 5%附近，此后趋于上升，至 2012 年 1 月达到 15.2%，而后再次下降，2017 年 7 月为 6.4%，略高于欧债危机前水平。

图 6-14 为 2000 年第一季度至 2017 年第二季度的 GDP 增长率走势。

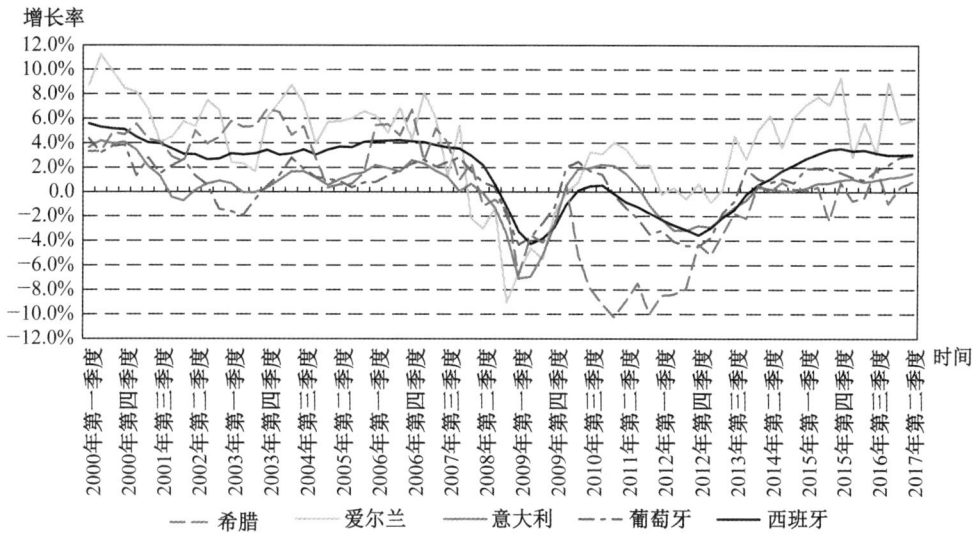

图 6-14 2000 年第一季度至 2017 年第二季度受欧债危机影响较大的欧洲 5 国之 GDP 增长率

由图 6-14 可见：受主权债危机影响较大的 5 个国家的经济增长趋势相对一致，即在危机前经济增长尚可，但均受到次贷危机、主权债危机的双重冲击，经济增长呈现 W 走势。其中：爱尔兰受次贷危机影响最大，2008 年第四季度增长率为－9.1%；希腊受欧洲主权债危机影响最大，2011 年第一季度增长率为－10.2%。2017 年第二季度，希腊、爱尔兰、意大利、葡萄牙、西班牙的 GDP 增长率分别为 0.8%、5.8%、1.5%、3.0% 和 3.1%。

3. 日本的失业率和经济增长状况

图 6-15 给出了日本 2000 年以来的"修正失业率"走势。

图 6-15 2000 年 1 月至 2017 年 7 月日本的失业率状况

由图 6-15 可见：2000 年年初日本失业率为 4.7％，而后有短时间上升，2003 年 4 月为 5.5％；随后趋于下降，2007 年 7 月仅为 3.6％，随后因次贷危机而急速攀升，2009 年 7 月为 5.5％；随后失业率一路下降，2017 年 7 月仅为 2.8％。

图 6-16 给出了日本 2000 年以来的 GDP 增长率走势。

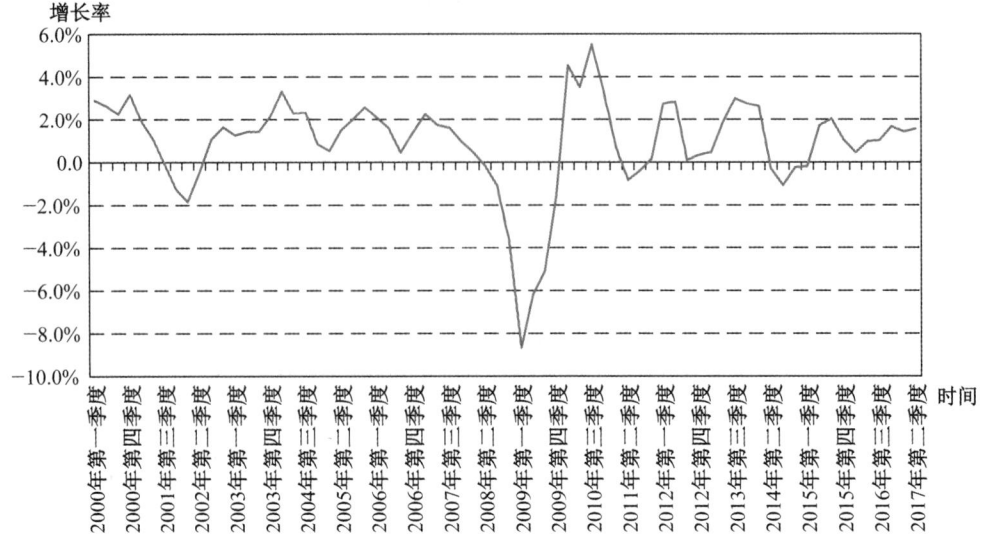

图 6-16　2000 年第一季度至 2017 年第二季度日本的 GDP 增长率状况

由图 6-16 可见：日本的 GDP 增长率在次贷危机前虽有短暂滑落（2002 年第一季度为 −1.8％），但总体上还是正增长，2007 年第一季度达到了 2.3％。后因次贷危机而急速下降，2009 年第一季度仅为 −8.7％，随后虽然强劲反弹，2010 年第三季度曾一度达到 5.5％，但此后再次趋于下降且有较大起伏，2017 年第一季度、第二季度分别为 1.4％和 1.6％。

图 6-17 给出了日本 2000 年以来的经济政策不确定性指数走势。

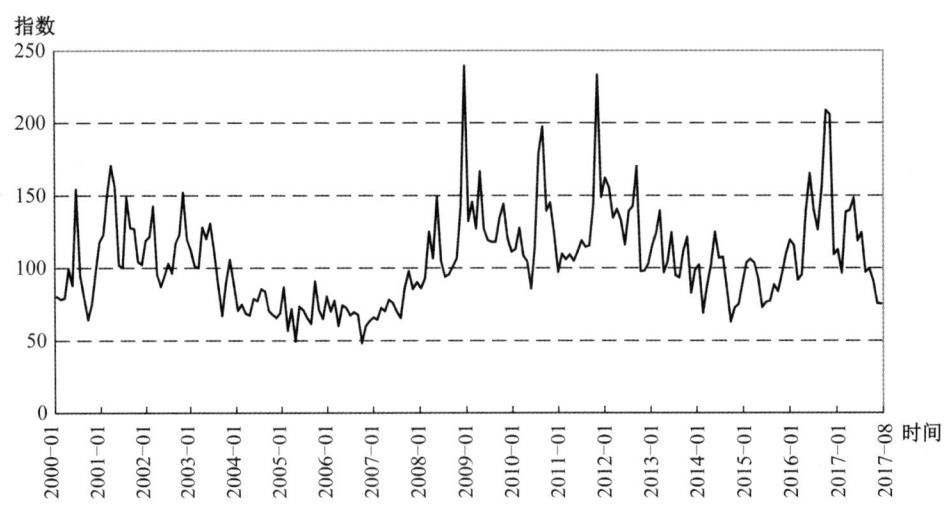

图 6-17　2000 年 1 月至 2017 年 8 月日本的经济政策不确定性指数

由图 6-17 可见：日本的经济政策不确定性自 21 世纪初大致趋于下降，2006 年 8 月不确定性指数约为 48.4；此后趋于上升，2008 年 10 月和 2011 年 8 月一度达到 239.6 和 233.2；其后趋于回落，2014 年 6 月为 63.0；而后再次上升，2016 年 6 月为 208.8；然后再次下降，2017 年 6～8 月分别为 91.1、75.6 和 75.3，处于近期较低水平。

三、风险因素识别

劳动力表现为经济增长的引致性需求，且劳动力市场"供大于求"即为失业（就业风险）。由此，唐海燕（2011）从社会再生产角度，基于劳动力市场的供给与需求，分析了就业风险影响因素，主要包括：城镇劳动力的供给状况；产出、产业结构与就业的关系；消费、投资与出口对就业的影响。本部分将沿用该分析框架，结合近期宏观经济数据分析就业风险。

（一）劳动力供给对就业的影响

1. 人口抚养比与劳动参与率

从劳动力供给来看，一般主要关注人口抚养比、适龄劳动力比重、劳动参与率等指标走势，图 6-18 列示了 2005—2015 年人口抚养比走势。

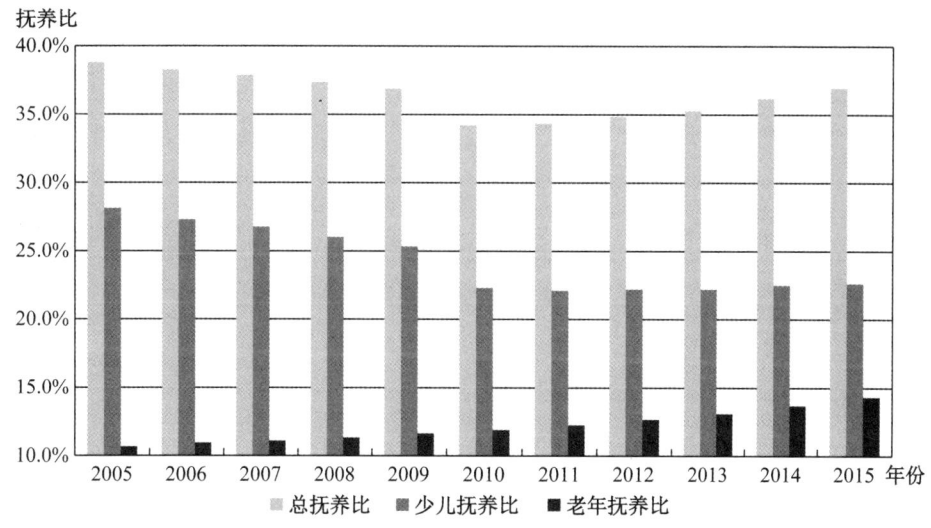

图 6-18　2005—2015 年我国人口抚养比情况

数据来源：据《中国统计年鉴》整理。

由图 6-18 可见，2005 年以来，老年抚养比逐渐上升，但计划生育政策调整，使得少儿抚养比和总抚养先下降，并于 2011 年后开始上升。2015 年，总抚养比、少儿抚养比及老年抚养比分别为 37.0%、22.6% 和 14.4%。

图 6-19 为 2005 年以来我国适龄劳动力比重和劳动参与率的走势。

由图 6-19 中数据来看：与总人口抚养比对应，适龄劳动人口呈现先增后减的趋势，2015 年、2016 年分别为 72.93% 和 72.56%。城镇劳动参与率在 2005—2009 年有所上升，2009 年为 70.76%，2010 年下降为 69.49%，而后再次上升，2015 年、2016 年分别为 71.85% 和 72.00%。

综上，随着我国逐渐步入老龄化社会，以及计划生育政策的放开，社会总抚养比会不断上升，适龄劳动力不断减少，在一定程度上可缓解就业压力，但不利于劳动力供给。而劳动参与率的随之上升，则为城镇就业带来压力。

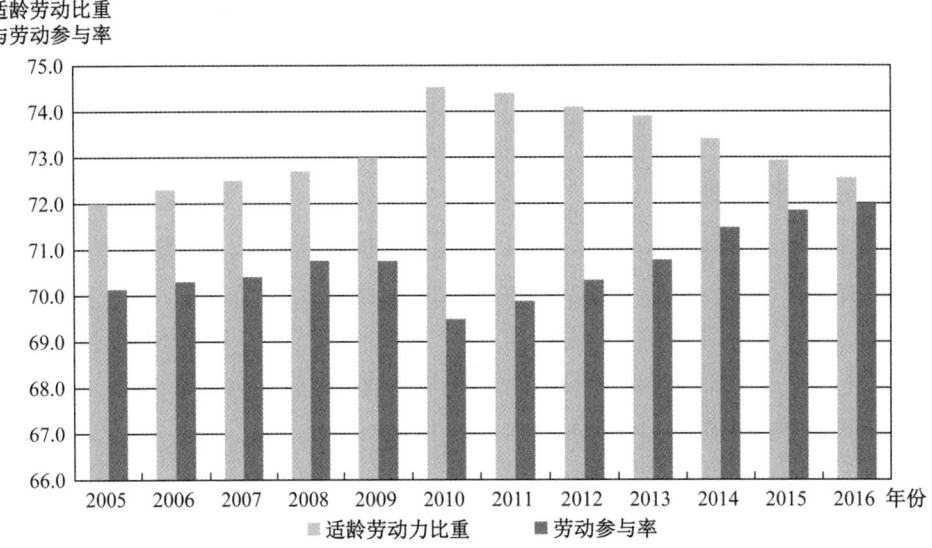

图 6-19　2005—2016 年我国人口抚养比和劳动参与率情况

数据来源:据《中国统计年鉴》整理,界定"15～64 岁人口"为"工作年龄段人口",用以计算劳动参与率。

2. 城镇化与城乡差距对比

从城镇劳动力供给角度,城镇化进程、城乡收入差距等因素均会加大城镇就业压力。图 6-20 为 1978—2016 年我国城镇化比率和非农业劳动生产率(对数值)的走势。

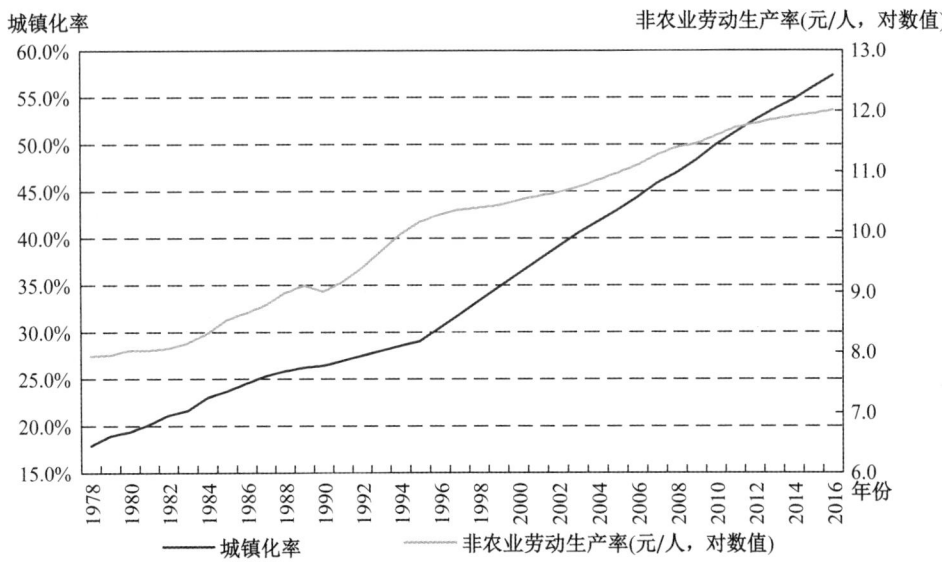

图 6-20　1978—2016 年我国城镇化率和非农业劳动生产率情况

数据来源:据《中国统计年鉴》整理。

由图 6-20 可见,1978 年以来,我国城镇化率、非农业劳动生产率逐年提升,2016 年城镇化率为 57.35%、非农业劳动生产率(对数值)为 12.01。城镇化率、非农业劳动生产率的逐年上升,在一定程度上吸引了更多农村劳动力流入城市,增大了就业压力。

图 6-21 列示了 1978—2016 年我国城乡差距系列指标的走势。

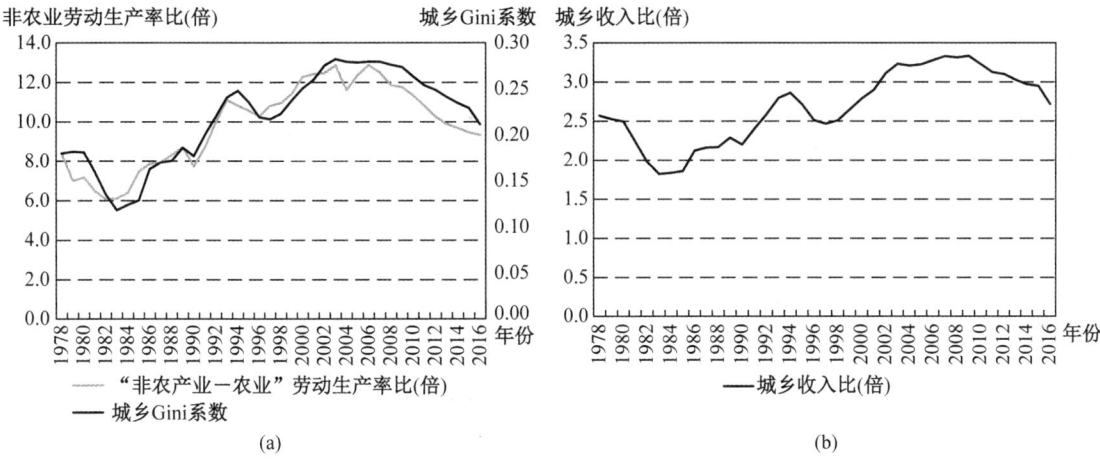

图 6-21　1978—2016 年我国城乡差距指标走势

数据来源：据《中国统计年鉴》数据整理，城乡 Gini 系数根据陈建东、侯文轩、邹高禄(2009)方法测算。

由图 6-21 可见："非农产业—农业"劳动力生产率之比、城乡收入比、城乡 Gini 系数的走势基本一致：①自 1978 年开始趋于下降，"非农产业—农业"劳动力生产率之比在 1982 年、城乡收入比和城乡 Gini 系数在 1983 年分别下降到阶段性低点，3 个指标值分别为 6.08 倍、1.82 倍和 0.12 倍。②城乡收入差距指标此后趋于上升，并在 2007 年左右达到阶段性高点，如城乡收入比在 2007、2009 年均为 3.33 倍，城乡 Gini 系数在 2005—2008 年稳定在 0.28，"非农产业—农业"劳动力生产率之比在 2006 年达到 12.87 等。③3 个城乡差距指标而后再次下降，2015 年、2016 年，城乡收入比分别为 2.95 倍和 2.72 倍，"非农产业—农业"劳动力生产率之比分别为 9.46 倍和 9.33 倍，城乡 Gini 系数分别为 0.23 和 0.21。

综合而言，城镇化、非农生产率的上升表明城镇就业压力在一定程度上仍将存在，但城乡收入比、城乡 Gini 系数和"非农产业—农业"劳动力生产率则表明这一就业压力在近期有所缓和。

（二）产出与产业结构对就业的影响

经济增长及产业结构对就业的影响机制：一方面，由于产出增加会带来劳动力的引致性需求，奥肯定律因此认为经济增长和失业率之间存在反向关系，但经济增长对就业的拉动作用在中国的有效性并未得到普遍认同；另一方面，也有研究认为，不同产业经济增长的就业效应存在差异，其中，第三产业就业吸附能力最强(黄波，2012)。

图 6-22 给出了 2005 年以来我国就业弹性与就业结构偏差的走势。

图 6-22(a)中就业弹性走势表明，2005 年以来，总的就业弹性为正，但一直处于很低的水平，2015 年和 2016 年仅分别为 0.04 和 0.03，这表明经济增长对就业的促进作用很弱；第一产业就业弹性一直为负，2015 年和 2016 年分别为 −0.98 和 −0.58，表明第一产业增长的同时其就业反而减少；第二产业就业弹性在 2013 年前为正、在此之后为负，2015 年和 2016 年分别为 −0.28 和 −0.25，表明第二产业增长近年来也未促进就业；第三产业就业弹性一直为正，且 2013 年之后处于较高水平，尽管近期有所回落，2015 年、2016 年也分别达到了 0.57 和 0.36，说明在新常态下发展第三产业不仅能"稳增长"，更能有效"促就业"。

"就业偏差"被定义为"产业 GDP 比重/产业就业比重−1"，由图 6-22(b)可见，我国第一、第二、第三产业就业偏差表现不一：①第一产业的就业结构偏差持续为负，且处于较高水平（绝对值），2015 年和 2016 年分别为 −0.69 和 −0.69，说明农业发展吸附了相对更多的就业人口。

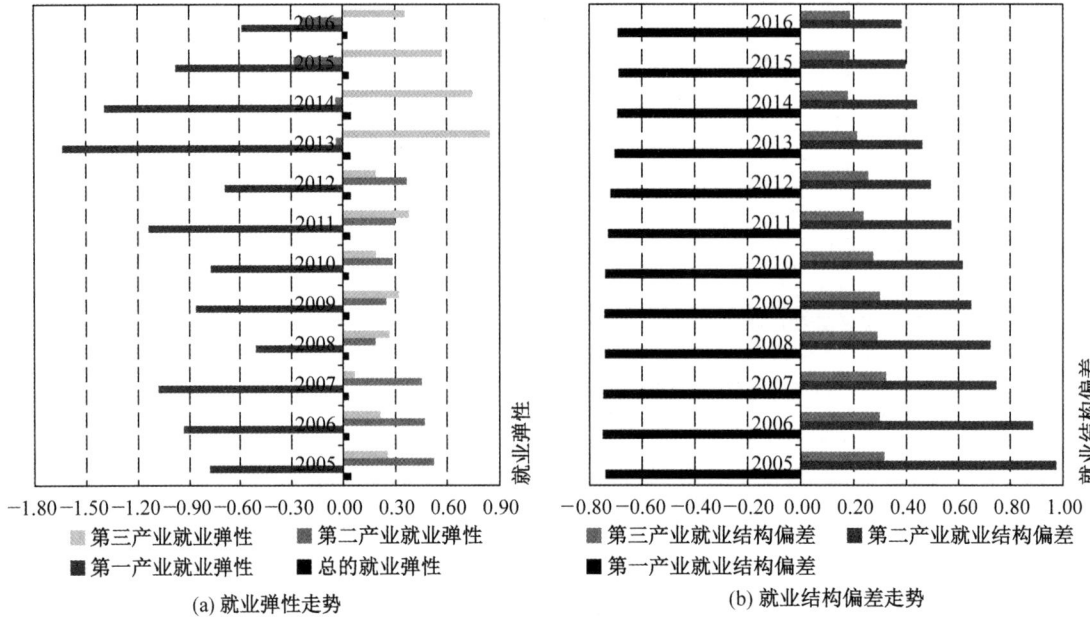

图 6-22　就业弹性与就业结构偏差走势

数据来源:据《中国统计年鉴》计算整理。

②第二、第三产业的就业结构偏差为正,且第二产业就业结构偏差更大、第三产业就业结构偏差趋于下降,2016 年第二、第三产业的就业结构偏差分别为 0.38 和 0.19。说明第二产业作为资本和技术密集型产业,对劳动力的需求相对较少;第三产业的就业结构偏差相对较小且有下降趋势,说明第三产业吸纳就业能力越来越强。

图 6-23 给出了 2005 年以来,产业结构和就业结构的 Moore 结构值走势。

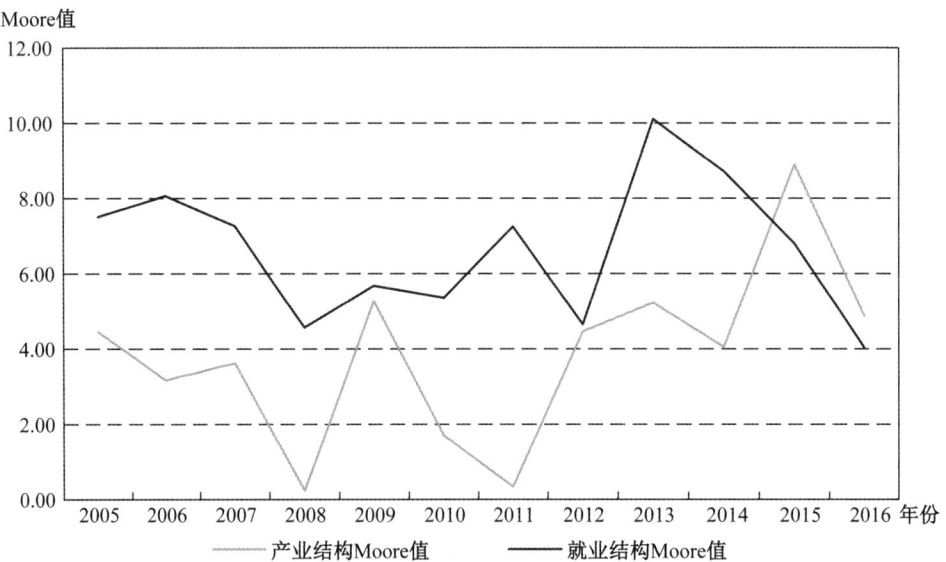

图 6-23　2005—2016 年产业结构和就业结构的 Moore 值走势

数据来源:据《中国统计年鉴》计算整理,按照王庆丰、党耀国(2010)的方法计算。

　　按照王庆丰和党耀国(2010)的研究,用 Moore 结构值来表明相邻 2 年间产业结构或就业结构的调整情况,该指标值越大,表明产业结构或就业结构的变化程度越大。由图 6-23 可见:产业结构和就业结构的 Moore 值的波动起伏较大,在 2015 年之前就业结构 Moore 值更大,但此后逆转,2015 年和 2016 年产业结构 Moore 值分别为 8.89 和 4.88,就业结构 Moore 值分别为 6.80 和 4.04。由此说明,近年来经济结构调整带来产业结构较大的变化,但就业结构的变化在短期内并未随之调整到位。

　　进而分析近期总体经济状况,以及各产业经济增长的趋势表现。首先来看 Baker、Bloom、Davis 和 Wang(2013)构造的中国经济政策不确定性指数,图 6-24 列示了 2000 年以来,中国经济政策不确定性指数的走势。

　　由图 6-24 可见:①中国经济政策不确定性指数在 2000 年年初至 2001 年 10 月趋于上升,2001 年 10 月约为 297.2;此后趋于下降,2006 年 8 月仅为 36.4。②在次贷危机后,该指标值在 2008 年 9 月和 2011 年 11 月分别有 2 个高点,分别为 298.4 和 363.5。③中国经济政策不确定性指数在 2011 年 11 月之后回落,2013 年 6 月仅为 40.4;但此后又开始上升且有较大波动,因经济增长乏力,2017 年 1 月该指标值曾达到 694.8。④2017 年年初之后,中国经济政策不确定性指数再次下降,2017 年 6~8 月分别为 328.6、162.5 和 266.5。

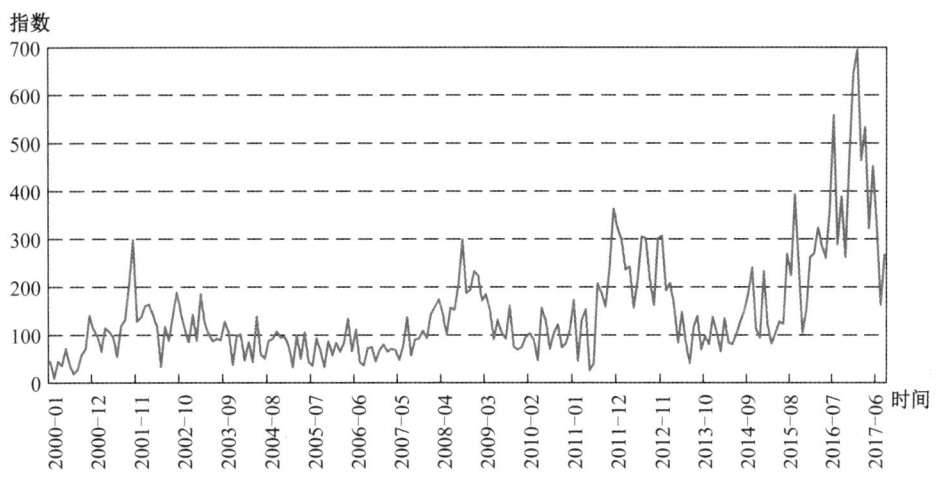

图 6-24　2001 年 1 月至 2017 年 6 月中国经济政策不确定性指数走势

数据来源:http://www.policyuncertainty.com。

　　再来看 2005 年以来中国 GDP 季度增长率的走势(图 6-25)。

　　由图 6-25 可见:①2000 年年初直至次贷危机爆发前,中国 GDP 增长率均处于上升趋势,2007 年第二季度一度达到 15%;而后因次贷危机影响而深度下滑,2009 年第一季度仅为6.4%;随后强劲反弹,2010 年第一季度 12.2%;并再次趋于下降,2017 年第一季度至第二季度,GDP 增长率均为 6.9%,处于较低水平。②第二、第三产业产值增长率和 GDP 增长率的走势基本一致,2017 年第一季度至第二季度,第二产业产值增长率均为 6.4%,第三产业产值增长率分别为 7.7% 和 7.6%。③第一产业产值表现略有差异,其增长率同样自 2000 年年初上升,但到 2004 年第三季度达到高点 7.3%,而后滑落,到 2008 年第一季度仅为 2.7%,随后上升并震荡下行,2017 年第一季度至第二季度分别为 3% 和 3.8%。因此,经济增长的持续走低

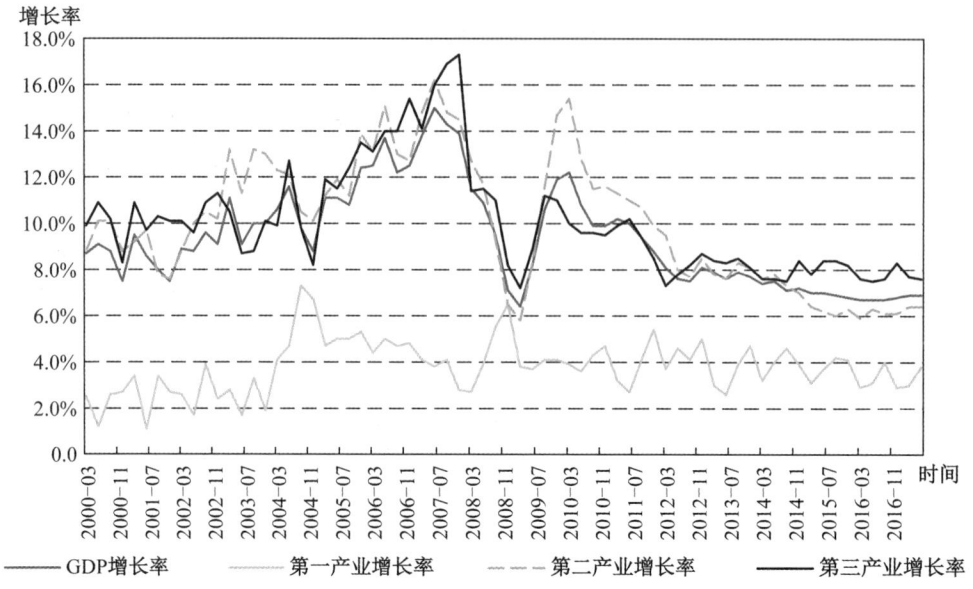

图 6-25　2000 年 3 月至 2016 年 11 月中国经济增长走势

数据来源:据 Wind 咨询数据整理,图 6-26～图 6-29 数据来源相同。

将为就业带来严峻考验,与此同时,鉴于第三产业对就业的吸附作用,其相对较高的增长率对就业有一定积极影响。

图 6-26 列示了 2000 年第一季度以来,三大产业 GDP 累计同比贡献率与拉动情况。

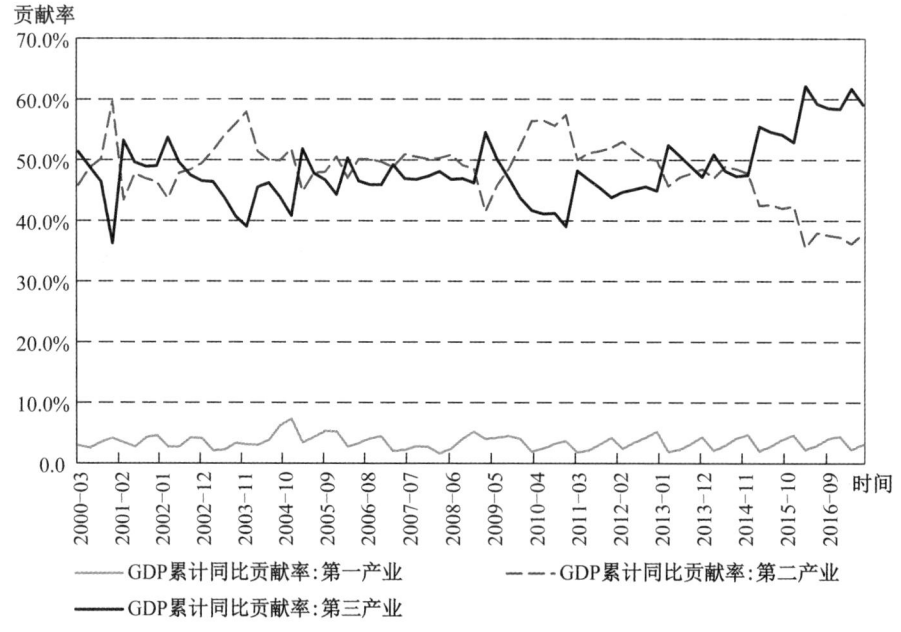

(a)三大产业 GDP 累计同比贡献率

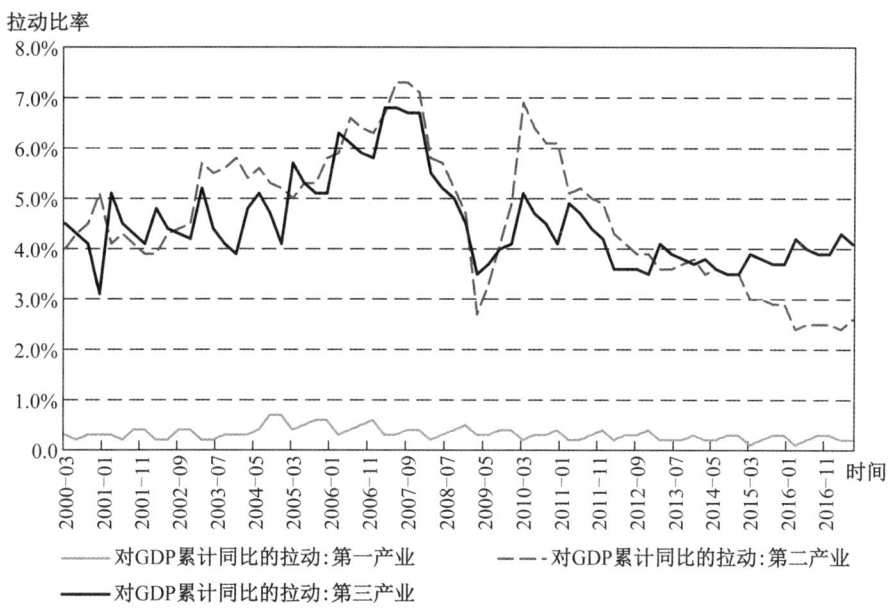

（b）三大产业对 GDP 累计同比的拉动

图 6-26　2000 年 3 月至 2016 年 11 月中国三大产业对 GDP 累计同比增长的贡献度与拉动

由图 6-26 中（a）可见，就三大产业对 GDP 累计同比贡献率而言：第一产业占比较为稳定，均在 5％以下，2017 年第一季度至第二季度分别为 2.2％和 3.1％；第二产业对 GDP 累计同比贡献率近年来稳中有降，2017 年第一季度至第二季度分别为 36.1％和 37.8％；第三产业对 GDP 累计同比贡献率近年则稳中有升，2017 年第一季度至第二季度分别为 61.7％和 59.1％。

由图 6-26（b）可见，就三大产业对 GDP 累计同比拉动而言：第一产业对 GDP 增长的拉动较为稳定，均在 1％以下，2017 年第一季度至第二季度均为 0.2％；第二、第三产业对 GDP 增长的拉动在 2014 年年底之前较为一致，但随后出现分化，第三产业对 GDP 增长的拉动显著高于第二产业，2017 年第一季度至第二季度，第二产业对 GDP 增长的拉动分别为 2.4％和 2.6％，同期第三产业对 GDP 增长的拉动分别为 4.3％和 4.1％。考虑到第三产业的就业弹性为正且较大，结合其对 GDP 的贡献率、对 GDP 增长的拉动增强，均有利于促进就业。

（三）消费、投资和出口对就业的影响

从产出分配的角度，消费、投资和出口通过拉动经济增长对就业均具有促进作用。图 6-27 列示了 2000 年 1 月以来社会消费品零售总额的同比增长及消费者信心指数趋势。

由图 6-27（a）可见：社会消费品零售总额的同比增长率在次贷危机前有较为显著的上升，在 2008 年 7 月曾高达 23.30％；此后因次贷危机而深度下滑，随后虽有所上升，但很快又步入下降通道，2017 年 6～8 月，社会消费品零售总额分别为 11.0％、10.4％和 10.1％，而社会消费品零售总额则分别为 2.98 万亿元、2.96 万亿元和 3.03 万亿元。

图 6-27（b）给出了 2000 年以来消费者信心指数走势：除 2003 年 5 月有短暂下调外，在次贷危机前消费者信心指数较高，2007 年 6 月曾高达 113.7；但随后因次贷危机而急速下滑，2008 年年底至 2016 年年初处于低位震荡；随后又大幅回升，2017 年 6～8 月分别为 113.3、114.6 和 114.7。总体来看，社会消费品零售总额增长率下降不利于就业，但消费者信心指数

的近期走势上扬且处于较高水平,表明消费需求旺盛,一定程度上有利于就业。

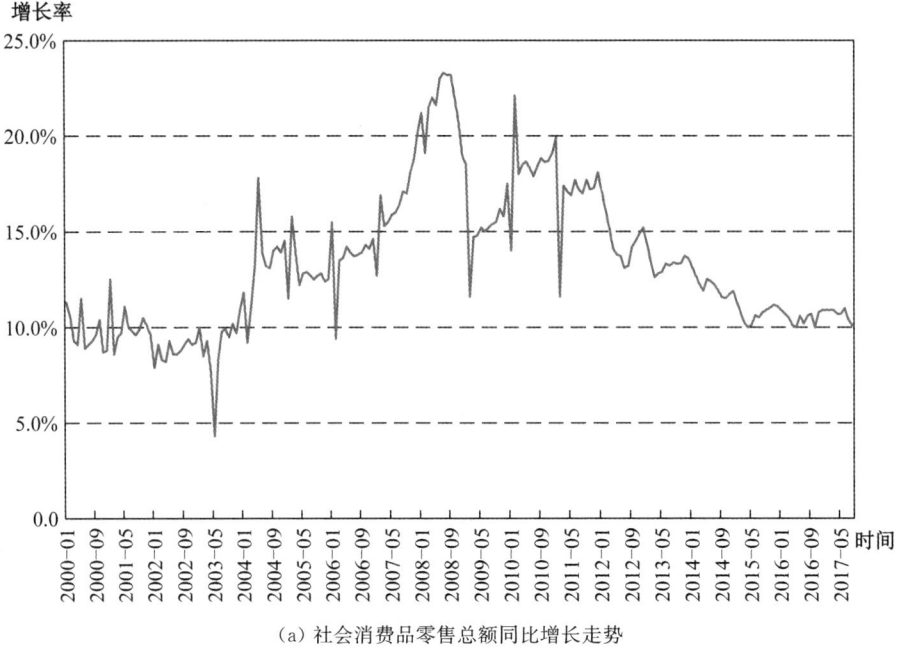

（a）社会消费品零售总额同比增长走势

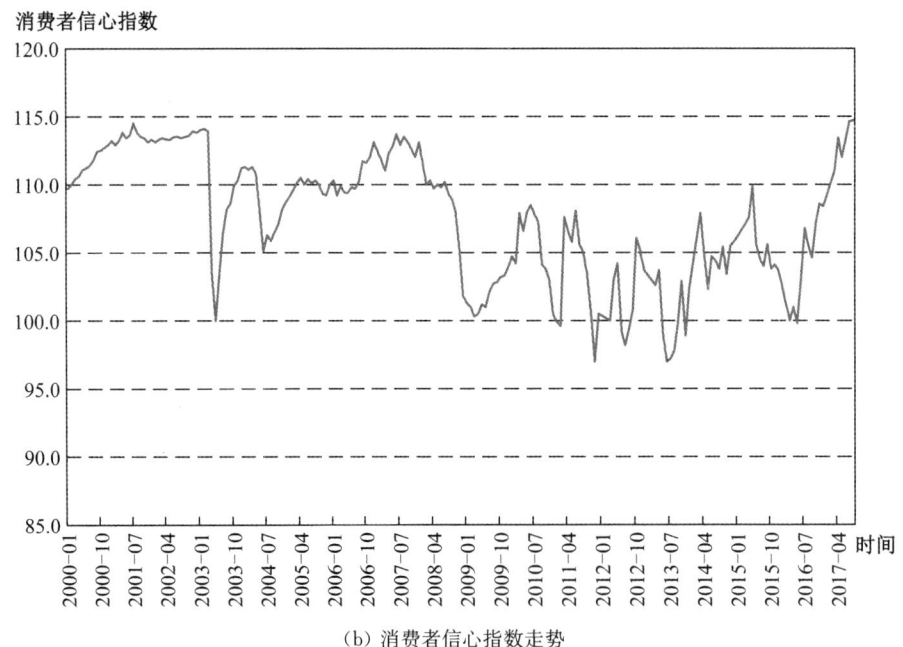

（b）消费者信心指数走势

图 6-27　2000 年以来中国社会消费品零售总额同比增长及消费者信心指数走势

　　图 6-28 为投资相关的指标,如固定资产投资完成额累计同比、房地产投资完成额累计同比增长率,以及 PMI 指数走势。

　　由图 6-28 可见:

　　(1) 固定资产和房地产投资完成额同比增长率自 2000 年年初开始上涨,2004 年 2 月曾达到53.0%和57.1%,而后趋于回落,在2006年美国次贷危机前维持在25%以上。次贷危机爆发后,为稳定增长而追加投资,2009年6月固定资产投资完成额同比增长率一度高达33.6%,但随后一直回落,2013年年底之后在20%以下,2017年6～8月分别为8.6%、8.3%和7.8%。

（a）固定资产和房地产投资完成额同比增长走势

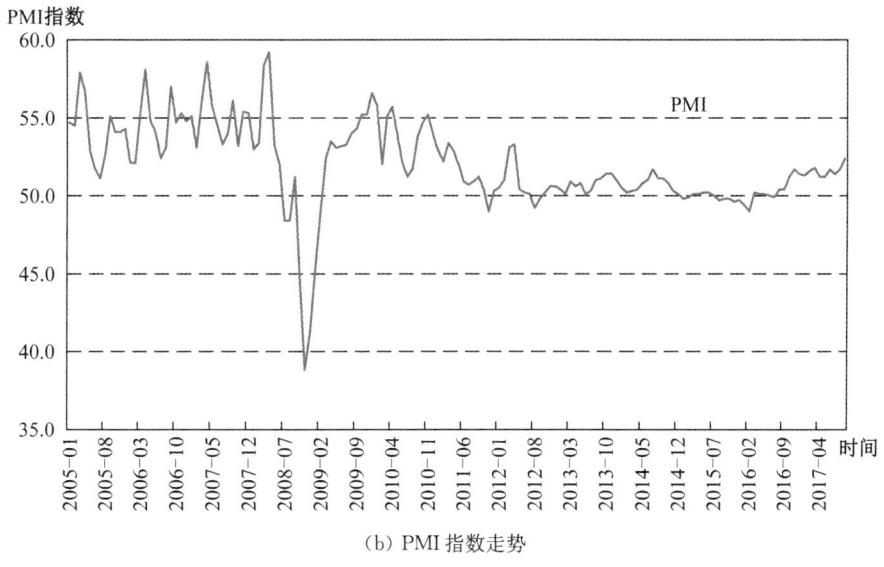

（b）PMI指数走势

图6-28　中国固定资产/房地产投资完成额同比增长率、PMI指数走势

（2）在次贷危机前,房地产投资累计完成额和固定资产投资完成额趋势较为一致,2008年6月增幅曾达到33.5%,但随后深度下调,2009年2月仅增长1%;而后出现快速回升,2010年6月增长率曾达到38.1%;2017年6～8月分别为8.5%、7.9%和7.9%。

（3）PMI指数走势在次贷危机前处于55左右的高位,表明投资意愿强烈;随后因次贷危机而深度下滑,2008 年年中至 2009 年年初滑落至 50 以下;而后上升到 50 以上,但 2011 年年底至 2016 年年中均在 50 上下波动,表明投资意愿疲软;近期该指标有所回调,2017 年 6～9 月分别为 51.7、51.4、51.7 和 52.4,表明投资意愿回升。

综上,固定资产及房地产投资增速深度下滑表明近期投资乏力,对经济增长和就业存在较为不利的影响;但 PMI 指数上升表明投资意愿回调,对经济和就业有一定的积极作用。

图 6-29 为 2005 年以来月度出口金额及同比增长率走势。由图 6-29(a)可见:我国出口金额在 2000 年年初同比增长率为 47.6%,处于高位;而后下滑,2001 年 6 月仅为 −0.6%;随后再次上升,2003 年 12 月高达 50.7%;此后基本处于平缓下降,但在次贷危机前仍在 20% 以上;次贷危机重创出口,2008 年年底至 2009 年年底均为负增长,2009 年 5 月曾一度下滑至 −26.51%;2010 年起,出口开始恢复,2015 年 2 月曾一度达到 48.13%;但此后仍震荡回落,

(a) 出口金额同比增长率走势

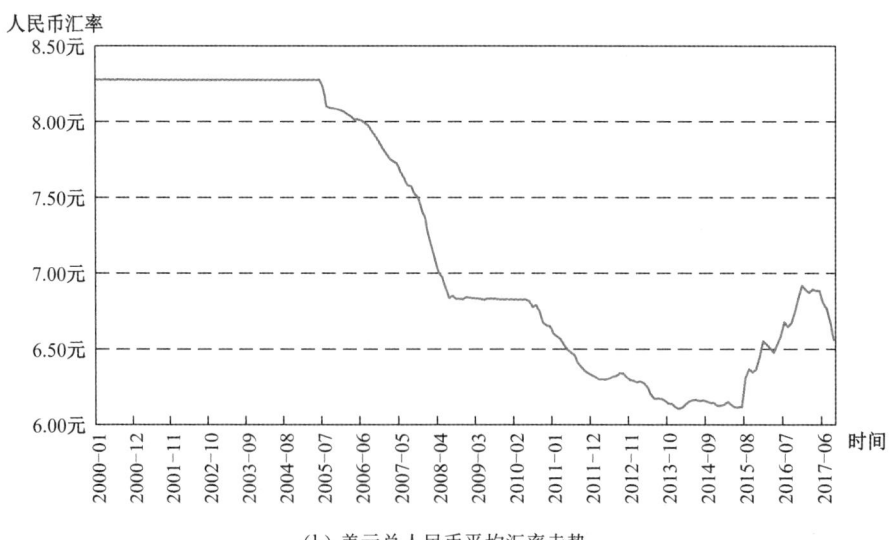

(b) 美元兑人民币平均汇率走势

图 6-29　2000 年以来我国出口增长率及人民币汇率走势

除个别月份外,2015 年 3 月至 2017 年 2 月几乎为负增长,2016 年 2 月甚至滑落为－27.96％;2017 年 3 月开始,出口出现正增长,2017 年 6～8 月,出口同比增长率分别为 10.9％、6.8％和5.6％,出口金额也分别达到 1 957.94 亿美元、1 929.72 亿美元和 1 993.42 亿美元,处于较高水平。

由图 6-29(b)可知:人民币自 2005 年 7 月汇率形成机制改革后一直处于贬值通道(汇率形成机制改革前,美元兑人民币汇率稳定在 8.276 5 元),而且自 2008 年 5 月破 7 之后,至2010 年 8 月基本维持在 6.8 元左右;但随后再次贬值,2015 年 6 月为 6.116 1 元;其后有短期升值趋势,2016 年年底曾达到 6.918 2 元;但 2017 年开始再次出现贬值,2017 年 6～9 月分别为 6.765 4 元、6.673 6 元和 6.563 4 元。

以上出口和人民币汇率的近期走势表明:出口增速上升、人民币对美元贬值对经济增长和就业有一定积极作用,但人民币贬值和资本外流从长期来看对增长和就业有负面影响。

四、风险度量与预测

由于经济结构转型将带来表征长期就业风险的自然失业率上升,而国内外经济发展不确定性也将使得表征短期就业风险的周期性失业率产生较大波动,因此,本报告将结合结构突变检验方法、HP 滤波方法分离城镇长期(自然)失业率和短期(周期性)失业率。

另外,按照黄波和王楚明(2010)的研究,"风险"应界定为"某种事件发生的可能性",可采用排序 logit 模型来检验各影响因素与失业率的关系并用于预测。沿用这一思路,本报告将根据长短期失业率来划分长短期就业风险等级,进而选取影响就业的系列宏观经济变量,采用排序 Logit/Probit 模型测度就业风险,最后利用宏观经济数据预测 2017 年、2018 年的长短期就业风险等级。

(一)长短期就业风险度量与预测:方法与数据

1. 指标与数据

由于我国城镇调查失业率数据尚未连续公布,而城镇登记失业率并不能很好反映真实失业状况,故本报告仍借鉴蔡昉等(2004)的方法计算我国城镇调查失业率。

对于影响城镇就业的宏观经济指标而言,依据既往年报做法选取 14 个指标,包括:

(1)考察城镇劳动力供给对就业的影响,选取城市化率、城乡收入比、城乡 Gini 系数、"非农产业—农业"劳动力生产率之比、城镇劳动生产率等 5 个指标。

(2)考察产出及产业结构对就业的影响,选取 GDP 增长率、第二产业和第三产业比重 3个指标。

(3)考察产出结构对就业的影响,选取资本形成率、最终消费、出口占 GDP 比重、人民币对美元汇率等 4 个指标。

(4)为纳入宏观财政和货币政策对就业影响的指标,选取国家财政支出占 GDP 比例、M_2占 GDP 比例 2 个指标。具体指标选取如表 6-8 所示。

表 6-8　　　　　　　　　　　　就业风险影响因素的宏观指标选取情况

代码	指标说明	代码	指标说明
N_unemp	长期就业风险等级	Secind_GDP	第二产业比重
C_unemp	短期就业风险等级	Thirdind_GDP	第三产业比重

（续表）

代码	指标说明	代码	指标说明
Urb_R	城市化率	Cap_GDP	资本形成率（按支出法核算 GDP）
Inc_UR	城乡收入比	$Cons\_GDP$	最终消费率（按支出法核算 GDP）
$Gini\_UR$	城乡 Gini 系数	$Export\_GDP$	出口占 GDP 比重
$Prod\_UR$	"非农产业—农业"劳动力生产率之比	$Lnexch\_R$	人民币对美元汇率（对数值）
$Prod\_Urb$	城镇劳动生产率	$Fics\_GDP$	国家财政支出占 GDP 比例
Gr_GDP	GDP 增长率	M_2_GDP	M_2 占 GDP 比例

相关指标数据区间为 1978—2016 年，主要源于《中国统计年鉴》，城乡 Gini 系数按照陈建东等（2009）的方法测算。

2. 城镇调查失业率的分解及长短期就业风险等级划分

借鉴 Bai 和 Perron（1998，2003，2004）等提出的方法检验城镇调查失业率的内生结构突变点，选取含常数项和时间趋势项的"纯结构突变模型（pure structural change model）"，对已知的 T 个时间序列观测（y_t，z_t），构造如下对含 m 个结构突变点的线性模型：

$$y_t = z'_t \delta_j + u_t, t = T_{j-1}+1, \cdots, T_j \text{ 且 } j = 1, \cdots, m+1, \text{并设定 } T_0 = 0、T_{m+1} = T.$$

其中：z_t 为 q 阶列向量；$\delta_j (j = 1, \cdots, m+1)$ 为待估系数；u_t 为扰动项。与一般线性回归模型不同，m 个突变点对应的划分（$T_1, \cdots, T_m$）需要同时被估计。

首先通过全局最小化残差平方和估计得到可能的多个突变点，然后根据 F 统计量的上确界检验（Sup$F$）、双极大值检验（UDmax 和 WDmax）、序贯检验（Sup$F(l+1|l)$）等统计量进行估计效果判别，具体检验策略为：先用 UDmax 或 WDmax 检验是否至少存在 1 个突变点，若是，再用 Sup$F(l+1l)$ 依次检验是否存在 2 个以上突变点。

在内生结构突变点检验基础上，可以得到模型拟合值（即长期或自然失业率）、残差（即短期或周期性失业率）。同时选取 HP 滤波方法对城镇调查失业率进行分解，以获取长期趋势即自然失业率、短期成分即周期性失业率。

根据以往研究，内生结构突变点方法所得长期失业率其实为阶段性的线性趋势成分、对应的周期性失业率序列波动较大，而 HP 滤波法所得长期失业率与原始失业率系列契合度很高、周期性失业率序列波动较小。由此，本报告将两者结合，分别取内生结构突变点方法、HP 滤波法所得长短期失业率，取平均得到最终的长短期失业率序列。

按照上述方法，在获取长短期失业率序列的基础上，分别按 5 分位数进行风险等级划分，得到对应的长短期就业风险等级。

3. 排序 Logit/Probit 模型简介

本报告沿着"风险"即为"某种事件发生的可能性"这一思路，运用排序 Logit/Probit 模型来检验各影响因素与失业率的关系并用于预测，由于排序 Logit/Probit 模型的基本思路类似，在此仅介绍排序 Logit 模型，该模型基于累积 Logit 思想界定，基本要点如下。

令因变量取值 $1, 2, \cdots, J(J \geqslant 3)$，$y_i$ 为第 i 个观测值，定义累积概率：

$$P_{ij} = \Pr(y_i \leqslant j), j = 1 \sim J$$

记解释变量为向量形式：$\vec{\boldsymbol{X}}' = (x_1, x_2, \cdots, x_T)$，并假定可以将累积概率表示为解释变量的函数（由于 $\sum\limits_{j=1}^{J} P_{ij} = 1$，因此只关心 $J-1$ 个累积概率）。当函数为 Logit 分布时：

$$P_{ij} = F(\alpha_j + \vec{\boldsymbol{X}}'\vec{\boldsymbol{\beta}}) = \frac{\exp(\alpha_j + \vec{\boldsymbol{X}}'_i\vec{\boldsymbol{\beta}})}{1 + \exp(\alpha_j + \vec{\boldsymbol{X}}'_i\vec{\boldsymbol{\beta}})}, j = 1, 2, \cdots, J-1$$

其中，α_j、$\vec{\boldsymbol{\beta}}$ 为待估参数；$F(\cdot)$ 为累积分布函数，若其为正态分布时则为 Probit 模型。

因为 $P_{i,j-1} \leqslant P_{ij}$，故常数 α_j 随着 j 增加而增加。定义：$C_j(\vec{\boldsymbol{X}}'_i) = \log\left[\dfrac{\Pr(y_i \leqslant j \mid \vec{\boldsymbol{X}}'_i)}{\Pr(y_i > j \mid \vec{\boldsymbol{X}}'_i)}\right]$ 为优势比，则可知：

$$C_j(\vec{\boldsymbol{X}}'_i) = \alpha_j + \vec{\boldsymbol{X}}'\vec{\boldsymbol{\beta}}$$

如果用极大似然估计方法得到优势比模型右端的系数，则可按照优势比模型得到累积概率 P_{ij}，且已知 $\vec{\boldsymbol{X}}'$ 时求解 $y_i = j$ 的概率为：

$$\Pr(y_i = j \mid \vec{\boldsymbol{X}}') = \begin{cases} P_{i1} & j = 1 \\ P_{ij} - P_{i,j-1}, & 1 \leqslant j \leqslant J-1 \\ 1 - P_{i,J-1} & j = J \end{cases}$$

（二）长短期就业风险的估计与预测结果

1. 基于结构突变模型分离长短期失业率

按照上述方法，对城镇调查失业率进行含多个结构突变点的判别，同时考虑到城镇调查失业率时间序列总共 39 个观测，为此将截断参数（trimming parameter）选取为 0.2，并设置最大结构突变点数目 $M=3$。借鉴 Bai 和 Perron(1998) 的 GAUSS 程序，多个结构突变点判别的统计量值如表 6-9 所示。

表 6-9 　　　　　　　对城镇调查失业率序列的结构突变点判别统计量

统计量	统计量值	10%临界值	5%临界值	1%临界值
$\mathrm{Sup}F(0\ \mathrm{VS}\ 1)$	71.862	9.370	10.980	14.920
$\mathrm{Sup}F(0\ \mathrm{VS}\ 2)$	122.143	7.910	8.980	11.300
$\mathrm{Sup}F(0\ \mathrm{VS}\ 3)$	140.248	6.430	7.130	8.950
$UD\mathrm{max}$	140.248	9.660	11.160	14.920
$WD\mathrm{max\ at\ }10\%$	204.374	10.460	—	—
$WD\mathrm{max\ at\ }5\%$	215.978	—	12.150	—
$WD\mathrm{max\ at\ }1\%$	233.799	—	—	16.520
$\mathrm{Sup}F(2\mid1)$	47.730	10.920	12.550	16.690
$\mathrm{Sup}F(3\mid2)$	12.775	11.900	13.460	17.410

据表 6-9 中数据:按照 SupF 统计量值,突变点数目 $m=1\sim3$ 在 1‰ 显著性水平下通过检验;$UD\mathrm{max}$、$WD\mathrm{max}$ 在最大突变点数目为 3 时,也在 1‰ 显著性水平下通过检验;$\mathrm{Sup}F(2|1)$、$\mathrm{Sup}F(3|2)$ 分别在 1‰ 和 10‰ 显著性水平下通过检验。

总体而言,根据序列检测结果,显示在 5%、10% 显著性水平下有 3 个突变点,在 1‰ 显著性水平下有 2 个突变点。另外,根据程序给出的信息准则统计量 BIC 和 LWZ,也应选取 3 个突变点。综上,我们判断城镇调查失业率序列于 1978—2016 年存在 3 个突变点,即分别在 1988 年、1997 年和 2005 年发生突变。

表 6-10 列示了序列统计量检验所得相应参数估计,可见大部分参数估计效果相对较好。

表 6-10　　　　　　　选取 3 个突变点时的模型参数估计结果(5% 的显著性水平)

参数	$\widehat{\delta}_{11}$	$\widehat{\delta}_{21}$	$\widehat{\delta}_{12}$	$\widehat{\delta}_{22}$	$\widehat{\delta}_{13}$	$\widehat{\delta}_{23}$	$\widehat{\delta}_{14}$	$\widehat{\delta}_{24}$
估计值	5.538	−0.400	0.559	0.187	6.208	0.003	−2.680	0.236
标准差	0.348	0.051	1.127	0.070	2.045	0.083	1.754	0.051
t 值	15.900	−7.789	0.496	2.691	3.035	0.035	−1.528	4.603
P 值	0.000	0.000	0.624	0.011	0.005	0.972	0.137	0.000

按照上述结构突变点方法估计得到城镇调查失业率的趋势及残差成分,用于分别表示长短期失业率,同时采用 HP 滤波方法得到长短期失业率,并将两种方法所得失业率加以合成,原城镇调查失业率序列、合成的长短期失业率序列,以及两种方法估计的长短期失业率之描述性统计分析见表 6-11。

表 6-11　　　　　城镇调查失业率、长短期失业率的描述性统计分析

序列	统计量	均值	极大值	极小值	标准差	偏度	峰度
原序列		4.505	7.610	1.830	1.596	−0.158	1.963
合成序列	长期失业率	4.523	6.348	1.955	1.343	−0.369	1.777
	短期失业率	−0.019	1.663	−1.151	0.534	0.793	4.455
结构突变方法所得序列	长期失业率	4.542	6.540	1.538	1.450	−0.212	1.897
	短期失业率	−0.038	1.336	−0.883	0.472	0.718	3.908
HP 滤波方法所得序列	长期失业率	4.505	6.155	2.373	1.278	−0.470	1.651
	短期失业率	0.000	1.990	−1.652	0.692	0.381	3.950

由表 6-11 可见:两种方法分解的长期失业率抽取了原城镇调查失业率的趋势(隐含)成分,因而表现相对于原序列更为缓和,即标准差、极值等更小;且相对结构突变点方法而言,HP 滤波方法所得长期失业率的变动幅度更小;由于长短期失业率之和等于城镇调查失业率,因而结构突变点方法所得的短期失业率表现相对缓和(极值、标准差更小)。

基于上述合成的长短期失业率序列,按 5 分位数得到城镇长短期就业风险 5 类等级标准,如表 6-12 所示。

表 6-12　　　　　　　　　　　**1978—2016 年长短期就业风险分类**

安全等级	高度安全	安全	值得关注	危险	高度危险
风险等级	1	2	3	4	5
长期就业风险：基于城镇自然失业率5分位数	3.041%以下	3.041%~4.227%	4.227%~5.140%	5.140%~5.948%	5.948%以上
短期就业风险：基于周期性失业率绝对值5分位数	0.078%以下	0.078%~0.201%	0.201%~0.373%	0.373%~0.671%	0.671%以上

需要说明的是：由于失业率缺口（短期失业，或周期性失业）为负对应于通胀，为正对应于紧缩，即短期失业率的绝对值过大是不利的。因此，对基于短期失业率5分位数划分的短期就业风险等级是按照其绝对值来进行确定的。

2. 影响长短期就业风险的经济因素分析

首先用逐步回归法（向后剔除法，显著性水平为10%）来剔除对长短期失业率影响并不显著的变量，结果分别如表6-13和表6-14所示。

表 6-13　　　　　**运用向后剔除法多元回归分析影响自然失业率的因素**

变量	系数	标准差	T 值	P 值
Urb_R	-0.635	0.063	-10.050	0.000
$Fics\_GDP$	0.172	0.037	4.710	0.000
$Lnexch\_R$	-3.447	0.831	-4.150	0.000
Cap_GDP	-0.123	0.023	-5.380	0.000
$Prod\_Urb$	4.386	0.466	9.420	0.000
M_2_GDP	0.068	0.010	6.930	0.000
$Export\_GDP$	0.048	0.016	2.990	0.006
$Thirdind\_GDP$	0.099	0.047	2.090	0.045
常数项	-22.565	2.875	-7.850	0.000

由表6-13可知：劳动力供给相关的2个指标（Urb_R 和 $Prod\_Urb$），产出、产出结构及产出分配相关的4个指标（Cap_GDP、$Export\_GDP$、$Lnexch\_R$、$Thirdind\_GDP$），及宏观政策相关的2个指标（$Fics\_GDP$、M_2_GDP）等因素显著影响自然失业率（长期失业率）。

表 6-14　　　　**运用向后剔除法多元回归分析影响周期性失业率（绝对值）的因素**

变量	系数	标准差	T 值	P 值
$Fics\_GDP$	0.057	0.019	3.060	0.004
Inc_UR	-1.027	0.388	-2.650	0.012
$Thirdind\_GDP$	-0.031	0.012	-2.660	0.012
$Prod\_UR$	0.217	0.083	2.620	0.013
$Export\_GDP$	0.044	0.016	2.720	0.010
常数项	0.199	0.516	0.390	0.702

由表 6-14 可知:"非农产业—农业"劳动力生产率之比($Prod\_UR$)、城乡收入比(Inc_UR)、第三产业产值占比($Thirdind\_GDP$)、出口占 GDP 比重($Export\_GDP$)、财政支出占 GDP 比重($Fics\_GDP$)等 5 个指标显著影响周期性失业率(短期失业率)。

3. 长短期就业风险的度量与预测

以上述显著影响长短期失业风险的宏观经济指标为自变量,以表 6-12 界定的长短期就业风险等级为因变量,采用排序 Logit/Probit 模型估计参数,表 6-15 给出了基于结构突变点分解方法所得长期就业风险等级判别的参数估计结果。

表 6-15　　　　　　据排序 Logit/Probit 模型估计长期失业率等级的结果

变量	排序 Logit 模型估计				排序 Probit 模型估计			
	系数	标准差	Z 值	P 值	系数	标准差	Z 值	P 值
Urb_R	−3.839	1.219	−3.150	0.002	−1.996	0.557	−3.580	0.000
$Fics\_GDP$	0.906	0.398	2.270	0.023	0.493	0.207	2.380	0.017
$Lnexch\_R$	−20.807	11.494	−1.810	0.070	−10.717	5.573	−1.920	0.054
Cap_GDP	−0.644	0.239	−2.690	0.007	−0.358	0.122	−2.940	0.003
$Prod\_Urb$	22.100	8.516	2.600	0.009	11.713	4.032	2.910	0.004
M_2_GDP	0.585	0.182	3.210	0.001	0.295	0.080	3.670	0.000
$Export\_GDP$	0.163	0.169	0.960	0.336	0.109	0.088	1.240	0.215
$Thirdind\_GDP$	0.328	0.446	0.740	0.461	0.170	0.232	0.730	0.465
断点 1	119.844	46.111	模型估计效果:似然函数值(LL)=−18.36;似然比(LR)=88.46,对应 P 值=0.00;伪 R^2=0.707		63.568	22.042	模型估计效果:似然函数值(LL)=−19.10;似然比(LR)=86.98,对应 P 值=0.00;伪 R^2=0.695	
断点 2	126.087	48.205			66.869	22.952		
断点 3	133.655	48.858			70.893	23.232		
断点 4	137.459	49.000			72.721	23.201		

据表 6-15 中数据可知,绝大多数参数估计效果较好,影响长期就业风险等级的各宏观经济变量的符号也与表 6-14 一致。表 6-16 进一步给出了基于结构突变点分解方法所得短期就业风险等级判别的参数估计结果。

表 6-16　　　　　　据排序 Logit/Probit 模型估计短期失业率等级的结果

变量	排序 Logit 模型估计				排序 Probit 模型估计			
	系数	标准差	Z 值	P 值	系数	标准差	Z 值	P 值
$Fics\_GDP$	0.266	0.104	2.550	0.011	0.167	0.063	2.640	0.008
Inc_UR	−4.445	2.231	−1.990	0.046	−2.745	1.321	−2.080	0.038
$Thirdind\_GDP$	−0.219	0.071	−3.100	0.002	−0.135	0.041	−3.260	0.001
$Prod\_UR$	0.948	0.486	1.950	0.051	0.585	0.278	2.110	0.035

（续表）

变量	排序 Logit 模型估计				排序 Probit 模型估计			
	系数	标准差	Z 值	P 值	系数	标准差	Z 值	P 值
$Export\_GDP$	0.222	0.092	2.400	0.016	0.138	0.056	2.480	0.013
断点 1	−3.330	2.877	模型估计效果：似然函数值（LL）＝−55.05；似然比（LR）＝15.09，对应 P 值＝0.010；伪 R^2＝0.121		−1.884	1.691	模型估计效果：似然函数值（LL）＝−55.00；似然比（LR）＝15.19，对应 P 值＝0.010；伪 R^2＝0.121	
断点 2	−1.897	2.823			−1.055	1.671		
断点 3	−0.752	2.815			−0.363	1.667		
断点 4	0.418	2.835			0.335	1.679		

由表 6-16 可知，短期失业率等级的模型估计效果也较好。

以 2016 年各长短期就业风险等级影响因素为基准，根据其近 3 年趋势进行 2017 年、2018 年指标值预测，按上述表 6-15、表 6-16 参数估计结果，对 2017 年和 2018 年我国城镇长短期就业风险进行预测，所得结果由表 6-17 给出。

据表 6-17 可知，依据排序 Logit 和 Probit 模型预测所得结果完全相同：2017 年和 2018 年长期就业风险处于第 5 等级（长期失业率在 5.948% 以上）的概率最大，应予以特别关注；相较而言，2016 年年报预测 2016 年和 2017 年的长期就业风险处于第四等级。其深层次的原因在于，随着经济结构调整的深入推进，由此带来的自然失业率攀升不可避免。

表 6-17　　　　　　　**2017—2018 年我国城镇长短期就业风险预测**

长期风险等级			1	2	3	4	5
对应长期失业率			3.041%以下	3.041%～4.227%	4.227%～5.140%	5.140%～5.948%	5.948%以上
长期就业风险预测（基于自然失业率 5 分位数分类）	排序 Logit	2017	0.000	0.000	0.001	0.026	0.974
		2018	0.000	0.000	0.001	0.048	0.951
	排序 Probit	2017	0.000	0.000	0.000	0.071	0.929
		2018	0.000	0.000	0.002	0.144	0.854
短期风险等级			1	2	3	4	5
对应短期失业率			0.078%以下	0.078%～0.201%	0.201%～0.373%	0.373%～0.671%	0.671%以上
短期就业风险预测（基于周期性失业率绝对值 5 分位数分类）	排序 Logit	2017	0.571	0.277	0.098	0.037	0.017
		2018	0.537	0.292	0.109	0.041	0.020
	排序 Probit	2017	0.597	0.262	0.103	0.032	0.007
		2018	0.565	0.275	0.114	0.037	0.009

表 6-17 中数据还表明：2017 年和 2018 年，短期失业率在第一级的预测概率最大；而 2016 年年报预测 2016 年和 2017 年短期失业风险等级为第四级。短期就业风险下降的可能原因：

2017 年上半年我国经济增长趋稳和向好,改善了周期性失业带来的不利影响。

五、结论

本报告研究表明,近期及未来 1～2 年内,国内外的就业风险状况可总结如下。

(1) 从国内大中城市劳动力市场调查数据、中国人民大学中国就业研究所研发的就业市场景气指数来看:①受益于宏观经济走势向好,求人倍率、CIER 就业竞争指数均处于相对高位,表明劳动力市场的总体需求旺盛。②各区域就业状况均有好转,与区域经济发展状况一致,东部地区就业需求最大、东北地区就业需求不足的状况预计将长期存在。另外,一线城市就业竞争激烈,而二线、三线城市的就业需求更为旺盛。③分行业来看,互联网/电子商务、证券投资、保险和中介服务等仍为近期用人主体行业,印刷/包装/造纸、石油/石化/化工、能源/矿产/采掘/冶炼等传统制造业的就业状况堪忧。另外,大型企业、微型企业的用人需求最大,而中小型企业的用人需求相对偏弱。

(2) 全球及重点区域的就业(失业)与经济发展态势表明:近期全球经济增长回升态势明显,对促进就业有一定的积极作用。但由于 2016 年经济增长远低于预期,加之全球劳动力供给持续增加,国际劳工组织预期全球失业人口将持续上升、就业状况并不容乐观,2017 年和 2018 年,全球失业率预计为 5.8%,失业人口预计将超过 2 亿人。

分国别来看:①近期美国经济增长趋势明显,且经济政策不确定性趋于回落,就业状况有所好转,其失业率目前约为 4.4%,和次贷危机爆发前相当。②欧元区、欧盟近期的经济增长与不确定性趋势与美国相同,其失业率也持续下降,低于 21 世纪初期,但略高于次贷危机前水平。考察受债务危机困扰的 5 个国家,其近期经济持续恢复、失业率也均有所下降,但希腊、西班牙的失业率在 2017 年 7 月仍分别高达 21.7% 和 17.1%。德国、英国和法国的经济增长企稳、经济发展不确定性回落,与之对应,近期德国和英国的失业率持续下降,法国的失业率仍维持较高水平,且近期缓慢下降。③日本近期经济恢复正增长,不确定性也趋于回落,2017 年第二季度增长率为 1.6%,且其失业率持续下降,2017 年 7 月仅为 2.8%。

(3) 影响近期国内就业的宏观风险因素识别:①从劳动力供给来看,受人口老龄化和计划生育政策变化的影响,抚养比不断上升、适龄劳动力不断减少,而劳动参与率也会因此有所上升,这在一定程度上可缓解就业压力,但不利于劳动力供给。此外,尽管城镇化进程加快、非农业劳动生产率上升不利于城镇就业,但城乡收入比、城乡 Gini 系数等指标的不断回落,有利于缓解城镇就业压力。②从产出与产业结构来看,我国经济增长的总体就业弹性偏低,且次贷危机后经济增长处于较低水平,不利于就业;但近期经济增长恢复趋稳,加之经济政策不确定性下降,一定程度上有利于就业;与此同时,产业结构的优化,特别是第三产业的快速发展和重要性加强也有利于就业。③从产出分配来看,近期消费与投资趋于下滑,不利于就业,但消费者信心指数、PMI 指数走势表明消费和投资预期向好,外贸出口增长也较为明显,且人民币对美元适度贬值等因素叠加,对近期就业有一定的正效应。

(4) 就业风险度量与预测:①基于 1978—2016 年数据,分别采用含结构突变点的计量模型、HP 滤波方法对城镇失业率进行长短期分解,进而合成为长短期失业率,并以此为基础界定就业风险等级。②以影响就业的宏观经济指标为自变量,综合采取逐步回归和排序 Logit/Probit 模型进行参数估计与长短期就业风险预测。结果认为,2017 年和 2018 年长期就业风险处于第五级、同期短期失业率(绝对值)处于第一级的可能性相对较高。③经济解释及政策含义:创新驱动、结构调整带来的自然失业率攀升不可避免,对此应予以特别关注;经济增长恢复和经济政策不确定性回落,能较好地缓解周期性失业带来的压力。

参 考 文 献

［1］蔡昉,都阳,高文书.就业弹性、自然失业和宏观经济政策——为什么经济增长没有带来显性就业?［J］.经济研究,2004(9).

［2］陈建东,侯文轩,邹高禄.1978—2008年我国城乡居民之间收入基尼系数的演化趋势［Z］.西南财经大学工作论文,2009.

［3］丁大建,耿林,崔钰雪.劳动力市场的自然观察与CIER指数研究［J］.就业与劳动关系季刊(中国台湾),2012(9).

［4］黄波.后危机时代中国城镇长短期就业风险的度量与预测［J］.中国人口科学,2012(5).

［5］黄波,王楚明.基于排序logit模型的城镇就业风险分析与预测——兼论金融信用危机情形下促进我国就业的应对措施［J］.中国软科学,2010(4).

［6］唐海燕.中国经济运行风险研究报告2011［M］.上海:立信会计出版社,2011.

［7］王庆丰,党耀国.基于Moore值的中国就业结构滞后时间测算［J］.管理评论,2010(7).

［8］BAI J, PERRON P. Estimating and testing linear models with multiple structural changes［J］. Econometrica, 1998, 66(1).

［9］BAI J, PERRON P. Computation and analysis of multiple structural change models［J］. Journal of Applied Econometrics, 2003, 18(1).

［10］BAI J, PERRON P. Multiple structure change models: a Simulation analysis［Z］. Working Paper, Boston College & Boston University, 2004.

［11］BAKER S R, BLOOM N, DAVIS S J. Measuring economic policy uncertainty［J］. Quarterly Journal of Economics, 2016, 131(4).

［12］BAKER S R, BLOOM N, DAVIS S J, Wang X. A Measure of Economic Policy Uncertainty for China［Z］. Working Paper, University of Chicago, 2013.

［13］ILO. World employment and social outlook: trends 2017［EB/OL］. http://www. ilo. org/ global/research/global-reports/weso/2017/WCMS_541211/lang-en/index. htm.

［14］IMF. World economic outlook update: a firming recovery［EB/OL］. http:// www. imf. org/en/Publications/WEO/Issues/2017/07/07/world-economic-outlook-update-july-2017.

［15］IMF. World economic outlook: gaining momentum?［EB/OL］. http://www. imf. org/en/Publications/WEO/Issues/2017/04/04/world-economic-outlook-april-2017.

［16］IMF. IMF world economic outlook(WEO) update: a shifting global economic landscape［EB/OL］. http://www. imf. org/en/Publications/WEO/Issues/2016/12/27/A-Shifting-Global-Economic-Landscape.

第七章 国际收支失衡风险

一、绪论

2016年至2017年上半年,中国国际收支遭遇了自20世纪90年代中后期以来最严峻的危机与挑战,从国内经济增长速度持续下滑,进出口增幅较大幅度波动,外汇储备不断下降,到人民币汇率持续贬值。2017年1月份,中国外汇储备降至2.998万亿美元,6年以来第一次跌到了非常重要的3万亿美元水平线以下。而在3年前,中国外汇储备还有将近4万亿美元。人民币汇率在2017年第一季度也贬值到了近年新低,美国新任总统特朗普的政策取向和美联储的新的货币政策都给中国经济和国际收支带来许多新的变数和不确定性,中国国际收支运行的内外部环境和风险较以往年份相比出现了明显的不稳定因素与风险压力。

（一）中国国际收支运行的国际经济环境分析

2016年以来,世界经济缓慢复苏,各国和地区面临的问题和矛盾依然突出,主要经济体的表现分化依然较大(见图7-1),主要表现在以下几个方面。

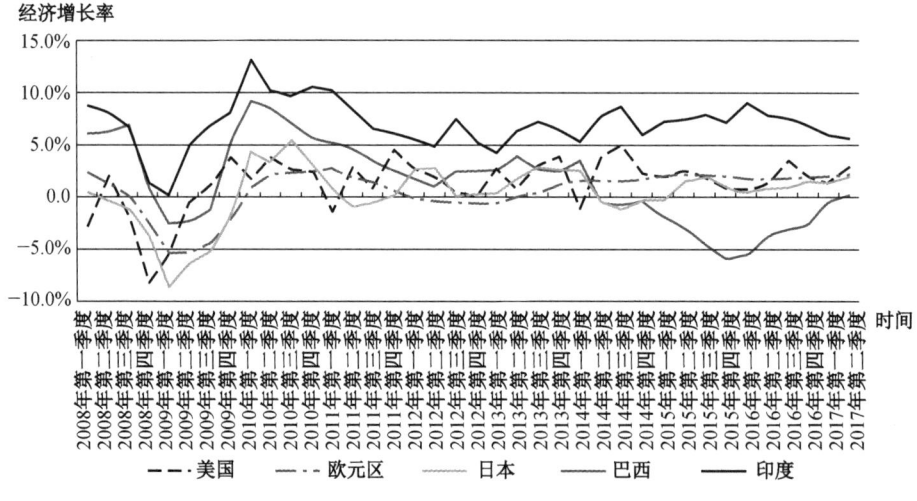

图7-1 2008年第一季度至2017年第二季度主要经济体经济增长率

数据来源:环亚经济数据库。

一是美国经济形势相对较好,经济复苏过程波折反复,经济增速波动回升,失业率保持低位运行。欧元区政治不确定性有所下降,经济基本面持续改善,但通胀动力仍不足。日本经济复苏动能积累,经济增长处于国际金融危机以来最好表现,通胀水平也趋向回升。新兴市场经济总体增长较快,但部分经济体仍面临调整与转型压力,特别是在全球总需求增长较缓慢、发达经济体货币政策可能转向的背景下,外需较弱与跨境资本波动等潜在风险依然存在。

二是发达与新兴市场经济体货币政策分化。2016年以来,美联储先后三次提高联邦基金利率目标区间各 25 个基点至 1％～1.25％,同时维持未来继续连续加息的预期不变,并提出资产负债表正常化的计划。欧洲中央银行三次决定维持主要指标利率水平和资产购买计划不变,其通缩风险已经消失。日本中央银行一直维持原有负利率与资产购买规模不变,同时开始筹划退出量化宽松政策。新兴经济体国家和地区货币政策表现不一,俄罗斯和巴西等部分经济体进一步放松了货币政策,但墨西哥等一些经济体选择上调基准利率以应对汇率贬值、资本外流和通胀压力问题。

三是国际金融市场波动性加剧。2016 年,全球政治经济社会领域"黑天鹅"事件频现,民粹主义、逆全球化、贸易及投资保护主义抬头,地缘政治不确定性上升,加剧金融市场波动。2016 年,美元指数上涨,日元对美元升值,欧元和英镑对美元贬值,多数新兴市场货币对美元贬值;主要经济体国债收益率继续分化,全球股市普遍回升,大宗商品市场有所回暖。

从整体来看,未来主要经济体货币政策正常化、去全球化、贸易投资保护主义和地缘政治冲突等相关风险,仍可能对全球经济金融稳定带来挑战。特别是新经济体国家经济去杠杆依旧艰辛,发达经济体经过危机、重新洗牌后有望率先走出低谷,新的一轮全球竞争格局博弈仍将存在很大变数。

（二）中国国际收支运行的国内经济环境分析

2016 年和 2017 年上半年,面对复杂多变的国际环境和国内繁重艰巨的改革发展稳定任务,在以习近平同志为核心的党中央坚强领导下,全国上下认真落实中央决策部署,统筹推进"五位一体"总体布局和协调推进"四个全面"战略布局,坚持稳中求进的工作总基调,坚持新发展理念,以推进供给侧结构性改革为主线,适度扩大总需求,坚定推进改革,妥善应对风险挑战,引导形成良好社会预期,经济社会保持平稳健康发展,实现了"十三五"良好开局。

2016 年,中国国内生产总值 744 127 亿元,比 2015 年增长 6.7％。其中,第一产业增加值 63 671 亿元,增长 3.3％;第二产业增加值 296 236 亿元,增长 6.1％;第三产业增加值 384 221 亿元,增长 7.8％。第一产业增加值占国内生产总值的比重为 8.6％,第二产业增加值比重为 39.8％,第三产业增加值比重为 51.6％,比 2015 年提高 1.4 个百分点。全年人均国内生产总值 53 980 元,比 2015 年增长 6.1％。全年国民总收入 742 352 亿元,比 2015 年增长 6.9％(见图 7-2)。

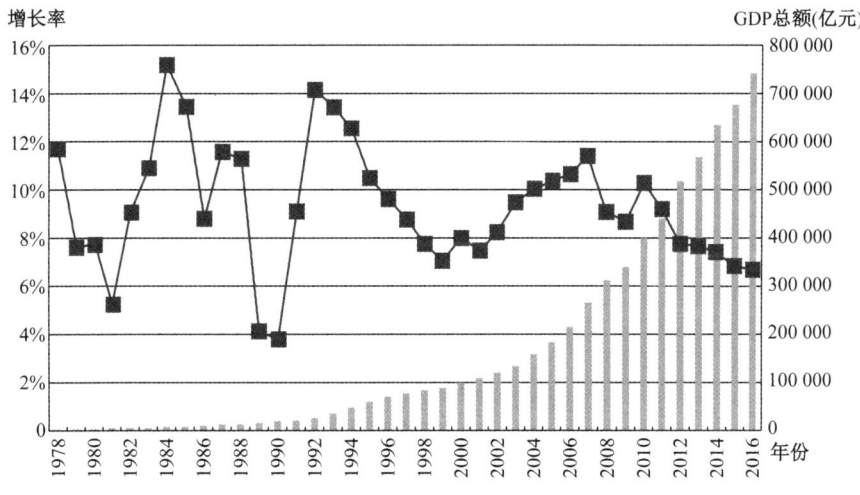

图 7-2　中国 GDP 总额与 GDP 增长速度(1978—2016 年)

数据来源:中国国家统计局。

2016 年,供给侧改革取得显著成效,经济增长质量继续改善,服务业在国内生产总值(GDP)中的比重增长到 52%,消费对经济增长的贡献率为 62%,新兴业态消费增长较快。去库存收效明显,价格水平总体保持平稳,全年居民消费价格(CPI)上涨 2%(见图 7-3),工业生产者出厂价格下降 1.4%,工业生产者购进价格下降 2.0%,固定资产投资价格下降 0.6%,农产品生产者价格上涨 3.4%。

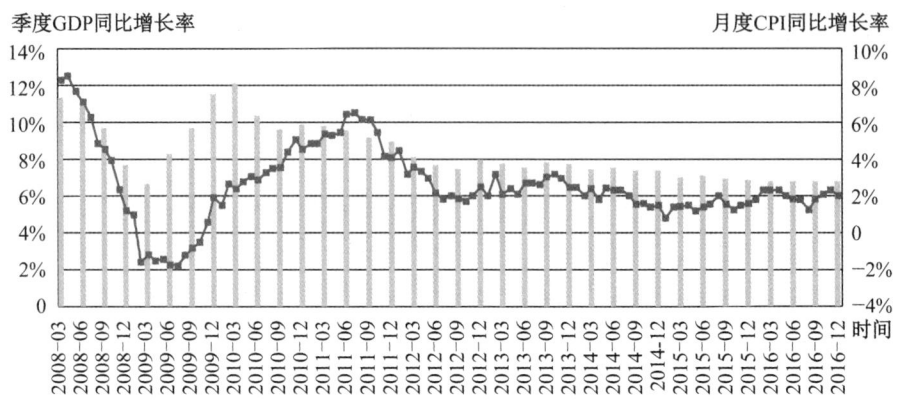

图 7-3　中国季度 GDP 和月度 CPI 增长率(2008—2016 年)

数据来源:中国国家统计局。

2016 年年末,中国就业人员 77 603 万人,其中城镇就业人员 41 428 万人。全年城镇新增就业 1 314 万人。年末城镇登记失业率为 4.02%。全国农民工总量 28 171 万人,比 2015 年增长 1.5%。其中,外出农民工 16 934 万人,增长 0.3%;本地农民工 11 237 万人,增长 3.4%。全年全员劳动生产率为 94 825 元/人,比 2015 年提高 6.4%。

2016 年中国一般公共预算收入 159 552 亿元,比 2015 年同口径增加 6 828 亿元,增长 4.5%,其中税收收入 130 354 亿元,增加 5 432 亿元,增长 4.3%。

2016 年,中国金融市场运行总体平稳,年末中国广义货币供应量(M_2)余额 155.0 万亿元,比 2015 年年末增长 11.3%;狭义货币供应量(M_1)余额 48.7 万亿元,增长 21.4%;流通中货币(M_0)余额 6.8 万亿元,增长 8.1%。全年社会融资规模增量 17.8 万亿元,比上年多 2.4 万亿元。年末全部金融机构本外币各项存款余额 155.5 万亿元,比年初增加 15.7 万亿元,其中人民币各项存款余额 150.6 万亿元,增加 14.9 万亿元。全部金融机构本外币各项贷款余额 112.1 万亿元,增加 12.7 万亿元,其中人民币各项贷款余额 106.6 万亿元,增加12.6万亿元(见表 7-1)。

表 7-1　　　　　**2016 年年末中国全部金融机构本外币存贷款余额及其增长速度**

指　标	年末数(亿元)	比上年末增长
各项存款	1 555 247	11.3%
其中:境内住户存款	606 522	9.9%
其中:人民币	597 751	9.5%
境内非金融企业存款	530 895	16.6%

（续表）

指　标	年末数（亿元）	比上年末增长
各项贷款	1 120 552	12.8%
其中：境内短期贷款	380 020	3.6%
境内中长期贷款	635 052	17.8%

数据来源：中国人民银行。

2016 年年末，中国国家外汇储备 30 105 亿美元，比 2015 年末减少 3 198 亿美元。2016 年全年人民币平均汇率为 1 美元兑 6.642 3 元人民币，年末人民币对美元汇率中间价为 6.937 0 元/美元，较 2015 年年末贬值 6.4%，境内市场（CNY）和境外市场（CNH）即期交易价累计分别贬值 6.5% 和 5.8%。

二、中国国际收支运行状况分析

（一）中国国际收支运行状况分析①

1. 2016 年中国国际收支运行状况分析

2016 年以来，中国国际收支继续延续了 2015 年震荡起伏，国际收支全年总差额为－2 206 亿美元。其中，经常账户顺差 1 964 亿美元，较 2015 年下降 35%；非储备性质的金融账户逆差 4 170 亿美元②，下降 4%（见表 7-2）。

表 7-2　　　　　　　　　　**2016 年中国国际收支差额主要构成**

金额单位：亿美元

项　　目	2010 年	2011 年	2012 年	2013 年	2014 年	2015 年	2016 年
经常账户差额	2 378	1 361	2 154	1 482	2 360	3 042	1 964
与GDP之比	3.9%	1.8%	2.5%	1.5%	2.3%	2.7%	1.8%
非储备性质的金融账户差额	2 822	2 600	－360	3 430	－514	－4 345	－4 170
与GDP之比	4.6%	3.4%	－0.4%	3.6%	－0.5%	－3.9%	－3.7%

数据来源：中国国家外汇管理局。

值得欣慰的是，2017 年上半年，中国国际收支重现经常账户、非储备性质的金融账户"双顺差"，两者顺差分别为 693 亿美元和 679 亿美元，半年国际收支累计总差额为 1 372 亿美元（见表 7-3）。

表 7-3　　　　　　　　　**2017 年上半年中国国际收支差额主要构成**

金额单位：亿美元

项目	2011 年	2012 年	2013 年	2014 年	2015 年	2016 年	2016 年上半年	2017 年上半年
经常账户差额	1 361	2 154	1 482	2 360	3 042	1 964	1 103	693
与GDP之比	1.8%	2.5%	1.5%	2.3%	2.7%	1.8%	2.1%	1.2%

────────────

①　参见中国国家外汇管理局 2016 年中国国际收支报告。

②　2016 年开始，中国国家外汇管理局又调整了新的国际收支平衡表的结构，把储备资产项目并入资本与金融项目。

（续表）

项目	2011 年	2012 年	2013 年	2014 年	2015 年	2016 年	2016 年 上半年	2017 年 上半年
非储备性质的金融账户差额	2 600	−360	3 430	−514	−4 345	−4 170	−1 787	679
与GDP之比	3.4%	−0.4%	3.6%	−0.5%	−3.9%	−3.7%	−3.4%	1.2%

数据来源：中国国家外汇管理局。

从经常项目和资本项目分别来看，2016 年，中国国际收支呈现"经常账户顺差、资本和金融账户逆差"的格局。其中，经常账户仍保持一定顺差，全年顺差 1 964 亿美元，同比下降 35%，2016 年，经常账户顺差与 GDP 之比为 1.8%，较 2015 年下降 0.9 个百分点，但仍保持在国际公认的合理范围之内。资本和金融账户逆差 4 170 亿美元，下降 4%，与 GDP 之比为 −3.7%（见表 7-4）。

表 7-4　　　　　　**2006—2016 年中国国际收支顺差结构**

金额单位：亿美元

项目	2006 年	2007 年	2008 年	2009 年	2010 年	2011 年	2012 年	2013 年	2014 年	2015 年	2016 年
国际收支总差额	2 811	4 474	4 607	4 417	5 247	4 016	1 836	4 943	2 260	−1 547	−2 206
经常项目差额	2 318	3 532	4 206	2 433	2 378	1 361	2 154	1 482	2 274	3 306	1 964
与GDP之比	8.5%	10.1%	9.3%	4.9%	4.0%	1.9%	2.6%	1.6%	2.7%	3.0%	1.8%
资本和金融账户差额	493	942	401	1 985	2 869	2 655	−318	3 461	514	−4 853	−4 170
与GDP之比	1.8%	2.7%	0.9%	4.0%	4.8%	3.6%	−0.4%	3.6%	−0.4%	−4.5%	−3.7%

数据来源：中国国家外汇管理局，中国国家统计局。

（1）2016 年开始，中国国家外汇管理局又调整了新的国际收支平衡表的结构，把储备资产项目并入资本与金融项目。另外，从 2015 年，中国国家外汇管理局根据《国际收支和国际投资头寸手册》（第六版）编制了新的国际收支平衡表。由于资本和金融项目编制结构方式的改变，中国国家外汇管理局不再公布国际收支交易规模，因而无法得到 2015 年和 2016 年中国国际收支资本和金融项目交易总规模。

（2）根据国际收支统计口径，货物贸易出现波动，货物贸易顺差有所收敛。2016 年，中国货物贸易出口 19 895 亿美元，进口 14 954 亿美元（见表 7-5），分别较上年下降 7% 和 5%。

表 7-5　　　　　　**中国货物进出口年度统计（2014—2016 年）**[①]

单位：亿美元

年份	进出口	同比	出口	同比	进口	同比
2016	36 849.3	−2.2%	2 094.2	−6.1%	1 686	3.1%
2015	39 586.4	−4.1%	2 241.9	−1.4%	1 641	−7.6%
2014	43 030.4	4%	2 275.1	9.7%	1 779	−2.4%

数据来源：中华人民共和国商务部。

---

　　① 此数据来源于中国海关统计口径。

　　2016年,中国货物贸易顺差4 941亿美元,虽然较2015年的历史高位下降14%,但仍显著高于2014年度及以前各年度水平(见图7-4)。

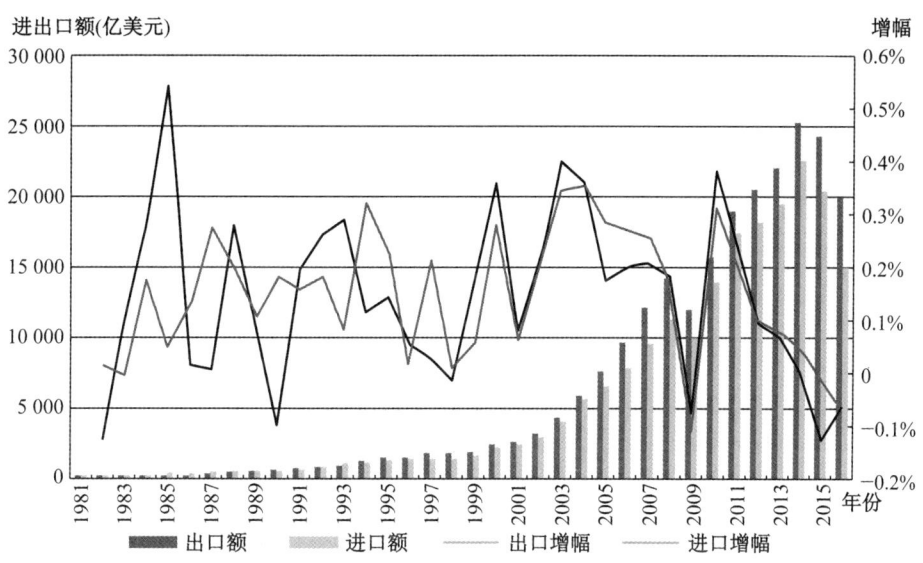

图7-4　中国国际收支货物贸易顺差情况(1981—2016年)

数据来源:中国国家外汇管理局。

　　(3) 2016年中国服务贸易逆差有扩大趋缓。2016年,服务贸易收入2 084亿美元;支出4 526亿美元,增长4%;逆差2 442亿美元,增长12%。其中,旅行项下逆差2 167亿美元,增长6%,增幅较上年下降6个百分点(见图7-5)。

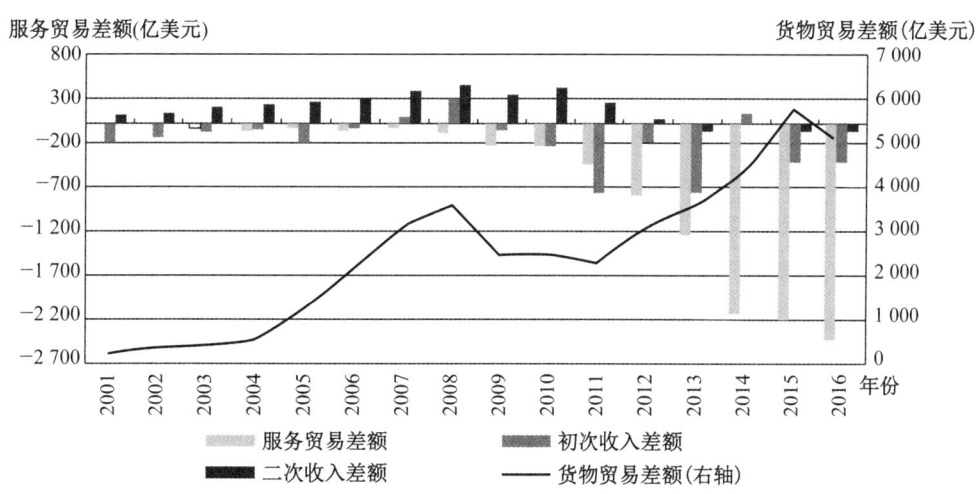

图7-5　中国经常项目主要子项目的收支状况(2001—2016年)

数据来源:中国国家外汇管理局。

（4）2016年，初次收入①项下收入2 258亿美元，较上年增长1%；支出2 698亿美元，增长2%；逆差440亿美元，增长7%。二次收入逆差收窄。2016年，二次收入项下收入309亿美元，较上年下降14%；支出404亿美元，下降17%；逆差95亿美元，下降25%（见图7-5）。

（5）直接投资转为逆差。按国际收支统计口径，2016年，直接投资逆差466亿美元，2015年为顺差681亿美元（见图7-6）。其中，直接投资资产净增加2 172亿美元，较2015年多增25%；直接投资负债净增加1 706亿美元，较2015年少增30%。

（6）证券投资逆差收窄。2016年，证券投资逆差622亿美元，较2015年下降6%（见图7-6）。其中，中国对外证券投资净流出1 034亿美元，增长41%；境外对中国证券投资净流入412亿美元，增长512%。

（7）2016年，其他投资逆差明显下降。2016年，贷款、贸易信贷和资金存放等其他投资逆差3 035亿美元，较2015年下降30%（见图7-6）。其中，中国对外的其他投资净增加3 336亿美元，增长305%；境外对中国的其他投资净增加301亿美元，2015年为净减少3 515亿美元。

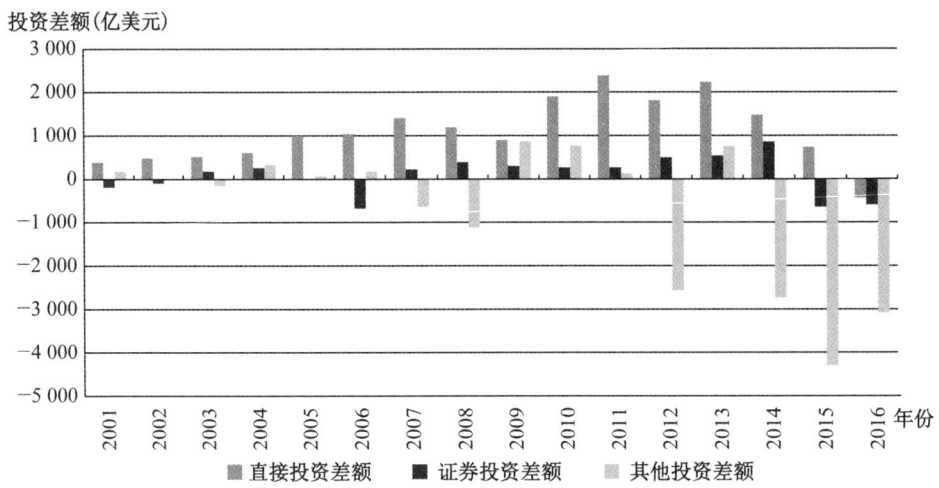

图7-6　中国直接投资差额、证券投资差额和其他投资差额情况（2001—2016年）

数据来源：中国国家外汇管理局。

（8）继2015年后储备资产在2016年继续较大幅度下降。2016年，中国储备资产减少4 437亿美元。其中，交易形成的外汇储备资产减少4 487亿美元。截至2016年年末，中国外汇储备余额30 105亿美元（见图7-7）。

（9）2016年中国净误差与遗漏额－2 227亿美元。中国误差与遗漏规模多年来一直保持在合理范围内。2008—2013年，中国平衡表中的该比例每年基本在2%左右；2016年中国净误差与遗漏额又比2015年增加345亿美元，误差占比已经略超5%，中国应该密切关注这一现象（见图7-8和表7-6）。

根据国际惯例，国际收支平衡表中净误差与遗漏占同期货物进出口额的比重一般不宜超过正负5%。随着国际收支交易规模扩大，净误差与遗漏绝对数也会相应增加，高频数据比低频数据误差会更大。

————————————

① 国际货币基金组织《国际收支和国际投资头寸手册》（第六版）将经常项下的"收益"名称改为"初次收入"，将"经常转移"名称改为"二次收入"。

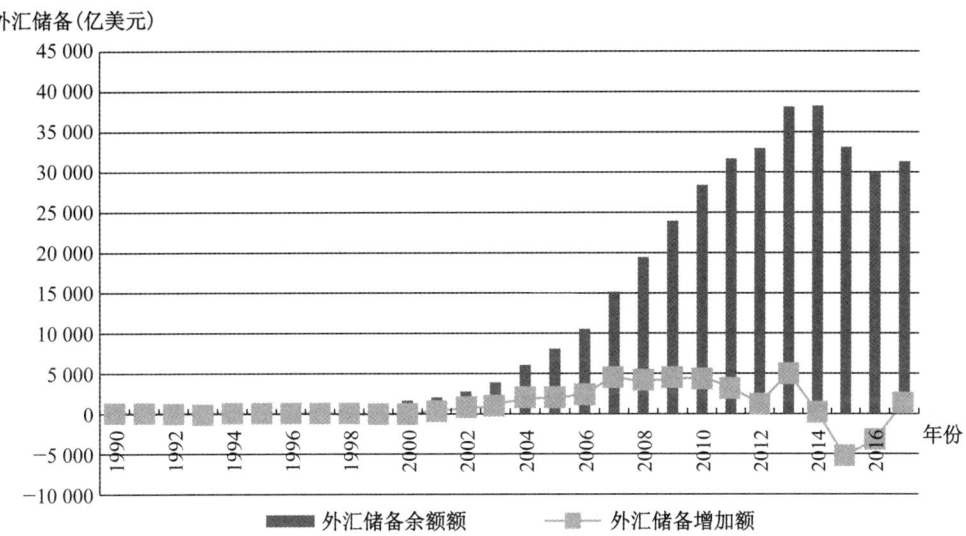

图 7-7　中国外汇储备增加额与外汇储备余额（1990—2016 年）

数据来源：中国国家外汇管理局。

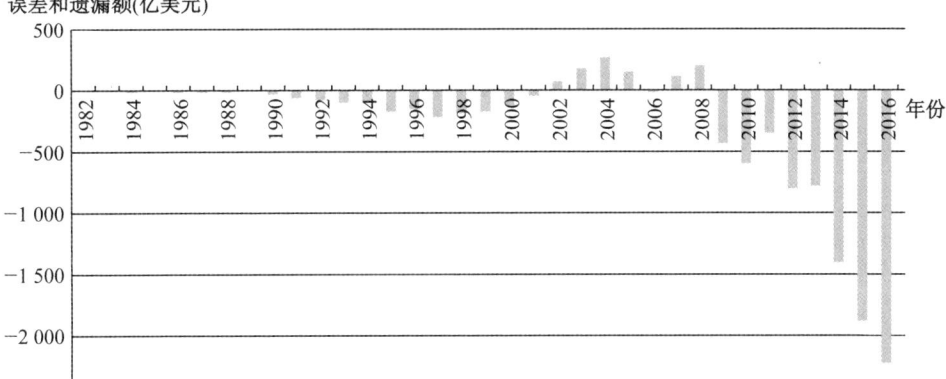

图 7-8　中国国际收支净误差和遗漏（1982—2016 年）

数据来源：中国国家外汇管理局。

表 7-6　　　　　　　　　**2016 年中国国际收支平衡表**

单位：亿美元

项　　目	行次	2016 年
1. 经常账户	1	1 964
贷方	2	24 546
借方	3	−22 583
1.A 货物和服务	4	2 499
贷方	5	21 979
借方	6	−19 480

（续表）

项　　目	行次	2016 年
1. A. a 货物	7	4 941
贷方	8	19 895
借方	9	−14 954
1. A. b 服务	10	−2 442
贷方	11	2 084
借方	12	−4 526
1. B 初次收入	13	−440
贷方	14	2 258
借方	15	−2 698
1. C 二次收入	16	−95
贷方	17	309
借方	18	−404
2. 资本和金融账户	19	263
2.1 资本账户	20	−3
贷方	21	3
借方	22	−7
2.2 金融账户	23	267
资产	24	−2 174
负债	25	2 441
2.2.1 非储备性质的金融账户	26	−4 170
2.2.1.1 直接投资	27	−466
资产	28	−2 172
负债	29	1 706
2.2.1.2 证券投资	30	−622
资产	31	−1 034
负债	32	412
2.2.1.3 金融衍生工具	33	−47
资产	34	−69
负债	35	22
2.2.1.4 其他投资	36	−3 035
资产	37	−3 336
负债	38	301
2.2.2 储备资产	39	4 437
3. 净误差与遗漏	40	−2 227

数据来源：中国国家外汇管理局。

2. 2017 年上半年中国国际收支状况

2017 年第二季度,中国经常账户顺差 3 488 亿元人民币,资本和金融账户逆差 31 亿元人民币。其中,非储备性质的金融账户顺差 2 131 亿元人民币,储备资产增加 2 163 亿元人民币。

2017 年上半年,中国经常账户顺差 4 754 亿元人民币,资本和金融账户顺差 2 676 亿元人民币。其中,非储备性质的金融账户顺差 4 669 亿元人民币,储备资产增加 1 985 亿元人民币。

按美元计值,2017 年第二季度,中国经常账户顺差 509 亿美元。其中,货物贸易顺差 1 321 亿美元,服务贸易逆差 744 亿美元,初次收入逆差 30 亿美元,二次收入逆差 38 亿美元。资本和金融账户逆差 4 亿美元,其中,资本账户顺差 0.1 亿美元,非储备性质的金融账户顺差 311 亿美元,储备资产增加 316 亿美元。

2017 年上半年,中国经常账户顺差 693 亿美元。其中,货物贸易顺差 2 144 亿美元,服务贸易逆差 1 351 亿美元,初次收入逆差 34 亿美元,二次收入逆差 67 亿美元。资本和金融账户顺差 389 亿美元,其中,资本账户逆差 1 亿美元,非储备性质的金融账户顺差 679 亿美元,储备资产增加 290 亿美元(见表 7-7)。

表 7-7　　　　　　　　　　　**2017 年上半年中国国际收支平衡表**

项　　目	行次	亿美元
1. 经常账户	1	693
贷方	2	12 680
借方	3	−11 987
1.A 货物和服务	4	793
贷方	5	11 283
借方	6	−10 490
1.A.a 货物	7	2 144
贷方	8	10 269
借方	9	−8 126
1.A.b 服务	10	−1 351
贷方	11	1 014
借方	12	−2 364
1.B 初次收入	13	−34
贷方	14	1 250
借方	15	−1 284
1.C 二次收入	16	−67
贷方	17	147
借方	18	−213
2. 资本和金融账户	19	389
2.1 资本账户	20	−1

（续表）

项　　目	行次	亿美元
贷方	21	1
借方	22	−2
2.2 金融账户	23	390
资产	24	−1 632
负债	25	2 021
2.2.1 非储备性质的金融账户	26	679
2.2.1.1 直接投资	27	139
资产	28	−411
负债	29	550
2.2.1.2 证券投资	30	−195
资产	31	−401
负债	32	206
2.2.1.3 金融衍生工具	33	3
资产	34	5
负债	35	−2
2.2.1.4 其他投资	36	732
资产	37	−536
负债	38	1 267
2.2.2 储备资产	39	−290
3. 净误差与遗漏	40	−1 081

数据来源：中国国家外汇管理局。

（二）中国国际收支运行的历史轨迹探析

前面重点分析了 2016 年和 2017 年中国国际收支运行状况和面临的问题。一国国际收支失衡和失衡风险各种因素长期综合作用的结果，仅仅依据对 2016 年和当前中国国际收支运行状况的分析是难以评价中国国际收支长周期的失衡情况的。下面将深入探讨分析中国国际收支在更长时段的历史运行轨迹，通过历史梳理、现状归纳来探寻和商讨中国国际收支长期以来失衡的原因与对策。根据国际收支的账户特性，以下主要从中国国际收支经常项目差额失衡情况、资本与金融项目差额失衡情况以及总差额失衡情况三个方面探析中国国际收支在改革开放 30 多年来，特别是 21 世纪以来的运行轨迹和特征及失衡原因等，为避免和前面 2016 年中国国际收支运行数据重复，以下分析数据截至 2015 年 12 月 31 日。

1. 中国国际收支经常项目差额失衡轨迹探析

经常项目差额是国际收支平衡表中最重要的收支差额。在开放宏观经济中，经常项目的差额概括了一国的净债务人或债权人的地位，能够清楚地反映出一国对外部经济的依赖程度。

1) 中国国际收支经常项目交易规模状况分析

2001—2015 年,中国国际收支经常项目差额累计达到 29 949 亿美元,同期国内生产总值总计为 758 003.53 亿美元,经常项目顺差占 GDP 的比重平均为 3.95%。把时间再拉长到 1990—2013 年来看,中国国际收支经常项目差额累计达到 25 913 亿美元,同期国内生产总值总计为 628 957 亿美元,经常项目顺差占 GDP 的比重平均为4.1%。在 2008 年以前,中国经常项目差额与中国 GDP 基本上同步增长和上升,但从 2008 年开始两者之间的走向发生逆转,中国 GDP 增长继续向上,经常项目差额开始下降(见图 7-9),总体呈现缩小趋势,但资本与金融项目差额与 GDP 之比却总体呈现扩大趋势(见表 7-8)。这一方面反映了中国对外出口较快增长,另一方面也反映了各种投资和资本频繁流入,流程和波幅加剧。

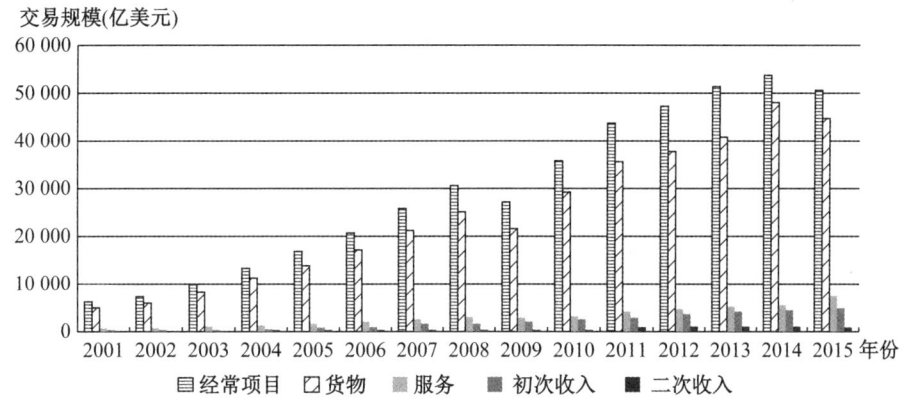

图 7-9　中国国际收支经常项目及其子项目交易规模(2001—2015 年)

数据来源:中国国家外汇管理局。

表 7-8　　　　　　**中国国际收支经常项目及其子项目交易规模(2001—2015)**

单位:亿美元

年份	经常项目	货物	服务	初次收入	二次收入
2001	6 184	4 981	726	379	97
2002	7 396	6 071	862	316	146
2003	9 932	8 318	1 020	400	193
2004	13 327	11 278	1 346	446	257
2005	16 731	13 908	1 582	941	300
2006	20 631	17 216	1 928	1 146	340
2007	25 818	21 246	2 523	1 582	446
2008	30 594	25 081	3 060	1 855	594
2009	27 081	21 591	2 884	2 099	515
2010	35 882	29 086	3 111	2 588	562
2011	43 719	35 641	4 209	3 011	859

（续表）

年份	经常项目	货物	服务	初次收入	二次收入
2012	47 267	37 922	4 726	3 630	989
2013	51 446	40 781	5 365	4 148	1 151
2014	53 787	48 062	5 738	4 601	1 125
2015	50 554	44 740	7 554	5 010	805

数据来源：中国国家外汇管理局。

2）中国国际收支经常项目差额失衡的时间分布分析

中国从 1982 年正式发布国际收支报告以来的 30 多年间,中国国际收支经常项目差额除 1985 年、1986 年、1988 年、1989 年和 1993 年 5 个年份外(图 7-10),绝大部分时间保持顺差结构。

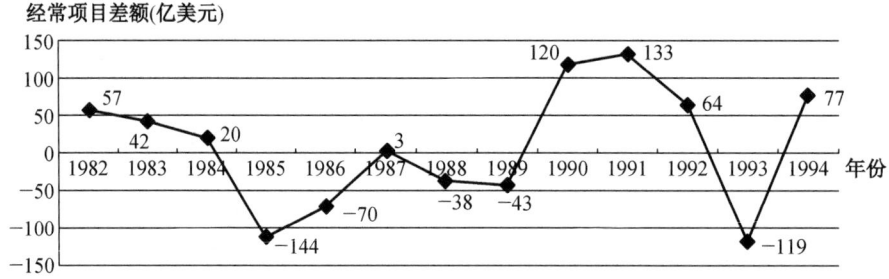

图 7-10　中国国际收支经常项目主要逆差年份分布

数据来源：中国国家外汇管理局。

1994 年以来,随着中国经济的持续改革和开放,国民经济总量和国内生产总值快速上升,中国已经成为全球第二大经济体和第二大贸易国,中国连续 21 年保持经常项目顺差,经常项目顺差额也持续不断扩大和上升,在 2008 年中国经常项目差额到达创纪录的峰值 4 206 亿美元。随着中国经济发展方式和经济结构调整的转变,经常项目差额近年来有所放缓和收窄,但仍保持着较大顺差规模,到 2015 年年底,中国经常项目差额为 3 306 亿美元,比 2014 年增长 19%(图 7-11)。

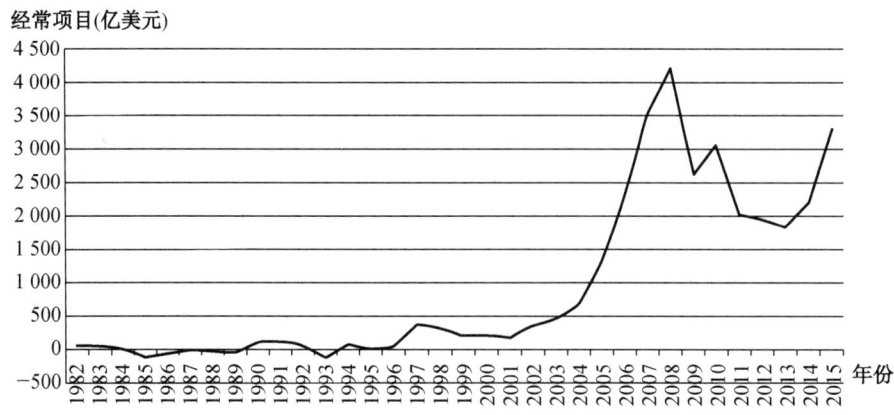

图 7-11　中国国际收支经常项目主要顺差年份分布(1982—2015)

数据来源：中国国家外汇管理局。

　　总的来看,自1982年以来的30多年间,中国国际收支经常项目有29年保持顺差,5年为逆差,且顺差额远远大于逆差额(见图7-12),这种保持多年的顺差失衡状况是中国经济改革开放的巨大成就,特别是加入WTO后经常项目顺差快速上升,改革开放红利和劳动力红利急剧释放。但随着这些红利的减弱甚至消失,要保持经常项目的长期快速增长现在看来已经越来越难以为继。

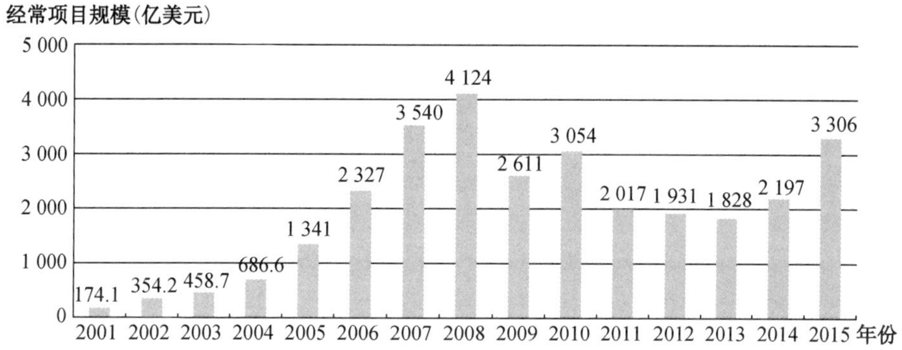

经常项目规模(亿美元)

图7-12　加入WTO后中国国际收支经常项目差额总体分布情况(2001—2015年)
数据来源:中国国家外汇管理局。

3)中国国际收支经常项目差额结构失衡分析

　　中国国际收支经常项目结构失衡主要表现在多年来中国货物项目基本上为贸易顺差且顺差差额巨大,而对于中国国际收支服务项目贸易多年来一直保持逆差,且逆差规模不断扩大和上升。

　　货物贸易一直是中国经济快速发展的重要引擎,2001—2015年,中国进出口货物平均增长速度保持在20%左右,而同期中国GDP的平均增速约为10%,货物出口高于同期GDP增长率10个百分点。1981—2015年,中国进出口货物累计总额达406 901.9亿美元,累计出口货物达到217 238亿美元,累计进口货物189 663.9亿美元,累计实现顺差27 573.8亿美元(见表7-9和图7-13),占中国外汇储备总额58%。这表明多年来的巨额外汇储备累积主要依赖货物出口获得。更通俗地讲,中国的外汇储备积累主要依靠资源或资源再加工等产品出口获得,因而中国在外汇储备增加的同时国内资源的存量在减少,环境在污染,生态在变差。

表7-9　　　　　　　　　中国进出口额和贸易顺差变化情况(1981—2015)

单位:亿美元

年份	出口额	进口额	进出口额	贸易顺差
1981	220.1	220.2	440.3	−0.1
1982	223.2	192.9	416.1	30.3
1983	222.3	213.9	436.2	8.4
1984	261.4	274.1	535.5	−12.7
1985	273.5	422.5	696	−149
1986	309.4	429	738.4	−119.6

（续表）

年份	出口额	进口额	进出口额	贸易顺差
1987	394. 4	432. 2	826. 6	−37. 8
1988	475. 2	552. 7	1 027. 9	−77. 5
1989	525. 4	591. 4	1 116. 8	−66
1990	620. 9	533. 5	1 154. 4	87. 4
1991	719. 1	637. 9	1 357	81. 2
1992	849. 4	805. 9	1 655. 3	43. 5
1993	917. 4	1 039. 6	1 957	−122. 2
1994	1 210. 1	1 156. 2	2 366. 3	53. 9
1995	1 487. 8	1 320. 8	2 808. 6	167
1996	1 510. 5	1 388. 3	2 898. 8	122. 2
1997	1 827. 9	1 423. 7	3 251. 6	404. 2
1998	1 837. 1	1 402. 4	3 239. 5	434. 7
1999	1 949. 3	1 657	3 606. 3	292. 3
2000	2 492	2 250. 9	4 742. 9	241. 1
2001	2 661	2 435. 5	5 096. 5	225. 5
2002	3 256	2 951. 7	6 207. 7	304. 3
2003	4 382. 3	4 127. 6	8 509. 9	254. 7
2004	5 933. 6	5 613. 8	11 547. 4	319. 8
2005	7 620	6 601. 2	14 221. 2	1 018. 8
2006	9 690. 8	7 916. 1	17 606. 9	1 774. 7
2007	12 180. 2	9 558. 2	21 738. 4	2 622
2008	14 285. 5	11 330. 9	25 616. 4	2 954. 6
2009	12 016. 6	10 055. 6	22 072. 2	1 961
2010	15 779. 3	13 948. 3	29 727. 6	1 831
2011	19 038	16 603	35 641	1 551
2012	20 569	17 353	37 922	3 216
2013	22 096	19 504	41 600	2 592
2014	25 242	22 616	47 858	2 626
2015	24 293	20 447	44 740	3 846

数据来源：中国国家统计局。

数据显示,中国货物进出口增长除受 2008 年金融危机影响在 2009 年出现大幅下降外,其他大部分时间均大大快于经济增长速度,同时表明中国经济增长速度波动幅度远远小于外贸增长速度,这表明在经济发展中过度依赖国际经济将会对中国经济产生较为强烈的影响和制约。中国外贸发展不仅在国内经济社会发展中发挥着重要作用,也为全球贸易增长和经济复苏做出了积极贡献。

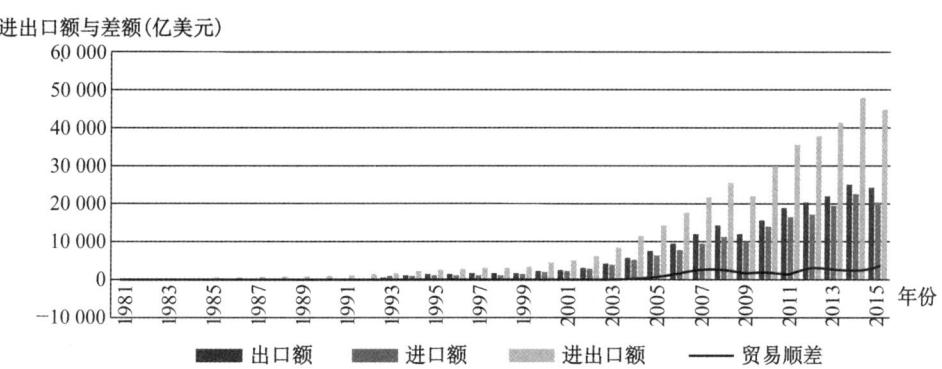

图 7-13　中国货物贸易进出口额与差额(1981—2015 年)

数据来源:中国国家统计局。

相对于货物贸易的持续顺差,中国国际收支服务贸易多年来持续逆差。在中国国际收支经常项目中货物贸易占全部经常项目差额过高,而服务和收益以及经常转移项目差额占经常项目差额的比例则过低。这反映了中国经常项目差额过分依赖货物贸易,服务项目绝对数在持续增长,但多年来中国服务项目一直处于逆差状况,且逆差一直呈持续不断扩大趋势。

总的来看,在 1982—2013 年的绝大多数年份中,中国出口增长速度远大于收入增长水平和居民消费水平,而居民对收入增长的低预期和谨慎的消费行为又导致居民储蓄规模不断扩大和上升,储蓄大于国内投资,而投资又过度依赖政府刺激,进而造成国内市场需求不足,积极出口、扩大外需等导致经常项目持续高额顺差,中国的 GDP 增长在过去主要依赖出口拉动和政府投资,2008 年国际金融危机爆发后,政府扩大 4 万亿元人民币投资又再次成了投资拉动经济增长的发动机。中国经济过去 30 多年的发展轨迹清晰地显示了出口和投资与国内生产总值的高度关联度(图 7-14)。

2. 中国国际收支资本与金融项目差额失衡轨迹分析

随着经济全球化和金融自由化的迅猛发展,金融作为现代经济核心的地位和功能愈加凸显和重要。作为反映国际经济和国际金融发展状况和程度的国际收支状况成为反映一国对外经济交易总规模和发展水平的重要标尺和风向标。国际收支资本和金融项目全面系统地记录一国资本与金融项目的总交易规模和平衡状况,是一国经济重要的晴雨表和预警器。

1) 中国国际收支资本和金融项目交易规模分析

进入 21 世纪以来,中国已经基本完成了现代金融体系架构搭建,以银行为核心,以证券、保险、信托和基金等为主体的金融体系结构和市场结构得以初步建立和完善,金融市场得到空前发展和壮大。经济总量和金融资产总量稳步增加,截至 2016 年 6 月末,中国银行业国内总资产共 203.3 万亿元人民币,同比增长 16.6%;中国银行业金融机构 3 月末银行业金融机构

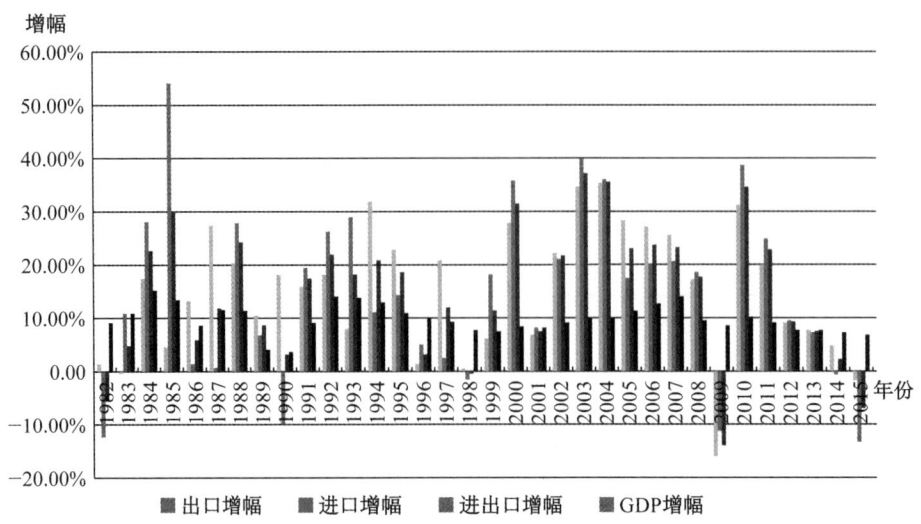

图 7-14　中国货物出口、进口和进出口增速与 GDP 增速(1982—2015 年)
数据来源:中国商务部、中国国家统计局。

境内总负债187.3万亿元人民币,同比增长 16%。截至 2016 年第二季度末,中国广义货币供应量余额达 149.05 万亿元人民币,同比增长 11.8%,增速与上月末和 2016 年同期持平。

与中国金融市场同步发展的是中国国际收支资本和金融项目也迅速发展,由较为稳定的直接投资主导中国国际资本和金融收支结构阶段已经结束,资本和金融项目开始受到国际金融投机显著影响,表现出诸多的不稳定性和风险性。资本和金融项目交易规模由 2001 年的 1 642 亿美元增加到 2014 年的 51 077 亿美元,14 年间资本与金融项目交易总规模为 238 087 亿美元,平均年交易规模为 17 006 亿美元。2015 年,受中国金融市场动荡影响,国际收支交易规模有所减缓。

在资本和金融项目中,各个子项目交易规模在 2012 年均创历史新高,其中直接投资交易规模 4 247 亿美元,占比最大。近年来随着全球金融市场的宽松量化政策,证券投资和其他投资国民大量增加且波动加剧,尤其是其他投资,其在 2001—2014 年的大部分年份出现较大规模的资本净流出,特别是 2012 年全年净流出 2 600 亿美元,创该项目资本流出历史新高(见表 7-10)。

表 7-10　　　　中国国际收支资本和金融项目交易规模与差额(2001—2015 年)

单位:亿美元

年份	资本和金融项目(差额)	直接投资(差额)	证券投资(差额)	其他投资(差额)
2001	1 642(348)	567(374)	242(−194)	832(169)
2002	2 243(323)	593(468)	149(−103)	1 500(−41)
2003	3 865(527)	638(472)	132(114)	3 095(−59)
2004	5 760(1 107)	689(531)	208(197)	4 864(379)
2005	8 130(1 010)	1 425(1 059)	489(−49)	6 175(−40)
2006	13 459(526)	1 637(1 029)	1 588(−676)	10 193(133)

（续表）

年份	资本和金融项目（差额）	直接投资（差额）	证券投资（差额）	其他投资（差额）
2007	17 921(951)	2 033(1 431)	1 093(187)	14 759(−697)
2008	15 481(463)	2 591(1 217)	927(427)	11 927(−1 211)
2009	13 841(1 808)	2 301(703)	1 575(387)	9 919(679)
2010	19 900(2 260)	3 038(1 249)	1 031(240)	15 781(724)
2011	25 754(2 211)	2 698(1 704)	842(196)	21 125(255)
2012	27 734(−168)	4 247(1 911)	1 181(478)	22 258(−2 600)
2013	31 280(3 262)	5 107(1 850)	1 477(605)	24 637(776)
2014	51 077(382)	6 618(2 807)	2 504(824)	41 916(−2 528)
2015	15 030(−1 424)	4 377(621)	964(−665)	6 219(−4 791)

数据来源：中国国家外汇管理局。

2）中国国际收支资本与金融项目失衡时间分析

从1982年中国正式发布国际收支报告以来，中国国际收支资本与金融项目差额只有在1983年、1984年、1992年、1998年、2012年和2015年6年间出现逆差（见图7-15），其他年份均保持顺差，其差额基本特征是逆差额度较小，顺差额度较大。但从2014年开始，资本与金融项目顺差急剧减少，到2015年资本与金融项目逆差急剧扩大，创下多年来最大逆差。从长期分布来说，中国国际收支资本与金融项目的失衡主要表现为顺差结构较大，即资本流入较多而流出较少。

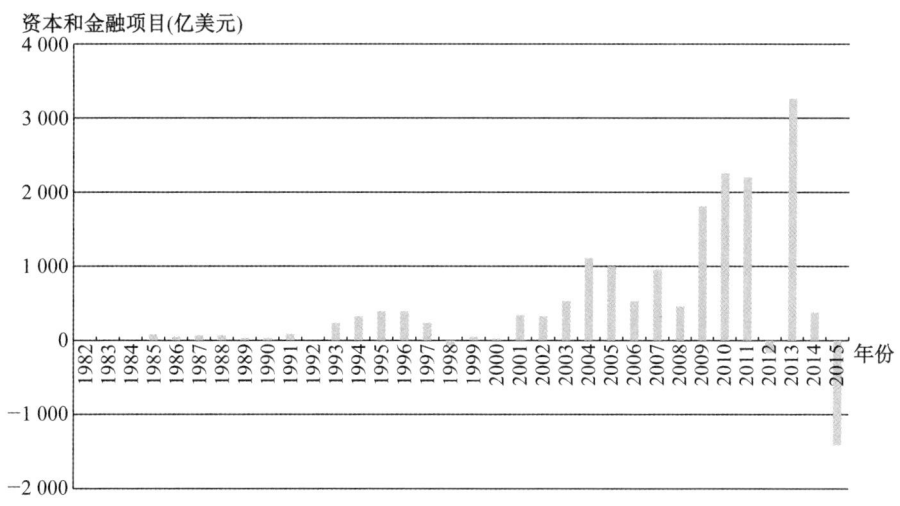

图7-15 中国国际收支资本与金融项目失衡时间分布情况

数据来源：中国国家外汇管理局。

在2015年以前，中国国际收支资本与金融项目失衡分布时间与经常项目失衡相比，基本相同或相近，两个项目在33年间出现过五次失衡年份，其基本特征是逆差失衡主要发生在中国国内经济紧缩调整时期及国际经济和国际金融危机时期，且受国际金融危机影响较大，特别是资本与金融项目更易受到国际金融危机的影响。但 2015 年中国国际收支资本与金融项目逆差的急剧扩大和创历史纪录,意味着长期以来的中国国际收支资本与金融项目持续顺差将彻底结束,未来资本与金融项目逆差将会成为新常态(见图 7-16)。

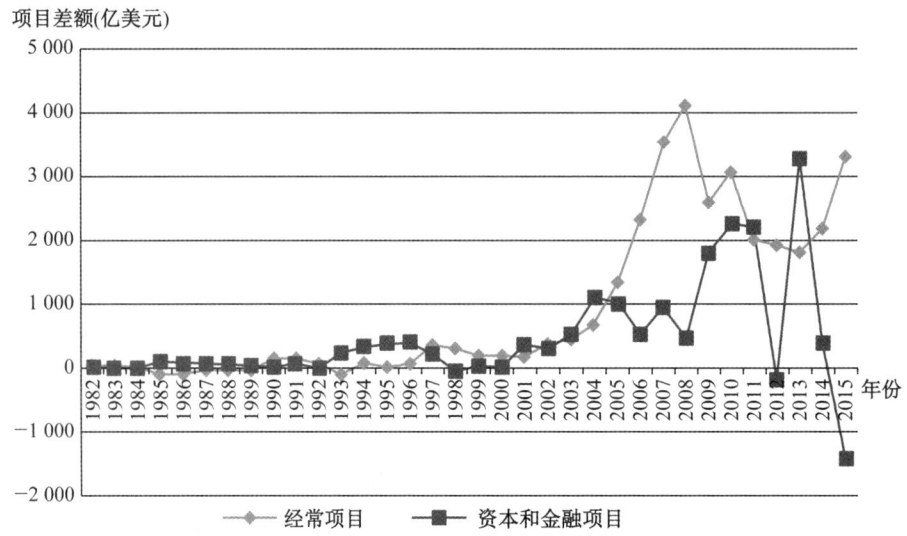

图 7-16　中国国际收支经常项目和资本与金融项目差额失衡分布情况(1982—2015 年)
数据来源:中国国家外汇管理局。

3) 中国国际收支资本与金融项目结构失衡分析

在中国国际收支资本与金融项目中,直接投资是中国传统的顺差项目,证券投资和其他投资差额受短期跨境资本流动影响起伏较大,这种格局同样与结构性、政策性因素密切相关。

从政策结构来看,自改革开放以来,中国各级政府大力鼓励和吸引外国直接投资,1994 年以后,随着金融、财税和外贸改革的更进一步深入,大量外国资本流入中国市场,中国国际收支资本与金融项目彻底扭转了逆差并且连续多年持续顺差。当时,中国为调整产业结构,在市场换技术发展的思路下,不断改善投资环境,同时利用具有比较优势的劳动力成本和一系列优惠政策来吸引外商直接投资。中国经济的高速增长和良好的市场经营环境,使外商直接投资企业获得了丰厚的利润,在这种情况下,外商直接投资的增长是理所当然的。由于"两头在外",加工贸易条件下的出口额必然大于进口额,贸易顺差即为加工生产带来增加值,这必然带来国际收支经常项目顺差。反映在中国国际收支资本与金融项目方面就是中国的资本与金融项目呈现为资本净流入(见图 7-17)。

从资本流向结构来看,加入世界贸易组织后,中国的市场更加全面开放,中国国际收支资本与金融项目的交易规模更是迅速上升和扩大,中国积极参与国际要素市场资源配置,大量资本进入中国内地市场。同时,中国金融机构和企业也积极走向国际市场,资本双向流动和交易规模急剧扩大。1982—2015 年,中国国际收支资本与金融项目累计实现顺差15 589.6亿美元,同期中国国际收支经常项目累计实现顺差 31 272.8 亿美元。

3. 中国国际收支总差额失衡轨迹探析

1) 中国国际收支总差额失衡比例与规模分析

一国国际收支平衡不是绝对的,失衡也是相对的。一般来讲,一国国际收支很难做到绝对

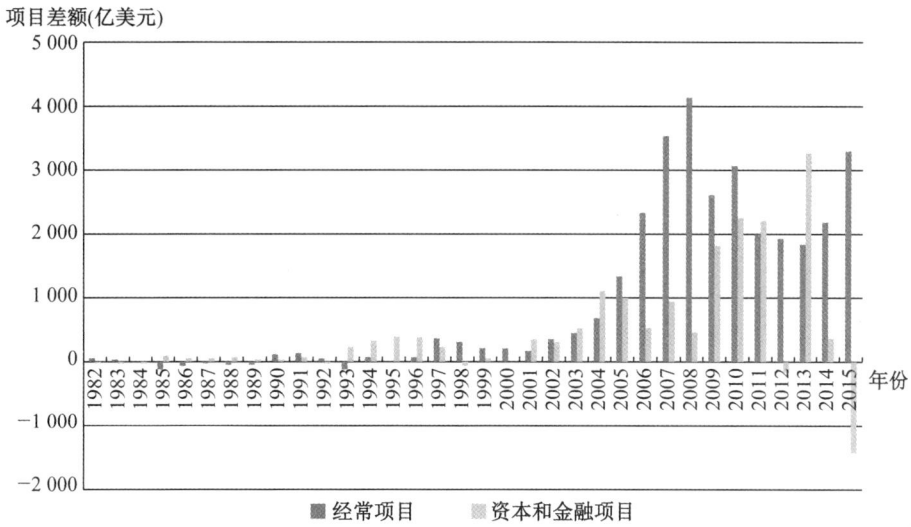

图 7-17　中国国际收支资本与金融项目与经常项目差额对比(1982—2015 年)

数据来源:中国国家外汇管理局。

平衡,不是顺差就是逆差,只不过是顺差和逆差的程度大小不同而已。

从国际收支交易总规模来看,1982—2014 年,中国国际收支交易总规模由 540 亿美元升至 10.4864 万亿美元,占 GDP 的比重由 19% 升至 101%。伴随着中国经济进一步发展和开放,中国国际收支交易总规模在未来仍会保持持续扩大和上升,特别是在服务等项目的交易规模将会持续放大。中国国际收支交易规模的快速增长只是反映了中国与世界其他经济体经济交往的总量和程度,它说明了中国经济与世界其他国家的政治经济等交易往来愈加密切和繁荣,相互间的依赖程度更加紧密,但并不能反映中国国际收支的失衡程度和风险。

2) 中国国际收支总差额失衡时间与结构分布分析

自 1978 年改革开放以来的大部分年份,中国国际收支总差额都处于顺差状况,这当中只有 1985 年、1986 年和 1989 年发生逆差,逆差额分别为 24.5 亿美元、10.9 亿美元和 6 亿美元。中国国际收支在较长时期保持了经常项目和资本与金融项目的双顺差,情况在 2012 年出现了明显转化,多年来一直处于顺差的资本与金融项目在 2012 年发生了 168 亿美元的逆差,2015 年中国国际收支资本与金融项目逆差总额达到创历史纪录的 1 424 亿美元,这标志着中国长期以来保持的国际收支双顺差格局就此结束,中国在今后将交替出现国际收支资本与金融项目的顺差和逆差。

1994 年中国外汇体制改革以来,中国国际收支持续顺差,特别是 2001 年中国加入世界贸易组织以来,国际收支不但延续“双顺差”格局,而且顺差规模持续急剧扩大。2015 年,中国国际收支状况在总体上相对改善,国际收支总顺差为 1 882 亿美元(见图 7-18)。

关于净误差和遗漏。1982—2015 年,中国国际收支净误差和遗漏呈不规则变化,从 2003 年开始中国国际收支净误差和遗漏项目上下波动幅度加剧。2003—2008 年年初呈现净流入状态,从 2008 年年中开始,由于美国次贷危机和欧洲债务危机的持续干扰与影响,中国国际收支净误差和遗漏项目连续出现资本净流出现象,且流出规模迅速扩大和上升,2013 年为776亿美元,而 2014 年这一数字达到了 1 401 亿美元,2015 年更是创新高,达到 1 882 亿美元。这被

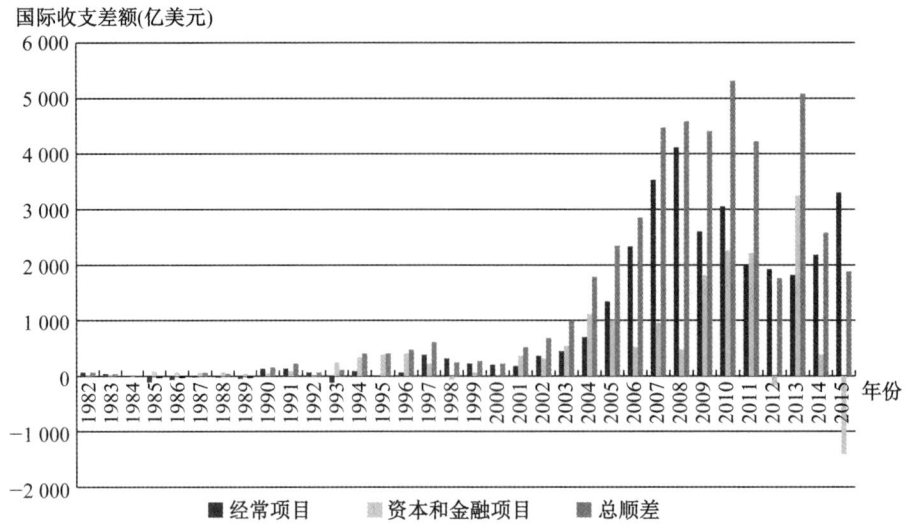

图 7-18　中国国际收支长期失衡结构分布图(1982—2015 年)

数据来源:中国国家外汇管理局。

归结为统计误差、货币折算问题以及可能存在的洗钱行为。从 2014 年和 2015 年的误差和遗漏数据分析,洗钱行为活跃可以更好地解释这一现象(见图 7-19)。

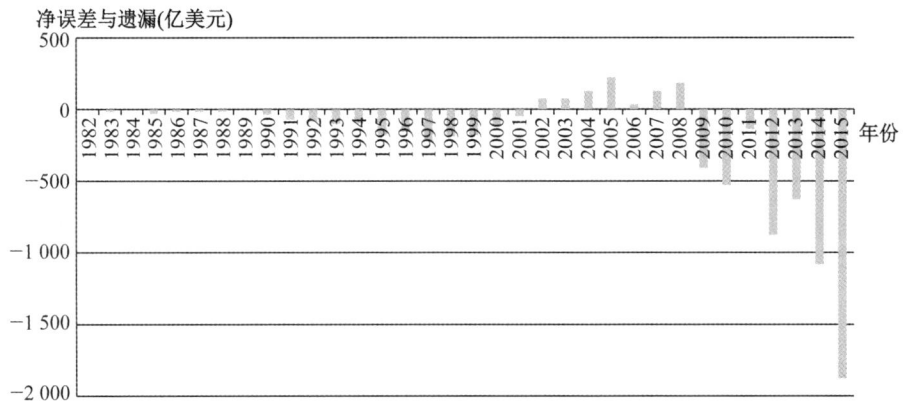

图 7-19　中国国际收支净误差和遗漏(1982—2015 年)

数据来源:中国国家外汇管理局。

　　从整体结构与比例来看,中国国际收支误差与遗漏项目在全部国际收支交易规模中只占非常微小的部分,并未超过国际公认的临界线(见图 7-20)。但由于中国金融监管体系还有诸多不完善之处,统计误差和漏洞也存在完善之处。随着中国不断持续的经济增长和国际收支交易规模继续不断扩大,未来中国国际收支的误差和遗漏项目余额将会进一步扩大,对此产生的风险和不确定性需密切观察和跟踪。

　　3) 中国国际收支失衡原因分析

　　中国国际收支长期顺差失衡主要是长期以来的政策导向造成的。中国经济的改革开放是经济市场化的过程,但由于长期以来的计划经济思想影响,中国经济市场化的过程中夹杂了过

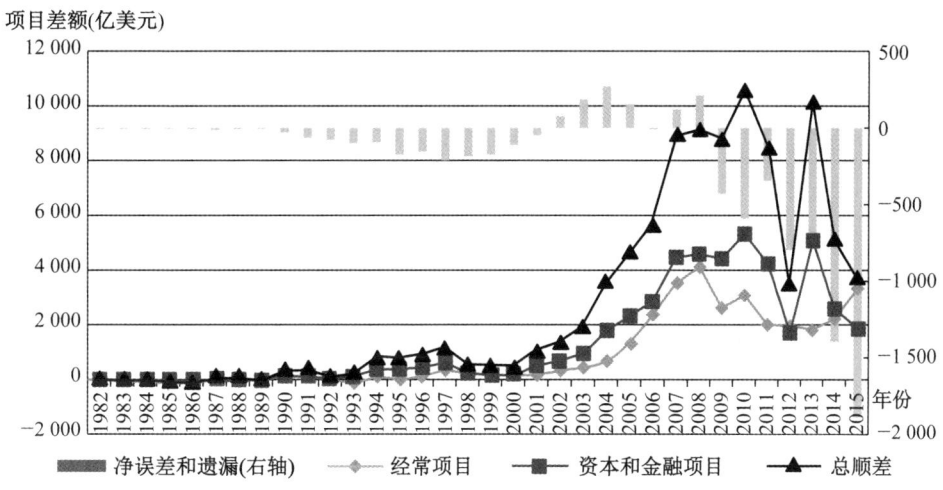

图 7-20　中国国际收支经常项目、资本与金融项目和误差与遗漏项目差额

数据来源：中国国家外汇管理局。

多政府干预的思想与行为。我们长期以来过度重视与依赖投资和出口对经济的拉动作用，忽视了消费对经济的拉动效应，扭曲了市场经济规律，扭曲了消费的真谛，恩惠了外国人，苦了老百姓。如果再早 10 年左右刺激消费，平衡投资和出口，转变经济发展方式，则中国国际收支状况所反映的外部均衡就会更加健康。反过来，外部均衡更加健康的话，国内经济矛盾也会相应大大降低。

从理论视角来看，首先是在经济全球化背景下，中国国际收支长期失衡是中国参与国际分工的必然结果，中国良好的投资环境、低廉的劳动力等生产要素价格，促使跨国公司在全球分工布局中，逐步将加工制造环节向中国转移，带动了中国外资的流入和进出口顺差的增长。其次是中国经济处于工业化、城镇化和国际化进程中的阶段性特征。再次是中国储蓄持续大于投资，国内需求不足是外在表现，其内在表现是政府收税太多，花钱太多，没有把钱花到应该花的地方，造成居民预防性储蓄过多，影响了国内需求和消费水平提升到更高层次。

总而言之，中国国际收支由改革开放初期的双逆差发展到 20 世纪 90 年代中期以来较长时期"双顺差"格局，再到 2012 年开始的经常项目顺差和资本项目逆差交替时期，这一格局在今后相当长时期将会延续。伴随着中国国际收支资本与金融项目逆差演化的不确定性，今后国际收支资本与金融项目的风险将会明显加大，防范和控制这一风险也显得尤为迫切。

三、风险度量与预测

随着中国经济转型的深入发展，中国经济与世界其他国家的关系越来越紧密，经济的开放程度日益扩大，对中国宏观经济分析也应该纳入全球一体化的环境之中，突破传统经济的分析框架，以促使中国实现内部均衡与外部均衡的双重均衡。中国国际收支失衡与国际收支风险是多方面的，对中国宏观经济增长潜在的不确定性风险也是多方面的。

（一）中国国际收支风险度量

1. 国际收支的贸易收支项目失衡风险度量

1）国际收支账户分析基础

国际收支是一国在一定时期内全部对外经济交易的系统的货币记录。国际收支账户是国际收支记录的基础,与此相关联的是国民收入账户。国民收入账户记录了与一个国家的收入和产出有关的全部交易。影响一国国民收入账户变化的因素主要有四个:第一,消费(C),指私人部门为满足日常的需要而用于生活的支出。第二,投资或储蓄(I 或 S),指私人部门的收入除消费外的剩余部分。从供给角度看,它表现为储蓄(S);从需求角度看,它表现为投资(I)。私人部门的投资和消费的区分是,一般将企业的购买视为投资,个人或家庭的购买归为消费。第三,政府支出(G),包括军费开支、公共福利费开支和行政事业费开支。第四,商品和劳务的进出口净额。

封闭经济的国民收入均衡,可用如下关系式表示:

$$Y = C + I + G \tag{7-1}$$

式(7-1)中 Y 为国民收入,C 为消费,I 为投资,G 为政府开支。这个关系式中不涉及国际收支。

开放经济的国民收入均衡,可用如下关系式表示:

$$Y = C + I + G + X - M \tag{7-2}$$

在式(7-2)中,X 为商品和劳务出口,M 为商品和劳务进口。这个关系式说明在开放经济中,国际收支与国民收入有着密切的联系,商品和劳务进出口额所占的比重越大,内外经济相互作用的程度就越深。在西方发达国家的经济中,贸易总额常占国民生产总值的较高比重。

国际收支与货币供给。国际收支是国际经济社会中一种货币现象,它与一国货币供给有紧密联系。货币供给的变化对国民收入、利息率、投资等都有影响。一般地,货币供应量 M 增加→利息率(i)下降→投资(I)增加→国民收入(Y)增加;货币供应量减少→利息率上升→投资减少→国民收入减少。

在封闭经济中,货币供给基本上等于本国信贷量(D)。开放经济中的货币供给包括两部分:国内信贷量和国际货币与国内货币的交换量。后者即为国际储备(U)与汇率(E)之积。国际收支差额就意味着国际储备的变化。在汇率不变的条件下,国际储备的变化必然引起货币供给的变化,其关系式可以表示为:

$$M = D + R \cdot E \tag{7-3}$$

上述这些基本的关系式表明了国际收支与宏观经济变量投资、消费、出口以及货币政策之间的基本关系,是国际收支失衡分析的基础。

2) 贸易收支决定模型。

贸易收支为出口与进口之差。影响出口的因素包括世界经济活动水平、出口价格水平和出口供给能力;影响进口的因素包括国内经济活动水平、进口价格水平和进口替代能力。因此,当我们在仅考虑汇率变动对出口价格水平和进口价格水平的影响时,从贸易收支的决定模型可知,中国贸易收支在理论上由世界总出口水平、国内产出水平、汇率水平,以及出口供给能力、进口替代能力等决定。即:

$$TB = EX - IM = f(+EXW, -IGDP, +REX, +S, -K) \tag{7-4}$$

其中,EXW 表示世界总出口水平,IGDP 表示本国总需求,REX 表示人民币兑美元汇率水平,S 表示本国对出口的供给能力,K 表示本国对进口的替代能力。

改革开放以来,中国经济在对外开放领域所取得的一个显著成就是,通过不断实施对外开放政策,外商直接投资持续流入中国,这不但提高了进口替代能力,而且增强了出口供给能力。由于三资企业生产了大量以前需要进口的商品,使中国的进口替代能力大大提高,因此在实际估计工业制成品进口时采用累计直接投资作为反映进口替代能力的解释变量。在此,采用累计外商直接投资,KDI 同时表示出口供给能力 S 和进口替代能力 K。随着外商直接投资的增加,出口供给能力上升,意味着出口增加;进口替代能力也上升,意味着进口减少,因而贸易收支上升。引入累计外商直接投资之后,贸易收支决定模型为:

$$TB = EX - IM = f(+EXW, -IGDP, +REX, +KXDI-1) \tag{7-5}$$

表 7-11 给出了关于中国贸易收支决定模型的计量分析结果。模型采用1980—2016 年度数据,因变量 TB 为贸易收支,自变量包括世界总出口水平 EXW、中国国内生产总值指数 IGDP(2000 年 = 100)、累计外商直接投资 KXDI 以及人民币兑美元汇率水平。

表 7-11　　　　　　　　　　　　　　**贸易收支决定模型**

自变量	因变量:TB			
	模型 1: 1980—1994 年	模型 2: 1980—2002 年	模型 3: 1980—2007 年	模型 4: 1980—2016 年
EXW	0.013(3.5)	0.016(3.3)	0.049(7.1)	0.055(8.6)
IGDP	−7.45(−4.2)	−4.8(−2.6)	−14.6(−4.6)	−15.4(−5.2)
KXDI(−1)①	—	0.220(3.6)	0.368(2.8)	0.346 9(2.7)
REX	79.9(2.9)	—	—	—
常系数	−97.4(−1.9)	−145.6(−2.3)	−468.6(−2.8)	−473.6(−2.8)
调整后 R^2	0.587	0.861	0.912	0.937 9
D.W.	1.279	1.369	1.010	1.151

模型结果显示,中国贸易收支的影响因素在 1994 年前后发生了显著变化,模型 1 给出了 1980—1994 年的实证结果,以世界总出口额表示外部总需求、以国内生产总值指数表示国内总需求、以人民币兑美元汇率表示汇率水平对贸易收支产生显著影响。模型 2 至模型 4 将实证区间延伸到 1994 年之后。实证结果显示,由于人民币兑美元汇率自 1994 年之后长期保持稳定,汇率水平对贸易收支的影响并不显著,但是,随着外商直接投资不断进入中国,以累计外商直接投资表示的出口供给能力和进口替代能力对贸易收支产生了显著影响。

模型 2 给出了 1980—2002 年的实证结果,与模型 1 相比,在加入 WTO 之前,以世界总出口额表示的外部总需求对贸易收支的影响并未发生显著变化。但是,如果进一步考虑加入 WTO 之后的近几年时间,在一个更长的样本区间里,外部总需求对贸易收支的影响效果显著上升。从模型 3 和模型 4 的实证结果可以看出,贸易收支对世界总出口的反应系数已经从加入 WTO 之前的 0.016 上升到 0.054。累计外商直接投资对贸易收支的影响也表现如此。随着实证区间的延伸,考虑加入 WTO 之后的近几年间的模型 3 和模型 4 与仅考虑加入 WTO

---

① 括号内数字为 t-统计值。

之前的模型相比较,累计外商直接投资对贸易收支的影响效果也显著上升了。

根据模型 4 的结果,世界总出口水平增长 1 亿美元,将使贸易收支增加 0.055 亿美元;而中国的产出水平每增长 1 个百分点,将使贸易收支下降 15.4 亿美元。也就是说,实证结果表明,中国贸易收支顺差随着外部总需求的增加而增加,而中国自身的经济增长对其则表现出抑制作用。实证结果还进一步表明,累计外商投资所表现出的三资企业的出口供给能力和进口替代能力不能加强,累计外商直接投资增加 1 亿美元,贸易收支增加 0.346 9 亿美元。

2. 国际收支失衡的货币因素分析与度量

2017 年 6 月末,中国国家外汇储备余额为 31 503.84 万亿美元(见图 7-21),但比 2016 年同期的 32 051.62 亿美元下降了 548 亿美元(见图 7-22),下降速度明显减缓。多年来中国为巨额外汇储备既自豪又担忧的忐忑心情似乎一扫而去,接踵而来的是中国外汇储备的持续下滑。从最高的近 4 万亿美元外汇储备下滑到 3 万亿美元以下,伴随着外汇储备持续下滑的是人民币汇率持续的贬值,美元兑换人民币从最高的 1∶6.04 贬值为 1∶6.96。多年来外汇储备单边增长,巨额外汇储备又成了中国的软肋,美国动辄就要进行货币超发和贬值,中国老百姓"面朝黄土背朝天"辛苦来的血汗钱,就这样被人家宽松量化货币政策和乱发国债"戏弄"。美国通过债务和货币贬值来赖债,巨额外汇储备本身就成为"烫手的山芋"和"核武器"。可喜的是,随着人民币国际化的不断加深,人民币作为结算和交易货币的使用范围越来越广,中国长期以来外汇储备快速上升的势头已经开始扭转。特别是 2015 年 8 月新的汇率改革以来,人民币汇率不断贬值,外汇储备不断下降,过去超额外汇储备让人担忧,如今外汇储备的快速下滑又让人恐慌。政府当局为此采取了相对比以往更加严格的外汇和资本流动管制,从 2017 年第二季度开始,人民币持续贬值压力得以缓解,随之又开始了连续数个月的升值。目前人民币汇率保持相对稳定,外汇储备又开始恢复性增加。未来人民币汇率的走势依然取决于中国经济的转型是否顺利实现,外汇储备将长期成为制衡人民币汇率的"双刃剑"。

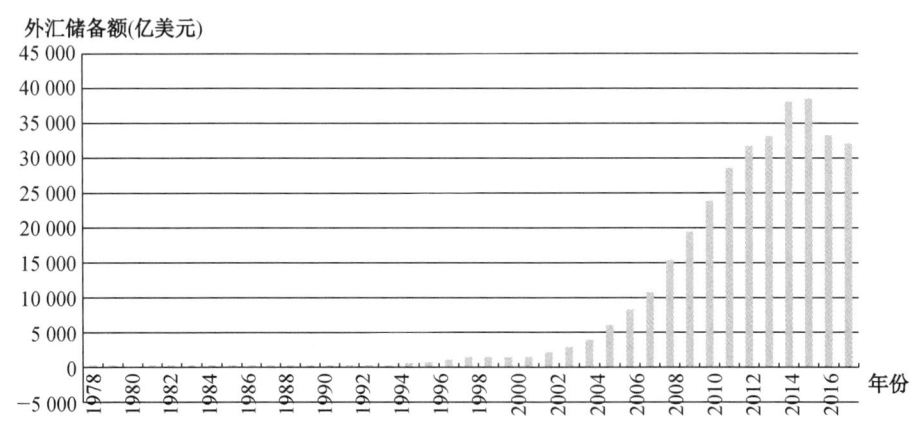

图 7-21　中国外汇储备余额变化情况(1978—2017 年)

数据来源:中国国家外汇管理局。

多年来中国货币当局不得不持续买入因国际收支顺差带来的外汇资产,这导致与国际储备相对应的货币当局对外净资产的快速增加。货币当局的主要资产包括国外净资产 FS、对政府债权 LG、对其他存款性公司债权 LB 和对其他金融性公司债权 $\ln MF$ 等,主要负债包括基础货币 MB、政府存款 DG 和发行债券 DB 等。货币当局的国外净资产 FS 与其他各项资产和

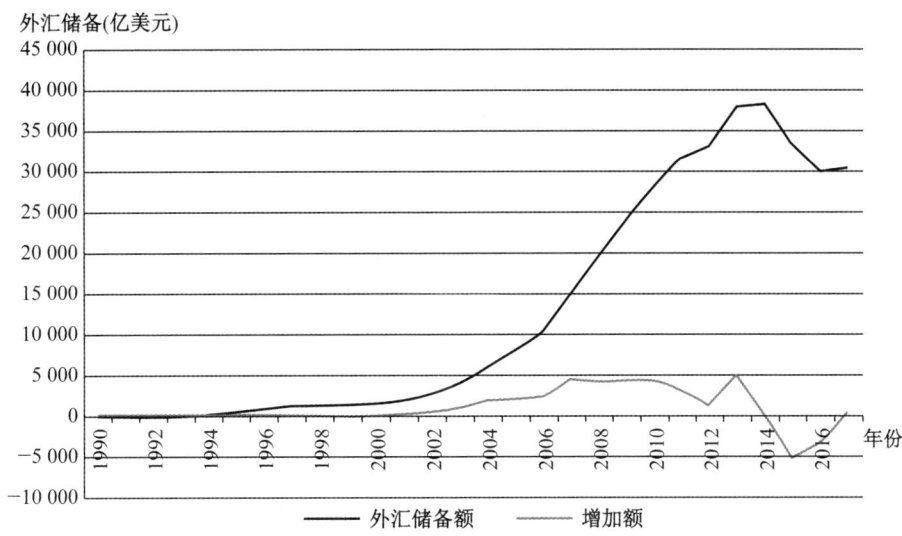

图 7-22　中国外汇储备余额和增加额变化情况（1990—2017 年）

数据来源：中国国家外汇管理局。

负债共同决定了基础货币，而不断增加的国外净资产主要是由持续上升的外汇储备形成的。

中国多年来实行的外汇结售汇制度和近年来的人民币升值预期是中国国际收支顺差持续增长的主要因素，持续的国际收支顺差必然引起基础货币投放的被动增加，货币供应量也必然出现乘数倍增。2017 年 6 月末，中国广义货币供应量 M_2 余额为 1 631 282.53 亿元（见图 7-23）。

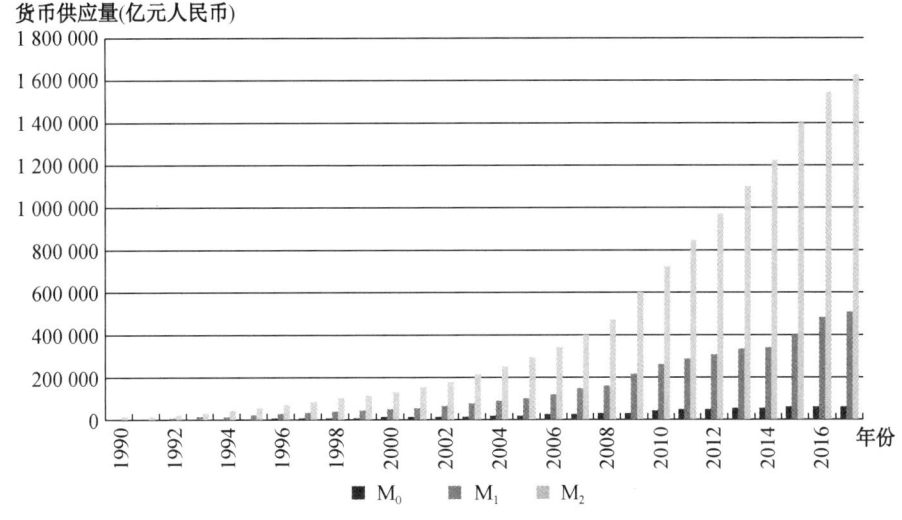

图 7-23　中国货币供给量变化情况（1990—2017 年）

数据来源：中国人民银行。

根据费雪交易方程式：$V = PT$，在一定时期内货币流通速度 V 和社会总交易量 T 稳定的情况下，货币供应量 M 的大幅度增长必然引起物价水平的上涨。2009 年以来，中国货币供给量持续快速增长引起物价水平的持续上升，政府的调控政策使得货币供给增速明显下降，2017 年 8 月，中国广义货币 M_2 增速多年来首次下降到 8.9%，物价水平近两年来基本保持在 2%

左右。当前中国货币政策调控面临着新常态下的经济结构调整和稳定经济增长的重任,进入对外实现国际收支平衡和汇率稳定的艰难时期。在此,我们从外汇储备(RE)与 $M_0/M_1/M_2$ 之间的关系中分析内外均衡联系与制约情况(见表 7-12)。

表 7-12　　　　　　　　　　　　**中国货币供应量(1990—2017.06)**

单位:亿元

年份	M_0	M_1	M_2
1990	2 644.40	6 950.70	15 293.40
1991	3 177.80	8 633.30	19 349.90
1992	4 336.00	11 731.50	25 402.20
1993	5 864.70	16 280.40	34 879.80
1994	7 288.60	20 540.70	46 923.50
1995	7 885.30	23 987.10	60 750.50
1996	8 802.00	28 514.80	76 094.90
1997	10 177.60	34 826.30	90 995.30
1998	11 204.20	38 953.70	104 498.50
1999	13 455.50	45 837.30	119 897.90
2000	14 652.65	53 147.15	134 610.26
2001	15 688.80	59 871.59	158 301.92
2002	17 278.03	70 881.79	185 006.97
2003	19 745.99	84 118.57	221 222.82
2004	21 468.30	95 970.82	253 207.70
2005	24 031.67	107 278.76	298 755.67
2006	27 072.62	126 035.13	345 603.59
2007	30 334.32	152 519.17	403 401.30
2008	34 218.96	166 217.13	475 166.60
2009	38 246.97	221 445.81	610 224.52
2010	44 628.17	266 621.54	725 851.79
2011	50 748.50	289 847.73	851 590.94
2012	54 659.77	308 664.23	974 148.80
2013	58 574.44	337 291.05	1 106 524.98
2014	60 259.53	348 056.41	1 228 374.81
2015	63 216.58	400 953.44	1 392 278.11
2016	68 303.87	486 557.24	1 550 066.67
2017.6	66 977.68	510 228.17	1 631 282.53

数据来源:中国人民银行。

　　在此,把外汇储备与 $M_0/M_1/M_2$ 等数据作图,结果发现其基本呈正相关,然而增长率即斜率是不同的(见图 7-24)。

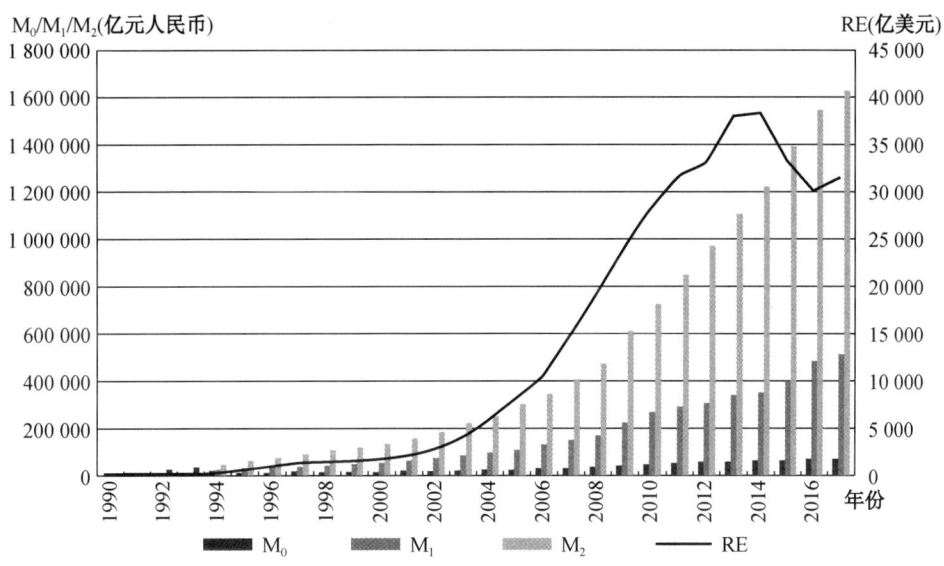

图 7-24　中国外汇储备与 M_0、M_1 及 M_2 关系图(1990—2017.06)

　　对 RE 和 $M_0/M_1/M_2$ 进行相关性检验得出下列结论(见表 7-13)。

表 7-13　　　　　　　　　　　　　　　**RE 和 $M_0/M_1/M_2$ 相关性检验**

		RE	M_0	M_1	M_2
RE	Pearson 相关性	1	0.971**	0.991**	0.992**①
	显著性(双侧)		0.000	0.000	0.000
	N	23	23	23	23
M_0	Pearson 相关性	0.975**	1	0.996**	0.995**
	显著性(双侧)	0.000		0.000	0.000
	N	23	23	23	23
M_1	Pearson 相关性	0.989**	0.992**	1	0.996**
	显著性(双侧)	0.000	0.000		0.000
	N	23	23	23	23
M_2	Pearson 相关性	0.988**	0.989**	0.996**	0.998*
	显著性(双侧)	0.000	0.000	0.000	
	N	23	23	23	23

　　检验表明 RE 和 $M_0/M_1/M_2$ 各个数据之间均存在较强的相关性,接下来我们对外汇储备

---

①　＊＊.在.01水平(双侧)上显著相关。

与各因素之间关系进行进一步探讨。取对数并检验其平稳性(见表7-14)。

表7-14　　　　　　　　　　**外汇储备额与货币供给平稳性检验**

变量	检验方法	t-Statistic	Prob	平稳度
$\ln M_0$	Augmented Dickey-Fuller test statistic	$-3.456\ 737$	$0.818\ 9$	平稳***
$\ln M_1$	Augmented Dickey-Fuller test statistic	$-3.135\ 643$	$0.867\ 4$	平稳***
$\ln M_2$	Augmented Dickey-Fuller test statistic	$-2.445\ 316$	$0.783\ 8$	平稳***

注:平稳＊＊＊表示在1％ level上可信。

可以看出,以上数据都是一阶平稳的,先来对 $\ln M_0$, $\ln M_1$, $\ln M_2$ 和 $\ln RE$ 进行估计并分析其关系,可得结果:

$$\ln M_0 = 0.304\ 004\ \ln RE - 0.195\ 895\ \ln RE(-1) + 0.336\ 871\ \ln RE(-2) + 6.156\ 526\ C$$
$$(3.805\ 367) \quad (-1.785\ 785) \quad (4.506\ 784\ 4) \quad (70.126\ 4)$$
$$(0.881\ 241) \quad (0.709\ 875) \quad (0.778\ 741) \quad (0.792\ 304)$$

$R\text{-}squared = 0.992\ 674$

$Durbin\text{-}Watson\ stat = 1.169\ 739$

$$\ln M_1 = 0.379\ 436\ \ln RE - 0.148\ 993\ \ln RE(-1) + 0.368\ 966\ \ln RE(-2) + 6.463\ 567\ C$$
$$(3.807\ 563) \quad (-1.099\ 788) \quad (4.008\ 762) \quad (57.937\ 45)$$
$$(0.099\ 845) \quad (0.137\ 438) \quad (0.093\ 718) \quad (0.112\ 936)$$

$R\text{-}squared = 0.995\ 317$

$Durbin\text{-}Watson\ stat = 1.949\ 676$

$$\ln M_2 = 0.412\ 357\ \ln RE - 0.098\ 438\ \ln RE(-1) + 0.324\ 866\ \ln RE(-2) + 7.052\ 345\ C$$
$$4.219\ 986 \quad -0.725\ 363 \quad 3.584\ 571 \quad 64.256\ 9$$
$$0.098\ 936 \quad 0.135\ 631 \quad 0.093\ 13 \quad 0.112\ 242$$

$R\text{-}squared = 0.995\ 126$

$Durbin\text{-}Watson\ stat = 1.828\ 124$

对比上述三个关系,可以认为外汇储备变动对于货币投放有着明显的影响,然而影响程度却不同,当期 M_2 对于当期外汇储备最为敏感,M_1、M_0 影响则会依次递减。虽然目前来看,外汇占款进入流通领域是不完全的,然而,它的影响却是长期存在的,中国人民银行近年来多次频繁调整存款准备金率,至2011年6月20日存款准备金率最高调整到21.50％,其中一个重要目的就是为了冲销外汇占款问题。2015年以来人民币的贬值和外汇储备的下降促使外汇占款下降,因而外汇占款下降也是其中原因之一。

2015年8月人民币汇率改革以来,人民币中间价格机制逐步形成,人民币汇率的市场化程度有所提高,但伴随着中国经济增速的放缓和人民币贬值压力的增大,一方面外汇储备和外汇占款减少;另一方面货币供给量依然平稳增长,结果是这两种的平稳性关系依然得到保持。

3. 国际收支失衡的对外净资产风险度量

对外净资产(net foreign asset,NFA)是一国国际投资头寸表中对外资产与对外负债之差,也称净头寸。中国在1992—2002年的对外净资产连续11年为负,为对外净债务国。自2003年起,中国的对外净资产开始为正,成为对外净债权国。中国对外净资产为正,主要是高比例的储备资产,以及1998年开始为正的债务型净资产2004年以来呈较快上升的趋势,主要是中国持有外国中长期债券的上升。2004—2013年,中国对外净资产从2 764亿美元增长至19 716亿美元,年均增速为27%。其中,2004—2007年年均增速高达63%。2014年年末,中国对外金融资产664 087亿美元,对外负债46 323亿美元,分别较2015年年末增长7%和16%,对外金融开放度(即对外金融资产与负债之和/国内生产总值)为107%,较2015年上升1.5个百分点;对外净资产为17 764亿美元,较上年年末减少2 196亿美元,与国内生产总值之比为17%,较上年下降3.9个百分点。

2016年年末,中国对外金融资产64 666亿美元,对外负债46 660亿美元,较2015年年末分别增长5%和4%;对外净资产18 005亿美元,较上年年末增加1 277亿美元,增长8%。

对外金融资产主要集中在货币当局,以外汇储备为主。高额的储备资产主要来源于经常项目和资本项目"双顺差"的多年累积。保持充足的外汇储备对确保国际清偿能力,维护国家经济金融安全具有重大意义。但另一方面,其他形式的外汇资金运用占比较低,也显示中国扩大对外投资渠道尚有较大潜力。数据还显示,到2015年年底中国持有国外证券投资比例依然较大,其中持有美国国债1.246万亿美元,仍为美国国债第一大债权国(见表7-15)。

表7-15　　　　　　　　　　　　中国外汇储备与中国持有美国国债数量

单位:亿美元

年份	外汇储备	美国国债	年份	外汇储备	美国国债
2000	1 655.74	603	2009	23 991.52	8 948
2001	2 121.65	786	2010	28 473.3	11 601
2002	2 864.07	1 184	2011	31 811.48	11 519
2003	4 032.51	1 590	2012	33 115.89	12 028
2004	6 099.32	2 229	2013	38 213.15	12 670
2005	8 188.72	3 100	2014	38 430.18	12 443
2006	10 663.40	3 969	2015	33 303.62	12 460
2007	15 282.49	4 776	2016	30 105.17	10 621
2008	19 460.3	7 274			

数据来源:中国国家外汇管理局、美国财政部。

随着中国外汇储备的日渐增加,外汇储备的保值与增值压力日益增大,国家对外投资冲动加大,这往往会造成风险的过多积累。在缺乏更好的投资手段时,对外投资的结果表现为对外净资产的增加,其中以对美国国债的购买最为明显。

从表7-15可以看出,外汇储备的增长伴随着美国国债持有数的增加。这说明在中国外汇储备投资选择中,美国国债一直是外汇储备投资的重要选择,虽然随着外汇储备规模的不断增加,中国购买美国国债的数量也不断增加,但美国国债占中国外汇储备的比例基本保持稳定,从2000年至2014年,中国持有美国国债占外汇储备的比重最高为2002年占41%,最低为2007年占31%,大部分年份为35%~38%,最高持有美国国债占外汇储备的年平均比重为37%。截至2016年12月,中国持有美国国债1.06万亿美元,持有余额较前略有上升,但由于2015年中国外汇储备下降,持有美国国债占中国外汇储备的比例上升到35.27%(见图7-25)。

对上述数据变量进行格兰杰因果关系结对检验。

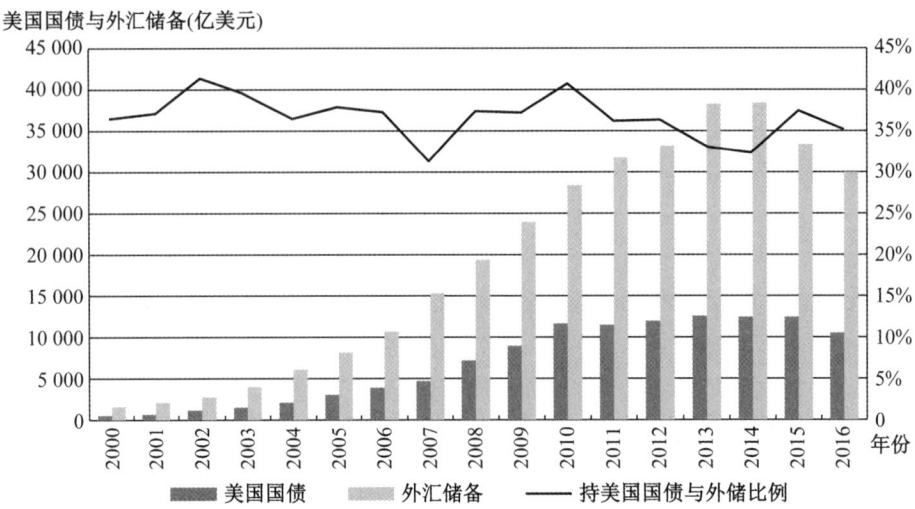

图 7-25　中国持有美国国债与外汇储备对比(2000—2016)

数据来源:中国国家外汇管理局、美国财政部。

Pairwise Granger Causality Tests
Date:10/17/2020　Time:03:11
Sample:2000—2016
Lags:2

Null Hypothesis:	*Obs*	*F-Statistic*	*Probability*
RE does not Granger Cause AD	11	10.021 9	0.012 31
AD does not Granger Cause RE		0.348 25	0.719 49

可以看出,在 $alpha = 0.05$ 的显著性水平下,外汇储备是持有美国国债的格兰杰原因,由此证实了外汇储备的增加是购买美国国债的推动力,进行回归找出两者之间的关系。

$ATS = 0.152\ 279RE + 0.581\ 687RE(-1) - 0.229\ 73RE(-2) + - 0.398\ 223RE(-3) + 11.222\ 87\ C$

$R\text{-}squared = 0.990\ 551$

$Durbin\text{-}Watson\ stat = 2.033\ 851$

持有美国国债数量下降与上期外汇储备下降呈正相关关系,上期外汇下降增加将导致购买美国国债下降。2016 年,外汇储备下降也引起持有美国国债下降的变化,这说明中国目前对持有美国国债存在较大的路径依赖。另外,热钱流入与流出是中国外汇收支失衡的另一影响因素,热钱流入对外汇储备积累和经济增长有增加作用,而热钱流出则有减少作用。热钱由贸易顺差、直投净流入、境外投资收益、境外上市融资和外汇储备增量计算得出。2016 年,中国跨境资本流动呈现年度大量流出的状况,这与人民币汇率改革和人民币贬值预期密切相关。2017 年第二季度开始,这一态势有所缓和,但未来人民币贬值预期与资本流出压力依然存在。

(二)中国国际收支风险预测

国际收支风险是在国际收支状况可能恶化的情况下出现的风险,其包括国际收支自身存在的风险和可能对宏观经济运行产生的不利影响,以及宏观经济失衡本身对国际收支失衡的反作用。国际收支风险具有客观性,其伴随着国际经济活动和国际贸易与资本流动而产生,是一种常态状况。国际收支风险具有扩散性,其不是某种孤立的系统内风险,可以通过某些传导机制进行扩散。国际收支风险具有可识性,其可以通过一些国际经济金融指标被认知。尽管在实践中准确预测国际收支风险存在较大难度,但国际收支风险在一定程度上是可测的。

基于上述中国国际收支结构分析和数量分析,在发掘和论证检验中国国际收支失衡各个变量之间的相互关系和相互影响的作用机理下,以此来设计国际收支风险监测与预警指标,建立中国国际收支风险指数,对中国面临的国际收支风险进行预测。

1. 国际收支失衡风险指标的筛选

根据相关的风险监测和预警理论,国际收支风险预测最基本的要素是确定相关的国际收支风险指标,通过观测这些指标对国际收支出现的异常变动进行分析和监测,进而预测可能发生的国际收支风险及其对宏观经济运行产生的不确定性。然而,影响国际经济金融稳定的因素十分复杂,而且各种因素的相对重要性及相互作用也因一国的发展水平、开放程度、经济周期、经济结构,以及政府干预程度的不同而大相径庭。

借鉴和吸收相关风险监测和预警系统的研究成果,并基于我们对中国国际收支失衡风险的传导机制进行的理论和实证研究,我们制定了七项国际收支风险指标。其中,反映国际收支自身风险的四项指标为出口增长率、FDI 增长率、贸易收支/GDP 和(FDI＋经常收支)/GDP,反映国际收支对宏观经济不利影响的三项指标为对外开放度、国际储备变动/GDP 和国际储备变动/基础货币变动。

2. 国际收支失衡风险度量指数

国际收支风险指标体系确定后,要进一步对每一个指标确定不同风险状态的临界值。确定国际收支风险指标临界值较为困难。国际上有公认标准的,临界值的确定将根据国际标准来确定;没有国际标准的,将根据中国经济不同发展阶段的特征,结合国际收支运行的特点,计算出该指标的最高、最低和平均值,并确定上下浮动比例;或者采用自回归移动平均 ARMA 模型,利用时间序列过去值的加权求和来建立一个平稳的时间序列模型,以确定单个指标的临界值(见表 7-16)。在此根据风险指标所处安全状态的不同给出具体得分:处于安全状态的得 0 分;处于关注状态的得 1 分;处于风险状态的得 2 分;处于预警状态的得 3 分。然后,将各风险指标得分进行加总,得到国际收支风险指标体系的综合得分。

表 7-16　　　　　　　　　　国际收支风险指标及其临界值

风险指标	风险状态			
	安全	关注	风险	预警
出口增长率	5%～10%	−5%～5%, 10%～20%	−15%～−5%, 20%～30%	−15%以下, 30%以上
FDI 增长率	5%～10%	−5%～5%, 10%～20%	−15%～−5%, 20%～30%	−15%以下, 30%以上
贸易收支/GDP	−2%～3%	−3%～−2%, 3%～6%	−5%～−3%, 6%～8%	−5%以下, 8%以上
(FDI＋经常收支)/GDP	0～5%	−2%～0, 5%～8%	−3%～−2%, 8%～10%	−3%以下, 10%以上

（续表）

风险指标	风险状态			
	安全	关注	风险	预警
对外开放度	30%以下	30%～50%	50%～70%	70%以上
国际储备变动/GDP	−1%～3%	−2%～−1%, 3%～6%	−3%～−2%, 6%～9%	−3%以下, 9%以上
国际储备变动/基础货币变动	25%以下	25%～40%	40%～60%	60%以上

　　基于国际收支风险指标体系的综合得分,在此对国际收支风险指数进行分级。国际收支风险共分 5 个等级:安全、较安全、一般、较危险和危险,其相关的国际收支风险指数为 1～5,而所对应的综合得分区间根据表 7-17 给出。国际收支风险指数从低到高,意味着国际收支风险不断加大。

表 7-17　　　　　　　　　　　　国际收支风险指数分级

风险等级	风险指数	综合得分	含　义
安全	1	0～4	收支适度
较安全	2	5～8	收支相对适度,不会有大的风险
一般	3	9～12	收支有一定风险,出现各种对宏观经济不利的影响
较危险	4	13～16	须立即重视收支风险的存在,施行各种措施进行调节
危险	5	17～21	收支风险极大,须采取紧急措施纠正

　　3. 2017 年年初对当年中国国际收支风险指数的预测

　　2017 年,中国经济将继续在转型发展中寻求稳定前行,"经常账户顺差、资本和金融账户逆差"将成为未来中国国际收支架构的新常态。经常账户将继续保持一定规模顺差。第一,货物贸易将维持顺差。从出口方面看,中国产业升级和技术进步以及全球经济延续缓慢复苏态势,都有助于稳定中国对国际商品出口市场的供给,人民币汇率的贬值也将一定程度上改善出口状况。从进口方面看,由于美元总体强势和全球市场需求不显著,国际大宗商品价格在2016 年反弹将维持相对平稳态势;同时,中国新经济业态的变化和内需还会保持相对稳定,人民币汇率贬值预期使进口变化幅度有限,进口规模仍会低于出口。第二,服务贸易等项目将持续呈现逆差状况。中国居民境外旅游、留学等消费需求将继续保持较快增长,旅行项目将依旧是最主要的逆差来源。2017 年,经常账户将在货物贸易主导下继续保持顺差,与 GDP 之比仍将会处于国际公认的合理区间。

　　2017 年,中国国际收支资本和金融账户将继续呈现逆差,跨境资本流动有望总体趋稳。一方面,中国国内外金融监管将继续得到强化,金融将继续降杠杆和去虚向实,资本流动将受到相对严格的管制,特别是部分不受政府支持的国际收购将受到限制。另一方面,支撑中国国际收支平稳运行的因素依然较多。2017 年,中国经济增长目标仍将保持在 6.8% 左右的较高速度。外汇储备在经历 2016 年较大幅度下降和流失后,随着人民币汇率的稳定也将保持相对稳定。在此国际国内背景下,我们对 2017 年各项国际收支风险指标进行预测,给出了 2017 年各项国际收支风险指标的预测区间。

2017 年,中国经济整体仍继续保持较高增长态势,经济增长目标为 6.5%~6.9%,居民消费价格指数(CPI)涨幅大约在 2.5% 以内。2017 年,中国中央银行将继续实施稳健的货币政策,全年 M_2 增速保持在 10% 左右,出口增长率在 8%~15% 之间,FDI 增长率在 3%~8% 之间。尽管近年来全球大宗商品出现了供过于求,大宗商品价格特别是石油价格不断走低,2017 年中国贸易收支/GDP 将保持相对平稳,预计将保持在 2%~5% 之间。由于外商直接投资稳步增长,经常收支也因贸易收支等有所回升,(FDI+经常收支)/GDP 将相对平稳,2017 年这一指标为 3%~8%。2017 年中国对外开放度[(出口+进口)/GDP]为 45%~55%。2017 年中国国际储备变动/GDP 基本维持在 2%~4%;中国国际储备变动/基础货币变动也回落到 25%~35%(见表 7-18)。

表 7-18　　　　　　　**2017 年国际收支风险指标预测区间及其风险状态**

风险指标	预测区间	风险状态	各项得分
出口增长率	8%~15%	关注	1分
FDI 增长率	3%~8%	关注	1分
贸易收支/GDP	2%~5%	关注	1分
(FDI+经常收支)/GDP	3%~8%	关注	1分
对外开放度	45%~55%	关注	1分
国际储备变动/GDP	2%~4%	关注	1分
国际储备变动/基础货币变动	25%~35%	关注	1分

根据上述预测结果,我们可以判断各项国际收支风险指标所处的风险状态及其相应得分。出口增长率于 2017 年所处的风险状态为"关注"区间,得 1 分;FDI 增长率于 2017 年所处的风险状态为"关注"区间,得 1 分;贸易收支/GDP 于 2017 年所处的风险状态为"关注",得 1 分;(FDI+经常收支)/GDP 于 2017 年所处的风险状态为"关注",得 1 分;对外开放度于 2017 年所处的风险状态为"关注",得 1 分;国际储备变动/GDP 于 2017 年所处的风险状态为"关注"区间,得 1 分;国际储备变动/基础货币变动 2016 年所处的风险状态为"关注",得 1 分。

将上述 7 项国际收支风险指标得分进行加总,并按照表 7-16 给出的国际收支风险分级标准,我们得到 2017 年中国国际收支风险体系的综合得分区间为 7 分,与此相对应的国际收支风险指数等级为较安全区。根据我们对风险程度的定义,较安全是指"收支相对适度,不会有大的风险",这就意味着中国国际收支在 2017 年虽然相对安全,不会存在较大的风险,但遭遇风险的可能性比以往更加加大。由于当前中国经济仍处于经济转型和结构调整的关键时期,面临的国内国际各种矛盾和问题依然复杂,在人民币汇率波动加剧过程中,中国国际收支将面临更为艰巨的挑战,但国际收支失衡总体风险依然可控。

四、风险管理

(一)中国国际收支管理形势展望

近年来,国内外经济金融环境发生较大变化,金融领域的脱实向虚和加杠杆一直是监管当局关注的重点,国内经济发展进入新常态。全球经济增长出现分化,发达经济体经济缓慢复苏,新兴经济体经济增速回落;以美国为代表的主要发达经济体货币政策转向收缩,国际金融市场受到较大影响。

2017年召开的党的第十九次全国代表大会,以习近平同志为核心的党中央制定的一系列方针政策极大地推动供给侧结构性改革,开创对外开放新局面,积极防范跨境资本流动风险,为中国国际收支抵御外部冲击、趋向基本平衡奠定了坚实的基础。

从总体上来看,2017年中国国际收支基本保持平衡格局。一是货物贸易顺差将有所扩大,这是因为全球经济总体延续回稳势头有利于中国外需稳定,国际机构在2017年初对全球经济2017年和2018年增长的预期分别为3.5%和3.6%,快于此前两年的增长水平。从进口看,中国经济运行总体稳中向好,主要进口大宗商品价格在经历反弹后可能相对趋稳,进口增速将保持基本稳定。二是以境外旅游、留学等为代表的服务贸易逆差增幅将趋于平稳,这将有利于平衡经常项目稳定。三是中国对外金融资产结构不断优化,中国境外投资收益增长和投资收益逆差收窄。总体来看,2017年全年经常账户顺差与GDP之比仍处于合理水平。四是跨境资本流动仍保持总体稳定,随着人民币汇率形成机制不断完善,境内主体对外投资更趋理性,对外负债平稳恢复,有助于形成形势好转、带动市场预期改善,并促进国际收支平衡的良性循环。

(二)中国国际收支风险管理政策取向

2017年,中国国际收支继续呈现"经常账户顺差、资本和金融账户逆差"的格局。经常账户保持一定规模顺差,出口仍大于进口,货物贸易仍保持较大比例顺差,但服务贸易继续维持多年来的逆差局面,而且很可能存在服务贸易逆差继续扩大的可能性。随着人民币汇率形成机制的改革和人民币贬值预期的持续递延,资本项目热钱流动继续活跃,以及中国企业海外投资活动的加大更进一步加剧资本的跨境流动,2017年中国国际收支资本和金融项目资金波幅加大,逆差进一步扩大。

在此背景下,紧紧围绕服务实体经济、防控金融风险、深化金融改革,促进国际收支基本平衡、防范跨境资本冲击风险仍是未来的主要政策方向。

(1)从国际视野来看,全球经济总体平稳复苏,发达与新兴市场经济体货币政策分化,主要发达经济体已经启动或者正在酝酿货币政策正常化进程,受全球经济总体平稳复苏的支持,当前国际金融市场波动总体有所降低。这些为中国2017年国际收支稳定平衡创造了较为良好的短期外部环境。

(2)从中国国内宏观经济全局来看,转变经济发展方式,调整经济结构,认真做好创新驱动和转型发展。金融领域去杠杆和泡沫的任务依然艰巨,积极努力采取多种方式和途径努力化解各种金融风险,特别是商业银行的不良资产和地方债务,增强金融运行效率和服务实体经济能力。

(3)从中国国际收支风险管理层面来看,要根据国内外金融市场的最新发展和变化,动态实时地采取应变措施,建立健全可持续的国际收支平衡机制,发挥市场在外汇资源配置中的决定性作用,把稳定出口和扩大进口结合起来,推动对外贸易平衡发展。

(4)从国际收支运行微观监管来看,探索建立宏观审慎管理框架下的国际收支管理体系,加强外债和资本流动管理,防范跨境资金双向流动风险,进一步增强外汇管理服务实体经济和防范金融风险的能力,进一步完善人民币汇率形成机制,稳步推进人民币国际化进程。在新常态发展背景下管理好中国国际收支,努力防范和化解国际收支失衡风险,为中国经济全面稳定健康发展保驾护航。

参 考 文 献

［1］中国国家外汇管理局.2016年中国国际收支报告[EB/OL].http://www.safe.gov.cn/wps/wcm/connect/b418c7004098590ea587f7fd76db7458/2016

［2］中国国家外汇管理局.2017年上半年中国国际收支报告[EB/OL].http://www.safe.gov.cn/wps/wcm/connect/b5258f8042c6f79389d8df072c7d8f4d/2017

［3］中国国家外汇管理局.国家外汇管理局年报（2016）[EB/OL].http://www.safe.gov.cn/wps/wcm/connect/10f99a004100b8278279b7cca25c179f/

［4］中国国家外汇管理局.中国跨境资金流动监测报告（2010—2016）[EB/OL].http://www.safe.gov.cn/wps/portal/ibm.portal.SearchCenter2/!ut/p/c5/04_SB8K8xLLM9MSSzPy8xBz9CP0os_hQU1d3S3cfQwMLJ0NzA09XZz9PTwsLIwN3Y_1wkA6zeAMcwNFA388jPzdVP1I_yjzexMAgGGiEI1Ai0NzA0d3F1CQwxMnY381MPzInNT0xuVK_IDuvPN9RUREA0NFKsg!!/dl3/d3/L0lJSklna21DU1EhIS9JRGpBQU15QUJFUkNRXFnLzRGR2dzbzBWdnphOUlBOW9JQSEhLzdfNDAwUzhCMUEwMDBRN3Q1NFFFUQjNPRjjYvQ1V4TUUxMTcwMDQxOC9zYS5BY3Rpb25TZWFyY2g!/

［5］中国国家统计局.中华人民共和国2016年国民经济和社会发展统计公报[EB/OL].http://www.stats.gov.cn/tjsj/zxfb/201702/t20170228_1467424.html

［6］余永定,覃东海.中国的双顺差性质、根源和解决办法[J].世界经济,2006(3).

［7］李治国.货币需求弹性、有效货币供给与货币市场非均衡模型——解析"中国之谜"与长期流动性过剩[J].经济理论与经济管理,2007(11).

第八章 金融运行风险

金融运行风险影响宏观经济运行,对其进行分析、度量和预测,是经济运行风险管理的重要内容。金融运行风险既影响宏观经济运行,同时也受宏观经济中各种冲击的影响,形成一种相互交替影响的动态效应。因此,把金融系统作为宏观经济的一部分,既研究源于其自身和实体经济冲击因素导致的金融运行风险,又研究金融运行风险对实体经济波动的传递效应,才能厘清金融运行风险的影响。

一、主要风险因素

我们需要从宏观上评估各种金融交易的集合是否稳定,以及若不稳定将为宏观经济带来多大的冲击。由此,研究金融运行风险,需从金融总量结构框架出发,分析各种总量关系的稳定性和影响,如图 8-1 所示。

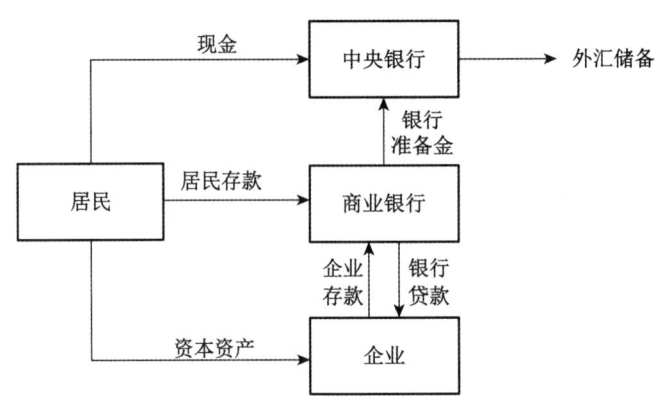

图 8-1 金融运行风险的基本机理

参与金融运行的基本主体包括居民、中央银行、商业银行、企业,涉及现金、居民存款、资本资产、银行准备金、银行贷款、企业存款、外汇储备等基本的跨期交易合约。这些合约稳定,则金融系统相对稳定;反之,若这些交易合约的任一类发生突然、显著的变化,则必然导致其他所有交易合约发生变化,从而金融系统不再稳定,产生金融运行风险。

需要说明的是,我们的模型在处理存款时,将其企业存款和居民存款合二为一,在不过多影响准确性的前提下简化问题。

商业银行处于金融系统的中心地位,这是因为:一方面,中国的融资结构仍以银行贷款为代表的间接融资为主;另一方面,商业银行在货币创造过程中起到关键作用。

此外,所有的跨期交易(零和博弈的衍生品交易除外)都涉及资金供给与资金需求,这种交易契约的稳定性的影响因素就成为金融运行风险的来源,我们对此进行详细分析。

（一）资金需求方的风险因素

1. 贷款者的经营环境和经营绩效

目前,贷款者面临的外部环境尚不稳定。

从国内经济来看,中国经济已经进入了新常态,在追求质量、优化结构和产业升级的过程中,新的增长动力不足,发展速度有较明显的下降。经济增长放缓对企业来说,是面临需求的下降。在这种情况下,企业的经营绩效短期内很难提升。

从世界经济环境来看,全球经济总体保持复苏态势,但主要经济体的表现有所分化,美国经济复苏波折反复,欧元区和日本经济持续改善,新兴市场经济体总体增长较快,但仍面临调整与转型压力,且主要经济体通胀水平仍在低位运行。

由此可见国内经营环境和利润空间仍不理想。

2. 国内投资与贷款需求

由于国内制造业产能过剩,在新的经济增长动力尚未真正建立起来时,企业自发的投资需求相对低迷,在这种情况下,企业因自发投资对贷款的需求有所下降。这实际上是国际、国内经济环境以及企业本身对未来经济走势的预期造成的,这会在一定程度上抑制贷款余额增速。由于多年来的飞速发展,银行系统的贷款余额已经有了较大规模,即使增速下降,但余额增加绝对值仍然较高,从而积累了较高风险。

截至 2017 年 6 月,金融机构各类信贷余额超过 120 万亿元。其中,非金融部门贷款 76 万亿元,住户贷款 37 万亿元;人民币贷款余额为 114.6 万亿元,同比增长 12.9%。2017 年以来,月度贷款增量均在万亿元以上,上半年增量和 6 月份增量还是历史同期最高水平,若考虑地方平台存量贷款置换因素,实际贷款增加更多。

从人民币贷款期限看,中长期贷款增量比重提高。中长期贷款比 2017 年年初增加 7.1 万亿元,同比多增 1.9 万亿元,增量占比为 88.9%,比 2016 年同期提高 19.8 个百分点。从人民币贷款部门分布看,住户贷款增速高位有所放缓,其中,个人住房贷款 6 月末增速回落至30.8%,较年内最高点低 6.0 个百分点,上半年增量为 2.2 万亿元,同比少增 708 亿元,增量占比下降至27.8%;非金融企业及机关团体贷款回升,比年初增加 4.4 万亿元。分机构看,中资中小型银行和小型农村金融机构贷款同比增加较多。

（二）资金供给方的主要风险因素

1. 货币供给

截至 2017 年 6 月末,广义货币供应量 M_2 余额为 163.1 万亿元,同比增长 9.4%,增速比 3 月末低 1.2 个百分点。狭义货币供应量 M_1 余额为 51.0 万亿元,同比增长 15.0%,增速比 3 月末低 3.8 个百分点。流通中货币 M_0 余额为 6.7 万亿元,同比增长 6.6%。上半年现金净回笼 1 326 亿元,同比多回笼 928 亿元。M_1 与 M_2 剪刀差缩窄至 5.6 个百分点,延续上年 8 月份以来差幅缩小的趋势。

M_2 增速比过去低的原因:一是过去 M_2 增速高于名义 GDP 增速较多与住房等货币化密切相关,而目前住房商品化率已经很高,货币需求增长相应降低;二是近些年 M_2 增长较快还与金融深化有关,主要体现为同业、理财等业务发展较快,但金融深化进程并非是线性的,为了兴利除弊也会有一定起伏,近期 M_2 增速有所降低正是加强金融监管、缩短资金链条、减少多层嵌套的合理反映。

预计随着去杠杆的深化和金融进一步回归为实体经济服务,比过去低一些的 M_2 增速可能成为新的常态。同时,随着市场深化和金融创新,影响货币供给的因素更加复杂,M_2的可测性、可控性,以及与经济的相关性亦在下降,对其变化可不必过度关注。

　　2. 准备金

　　法定准备金率对货币乘数起着重要影响,上调法定准备金率说明货币调控从紧,反之下调准备金则说明货币供给有所放松。2013年出现了"钱荒"现象,到2014年和2015年,法定准备金已经有了数次下调,目前来看准备金率相对仍然偏高,还有下降的空间。

　　超额准备金方面,目前超额准备金率在1.5%左右。近年来金融机构超额准备金率总体呈下行态势与下列因素有关:一是支付体系现代化大大缩短了资金清算占用时间,基本消除了在途资金摩擦,降低了其他资产转换为超额存款准备金的资金汇划时间成本和交易成本;二是金融市场快速发展使得商业银行有更方便的融资渠道,从而降低预防性需求;三是商业银行流动性管理水平和精细化程度不断提高,可以更加准确地预测流动性影响因素,降低了不确定性冲击的影响。

　　近年来,中央银行不断完善货币政策操作框架,释放出制度红利,也使得银行体系超额存款准备金需求明显降低。如双平均法考核存款准备金给予商业银行在考核期内更加灵活的流动性空间,常备借贷便利工具和自动质押融资工具使得商业银行在短期流动性不足的时候,可以合格资产为抵押从中央银行获得流动性支持,而公开市场操作频率从每周两次提高到每日操作,从制度上保障中央银行能够及时应对多种因素可能对流动性造成的冲击,及时释放政策信号引导和稳定市场预期,这些都有效降低了商业银行超额存款准备金预防性需求。这种下降并不意味着银行体系流动性收紧和货币政策取向发生变化。

　　还值得注意的是,我国金融机构超额准备金率存在比较明显的季节性波动。不仅季末月和非季末月存在差异,不同季末时点也有明显差别。

　　3. 信用创造中的其他影响因素

　　1) 居民流动性现金需求

　　当居民愿意持有现金时,必然对银行存款和股权等金融资产带来负向冲击。从信用创造角度来说,居民持币意愿增强,银行的流动性会变弱,必然对信用创造造成不利影响,如果这种状况是长期性的,则对实体经济也会造成不利冲击。

　　本报告中,居民流动性需求在模型分析中视作外生冲击。

　　2) 投机性货币需求

　　流入二级市场的资金主要是投机性的,实际上脱离了货币(信用)创造的过程。考虑到其中有一部分资金还来自存款性金融机构,因此这部分资金若积累过多,则流入实体经济的资金就会受到挤压。例如,2014年6月末,股票交易结算金余额为6180亿元,2015年5月末为2.86万亿元,涨幅近5倍,2015年6月发生股灾后投机性货币需求持续下降,2017年6月约为1.5万亿元,2017年6月约为1.2万亿元。

　　本报告中,投机性货币需求在模型分析中由居民的风险偏好冲击代替。

　　3) 银行的放贷意愿

　　银行通过吸收存款等形式筹集的资金,上缴足额法定准备金后剩余的部分用于放贷。出于对风险和收益的考虑,当预期经济处于繁荣阶段时,银行的放贷意愿会比较强,而当预计经济会相对疲软时,银行的放贷意愿就会下降。银行放贷意愿的波动会直接影响到当期信贷余额增速的相对扩张或紧缩,从而影响流入实体经济的资金。

本报告中,银行放贷意愿用银行风险偏好的变化来替代,视作外生冲击。

4）高杠杆的影响

中国经济在长期高速发展中积累了大量的债务规模,2015 年,中央经济工作会议提出供给侧结构性改革任务,并将"去杠杆"作为明确的任务提出。根据国际清算银行(BIS)数据,截至 2017 年第一季度末,我国总体杠杆率为 257.8%,同比增幅较上季度末下降了 4.7 个百分点,连续 4 个季度保持下降趋势。业内人士也表示,中国的债务和实体经济杠杆率体现出了比较明显的结构性特点。目前,政府债务占 GDP 的比例并不高;居民部门债务占 GDP 的比例仍然处于低位,但增长较快;主要的问题是企业部门债务占 GDP 的比例较高。

高杠杆率一方面是风险来源,另一方面在去杠杆化的过程中也带来不确定性。

4. 价格性因素

从汇率上看,美元兑人民币汇率从 2015 年 8 月起由 6.2 左右,逐渐贬值到 2017 年 6 月的 6.8 左右,人民币兑美元已经有较大幅度的贬值,此外美元加息的预期一直存在,人民币仍然会承受着一定的贬值压力。从物价水平上看,2016 年下半年 CPI 基本在 2.0 左右,2017 年则出现了明显下调,表明总需求相对较弱。价格方面的因素表明经济资源配置存在失效,短期宏观政策的不确定性偏高,因此会为金融运行带来一系列的不确定性。

二、风险度量与预测

为了刻画金融运行风险对宏观经济的影响,我们采用动态随机一般均衡模型(DSGE)方法,实证研究采用贝叶斯(Bayes)估计方法,基本步骤如下。

构建的新凯恩斯模型包括居民、企业、政府、金融、世界经济等主要部分,中间品厂商的定价策略使价格水平呈现黏性,名义工资的决定也具有相似特征。描述这些经济主体的最优行为的为一系列一阶条件方程。

实证研究采用月度数据,对各数据进行去趋,计算其各期缺口对当期趋势的比例,用以反映对趋势的偏离程度。模型参数采用 Bayes 方法估计,采用 MCMC 方法,估计出模型中各参数的统计分布,以及各参数间的相关性,用以甄别影响金融运行风险的主要因子。模型参数估计所需要的计算程序采用 Matlab 编写。

估计出参数以后,以金融运行对宏观经济的冲击的大小来度量金融运行风险,基本逻辑是:对产出的负向冲击越大、持续时间越长,则金融运行风险越大。通过历史数据,将金融运行风险的各影响因素的分布进行区域划分,给出不同区域及其概率,利用模型(及估计参数的均值)计算各影响因素在不同情况下对产出的影响,从而对金融运行风险进行评估与预测。

（一）基本模型

1. 居民

设代表性的居民个体的偏好是关于消费品 C_t、实际货币余额 M_t/P_t 和闲暇 $(1-L_t)$。其中,L_t 表示用于就业工作的时间比例。家庭最大化的对象是效用的预期贴现:

$$E\sum_{j=0}^{\infty}\beta^{j}\left[\frac{C_{t+j}^{1-\alpha}}{1-\alpha}+\frac{\gamma}{1-b}\left(\frac{M_{t+j}}{P_{t+j}^{C}}\right)^{1-b}+\chi\frac{(1-L_{t+j})^{1-\eta}}{1-\eta}\right] \tag{8-1}$$

家庭的预算约束为:

$$\frac{M_t}{P_t} + C_t + \frac{B_t}{P_t} + \frac{P_t^I}{P_t}K_t = \frac{M_{t-1}}{P_t} + \frac{B_{t-1}(1+i_{t-1})}{P_t} + (r_{t-1}-\delta)K_{t-1} + \frac{W_t}{P_t}L_t \tag{8-2}$$

我们采用三种基本产品的生产函数:中间品(如原料)、投资品(如机器设备等固定资产)、消费品。其中,W_t 表示名义工资水平,L_t 表示居民的劳动投入,K_t 表示资本存量(包括厂商发行的债券和股票),P_t 表示消费品(属于最终商品)的名义价格水平,i 表示名义利率,π 表示通胀率。

家庭选择消费、货币持有量、政府债券和资本以最大化终生效用,一阶条件满足:

$$C_t^{-a} = C_{t+1}^{-a}\beta(1+i_t)E\left(\frac{P_t}{P_{t+1}}\right) \tag{8-3}$$

$$\frac{\gamma\left(\frac{M_t}{P_t^C}\right)^{-b}}{C_t^{-\sigma}} = \frac{i_t}{1+i_t} \tag{8-4}$$

$$C_{t+1}^{-a}\beta(r_{t-1}-\delta)E\frac{P_t}{P_{t+1}} = C_t^{-a} \tag{8-5}$$

为了描述名义工资的黏性(Erceg,2000),将居民的劳动考虑为异质而又有一定相互替代性,在每一期,一部分居民(比例为 φ^w)可以选择最优化自己的名义工资水平,另一部分则只能根据预期通胀率来调整名义工资[比例为 $(1-\varphi^w)\phi^w$],或只能将本期名义工资保留在上期的水平[比例为 $(1-\varphi^w)(1-\phi^w)$]。因此,全社会工资水平为:

$$W_t^{1-\theta^w} = \varphi^w W_t^{*\cdot 1-\theta^w} + (1-\varphi^w)\phi^w(1+\pi_t^e)W_{t-1}^{1-\theta^w} + (1-\varphi^w)(1+\phi^w)W_{t-1}^{1-\theta^w} \tag{8-6}$$

其中,θ^w 表示不同劳动之间的替代弹性,W_t^* 表示最优化的工资水平(见 Erceg 等,2000)。

2. 厂商(企业)的行为

我们将厂商分为 3 类:最终品厂商、中间品厂商和投资品厂商。

1)最终品厂商

最终品厂商是完全竞争的,生产同质的最终商品。最终商品的生产函数为:

$$Y_t^{1-\theta} = \int_0^1 y_{it}^{1-\theta}\mathrm{d}j \tag{8-7}$$

其中,θ 表示中间品之间的替代弹性,而中间品种类被标准化为 $i \in [0,1]$。考虑进出口问题,则国内需求的最终品生产为:

$$Y_{Ht}^{1-\eta} = \rho Y_{Ht}^{d,1-\eta} + (1-\rho)Y_{Ft}^{f,1-\eta} \tag{8-8}$$

其中,η 表示最终品的国际替代弹性,Y_{Ht}^d 表示国内最终厂商由国内中间品生产的复合商品,$Y_{Ft}^{f,1-\eta}$ 表示进口的复合商品,ρ 表示国内对国内复合商品的需求比例。

2)中间品厂商

中间品厂商具有垄断竞争地位。假设在每一期都有部分厂商不能调整价格,采用 Calvo(1983)的价格黏性模型,在每一期,3 种厂商分别有一定比例的 φ 会保持原有的价格,剩余的 $(1-\varphi)\phi$ 的比例则会对价格按预期通胀率进行调整,$(1-\varphi)(1-\phi)$ 比例的中间厂商维持上期价格。

首先，厂商会考虑成本最小化，即在生产 $Y_t^i = F^i(K_t^i, L_t^i)$ 的前提下，使得工资支付和中间品成本最小化，转化为最优化问题：

$$\min_{L_t^i, K_t^i} \left(\frac{W_t^i}{P_t^i} L_t^i + (r_t - \delta) K_t^i + \zeta_t^i (Y_t^i - F^i(K_t^i, L_t^i)) \right) \tag{8-9}$$

其中，ζ_t^i 表示厂商的按照第 i 类商品计价的边际成本，只有当要素配置实现厂商的利润最大化时方为 1，r_t 表示实际利率，δ 表示折旧率。该问题的一阶条件表明：

$$\varphi_t^i = \frac{W_t^i}{P_t^i F_L^i(K_t^i, L_t^i)} \tag{8-10}$$

$$\varphi_t^i = \frac{r_t - \delta}{F_K^i(K_t^i, L_t^i)} \tag{8-11}$$

其次，厂商的定价决策问题是选择 P_t^{*d} 和 P_t^{*f} 以最大化如下问题：

$$E \sum_{j=0}^{\infty} \Delta_{t+j} \left[\frac{P_t^{*d}}{P_{t+j}} Y_{t+j}^d + \frac{P_t^{*f} e_{t+j}}{P_{t+j}^*} Y_{t+j}^f - \varphi_t^i Y_{t+j} \right] \tag{8-12}$$

其中，Δ 表示贴现因子，e 表示名义汇率。

3）投资品厂商

投资品厂商采用本国生产的最终品，以及现有的资本存量来生产投资品。投资品的生产函数为：

$$K_t = K_{t-1}(1-\delta) + I_t - CA(I_t) \tag{8-13}$$

其中，I_t 表示投资量，而 CA 则表示调整成本。

为了引入金融的影响，我们考虑投资品厂商、中间品厂商均通过银行信贷获得融资。这样，信贷规模就成为影响投资、产品生产的因素，由此可以分析实体经济与金融风险之间的关系。

3. 金融系统与政府部门

将金融系统主要分为中央银行与商业银行两个层次（固然也包括居民、厂商等的储蓄、投资与融资行为，但从货币发行角度来看，可以抽象为这两个层次）。中央银行的作用是制定货币政策，主要是指货币发行，体现在其资产负债表上。我国中央银行主要联系着如下基本业务：外汇资产（存量），设为 F_t；购买的国债（存量），设为 B_t^M；向商业银行发放的再贷款，设为 B_t^B；收取国债利息、再贷款利息（利率设为 i_t^B）、外汇资产收益（收益率设为 i_t^F），以及高能货币，设为 H_t；发行的中央银行票据，设为 B_t^C。高能货币包括发行的现金和商业银行的准备金。中央银行的资产负债表预算应满足：

$$(F_t - F_{t-1}) + (B_t^M - B_{t-1}^M) + (B_t^B - B_{t-1}^B)$$
$$= i_{t-1} B_{t-1}^M + i_t^B B_{t-1}^B + i_{t-1}^F F_{t-1} + (H_t - H_{t-1}) + (B_t^C - B_{t-1}^C) \tag{8-14}$$

等式左边表示中央银行的资产增量，右边表示负债与权益的增量。

商业银行的业务主要包括存贷款。设商业银行持有的外汇资产为 F_t^B，持有的国债为 $B_t^{M,C}$，各类贷款为 D_t，各类存款为 S_t，则其资产负债表预算应满足：

$$(F_t^B - F_{t-1}^B) + (B_t^{M,C} - B_{t-1}^{M,C}) + (D_t - D_{t-1}) \tag{8-15}$$
$$= i_{t-1}^F F_{t-1}^B + i_{t-1} B_{t-1}^{M,C} + i_t^D D_{t-1} + (S_t - S_{t-1})$$

等式的左边表示商业银行的资产增量,右边表示负债与权益的增量。这样($D_t - D_{t-1}$)就表示各类贷款余额增量。

政府部门面临的预算约束为:

$$G_t + i_{t-1} B_{t-1}^T = T_t + (B_t^T - B_{t-1}^T) \tag{8-16}$$

等式左边表示政府在商品、劳务及转移支付上的支出与债务利息支出,右边表示税收与政府债券的发行。

由于我国中央银行的属性,我们将其与政府部门合二为一,得到两者总体的预算约束为:

$$G_t + (F_t - F_{t-1}) + (B_t^B - B_{t-1}^B) + i_{t-1} B_{t-1} \tag{8-17}$$
$$= T_t + i_{t-1}^B B_{t-1}^B + i_{t-1}^F F_{t-1} + (H_t - H_{t-1}) + (B_t^C - B_{t-1}^C) + (B_t - B_{t-1})$$

其中,B_t 表示流通在公众和商业银行等机构的政府债券。

4. 世界经济

将本国以外的世界经济看作一个整体,本国与世界经济之间可以进行贸易和资本流动。从商品角度看,居民既可以选择国内消费品,也可以消费国外的消费品;厂商既可以选择国内的投资品,也可以选择国外的中间品和投资品;相似地,政府的购买也是如此。由此,本国按外币计价的净出口为:

$$EX_t = Y_{Ht}^f P_{Ht}^f - Y_{Ft}^f P_{Ft}^f \tag{8-18}$$

5. 技术冲击与货币冲击

当经济中开始出现风险积累时,实际上是经济的总供给与总需求之间出现了某种程度上的不匹配或失衡,当然,这种失衡是由许多种因素造成的。例如,若经济已经处于充分就业状态,但由于某种原因导致总需求旺盛、超过总供给时,物价就会上升,产出也上升,此时表现为经济"过热",而当物价上升的预期已经形成,则总供给曲线左移,导致物价进一步上升,而产出下降恢复到充分就业的产出水平;若经济处于充分就业状态,由于某种原因导致总需求的萎缩,则经济就会发生相反的波动。因此,经济风险或短期经济波动的分析实际上是对经济与均衡产出状态的偏离的分析。

经济中对总供给的冲击主要表现为对生产函数的冲击。原材料价格的下降、自然资源可获得性的增加、劳动力数量的增加,以及劳动力教育水平的提高,都会造成正面的总供给冲击;反之,原材料价格的上升、自然资源可获得性的下降、自然灾害对工农业生产的破坏,以及劳动力数量的减少等都会造成负面的总供给冲击。

总供给的冲击体现在生产函数中的 z_t。根据实际商业周期理论,我们假设它们服从如下过程:

$$z_t = \vartheta z_{t-1} + e_t \tag{8-19}$$

其中,ϑ 表示常数,反映了前一期冲击对本期冲击的影响,e_t 表示白噪声。

经济中对总需求的冲击主要表现为对产品市场均衡(IS 曲线)与货币市场(或金融市场 LM 曲线)的冲击。减税、货币供应量的增加、政府支出的增加、出口需求的增加、对未来经济走势乐观的预期等都是正面的总需求冲击;反之,税收增大、政府支出减少、货币供应量下降、出口需求减少等则是负面的总需求冲击。这些总需求冲击中,我们认为,货币供给是受到宏观经济变量的影响而有所调整的,并设货币供给速率的扰动 $u_t = \mu_t - \mu_t^*$ 服从过程:

$$u_t = \xi u_{t-1} + \sum_i \psi z_{t-1} + e_t^M \tag{8-20}$$

其中,μ_t 表示货币供应速度,ξ、ψ 表示常数,e_t^M 表示白噪声,ψ 表示货币当局根据总供给的冲击做出的调整。

(二)实证研究

采用中国 2010 年以来的消费、投资、政府支出、进出口、产出、通胀率,以及包括货币供求等在内的金融指标的季度数据进行实证研究。

1. 数据处理

对消费、投资、政府支出、进出口、产出、通胀率,以及包括货币供求等在内的金融指标的季度数据,先去趋,获得对趋势偏离的百分比,作为实证研究数据(部分参数则根据现有文献进行校准)。该模型包含消费者、三类商品厂商、金融机构和政府部门的行为方程,将金融系统与实体经济结合起来,以分析金融系统运行是否符合实体经济的需要,用以判别金融运行风险。将部分季度数据(GDP)转换为月度数据,采用 Chow-Lin 法。

2. 参数估计

我们采用 Bayes 方法来估计模型参数。假设需要估计的模型参数向量为 $\boldsymbol{\theta}$,数据集为 $\boldsymbol{Y}$,则根据 Bayes 法则,可得参数的条件概率密度为:

$$f(\boldsymbol{\theta} \mid \boldsymbol{Y}) = \frac{f(\boldsymbol{Y} \mid \boldsymbol{\theta}) g(\boldsymbol{\theta})}{f(\boldsymbol{Y})} \tag{8-21}$$

其中,$g(\boldsymbol{\theta})$ 表示参数的先验密度。参数估计方法通过 Matlab 编程来实现。

此外,在进行参数估计之前,对各月度数据进行去趋,先进行季度调整,再采用 H-P 滤波方法去除趋势,剩下的残差与趋势相比较,得出当期对趋势的偏离比例。

(三)金融运行风险度量与压力测试

1. 金融运行风险度量

我们将金融运行风险划为"高风险""较高风险""有风险""风险关注"和"无风险"5 个级别,结合模型和实证分析,我们发现 2017 年总体金融运行风险在"较高风险"区间,并预期 2018 年与 2017 年风险基本持平,如图 8-2 所示。

我们的分析和评估依据如下。

1)国际经济与金融环境不确定性较大

国际经济和金融环境主要通过资本流动、进出口对中国经济形成影响,并由宏观经济运行反过来影响金融风险。理论上,如果形成了货币贬值的市场预期,则国际资本迅速流出,货币会发生贬值,在很短的时间内,出口贸易尚不会因为本币贬值而增大。这样,外汇储备会迅速减少,增大主权信用风险,进一步强化货币贬值的预期。为了防止这种情形出现,必然收缩货币供给(否则本国外汇储备会被耗尽),从而形成经济紧缩,发生衰退。中国资本项目没有开

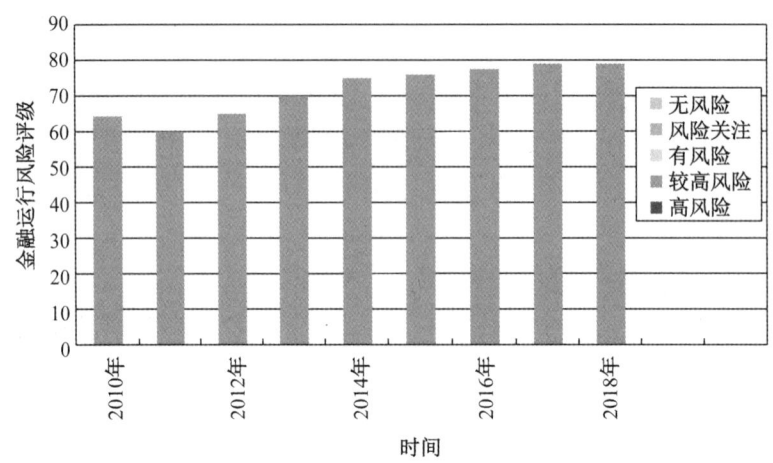

图 8-2　金融运行风险度量与预测(评级)

放,但存在热钱跨境流动的渠道,汇率制度是有管理的浮动汇率,因此若市场形成人民币贬值的预期,则资本会设法流出,而人民币贬值速度不会像完全浮动那么快速,因此资本流出会持续较长时间。如果为了防止长期的资本流出,则收缩货币提高利率成为必然,可能导致经济紧缩,首先就会加大金融运行风险。由此可以看出,若资本流出,资产价格将会下跌,如果流出规模足够大、时间足够长,则会对实体经济造成危害。从目前来看,主要经济体的状况如下。

第一,美国经济复苏过程波折反复。2017 年第一季度美国经济开局疲弱,GDP 增速环比折年率经三次修正至 1.2%,较上年末下降了 0.6 个百分点。受益于个人消费支出提升、制造业回暖和联邦政府支出增长等因素支撑,第二季度美国 GDP 增速环比折年率升至 2.6%。失业率保持低位运行,5 月份失业率降至 4.3%的 10 年来新低,6 月略升至 4.4%。新增非农就业人数在经历了年初的高增长后近期略有波动,个人消费支出(PCE)物价指数和 CPI 自 3 月以来也逐渐走低,并均低于市场预期。由于美国推出财政刺激计划的进程不及预期,IMF 下调了其 2017 年经济增长预期 0.2 个百分点,至 2.1%。

第二,欧元区政治不确定性有所下降,经济基本面持续改善。欧元区第一季度 GDP 同比增速为 1.9%,第二季度继续回升至 2.1%。制造业 PMI 指数连续 10 个月上升,并于 6 月创出 6 年来新高。失业率持续改善,6 月为 9.1%,创欧洲债务危机以来最低。但欧元区通胀动力不足,在第一季度接近欧洲中央银行目标水平后,综合消费者物价指数(HICP)同比涨幅回落至 6 月的 1.3%。

第三,日本经济复苏动能积累。第一季度,日本 GDP 增速环比折年率为 1%,虽不及预期,但连续 5 个季度保持正增长,已是国际金融危机以来的最好表现。通胀水平也趋向回升,已连续 8 个月处于正值区间。

第四,新兴市场经济体总体增长较快,但部分经济体仍面临调整与转型压力。印度经济保持较快增长,但也面临银行坏账率较高、私人投资疲软等挑战,改革效果也有待观察。由于石油等大宗商品价格回升,俄罗斯和巴西经济逐步企稳,通胀也得到一定控制,但近期巴西政治动荡、原油价格下行,亦增加了两国经济的不确定性。在全球总需求增长仍较缓慢、发达经济体货币政策可能转向的背景下,部分新兴市场经济体仍面临外需较弱与跨境资本波动等潜在风险,存在调整与转型压力。

由此可以看出,国际金融形势还将激烈动荡,特别是欧元区国家将面临一系列考验、特朗普贸易保护政策等前景不明、韩国政局不稳等方面,国内金融体系能否应对这些外部冲击,还是个未知数。

2)房地产泡沫风险加大

房地产行业对国民经济具有广泛而深远的影响,是因为房地产行业涉及许多相关行业,上游包括钢铁、水泥等建筑材料,下游包括家居装潢、五金建材、电器和家电,以及生产这些产品的化工、有色金属冶炼等;此外,还有与房地产相关的设计、建筑、物业、中介机构、银行和其他金融机构等。这些行业包括主要的制造业和服务业,对就业、经济增长等宏观经济指标起到非常关键的作用。

中国房价在 2015 年以前已经高位运行,在 2015 年下半年"去库存"的刺激下,一、二线城市进一步暴涨,虽然 2016—2017 年来,政府已经采取了一定的限制措施,但原本积累的泡沫已进一步扩大,也加大了泡沫破灭的风险。这种窘境使得一方面房价不能快速下跌(影响经济),另一方面也必须控制房价过快上涨(否则泡沫破灭房价可能断崖下跌)。

房价对地方的财政收支有重要影响,由于近年来地方政府的财政收入面临困难,加上对土地出让金的依赖,而房地产泡沫又比较严重,因此,地方政府债务一旦发生违约,则会由于对居民信心带来严重影响而引发系列金融风险。此外,大量的影子银行资金流向房地产,包括城投项目。一旦房价发生持续性下跌,投向房地产的影子银行资金就面临违约风险。考虑到影子银行规模较大(占银行贷款余额的 25% 左右),违约事件一旦蔓延,必然形成系统性的金融风险,再通过金融对宏观经济的影响,甚至有形成新的经济危机的可能。房地产、地方政府债务、影子银行之间相互关联交错,积累的风险在短期内难以消除,这也为宏观经济政策带来难题。

目前,国内大多数城市实施了房产限购,这固然有助于抑制房价过快上涨,但也可能形成房价下跌的预期。单是考虑到近 20 万亿元的个人购房贷款余额,一旦房价下跌造成还款违约,对银行和整个金融系统、实体经济的影响可能难以预计。

3)人民币汇率与金融市场存在剧烈波动的可能性

第一,人民币贬值压力增大金融市场的不确定性。美国的经济近年来持续好转,加息预期就成为影响资本跨境流动最重要的不确定性,加息是确定的,时机具有不确定性。这会对人民币汇率产生持续的贬值压力,如果这种预期没有消除,则资本流出的压力将一直存在。资本流出将直接减少基础货币投放,致使货币被动紧缩,并导致投资者对金融资产的抛售,对国内金融市场带来波动。

第二,中国金融市场上充斥着较强的投机性。在认识到金融市场繁荣对宏观经济的重要性之后,大量的资金涌入股市,投机心理促使融资交易,高倍杠杆导致风险大量积累,当杠杆交易比较普遍时,处于另一方向的投机,融券卖空的交易也开始逐步增多。同时,借助股指期货本身的杠杆作用,金融市场中的投机性交易被逐渐扩大,泡沫越来越大,稳定性也就会越来越差。而一旦资产价格受到负向冲击,投机心理极易产生恐慌性抛售,从而加大冲击的影响。

第三,金融资产价格如果出现持续下跌,一方面,会导致企业的直接融资成本剧烈上升;另一方面,短期内的金融市场剧烈波动会影响投资者预期,从而为国际国内做空中国资产力量带来机会。

第四,金融市场的严重衰退同样会导致银行惜贷,国内投资者货币需求相对金融资产需求的上升,资本通过各种渠道流出等一系列后果,这种系统性风险可能为宏观经济带来严重的冲击后果。

4) 银行不良贷款率仍有反复的可能性

根据 2017 年上半年末中国银监会披露的数据,银行业整体不良率稳定在 1.74%,部分银行和部分地区的不良资产比率已经出现双降,拨备充足对后续继续消化可能出现的不良资产,以及对支持未来利润增长提供了坚实基础。经过此轮周期的考验,中国银行业更加注重提升资产质量的战略布局能力,同时探索了不良资产转让或证券化、债转股等新型的处置方式,强化了风险化解和处置能力。从不良资产的区域形成观察,这一轮不良资产比率明显上升,发端于以浙江温州为代表的"长三角"地区。当时"长三角"地区新增的不良资产占到当年全国银行业新增不良资产的相当大的比例,经过几年来对不良资产包袱的消化和银行经营模式的转型,"长三角"地区的银行经营状况已经开始明显好转,不良资产比率呈现稳定回落态势。

部分银行不良率出现不同程度的下降,固然有 2017 年中国银行业监管更加关注化解金融风险、服务实体经济,监管协调性和跨市场监管能力得以提升的作用,但很大程度上也是上市银行通过清收、核销、转让、重组升级等各种手段积极对不良资产加以处置的结果。

5) 去杠杆化加大金融运行的不确定性

中国金融运行风险的因素中,很大一部分来自多年加杠杆的结果。以 4 万亿元财政刺激计划为开端,海量的货币与信贷投放使得金融与实体经济的债务逐渐累积,杠杆不断抬高,银行不良资产比率上升。同时,随着实体投资预期回报率持续下滑,资金脱实向虚并在金融市场空转,影子银行急剧膨胀,资金链条拉长,资产价格快速拉升,系统性风险逐渐暴露,酿成 2013 年 6 月的钱荒。至此,防范金融系统性风险开始引起更广泛的关注,2013 年中央经济工作会议就提出了"着力防控债务风险"的任务。但是 2013 年之后债务杠杆无论是在总量上还是结构上的矛盾都更加突出,2015 年中央经济工作会议提出供给侧结构性改革任务,并将"去杠杆化"作为明确的任务提出。至今为止,去产能和去库存成效显著,但去杠杆化仍然任重道远。

去杠杆化的过程,固然是在逐步解决风险积累,但这个过程本身也可能加大金融运行的不确定性。

首先,金融去杠杆化过程可能产生新的金融风险。从欧美主要国家去杠杆化过程看,金融去杠杆化如处理不当便会产生新的风险。一是金融机构不良资产可能快速上升,影响金融机构的稳定。如美国去杠杆初期金融系统的不良资产迅速上升,导致众多金融机构资本金缺口扩大,破产倒闭和重组机构增多。二是部分领域刚性兑付的打破可能引发市场过激反应,给经济社会发展带来不稳定因素。解决这些问题的有效方式就是把握好金融去杠杆化的节奏和力度,让小风险单独爆发、单独处置,通过风险点的处置,防止风险集聚和产生新的系统性金融风险点。

其次,金融去杠杆化与实体经济下滑可能形成放大效应。我国经济长期是"债务推动型",经济增长主要依靠债务、投资,当前这种状况依然没有从根本上改变。金融去杠杆化本质上是收缩金融系统资产负债表的过程,这将使得非金融企业、居民部门被动去杠杆,很可能与当前经济下行周期产生叠加效应,进一步加大经济下行压力。因此,金融去杠杆化要找准去杠杆与经济增长的平衡点,这对宏观政策是一个极大的考验。

2. 金融运行风险的压力测试与仿真结果

1) 信用(货币)创造的仿真结果

对有关指标进行了压力测试和仿真,以刻画其对经济运行的影响。模型中影响信用创造的外生冲击包括基础货币投放、居民的现金偏好(流动性偏好)、对金融市场的直接投资比例、存款比例、存款准备金比率,以及银行的风险偏好(贷款意愿)等。

表 8-1 是各主要外生冲击对金融运行风险的影响。

表 8-1　　　　　　　　　　　　信用创造外生冲击对金融运行风险的仿真结果

基础货币冲击	金融运行风险变化	经济运行风险
−0.5%	上升,维持现级别	<0.2%
−1%	上升至上一级别中部	GDP 下降 0.3%~0.8%
−5%	上升至上一级别上部	GDP 下降 1%~2%
流动性偏好冲击	金融运行风险变化	经济运行风险
1%	上升,维持现级别	<0.2%
5%	上升至上一级别中部	GDP 下降 0.3%~0.8%
10%	上升至上一级别上部	GDP 下降 0.8%~1.5%
银行风险偏好冲击	金融运行风险变化	经济运行风险
1%	上升,维持现级别	<0.2%
5%	上升至上一级别中部	GDP 下降 0.3%~0.8%
10%	上升至上一级别上部	GDP 下降>1.5%

货币的外生冲击与 2016 年相比,冲击的影响没有明显变化。

2)实体经济下行的仿真结果

假设制造业(我们的模型中采用中间品企业的 60% 来替代)的需求萎缩 1%、5%、10%、15%,不考虑政策干预,测试结果如表 8-2 所示。

表 8-2　　　　　　　　　　　　制造业需求萎缩对金融运行风险的仿真结果

需求下降	金融运行风险变化	经济运行风险
1%	上升,维持现级别	<0.2%
5%	上升至上一级别中部	GDP 下降 0.3%~0.8%
10%	上升至上一级别上部	GDP 下降 0.8%~1.5%
15%	上升至上一级别顶部	GDP 下降 2%~3%

制造业若面临需求萎缩会导致产出和投资需求下降、资产价格下跌,特别是在价格黏性下,产出下降的幅度比价格弹性条件中下降幅度更大。制造业萎缩会对就业产生很大影响,失业率上升会进一步导致消费需求的紧缩,如果萎缩持续时间较长,则制造业相关的固定投资也会萎缩,从而进一步导致制造业的需求萎缩,由此导致金融运行风险上升。制造业萎缩的最直接、最主要的原因是金融危机导致内外两个市场需求都大幅萎缩,制造企业普遍陷入困境,影响了资金的周转效率,降低资金的流动性,造成企业资金占用增加、还款难度加大、不良贷款增多。

目前尚不能综合考虑制造业萎缩对地方政府债务、影子银行等的影响,但它们之间有一定的相关性,制造业负向冲击导致宏观经济下行,居民收入减少,信心下降,资本也会流出,房价可能进一步下跌,地方政府的偿债能力降低,影子银行脆弱性会进一步增加。

模型可以刻画制造业需求萎缩对资本市场的影响,对资本的相对价格会带来负向冲击,在不考虑其他因素的影响下,不会反过来对制造业造成影响;但若考虑到融资因素,则会进一步加剧制造业的萎缩①。

从目前来看,制造业需求萎缩超过 5% 的概率很小,因此,实体经济下行对金融运行风险的预期影响可控。

3)资本外流的仿真结果

国际经济环境对短期金融风险的影响渠道主要是资本跨境流动。资本的净流出必然导致金融系统的流动性紧张:资本流出将减少外汇储备,从而减少基础货币;在存款准备金保持不变的情况下,商业银行的货币创造也将缩小,从而表现为 M_2 的紧缩;通过货币与产出之间的联系,对经济运行产生冲击。

我们假设资本净流出规模占中国外汇储备的 1%、5%、10%、15% 几种情况进行测试,人民币汇率维持正负 10% 的波动区间,不考虑宏观政策干预的仿真结果如表 8-3 所示。

表 8-3　　　　　　　　　　　资本外流对金融运行风险的仿真结果

资本流出/外汇储备	M_2 紧缩	金融运行风险变化	经济运行风险
1%	0.2 万亿~0.7 万亿元	上升,维持现级别	GDP 下降<0.2%
5%	1.2 万亿~1.4 万亿元	上升至上一级别底部	GDP 下降 0.2%~0.5%
10%	2.5 万亿~3 万亿元	上升至上一级别中部	GDP 下降 0.8%~1.6%
15%	3.5 万亿~4.5 万亿元	上升至上一级别顶部	GDP 下降 1.8%~2.5%

从仿真结果可以看出,当外汇储备突然减少5%时,短期内金融运行风险就将上升一个级别,并导致经济运行风险上升;当外汇储备突然减少10%时,则短期内 GDP 受到的冲击折算为年计将达到 1.2% 左右,风险上升非常明显。此外,如果外汇储备减少是脉冲式的而非持续性的,则其影响不超过两个季度;但是如果考虑到人们预期改变带来的影响,则持续时间难以确定,经济有可能发散而不能恢复初始均衡状态。

此外,在资本跨境流动中货币乘数也会发生相应的变化:资本流出时货币乘数相应减小,资本流入时货币乘数相应增大,货币乘数的不稳定也因此成为金融运行风险的一个重要环节。

从历史数据来看,近年来大多数情况下,月度资本流出(以热钱表示)基本上属于 1%~5% 的范围,所以,金融运行风险仍然可控。

我们在仿真过程中发现,一旦金融市场的预期受到影响,则资本流出对金融运行风险的影响可能很大。因此,总体上应对资本净流出给予足够重视并严加防范。

4)房价波动的仿真结果

房价泡沫破灭压力是当前中国金融运行风险很重要的一个影响因素,假设中国房价分别下跌5%、10%、15%、20%几种情况,在不考虑宏观经济政策措施的情况下,通过本项目建立的模型对金融运行风险进行估计,结果如表 8-4 所示。

需要说明的是,我们考虑了房地产与银行贷款、影子银行和地方政府债务之间的相关性,在仿真中分别设定它们的相关性如表 8-5 所示。

① 在这种情况下,政府会出台相应的措施。

表 8-4   **房价波动对金融运行风险的仿真结果**

房价下跌	金融运行风险变化	经济运行风险①
5%	—	—
10%	上升,维持现级别	GDP 下降 0.5%～1.5%
15%	上升至上一级别底部	GDP 下降 1.5%～2%
20%	上升至上一级别中部	GDP 下降 2%～2.5%

表 8-5   **房价波动与银行贷款、财政收支和影子银行的相关系数设定**

	房价波动	银行贷款	财政收支	影子银行
房价波动	1	0.1～0.2	0.5～0.7	0.4～0.6
银行贷款		1	—	—
财政收支			1	—
影子银行				1

可以看出,房价波动对金融运行风险具有较强的影响,特别是当房价下跌 15% 以上时,金融运行风险的级别将上升,宏观经济运行风险的影响也将变得不可忽略。

如果我们再考虑到房价波动对居民信心的影响,即居民预期也受影响、易形成恐慌性的"羊群效应",则在一定时期内(政策干预出台前),金融系统可能出现发散式的动态演化,房价加速下跌,金融风险急剧上升,只有政府出台强硬的干预措施,才可能改变居民预期,防止金融风险的进一步恶化。

房价下跌还对当前金融运行风险的另一个重要因素,即地方政府债务形成叠加效应。如果房价出现剧烈下跌,中央政府不采取措施,财政预算严重依赖土地出让金的许多地方政府将面临严重的财政危机,加剧已经积累的金融运行风险。

三、防止风险的措施

2017 年,金融运行风险比前两年有一定提高,应把主动防范化解系统性金融风险放到更加重要的位置,采取多种措施,切实维护金融安全和稳定。加强风险监测预警,着力防范化解重点领域风险,完善金融安全防线和风险应急处置机制。防范化解银行业不良资产风险,控制不良贷款增量。统一资产管理业务的标准规制,强化实质性和穿透式监管,减少监管套利,规范市场秩序。坚持综合施策,有效处置金融风险点,防范道德风险,牢牢守住不发生系统性风险的底线。

(一)维持稳健的货币政策,提高金融运行效率

在短期内,需要忍受适度的经济下行带来的不利影响,不能轻易对经济进行全面刺激,否则就会继续扩大货币供给,使已有的风险进一步积累。当然,必要时可以继续采取定向降准等定向货币政策工具,对急需流动性的部门给予支持。稳健的货币政策不仅能够维持币值的长期稳定,更重要的是稳定人们的预期,从而借助稳定的预期影响人们的行为,从而稳定经济,降

---

① 按月最大值折算为年计。

低金融风险。

从长期来看,应进一步提高金融效率,避免只能依赖粗放、低效的货币投放来刺激经济发展的境况。提高金融效率,需要大力发展中国债券市场,深入推进股票市场上市制度改革,提高直接融资比例,转变社会融资方式,减轻对银行信贷方式的过度依赖,不但能形成银行体系利率市场化改革的外在压力,而且能纾解银行体系改革的内在风险;改变以调控手段为主的货币政策思路,逐渐过渡为以利率价格手段为主;主动适时调整国家产业政策与财政投资进度,控制国内基础设施等固定投资的过快增长,避免信贷配给手段造成的不公平;鼓励发展服务于中小企业的地方性小型金融机构,打破金融领域与实体经济领域的市场垄断,为发挥市场在资源配置中的主导作用提供制度基础。总之,应设法让资金流入边际效率(或边际产出)最高的实体经济部门,提高金融效率。

(二)防止出现剧烈的资本流出

资本流出(甚至外逃)的重要因素是国内经济政策扭曲和制度缺陷,从长期来看,应从体制和政策环境等深层次上采取措施加以解决。

加强政府的宏观调控力度。推进国内金融改革的深化,减少在利率管理、市场准入、投资限制等方面的直接管制和行政干预,深化外汇市场改革,逐步放松外汇需求管理,逐步采用市场手段进行间接调控汇率和利率;将利率和汇率形成机制市场化,维持稳定而合理的实际汇率和实际利率;有效地化解银行不良资产,推出套期保值、规避风险的金融工具,减少居民的风险预期;改善投资环境,减少交易成本来增强投资的吸引力。

监督和防范资本流动。加快建立现代企业制度,建立适应市场经济要求的国有资产管理体系,加强对国有资产运营状况的监督,完善公司治理结构。规范企业对外直接投资、买壳上市,以及国际并购中的资产评估和财务管理,加强对金融机构及境外国有资产存量运营的监督和管理;强化对涉外投资行为的监管力度,截堵资本外逃中通过贸易和资本项目的转移渠道,制定严格的收付汇纪律,实行严格审批手续,加强对进出口重点部门、重点种类交易行为的管理;还应该推进税制改革,完善本国的税制,防止出于逃避税收为目的的资本外逃。

加强资本管制的国际协调。与资本转移的目的国建立信息共享协议,共同制定一套全面的资本逃避衡量体系,为资本管理提供有效及时的预警。将境外资产征税的属地原则与居民原则结合起来,改进境外资产的管理,加强与其他国家对突发性的资本外逃的共同防御。

进一步完善人民币汇率市场化形成机制,加大市场决定汇率的力度,增强人民币汇率双向浮动弹性,保持人民币汇率在合理均衡水平上的基本稳定。加快发展外汇市场,坚持金融服务实体经济的原则,为基于实需原则的进出口企业提供汇率风险管理服务。

进一步深化外汇管理制度改革,促进贸易和投资便利化,支持人民币在跨境贸易和投资中的使用,积极发挥本币在"一带一路"建设中的作用。稳步推进人民币对其他货币直接交易市场发展,完善人民币跨境使用政策的框架和基础设施,坚持发展改革和风险防范并重。密切关注国际形势变化对资本流动的影响,完善对跨境资本流动的宏观审慎管理。

(三)消化房地产泡沫风险

加强对房地产市场的宏观监控和管理。首先,要加强对房地产建设的投资管理,使房地产的产销基本适应,不至于过多积压;其次,要加强房地产二级市场的管理,防止过分炒高楼市,加强分类指导,对房价下行压力较大的地区应积极支持改善型需求,避免房价发生断崖式下跌。

目前,我们采取的措施主要是针对房价上涨过快城市的需求抑制,这样的做法从短期来看有一定效果,但也埋下了长期隐患,即未来放松,可能会导致下一轮的过快上涨。从金融系统角度来看,房地产泡沫的风险相对而言是外生的,对银行等金融机构只能采用金融市场中的有关工具来规避风险①。

在长期中,建立全国统一的房地产市场运行预警预报制度,构建房地产市场长效机制。加强和完善宏观监控体系应当通过对全国房地产市场信息及时归集、整理和分析,就市场运行情况作出评价和预测,定期发布市场分析报告,合理引导市场,为政府宏观决策做好参谋。加快建立和完善房地产业的宏观监控体系,通过土地供应、税收和改善预售管理等手段进行必要的干预和调控。强化土地资源管理,保持土地的合理供应量和各类用地的供应比例,控制地价。加强金融监管力度,合理引导资金流向。健全金融监管体系,增加监管手段,增强监管能力,提高监管水平;加强信用总规模的控制,不使社会总信用过度脱离实质经济的要求而恶性膨胀;加强投资结构的调控,通过利率、产业政策等,引导资金流向生产经营等实质经济部门;要加强外资和外债的管理,尽可能引进外资的直接投资和借长期外债。此外,要加强对银行的监管,从源头上控制投机资本。

(四)科学合理地去杠杆化

在金融去杠杆化的过程中需正确处理去杠杆、风险防范及经济增长的关系,相关部门密切配合,积极稳妥推进。

(1)做好去杠杆的预期引导。经济主体往往会对监管部门的行为作出预期,并根据预期采取相应的措施,以消除政策调整对自身不利的影响,放大和利用对自己有利的因素。在金融去杠杆化过程中,管理和引导市场的预期是提升去杠杆成效、防范产生新风险的重要手段。中央银行及微观监管部门要尽最大可能与社会各界进行广泛而有效的沟通,向市场传递坚定去杠杆的信号,充分提示金融去杠杆化可能带来的影响,让社会各界做好思想和行动准备,要在关键信息上保持一定的透明度及相关部门表态的一致性。

(2)把握好去杠杆的节奏和力度。从全局统筹考虑,把握节奏,不因金融去杠杆而产生更大的风险。贯彻落实好稳健中性的货币政策,适当提高货币市场利率中枢,保持市场流动性的紧平衡。强化宏观审慎监管,完善MPA考核机制及结果的运用,在合格审慎评估、存款保险机构评级、央行对手方交易等方面充分运用MPA评估结果。加强宏微观审慎监管机构之间的监管配合,压缩金融机构套利空间和弥补监管短板,引导金融机构主动压缩杠杆水平。采取更加有效的引导政策,通过宏观审慎监管政策、货币政策、微观监管政策共同努力引导金融机构改善弱势群体金融服务。

(3)采取综合措施稳妥推进金融去杠杆化。首先要加强影子银行的治理。我国影子银行不仅是为逃避监管,更满足了一些高风险、产能过剩及限制性行业企业的资金需求,具有体量大、风险高的特点。影子银行游离于监管之外存在很大的风险。金融去杠杆化首先需加强影子银行的治理,坚持穿透原则,明确监管主体,规范业务操作,降低层层嵌套加杠杆行为。其次要降低债券市场的杠杆水平,继续通过锁短放长的操作,降低金融机构短借长投的久期错配风险。最后要进一步增强资本市场直接融资功能,强化资本市场乱象治理,发挥好股票市场等权益类市场在降杠杆方面的作用。

---

①　但目前中国有关工具较为欠缺,所以银行大多数情况下只能承受风险。

（4）采取积极有效的财政政策及产业政策托底经济。为避免金融去杠杆化与经济下行周期叠加,财政政策及产业政策要发挥更加积极的作用,可适当增加中央政府杠杆水平,同时改善政府的支出结构和质量,在保持民生支出稳定的情况下,加大对经济社会发展具有重大影响的基础设施建设投入,以托底经济。财政加杠杆要与原来依靠政府融资平台快速扩张的粗放型加杠杆区别开来,通过编制资产负债表及动态资产负债表等方式,加强财政加杠杆的约束,改善支出质量,在托底经济增长速度的同时,提升经济发展质量。

附录

1. 居民的一阶条件

家庭选择消费、货币持有量、政府债券和资本以最大化终生效用,一阶条件满足:

$$C_t^{-\alpha} = C_{t+1}^{-\alpha}\beta(1+i_t)E\left(\frac{P_t}{P_{t+1}}\right)$$

$$\frac{\gamma\left(\frac{M_t}{P_t^C}\right)^{-b}}{C_t^{-\sigma}} = \frac{i_t}{1+i_t}$$

$$C_{t+1}^{-\alpha}\beta(r_{t-1}-\delta)E\frac{P_t}{P_{t+1}} = C_t^{-\alpha}$$

2. 中间品厂商一阶条件

最优时的一阶条件满足:

$$\varphi_t^i = \frac{W_t^i}{P_t^i F_L^i(K_t^i, L_t^i)} , \ \varphi_t^i = \frac{r_t-\delta}{F_K^i(K_t^i, L_t^i)}$$

3. 月度数据插值处理

假设需要产生 T 个月度观察向量 x_m,如 GDP,且 x_m 与一组月度观察 X_m(如消费、投资、进出口等)相关,并具有关系 $x_m = X_m\alpha + e_m$,其中 X_m 包含一系列经济指标,如月度消费、投资、进出口、货币余额等;e_m 为 0 均值的残差,且具有自回归形式:

$$e_{mt} = \rho e_{mt-1} + v_{mt}$$

v_{mt} 是独立同分布的,具有 0 均值,方差为 σ^2,因此 e_m 的协方差为 $\Sigma_e = \dfrac{1}{1-\rho^2}V_m$。其中:

$$V_m = \begin{bmatrix} 1 & \rho & \cdots & \rho^{T-1} \\ \rho & 1 & \cdots & \rho^{T-2} \\ \vdots & & & \vdots \\ \rho^{T-1} & \cdots & \cdots & 1 \end{bmatrix}$$

x_m 与其季度观察 x 之间具有如下关系:$x = Cx_m = CX_m\alpha + Ce_m = X\alpha + e$。其中,$X = CX_m$,$e = Ce_m$,矩阵 C 为:

$$C = \begin{bmatrix} 1 & 1 & 1 & 0 & \cdots & \cdots & \cdots & \cdots & 0 \\ 0 & 0 & 0 & 1 & 1 & 1 & 0 & \cdots & \cdots & 0 \\ \vdots & & & & & & & & & \vdots \\ 0 & \cdots & \cdots & \cdots & \cdots & 0 & 1 & 1 & 1 \end{bmatrix}$$

采用广义最小二乘估计,可生成月度数据:

$$x_m = (X^T \hat{V}^{-1} X)^{-1} (X^T \hat{V}^{-1} x) + \hat{V}_m C^T (C^T \hat{V}_m^{-1} C)^{-1} e$$

其中,$\hat{V}$ 是与 V_m 对应的矩阵,将通过季度观察 X 的自回归系数估计出来。

4. 风险度量方法

风险指标权重描述影响该风险指标的下一级指标的影响,反映了各下级指标的重要程度,我们的确定思路如下:

首先,根据前文建立的基本模型,获得稳定均衡状态下各经济变量的稳定值,例如稳定的人均产出、人均现金持有量、通胀预期等;其次,对经济中各个需要考察的状态变量,给定 1% 的变动,则根据动态模型,可以计算出未来重新到达均衡前各状态变量的动态变化,因而也就能够确定各状态变量对其稳定值的偏离的大小。下面进行说明。

设稳定均衡下各状态构成的向量为 $\boldsymbol{x}^* = (x_1^*, \cdots, x_N^*)^T$,那么一旦发生对稳定均衡的偏离,则各状态变量的动态方程可以在稳定均衡附近展开为:

$$x_{i,t+1} - x_{i,t} = \frac{\partial \varphi_i(\boldsymbol{x})}{\partial x_1}\bigg|_{x_i = x_i^*, i=1,\cdots,N} (x_{1,t} - x_1^*) + \cdots + \frac{\partial \varphi_i(\boldsymbol{x})}{\partial x_N}\bigg|_{x_i = x_i^*, i=1,\cdots,N} (x_{N,t} - x_N^*)$$

显然 $\dfrac{\partial \varphi_i(\boldsymbol{x})}{\partial x_i}\bigg|_{x_i = x_i^*, i=1,\cdots,N}$ 为常数,因此:

$$\boldsymbol{x}_{t+1} - \boldsymbol{x}_t = \boldsymbol{\Psi}(\boldsymbol{x}^*)(\boldsymbol{x}_t - \boldsymbol{x}^*)$$

其中,$\boldsymbol{\Psi}(\boldsymbol{x}^*) = \left(\dfrac{\partial \varphi_i(\boldsymbol{x})}{\partial x_i}\bigg|_{x=x^*} \right)_{N \times N}$,这样,由这些状态变量构成的动态系统就在稳定均衡状态附近波动。为了将波动转换为无量纲形式,设任一状态变量 x_i 偏离其稳定值的百分比为 u_i,那么:

$$u_{i,t} = \frac{x_{i,t+1} - x_{i,t}}{x_i^*}$$

$$\frac{x_{i,t+1} - x_{i,t}}{x_i^*} = u_{i,t+1} - u_{i,t}$$

因此状态变量的线性动态可以转化为:

$$u_{i,t+1} - u_{i,t} = \sum_{j=1}^{N} \frac{x_j^*}{x_i^*} \frac{\partial \varphi_j(\boldsymbol{x})}{\partial x_j}\bigg|_{x=x^*} u_{j,t}$$

这是一组关于各状态变量对各自的稳定状态的偏离的百分比的变动的线性方程,描述了我们所关注的经济在某些变量受到冲击后的动态调整过程,显然,各状态变量对其稳定值的偏离就是由 u_i 来描述的。u_i 越大,则该变量偏离稳定的程度越大,改变量对应的风险指标也越大,反之越小。

考虑各风险指标的权重。若以各经济变量的稳定值为参照(原点),$\boldsymbol{u}_t = (u_{1,t}, \cdots, u_{N,t})^T$ 反映了第 t 期的经济状态相对于稳定经济状态的位置,而 $\rho(\boldsymbol{u}_t) = \sqrt{\sum_{i=1}^{N} u_{i,t}^2}$ 则反映了第 t 期的经济状态相对于稳定经济状态的"距离",该"距离"越大,经济运行风险也越大。

　　给各个经济变量(或风险指标)指定权重的主要根据,是看该变量每变动 1%,对其他经济状态的影响程度如何。如果经济系统线性化已经完成,并且有关的系统参数也已经校准确定完毕,则该基本系统已经确定。若在期初人为地赋予某个 $u_{i,0}=1\%$,而 $u_{j,0}=0,j\neq i$,即经济在稳定状态时人为地给予某个变量 1% 的外生冲击,那么该经济系统就开始逐期调整直到重新稳定,当然,很可能该冲击的影响还没有消除时,现实中很可能新的冲击又已出现。但是在认识中,我们可以识别出每一次冲击的"纯粹"的影响。而方程组 $u_{i,t+1}-u_{i,t}=\dfrac{\partial\varphi_i(\boldsymbol{x})}{\partial x_i}\bigg|_{x=x^*}u_{i,t}$ 描述各个经济指标如何逐期变化,当经济重新稳定时,可能是在第 T_i 期之后,那么在这 T_i 期内,经济一直处于失衡(有风险)的状态,我们采用 $\gamma_i=\sum\limits_{j=0}^{T_i}\rho(\boldsymbol{u}_{t+j})$ 表示此 1% 的外生冲击对经济造成的总体影响,而采用 $\omega_i=\dfrac{\gamma_i}{\sum\limits_{i=1}^{N}\gamma_i}$ 表示第 i 个经济变量(对应于某个或某些风险指标)对总体风险的贡献,因此我们采用 ω_i 作为各指标的风险权重。这样,一旦给出了各主要的风险指标,则风险总体指标对应的值就是以 ω_i 为权重的加权。

　　外生地给定经济变量 1% 的冲击后,经济重新稳定所需要的时间不同,因此不同的 i 对应于不同的 T_i,而 T_i 的确定则完全通过对经济系统的计算机模拟来确定,很显然,T_i 越大表明该状态变量的影响时间越长。当经济重新稳定的时候,T_i 可能未必是整数,我们采用"四舍五入"的方式来近似代替,否则 γ_i 无法计算。我们主要以月度为时间单位,因此总体来说误差在可接受范围内。

参 考 文 献

[1] YANNICK K. Financial Fragility in Emerging Market Countries: Firm Balance Sheets and the Productive Structure [G]. PSE Working Papers, 2005.

[2] GOODHART C A E, SUNIRAND P, TSOMOCOS D P. A time series analysis of financial fragility in the UK banking system[J]. Annals of Finance, 2006(2).

[3] TSOMOCOS D P. Equilibrium analysis, banking, and financial instability[J]. Journal of Mathematical Economics, 2003(3).

[4] HOGGARTH G, SAPORTA V. Costs of banking system instability: some empirical evidence[J]. Financial Stability Review, 2001(6).

[5] LAGUNOFF R, SCHREFT S. A model of financial fragility[J]. Journal of Economic Theory, 2001(2).

[6] GOODHART C A E, SUNIRAND P, TSOMOCOS D P. A model to analyse financial fragility[J]. Economic Theory, 2006(1).

[7] HALDANE A, HALL S, Saporta V, et al. Financial stability and macroeconomic models[J]. Bank of England Financial Stability Review, 2004(6).

[8] HOGGARTH G, Whitley J. Assessing the strength of UK banks through macroeconomic stress tests[J]. Bank of England Financial Stability Review, 2003(6).

［9］FENDER L，JACOB G. Overview：global financial crisis spurs unprecedented policy actions ［J］. BIS Quarterly Review，2008(9).

［10］ALLEN F，GALE D. Bubbles and crises［J］. The Economic Journal，2000(1).

［11］ERCEG，CHRISTOPHER J，DALE W，et al. Optimal monetary policy with staggered wage and price contracts［J］. Journal of Monetary Economics，2000(46).

［12］DAVID N，JONG D，CHETAN D. Structural Macroeconomics［M］. Princeton University Press，2007.

第九章　财　税　风　险

一、绪论

2016 年是中国"十三五"规划的开局之年,也是中华民族伟大复兴历史坐标上极为关键的一年,更是挑战重重的一年。

环视全球,美国经济复苏力度低于预期,欧洲经济尚未摆脱低增长状态,日本经济结构性改革滞后……主要经济体增长态势疲弱,不确定性增强,中国置身于一个充满挑战的世界。

回顾国内,外需对增长拉动力减弱,民间投资和制造业投资乏力,金融等领域风险隐患比较突出,一些产能严重过剩行业和经济结构单一地区矛盾较多,经济下行压力不断加大,困难不可低估。

面对 2016 年更加复杂多变的国内外经济形势,中国以流转税为主体的税收结构下,财政收入增幅回落幅度大于 GDP 增速回落幅度,与刚性支出和新的增支需求加大的现状,中国财政形势更加严峻,平衡收支面临极大压力,财政税收蕴含着一定的风险。财税风险主要表现在这样几个方面:首先,财税系统性风险增加。2016 年,全国一般公共预算收入 159 552 亿元,比上年增长 4.5%;全部财政支出为 187 841.14 亿元,扣除地方使用结转结余及调入资金后增长 7.4%;当年国内生产总值(GDP)增长率为 6.7%。财政收入增长速度低于 GDP 增长速度,而财政支出增长速度快于 GDP 增长速度,财政收支缺口增大,债务增加,从而带来财政系统性风险。其次,在系统性风险中还隐藏着一些结构性风险,尤其是财政收入结构性矛盾突出。2016 年,全国一般公共预算收入中税收收入增长速度为 4.3%,而除税收以外的非税收入增长率为 6.77%;同时,政府财政收入中的政府性基金收入增长率为 11.9%。非税收入增长速度明显快于税收收入增长速度,导致财政收入结构不合理性越来越突出,这给财政的健康持续发展带来了风险和隐患。

面对 2016 年政府财政税收面临的诸多风险,这些财税风险该如何识别? 隐藏的财税风险将如何传导并将产生怎样的不良后果? 我们应该怎样揭示这些财税风险并为决策者提供有效防范措施的建议呢? 本章主要在借鉴已有有关财税风险研究成果的基础上,设计了一套评估财税系统性风险的指标体系,科学地确定了指标风险区间和权重,并以 2016 年相关数据对中国财税风险进行实际测度,以判断 2016 年中国财税风险程度并预测 2017 年财税风险指数;在分析财税系统风险的基础上,我们深入分析财政收入中的结构性风险,主要分析非税收入增长过快的现状,以及它影响社会经济有序发展和财政健康持续发展的传导机制和可能的危害,并从如何有效防范这种风险方面提出相应的对策建议。本章的创新之处在于:①既用一套指标体系量化分析了财税的系统性风险,又结合财政税收中的非税收入增长过快的现象分析了财税系统的结构性风险,克服了以前有关财税风险分析中只注重系统性风险分析的不足;②在对财税系统性风险分析的指标体系中,对指标进行了优化选择,删除了一些可能重复的指标,增加了有关非税收入增长弹性、土地出让金收入占财政收入比重等指标,同时,所有指标都用相对量指标,克服了以往研究成果中绝对量指标和相对量指标混用的不足;③已有的研究成果对指标权重设计通常采用德尔菲法或者层次分析法(AHP),但它们在确定指标之间的重要性程度时都比较主观,而本章采用改进的模糊层次分析法确定各指标权重,可以克服指标重要性程度比较中的主观性。

本章内容结构安排如下:第一部分介绍研究背景;第二部分是对财政风险研究成果的文献综述,主要介绍已有关于财政风险指数设计及预警研究的成果,以及有关非税收入增长过快可能导致的财政风险的研究成果,为本章的研究提供借鉴参考;第三部分对财税风险的识别、传导机制及可能产生的危害进行理论分析;第四部分根据指标设计原则选取合适的指标构建财税系统性风险评估的指标体系,并确定各指标的风险区间和权重;第五部分利用中国2016年有关数据对财政系统性风险进行量化分析,根据实证分析结果归纳2016年中国财税系统性风险的特征;并介绍非税收入增长过快导致的财税结构性风险,包括非税收入增长过快的现状、成因、可能的危害及案例等内容;第六部分根据前面的理论分析和实证研究结果,从如何有效防范财税风险的角度提出有针对性和可行性的对策建议。

二、相关文献

根据前面的介绍,本章内容主要涉及财政风险界定、财政风险指数构建与实证分析、非税收入增长过快引致的风险等方面的研究。因此,本章的文献综述也主要集中在这几个方面。

(一)有关财政风险概念、基本分类的研究

关于财政风险的概念,目前国内外学者还没有统一的定义。Hana Polackova Brixi 提出的财政风险矩阵,可分为直接显性负债、直接隐性负债、或有显性负债和或有隐性负债(Hana Polackova Brixi, Allen Schick, 2002)。武彦民(2003)也认为,不能把财政风险同财政赤字和债务规模扩张简单地联系起来。刘尚希(2004)认为,财政风险是指国家在组织财政收入和安排财政支出的过程中,财政制度和财政手段的缺陷,以及多种经济因素的不确定性,导致财政收支总量失衡或结构失衡,进而对国民经济整体运行造成损失和困难的可能性。也就是指由于各种原因导致财政发生债务危机的可能性。也有的学者认为财政风险是由于当前政府财政活动中存在某种制度缺陷或者资源管理的不合理,而产生的影响财政可持续发展的可能性(张振川,2004)。还有学者将财政风险分为广义和狭义两种,并分别加以定义(施青军,2000;丛树海,2005)。从财政风险的定义来看,刘尚希(2004)关于财政风险的定义比较权威,学界采用较多。因为这一定义比较具体地说明了财政风险形成的过程(组织财政收入和安排财政支出)、成因(财政制度和财政手段的缺陷及多种经济因素的不确定性)和结果(财政收支总量失衡或结构失衡,进而对国民经济整体运行造成损失和困难),这为评估和测度财政风险提供了参考依据。

关于财政风险的基本分类,目前也没有统一的分类方法,有以下几种情况。

(1)按照财政风险在财政运行各个环节的具体表现或者财政业务来划分,财政风险可以划分为财政收入风险、财政支出风险、财政赤字风险和财政债务风险(中国财政科学研究院宏观经济研究中心课题组,2016;刘尚希,2003)。中国许多财政学者在研究财政风险预警时都坚持这一划分。但这一划分显然存在不少重叠的部分,财政赤字风险、债务风险与收入风险、支出风险互有交叉。

(2)按照财政风险诱发的因素来划分,可以分为内生风险和外生风险(刘尚希,2004)。内生风险是指财政系统内部因素造成的财政风险,外生风险是指由财政系统外部因素造成的财政风险,一般是在经济和社会运行机制不健全时,由不确定性因素引起的需要财政"兜底"的风险,如自然风险、政治风险和战争风险等。

(3)根据财政风险形成的原因来划分,可分为由于债务问题而产生的财政风险、由于社会保障问题而产生的财政风险、由于收支结构问题而产生的财政风险、由于目标冲突而产生的财政风险、由于制度错位而产生的财政风险、由于意外因素而产生的财政风险(张振川,2004)。这一划分方法比较适合于定性分析,而无法用具体的指标进行量化分析。

(4)根据"财政风险矩阵"理论,财政风险被划分为直接显性财政风险、直接隐性财政风险、或有显性财政风险和或有隐性财政风险(Hana Polackova Brixi,Allen Schick,2002;许涤龙、何达之,2007)。这一分类方法的一些风险指标无法取得可靠的统计数据,只能通过变通的指标来替代风险矩阵中的相关指标,从而使得该分类方法的实用价值不大。

(5)按照财政风险在预算体制各级次上的表现划分,财政风险可分为中央财政风险和地方财政风险(高志立,2001;吴笛,2012)。为了不让问题研究复杂化,我们从国家层面研究整体的财政风险,而没有具体区分中央财政风险和地方财政风险。

(二)财政风险评估预警指标体系构建与实证研究

1. 有关财政风险评估预警指标体系构建的研究

裴育(2003)、江道平(2004)等从反映宏观经济总体态势(经济增长率、失业率、通胀率)、反映财政收支状况及债务状况赤字率、国家债务依存度、偿债率、国债负担率等、反映财政分配体制(全国财政收入占GDP比重、中央财政收入占全国财政收入比重、税收弹性等)、反映财政支出绩效(财政支出越位率、公共投资效果系数等)等几个维度构建中国财政风险预警系统。马恩涛(2007)、孙帅和卢静波(2013)、阿布力克木·阿不来提(2013)从财政收入风险、财政支出风险、财政赤字风险、财政债务风险,以及财政外部系统风险(宏观经济运行风险、间接财政风险等)等维度构建地方政府财政风险预警指数。许涤龙和何达之(2007)、洪源(2011)、杨志安和宁宇之(2014)以及中国财政科学研究院宏观经济研究中心课题组(2016)根据世界银行提出的财政风险矩阵从直接显性风险、或有显性风险、直接隐性风险和或有隐性风险四个方面分别选取指标构建了财政风险指数预警系统。王亚芬和梁云芳(2004)、张明喜和丛树海(2009)以及范琦(2013)分别从财政风险的成因或诱发因素等方面分别选取指标构建了中国财政风险预警系统。

从现有指标体系来看,无论是指标选择和指标体系的构建理念,还是在具体指标的选择上,都存在很大的差异。造成这种差异的原因主要有:一方面,财政风险是一种不确定性,每个人在分析这种不确定性时,思考的角度或观察的切入点都不一样,所以在指标的选取上也就会有多种不同的结果;另一方面,财政风险的形成有多种因素和多个环节,在分析财政风险时,对不同的因素和环节重视程度不同,选取的指标也不一样。因此,这就表明:现有研究在预警指标选取上存在较大主观随意性,缺乏统一和有效的理论基础,同时也说明财政风险指标选取的复杂性。

2. 有关财政风险评估预警的实证研究

这方面的研究成果也比较多,为我们的研究提供了很好的借鉴和参考。许涤龙和何达之(2007)基于风险矩阵理论选取4个子系统共20项预警指标,采用以警戒线为基础的评定法将各指标风险状态划分为适度区间,轻警、中警、重警和巨警,运用AHP方法计算4个子系统指标权重,进而计算财政风险预警指数。张明喜和丛树海(2009)基于人工神经网络构建财政风险的非线性预警模型,运用因子分析法从31个监测指标中提出4个风险因子。通过将神经网络期望形式的向量输出转化为因子得分特定范围衡量警情,并对预警模型进行了训练和检验。洪源(2011)基于风险因子法选取财政收支风险、直接显性债务风险、宏观经济运行风险、隐性及或有债务风险4类指标类型21个预警指标,依据国际上通用的警戒线设置并结合中国实际设置各指标的风险区间,运用AHP方法测算指标权重并进行风险综合评价,根据评价结果确定所在预警信号区域。孙帅和卢静波(2013)对地方财政收入风险评估指标体系进行了系统优化分析,并采用层次分析法设计其指标权重,最后以江苏省13个地市的相关数据进行了检验。阿布力克木·阿不来提和努尔比亚·艾合买提(2014)基于信号预警方法,选取财政收支补偿系数、宏观税负、通胀率等5个指标计算了上海市财政内部风险合成指数和外部风险合成指数。杨志安和宁宇之(2014)通过选取宏观经济运行风险、财政体制风险、财政债务风险、财政收支风险4类风险因子及不同的风险评价指标,建立财政风险综合评价函数。通过设置风险区间用区间映射法和层次分析法(AHP)将1994—2010年中国财政风险预警指标进行指数化处理并进行了风险评价。

从已有研究成果来看,对财政风险评估预警的实证研究主要采用综合指标合成的方法。这也是由财政风险的不确定性和影响因素的多重性决定的,这是目前评估财政风险的主要实证方法。在运用综合指标合成时,对于各指标权重的确定,较多的学者采用了层次分析法(AHP),这是目前确定指标权重比较常用的一种方法,因为它具有定性与定量相结合的优点。但是,现有研究成果在指标选取的全面性与有效性之间的权衡还需要加强,同时,在指标权重确定中主观性较强方面还需要完善。本报告希望在这些方面有一些改进和提高。

(三)有关非税收入增长过快引致风险的研究

非税收入是中国各级政府财政收入的重要组成部分,主要包括专项收入、行政事业型收费收入、罚没收入、国有资本经营收入和国有资源有偿使用收入,这也是当前政府财政收入中增长较快的一部分。对于中国非税收入的快速增长,不同的学者从不同的角度进行了深入研究。如贾康和白景明(2002)研究指出,在现代财政分权的模式下,县乡财政出现了严重的财政困境,税收收入不足以支撑财政支出的需要,各县、乡不得不依赖非税收入进行创收,使得各地区非税收入增长已经成为一个常态。周飞舟(2006)从中国分税制的角度研究指出,分税制改革使得中国中央政府重新拿回了税收收入的主动权,中央政府获取了全国税收收入的绝大部分,同时使得各地方政府陷入了"财政困境",即各地方政府的税收收入并不能维持财政支出的需求。在这种情况下,各地方政府不得不依赖于非税收入来创收,非税收入的快速增长就成为一个不得已而为之的结果。王志刚和龚六堂(2009)研究发现,财政收入分权度的提升会减少地方政府非税收入的比例,而预算内支出分权度的提高则会降低非税收入的比例,但就预算内外总体而言,分权程度的提高会提高地方政府非税收入的比例。贾俊雪和郭庆旺等(2011)以中国县级政府非税收入为研究对象,研究了其快速增长的原因,指出,由于财政分权的压力,各级地方政府财政部门不得不依赖非税收入创收,而导致非税收入的快速增长。王佳杰等(2014)从财政分权及地方政府间的竞争关系研究了中国各地区非税收入超常增长的原因,研究表明,政府间的税收竞争强度、地方财政支出压力均会导致非税收入规模的扩大。孟天广和苏政(2015)从区域竞争的角度研究中国各级地方政府非税收入膨胀的政治逻辑,地区间的竞争使得某些地方政府利用非税收入来保证财政收入的稳定增长,同时地区间的竞争对政府非税收入的增长具有一定的抑制效果,非税收入的快速增长对地区吸引投资具有非常不利的影响作用。郭月梅和欧阳洁(2017)研究了财政透明度及预算软约束与政府非税收入之间的关系。研究指出,近年来政府非税收入的快速增长主要原因在于政府财政信息不透明、不公开,以及预算软约束等,因此,要想遏制政府非税收入快速增长的势头必须从加快政府会计改革、推动财政信息公开、强化预算监督等几个方面入手。

从以上研究文献可以看出,学者们对中国非税收入快速增长的现象进行了深入研究,绝大多数人认为各地方政府非税收入的快速增长主要原因在于当前财政分权及分税制改革的不当。非税收入过快增长带来两个主要风险:经济增长和收入管理。对于经济增长而言,非税收入的过快增长会对国民的投资与消费能力产生明显的挤出效应,从而对区域经济发展具有一定的阻碍作用。王乔和汪柱旺(2009)研究发现,政府非税收入与地区经济增长之间存在显著的因果关系,即经济增长能够促进政府非税收入的增长,非税收入的增长对经济发展具有有力的反作用,政府应该将非税收入的增长控制在合理的范围之内。张亚斌、彭舒(2014)以湖南省非税收入为研究对象,从非税收入内部结构出发,研究了非税收入对经济增长的影响。结果表明,国有资源资产使用收入、罚没收入和政府基金类收入总体上对经济增长具有促进作用,而行政事业性收费对经济增长无显著影响。贺蕊莉(2013)研究了政府为保障非税收入中的租金型收入和利润型收入所做的制度安排及制度后果,认为非税收入会推动收入分配差距,恶化分配状况,且这种差距是不可逆的,是无法通过加强人力资本投资等常规手段消弭的。白彦峰等(2013)借鉴经济周期的分析方法研究发现,中国非税收入的周期波动呈现明显的阶段性特征,且与GDP的周期波动呈现顺周期特征,然而,改革开放之后却出现了反周期波动。对于收入管理而言,主要存在管理不透明、征收不合理、使用不规范等问题。如贾康、刘军民(2005)深入分析了当前中国非税收入管理中存在的突出问题,提出了改革中国非税收入管理的思路以及一系列具体措施建议,即按非税收入的不同种类区别对待,分流归位,建立和完善其征管体系。许多奇(2013)从纯理论的角度论证了非税收入存在的合理性,但同时指出只有在其征收和支出的各个环节实行民主,并使这种民主通过相应的法律制度予以落实与表现,才能获得人民的首肯并增强非税收入的合法性。季家友、吴金友(2014)梳理了中国非税收入的发展历程以及当前存在的问题,重点分析了当前非税收入收缴管理中存在的问题,并在此基础之上结合上海市在非税收入收缴管理中的实践,提出了针对非税收入收缴管理的短、中、长期战略规划建议。

三、风险识别

(一)财税系统性风险的成因、传导与识别

1. 财税系统性风险的成因

2016年,财税风险可能主要来源于以下三个方面。

(1)财政收入风险。财政收入方面,税收收入占一般公共预算收入的比重下降,而非税收入占一般公共预算收入的比重增加;同时,非税收入增长速度高于税收收入增长速度,这就导致财政收入的结构合理性下降,政府依靠公共政治权取得税收收入的能力削弱了,而依靠公共管理权取得非税收入的能力增强了,这会在一定程度上干扰市场经济的有序运行,从而给财政健康持续发展埋下隐患,带来风险。2016年,中国一般公共预算收入159 522亿元,其中税收收入为130 354亿元,税收收入占一般公共预算收入的比重为81.70%,比2015年的比重(82.04%)下降了0.34个百分点。而一般公共预算收入中的非税收入从2015年的27 347亿元增加到2016年的29 198亿元,增长率为6.77%,增长速度快于税收收入增长速度(4.30%)。从这些数据来看,说明2016年中国财政收入方面确实存在着一定的隐患和风险。

(2)财政支出风险。财政支出方面的风险主要表现在财政支出增长弹性偏高,而财政支出自给率下降,同时财政支出结构合理性不足,一些法定增长支出项目保障不足。2016 年,中国财政支出金额为 187 841.1 亿元,比上年增长 7.40%,而 GDP 的增长率为 6.70%,财政支出增长弹性为 1.10,大于普遍公认的 0.8~1.0 的合理区间,财政支出刚性增长明显;财政支出中来源于财政收入的比例为 84.94%,也就是财政支出自给率不到 85%,与公认的 90% 以上的自给率水平还有一定的差距;根据相关法律规定,各级政府应保证教育、科技和农业的财政预算支出不低于财政经常性支出增长的比例,2016 年,中国只有科技支出的增长速度(12.03%)高于财政支出增长速度(7.40%),而教育(6.79%)和农业(6.11%)方面的支出增长速度低于财政支出增长速度,说明中国的财政支出结构不尽合理,部分支出项目的法定增长要求没有实现。

(3)财政债务风险。2016 年,由于财政收支不平衡程度加剧,财政债务风险扩大,主要表现在以下两个方面:一方面,当年债务发行额大幅度增加。当年内债发行额 30 545.41 亿元,比上年增加 9 557.94 亿元,增长率为 45.03%。债务发行额的快速增长导致各种债务风险指数也随之扩大。另一方面,应债主体的应债能力却没有随之增强。2016 年,居民储蓄存款余额为 597 751 亿元,比上年增加 51 673 亿元,增长率为 9.46%,远远低于国债发行额的增长率。这也就为财政风险埋下了较大的隐患。

2. 财税系统性风险的传导

财税系统性风险的传导是复杂的。财税是政府凭借公共权利对国民收入的再分配形式,国民经济是财税的基础。近年来,中国宏观经济在经历了 30 多年来的高速增长后,一些深层次的矛盾开始显现,经济增长的后劲和动力不足,主要表现在经济增长乏力,经济增长速度放缓,经济增长率从 2012 年的 7.9% 下降到 2016 年的 6.7%(见图 9-1)。同时,为了应对宏观经济的不景气,中央采取了积极财政政策,在财政收入侧主要实行大规模减税降费:一是全面推开营改增试点,将试点范围扩大到建筑业、房地产业、金融业、生活服务业,并将所有企业新增不动产所含增值税纳入抵扣范围,全年降低企业税负 5 736 亿元;二是进一步扩大企业研发费

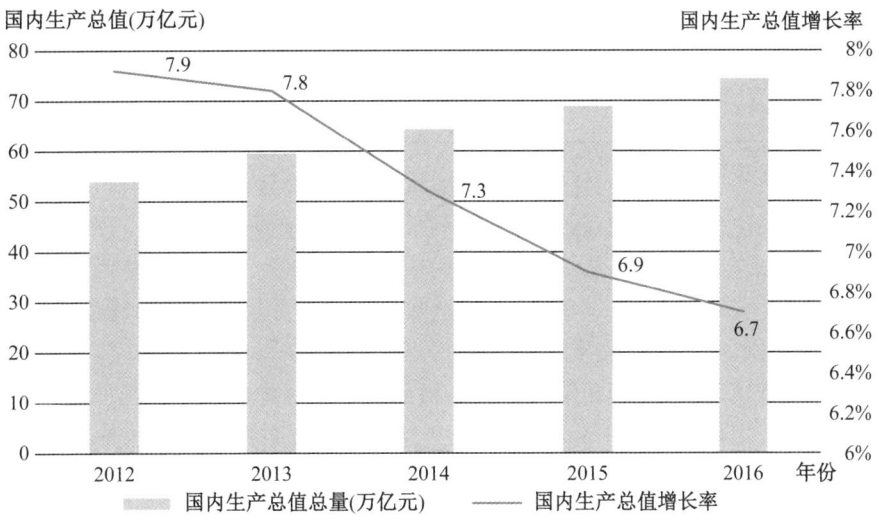

图 9-1 2012—2016 年中国国内生产总值总量及增长率情况图

用加计扣除范围,加大对高新技术企业支持力度,出台股权激励和技术入股递延纳税政策,完善科技企业孵化器税收政策;三是取消、停征和归并一批政府性基金,扩大18项行政事业性收费免征范围,推动地方清理规范涉企行政事业性收费,减轻企业和个人负担460多亿元。在这样的宏观经济背景和积极财政政策作用下,财政收入增长速度下降更快,导致财政收入侧存在较大的风险隐患。

另外,积极财政政策在财政支出侧加大了财政支出力度,实施针对性强的政策措施,着力推动"三去一降一补"。中央财政设立并及时拨付工业企业结构调整专项奖补资金,支持化解钢铁、煤炭行业过剩产能过程中职工分流安置工作。安排补助资金,支持中央企业处置"僵尸企业"。调整房地产交易环节契税、营业税政策,加强对居民自住和改善性住房需求的支持,推动化解商品房库存。明确债转股涉及的债权转让和核销政策,支持实施市场化银行债转股。阶段性降低社会保险费率,清理涉企保证金,进一步帮助企业降低成本。加大补短板力度,大幅增加财政扶贫投入,助力脱贫攻坚,大力支持棚户区改造、基础设施建设等重点领域①。财政支出大幅度增长,必然导致财政支出压力,尤其是地方政府在没有属于自己的主体税种的情况下,财政支出的压力非常大,给财政的持续健康发展带来了风险隐患。

在财政收入增长乏力而财政支出大幅增加的矛盾下,必然出现财政债务风险。2016年年末,全国地方政府债务余额15.32万亿元,比上年增长54.32%;年末国债余额12.01万元,比上年增长12.63%。国债加上地方政府债务的公债余额为27.33万亿元,比上年增长32.74%(见表9-1)。因此,财政收入风险和财政支出风险的增加,直接扩大了财政债务风险。从衡量债务风险的指标来看,有几个指标已经进入中警区间甚至重警区间。

表9-1　　　　　　**2015—2016年中国中央政府和地方政府债务余额情况表**

项目内容	2016年	2015年	2016年增长率
年末国债余额(亿元)	120 066.8	106 599.6	12.63%
年末地方政府债务余额(亿元)	153 200.0	99 272.4	54.32%
年末公债余额(亿元)	273 266.8	205 872.0	32.74%

财政债务风险增长,如果居民应债能力同时增长,财政风险转化为财政危机的可能性就比较小。但是,如果居民应债能力没有随之增长,政府增加发行的债务没有被居民完全认购,财政债务风险就会转化成财政危机。从2016年居民应债能力来看,居民个人债务负担率、债务对居民储蓄的弹性两个指标都进入了重警区间,意味着财政债务风险的危险程度较大。

如果财政风险加剧,导致政府收支困难,政府一般公共服务不能有效提供,市场就会出现混乱,从而使社会经济出现萧条,从而陷入经济危机的恶性循环中。虽然在当前的社会经济形势下这种可能性极小,但也不能不引起我们的重视,及早预防,防止财政风险加剧和恶化。财政风险的传导机制如图9-2所示。

3. 财政风险的识别

财政风险的识别一般采用评估方法,目前对财政风险的评估主要有3种方式:一种是财政

---

① 资料来源:财政部关于2016年中央和地方预算执行情况与2017年中央和地方预算草案的报告。

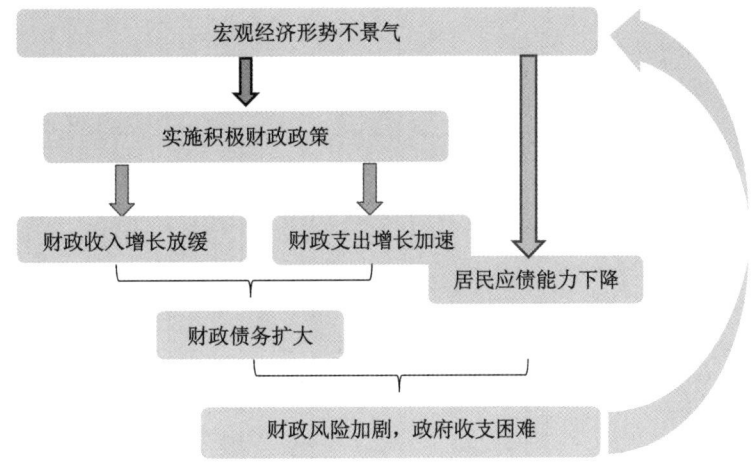

图 9-2　财政风险传导机制图

风险矩阵分析法,即基于风险矩阵理论,通过测算 4 种类型政府债务的整体规模,对政府承担的财政风险进行评估,这类分析方法整体上属于定性分析;另一种是多指标综合评价方法,即在构建财政风险评价指标体系的基础上,利用多元统计方法测算财政风险综合评价结果;还有一种是基于计量经济学模型的分析方法,即选取具有代表性的财政风险量化指标作为被解释变量,选取财政风险主要影响因素的量化指标作为解释变量,通过建立回归模型分析内在规律,并预测和估算未来的风险状况(王冰和杨阳,2016)。

　　从采用评估方法对风险识别的效果来看,多指标综合评价方法是目前世界上评估和识别风险最主要的方法,比如用统计部门定期发布的各种指数介绍经济运行的态势和潜在的风险,信用评级部门用不同的指标合成指数来评价政府或企业的信用等级,这些都是采用多指标综合评价风险方法的应用。本章对财政风险的识别也采用多指标综合评价方法,这样做的优势是可以综合考虑形成财政风险的多个风险点,寻找最可能引起财政风险的原因或因素。但这种方法也存在一定的缺陷,那就是可能由于用来识别评估风险的指标太多,从而忽略或疏忽可能导致财政风险发生的最重要的因素,这就需要适当加大关键风险成因的权重。通过科学选择指标和设置各指标权重,多指标综合评价方法是能够比较好地识别财政风险的,这也是国际上流行和通用的风险评估与识别方法。关于财政风险的具体识别详见本章第四部分和第五部分。

　　(二)财税结构性风险——非税收入增长过快引致风险的成因、传导与识别

　　1. 非税收入增长过快引致风险的成因

　　2016 年,全国非税收入为 29 244.24 亿元,较上年增长 6.94%,占同期国家财政收入总额的 18.32%。而同期税收收入为 130 360.7 亿元,较上年增长 4.35%。2015 年全国"非税收入"较上一年增长 29%,而"税收收入"增长只有 4.82%,近 10 年来全国非税收入增长率的平均值为 20.39%,而税收收入的增长率仅为 12.57%(见图 9-3)。从增长率角度分析,全国非税收入增长率远远超过了税收收入增长率。

　　非税收入如此高速地增长,引起了众多专家和学者的研究兴趣,不同专家及学者从不同角度对此问题进行了研究。部分学者从风险的角度研究了非税收入的快速增长可能引致的问题。

　　1)非税收入比重较高,导致财政预算收入结构不合理

　　从表 9-2 可以看出,非税收入连年高速增长,并且以远远超过同期税收收入的增长速度在

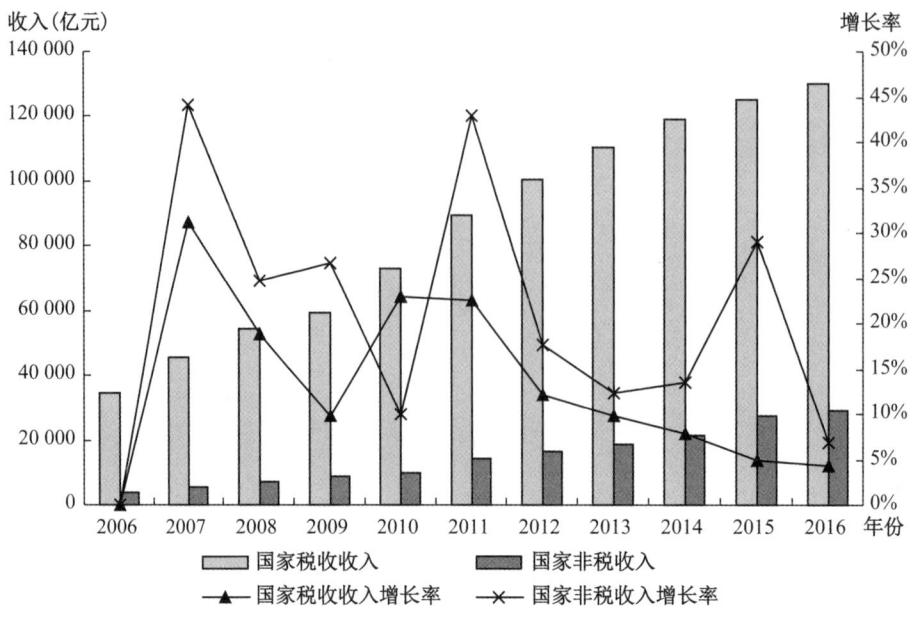

图 9-3　非税收入总量及增长率

增长,导致非税收入在国家财政收入中的比例在不断地提高。2006 年非税收入占国家财政收
入的比例为 10%,到了 2016 年非税收入占全国财政收入的比重变为 22%,以每年提高 1 个百
分点的速度在增长。非税收入如此快速的增长速度,不断地扭曲了国家财政收入结构。现代
国家都以税收收入为主,在不久的将来,中国有可能进入税与非税平分秋色的年代,这不符合
现代国家的治国理念,长此以往,将引起财政收入结构的混乱。

表 9-2　　　　　　　　　　　**非税收入、税收收入及其比例关系**

单位:亿元

年份	财政收入		税收收入		非税收入		非税收入/财政收入
	实际值	增长率	实际值	增长率	实际值	增长率	
2006	38 760	——	34 804	——	3 956	——	10%
2007	51 322	32%	45 622	31%	5 700	44%	11%
2008	61 330	20%	54 224	19%	7 107	25%	12%
2009	68 518	12%	59 522	10%	8 997	27%	13%
2010	83 102	21%	73 211	23%	9 891	10%	12%
2011	103 874	25%	89 739	23%	14 136	43%	14%
2012	117 254	13%	100 614	12%	16 639	18%	14%
2013	129 210	10%	110 531	10%	18 679	12%	14%
2014	140 370	9%	119 175	8%	21 195	13%	15%
2015	152 269	8%	124 922	5%	27 347	29%	18%
2016	159 605	5%	130 361	4%	29 244	7%	22%

数据来源:国家统计局网站及国家财政部网站。

2）非税收入增长过快，将削弱国家税收收入的攫取能力

从图9-3可以看出，非税收入增长率与税收收入增长率在一定程度上存在"此消彼长"的关系，即当税收收入快速增长时，非税收入的增长率就会有所放缓。相反，当税收收入的增长率下降时，非税收入的增长率就会快速上升。非税收入与税收收入的这种关系说明了如果非税收入增长过快，则可能会影响到税收收入增长率，削弱政府税收收入的攫取能力。税收收入与非税收入都来自GDP，当非税收入攫取过多，必然会影响政府税收收入的攫取能力，造成政府财政收入的不足，增加政府的财政风险。税收收入具有稳定性和强制性，而非税收入稳定性较差，不能成为政府财政收入的可靠来源。当政府的税收收入遭到侵蚀之后，自然就增加了政府的财政风险。

3）非税收入的过快增长增加了国民负担，阻碍了经济发展

非税收入与税收收入一样，都来自整个国民经济，由一国国民负担。当一国的税收收入或非税收入增加之后，政府取得的财政收入虽然增加了，但是留给国民的部分就减少了。当政府获取了国民的国民经济之后，对国民的投资和消费能力具有显著的挤出效应。因此，从国民经济分配的角度分析，政府获取过多的财政收入对国民经济的发展具有显著的阻碍作用。特别是在市场经济条件下，企业是投资的主体，当企业被征收过多的费用之后，企业的成本就会增加，企业要求的回报率就会提高，对企业的投资行为具有显著的阻碍作用。一般经济理论认为，企业负担的高低与经济增长之间存在显著的因果关系，高负担对经济增长具有显著的抑制作用，低负担则能够促进经济增长。

4）非税收入的快速增长，对政府的财政管理能力提出新要求

非税收入和税收收入虽然同属政府财政收入，但是非税收入具有很大的随意性。一是政策制定随意性大。非税收入和税收收入不同，非税收入并非由税务部门征收，而是很多部门都可以征收。并且非税收入征收的法律依据不足，并非根据全国人民代表大会及其常务委员会的立法或国务院通过的法规而征收，而是依据各部门制定的条例或各地方政府制定的法规进行征收，带有非常明显的部门利益色彩。一些地方政府甚至把非税收入当作财政收入的"调节器"，在税收任务难以完成时，采取行政手段，支持、默许有关部门加大执收、执罚力度，以提高非税收入，协助完成财政收入总目标。二是非税收入管理困难。虽然中国近年来在非税收入的管理上已经取得了很大的进步，但是对非税收入的管理依然存在很大的难度，某些征收单位依然存在"为钱而征""执法为利"的现象。这些都说明了目前中国非税收入的管理还很不规范。三是使用的随意性。大多数非税收入的收入都由地方财政部门决定，而且对非税收入如何使用并没有明确的规定。地方财政部门在制定如何使用非税收入时，具有很大的自由裁量权，甚至是不受监督的垄断权。在这样的管理制度下，非税收入的使用就带有很大的随意性和主观性，并没有体现"非税收入"征收的目的。

2. 非税收入增长过快引致风险的传导

非税收入增长过快引致的三类风险，分别通过不同的传播途径引起不同的风险（见图9-4）。其一，财政收入结构。非税收入过快地增长，甚至超过税收收入增长，会导致财政收入结构的扭曲，削弱政府税收收入的攫取能力，增加政府财政收入的风险。其二，国民收入负担。非税收入与税收收入一样都取之于国民收入，当非税收入过快地增长之后，同样会增加国民收入的负担。过多地从国民收入中攫取的收入会对国民的投资和消费能力形成显著的挤出效应，这是经济学界普遍达成的共识。其三，政府非税收入管理。非税收入不同于税收收入，具有很大

的随意性,不管是政策的制定,还是非税收入的征收与使用都存在很大的随意性,法律法规没有明确而严格的规定,这就导致了政府财政收入管理的混乱与风险。

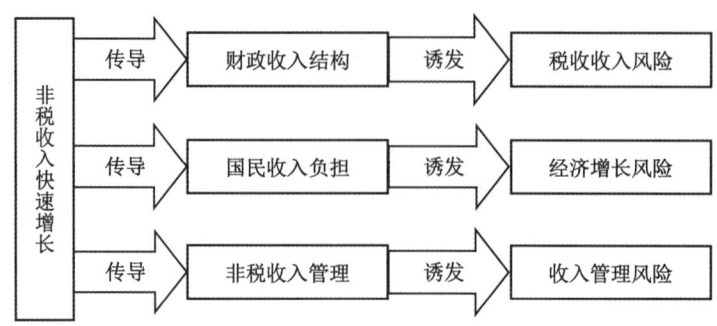

图 9-4　非税收入增长过快引致风险传导图

3. 非税收入增长过快引致风险的识别

根据以上分析,非税收入增长过快引致的风险主要通过采用相关指标进行定量识别,这是目前理论界进行风险识别最常用的方法。与前面对财政综合性风险采用指标体系不同的是,对非税收入增长过快引致的风险主要用指标与过去进行对比,通过对比来揭示非税收入增长过快存在的风险,而不是采用指标体系进行具体的风险度量。其原因是非税收入增长过快引致的风险是财政系统性风险的一部分,在财政系统性风险中已有这方面的具体分析,如果再用指标体系从系统性角度进行揭示,就会与前面的分析重复。为了避免这种重复,我们主要用指标进行定量揭示。衡量非税收入过快增长所引致的风险可以从两个方面进行测量:首先,是非税收入总量及结构性指标;其次,是增长率及相对性指标。

四、财税风险综合指标体系的构建

(一)指标选取的原则

目前,在进行综合指标评价中指标选取原则一般采用 SMART 原则。

Specific:具体明确的,也就是选取的财政风险指标必须尽可能明晰化、具体化。

Measurable:可衡量的,也就是选取的财政风险指标或者是数量化的,或者是行为化的,验证这些选取的财政风险指标的数据或信息是可以获得的。

Achievable:可实现的,也就是选取的财政风险指标的标准或目标是难易适中的,在付出努力的情况下是可以实现的。

Realistic:现实的,即选取的财政风险指标结果是可观察或证明的,而并非假设的。

Time-bound:有时限的,即选取的财政风险指标要使用一定的时间单位,设定这些财政风险指标的期限。

(二)财税系统性风险指标的内容

根据已有研究成果关于财税风险来源的研究,通常认为财税风险主要有内生性风险和外生性风险。因此,本章主要从财政内生性风险和财政外生性风险两个大的方面来建构指标体系。其中,财政内生性风险主要从财政收入风险、财政支出风险和财政债务风险三个方面选取指标,财政外生性风险主要从宏观经济运行风险方面选取指标。

1. 财政收入风险

财政收入风险指标的选取主要从财政收入总量和财政收入结构两方面分析财政收入中可能存在的风险。财政收入总量风险中主要是财政收入占国民生产总值比重过低，以及中央财政收入占全国财政收入比重过低(俗称"两个比重")，将会导致政府资源配置和中央政府宏观调控能力削弱，从而导致经济发展和社会稳定的风险。因此，从财政收容两方面选取"财政集中度(财政收入占 GDP 比重)"和"中央财政收入占全国财政收入比重"来衡量可能存在的财政收入总量风险。财政收入结构方面主要考察税收收入和非税收入在财政收入中的比重及增长情况，以保证财政收入结构的合理性。在借鉴已有研究成果的基础上，这方面主要选取了税收收入占财政收入比重、税收收入增长弹性、非税收入增长弹性、国有土地出让金占财政收入比重 4 个指标。

2. 财政支出风险

财政支出方面的风险是财政风险的一个主要来源，因为政府提供公共产品或公共服务都需要安排相应的财政支出才能实现。如果财政支出得不到保障或者财政支出结构不合理，政府提供公共产品或公共服务能力就不能满足社会的需要，从而给社会经济发展带来风险和隐患。因此，财政支出风险主要从财政支出总量是否能得到保障和财政支出结构是否合理两方面考察。财政支出总量是否能得到保障主要选取财政支出增长弹性、财政支出自给率两个指标来评判；财政支出结构是否合理主要选取社会保障支出占财政支出比重、投资性支出占财政支出比重、支出项目法定增长保障率三个指标来评判。

3. 财政债务风险

财政债务风险是财政风险最重要的来源，债务是政府必须偿还的负债，如果债务累积到一定程度不能按期偿还，就会破坏政府的信誉，失去公众信任的政府是难以为继的。因此，财政债务风险是财政风险可能转化成危机的一种因素。根据国际上判断债务风险的指标，主要有公债借债率、公债负担率、公债偿债率和公债依存度 4 个方面的指标。同时，如果债务发行能够得到民众响应，发债能进入持续状态，政府可以借新债换旧债，政府债务发行就能持续进行。但是，如果公众不能及时应债，政府发行的债务不能被公众购买，政府债务发行就会中断，带来财政更大的压力和风险，极端情况下就会转化为危机。因此，还需要从公众应债能力方面考察政府债务发行的可持续程度。借鉴已有研究成果，这方面主要选取居民个人债务负担率和债务对居民储蓄的弹性两个指标来判断。

4. 宏观经济运行风险

政府财税收支活动是宏观经济运行的一个子系统，财税活动一方面既会受到宏观经济运行的影响，另一方面也会给宏观经济运行带来影响。因此，宏观经济运行也是构成财税风险的一个重要因素。借鉴已有研究成果，宏观经济运行方面的风险主要从经济增长率、城镇登记失业率、通货膨胀率、国有工业企业资产负债率、国有银行不良贷款率 5 个方面考察。

(三)财税系统性风险指标权重的确定

指标权重确定的方法很多，本章主要采用改进的模糊层次分析法(Improved FAHP)，步骤如下：①用三标度法 $\begin{cases} 0,\text{甲差于乙} \\ 0.5,\text{甲、乙相等} \\ 1,\text{甲优于乙} \end{cases}$，建立互补型的模糊判断矩阵，$F = (f_{ij})_{n\times n}$ 为优先判断矩阵；②求行和 $r_i = \sum_{j=1}^{n} f_{ij}$，然后用 $r_{ij} = \dfrac{r_i - r_j}{2n} + 0.5$ 将模糊判断矩阵改造成模糊一致判断

矩阵 $\boldsymbol{R} = (r_{ij})_{n \times n}$；③采用和行归一法 $W^{(0)} = (w_1, w_2, \cdots, w_n)^T = \left\{ \dfrac{\sum\limits_{j=1}^{n} e_{1j}}{\sum\limits_{i=1}^{n} \sum\limits_{j=1}^{n} e_{ij}}, \dfrac{\sum\limits_{j=1}^{n} e_{2j}}{\sum\limits_{i=1}^{n} \sum\limits_{j=1}^{n} e_{ij}}, \cdots \right.$

$\left. \dfrac{\sum\limits_{j=1}^{n} e_{nj}}{\sum\limits_{i=1}^{n} \sum\limits_{j=1}^{n} e_{ij}} \right\}^T$，求得排序向量；④根据转换公式 $e_{ij} = r_{ij}/r_{ji}$ 将模糊一致判断矩阵 R 变为互反型矩

阵 $E = (e_{ij})_{n \times n}$；⑤以 $V_0 = (w_1, w_2, \cdots, w_n)^T$ 为迭代初始值，利用迭代公式 $V_{k+1} = E * V_k$ 求特征向量 V_{k+1}，并求 V_{k+1} 的无穷范数 $\|V_{k+1}\|_\infty$；⑥以 $V_k = V_{k+1}/\|V_{k+1}\|_\infty$ 作为新初始值，进行迭代，直至 $\|V_{k+1}\|_\infty - \|V_k\|_\infty < \varepsilon$，则停止迭代，将 V_{k+1} 进行归一化处理后，所得向量即为方案排序向量（李永、胡向红和乔箭，2005）。根据该原理利用 Stata 中的 mata 编制一个小程序可以非常方便地求出各层次指标的权重①。

最后，本章构建的用于评估中国 2016 年度财政风险的指标体系（包括评价标准值和指标权重）如表 9-3 所示。

表 9-3　　　　　　　　　　**中国 2016 年度财政系统性风险评估指标体系**

一级指标	二级指标	三级指标	适度区间
财政内部风险 0.75	财政收入风险 0.128 3	财政集中度 0.368 6	20%～30%
		中央财政收入占全部财政收入比重 0.235 3	60 以上
		税收收入占财政收入比重 0.161 0	95～98
		税收收入增长弹性 0.111 8	0.8～1.20
		非税收入增长弹性 0.061 7	0.8～1.20
		国有土地出让金占财政收入比重 0.061 7	8%～10%
	财政支出风险 0.276 3	财政支出增长弹性 0.330 9	0.8～1.20
		财政支出自给率 0.330 9	95～98
		社会保障支出占财政支出比重 0.166 5	18%～20%
		投资性支出占财政支出比重 0.106 8	20%～22%
		支出科目法定增长保障率 0.064 7	1
	财政债务风险 0.595 4	公债借债率 0.187 5	3%～5%
		公债负担率 0.187 5	0～30%
		公债偿债率 0.187 5	8%～10%
		公债依存度 0.187 5	15%～20%
		居民个人债务负担率 0.125	0～20%
		债务对居民储蓄的弹性 0.125	0.8～1.20

---

① 详细的代码请参见：[Stata]改进模糊层次分析法求解指标权重的程序. http://bbs.pinggu.org/thread-3582097-1-1.html.

（续表）

一级指标	二级指标	三级指标	适度区间
财政外部 风险 0.25	宏观经济 运行风险 0.25	经济增长率 0.272 7	6.5％～7.0％
		城镇登记失业率 0.272 7	3％～5％
		通货膨胀率 0.272 7	<5％
		国有工业企业资产负债率 0.090 9	45％～55％
		国有银行不良贷款率 0.090 9	<5％

（四）非税收入增长过快引致风险的指标

1. 总量及结构性指标

1）非税收入总量指标

该指标用全国及各地区非税收入总量衡量，以反映非税收入的总量变化趋势，该数据总量越大表明中国各级地方政府的非税收入越多。这是一个比较直观的指标，直接反映中国非税税收的大小。

2）非税收入结构比例

非税收入是一个总括性指标，主要包括专项收入、行政事业型收费收入、罚没收入、国有资本经营收入、国有资源有偿使用收入等。因此，仅仅观察非税收入的总体情况是不够的，还需要进一步衡量非税收入的各项组成部分，从微观角度考查各组成部分的变动情况，以反映非税收入的各项结构问题。

3）非税收入占财政收入比重

非税收入占财政收入比重，以反映非税收入在全国财政收入的地位，衡量非税收入对全国或各地区财政收入的贡献度，或全国及各地区对非税收入的依赖程度。该比例越高说明全国或各地区对非税收入的依赖程度就越高，国家财政收入的风险就越高，对国家或地区税收收入的攫取能力影响就越大。

其计算公式为：

$$非税收入占财政收入比重_{it} = 非税收入_{it} ÷ 财政收入_{it}$$

4）非税收入占 GDP 比重

非税收入占 GDP 的比重反映国民经济的负担，该比例越大说明国民的负担就越重。非税收入和税收收入一样都是政府取之于民的一种财政收入，因此，该比例越高说明政府从国民收入中攫取的收入越多。对国民未来投资和消费的影响就越大，对国民投资和消费的挤出效应也就越明显，阻碍经济发展的风险也就越高。

其计算公式为：

$$非税收入占财政收入比重_{it} = 非税收入_{it} ÷ 财政收入_{it}$$

2. 增长率及相对性指标

1）非税收入增长率

非税收入增长率用于反映非税收入的变化趋势，衡量非税收入变动的快与慢。该指标越大，说明非税收入增长越快，政府从国民收入中取得的收入就越多。

其计算公式为：

$$非税收入增长率_{it} = (非税收入_{it} - 非税收入_{it-1}) ÷ 非税收入_{it-1}$$

2）非税收入增长率与税收收入增长率比

非税税收增长率与税收收入增长率之比是一种弹性指标，反映非税收入与税收收入增长率快慢的相对指标。非税收入增长率超过税收收入增长率，该指标值就会大于"1"。该指标值大于"1"，则可能诱发财政收入结构的变化，造成政府财政收入结构的扭曲。

其计算公式为：

$$非税收入增长率与税收收入增长率比_{it} = 非税收入增长率_{it} \div 税收收入增长率比_{it}$$

3）非税收入增长率与 GDP 增长率比

非税收入增长率与 GDP 增长率变动比，用以反映非税收入变动与 GDP 变动之间的关系，衡量国民负担的变动率。如果非税收入增长率超过 GDP 增长率，则国民负担就会加重，并且在快速加重。这对国民负担来讲是一个非常不利的信号，也是阻碍经济发展的一个风险预警指标。

其计算公式为：

$$非税收入增长率与 GDP 增长率比_{it} = 非税收入增长率_{it} \div GDP 增长率_{it}$$

五、2016 年财税风险测度

（一）财税系统性风险测度方法

在运用评估指标体系测度财税风险时，首先需要设置指标体系各指标的风险状态，以便对财税风险作标准化处理，最终进行综合评估。对于每个指标的风险区间，采用以警戒线为基础的评定法来划分，同时给各个指标确定风险状态并赋值。本章将财税风险状态划分为"适度区间""轻警""中警""重警"和"巨警"5 种。假设相关指标值服从随机变量在各种风险状态下的均匀分布，尽量使同一指标的不同状态区间长度一致，所以这五种状态的得分值分别为 0～20 分、20～40 分、40～60 分、60～80 分、80～100 分。"适度区间"界限值的划分主要参照国际上通用的警戒值设置及已有的研究成果。适度区间取值如表 9-4 所示。

指标对应的风险状态是由区间表示的，可以采用映射法将指标原始数据还原成分数值。指标评分采用百分制，对每一个指标都根据它的取值和风险状态进行评分。

由于不同的指标有不同的性质，且取得原始数据的方式不一样，故映射的原理一样，但方法上有差异。可将评分指标分为三类进行映射评分：正向指标（指标值越大，对应的风险得分越大）的评分，首先找出指标值对应的风险状态区间，根据该区间上限、下限的相对位置，按照相同的比例把原始值指标映射到分值的上限、下限的对应分数位置，区间为开区间的，上限或下限按相邻组的组距确定；逆向指标（指标值越小，对应的风险得分越大）的评分原理与正向指标相同，只是在映射时初始对应区间应需要从上限开始；中性指标（指标值在某一区间时，风险得分最小，偏离该区间程度越大，风险得分越大）的评分根据指标值对应区间的性质选择上述方法之一进行映射。

（二）中国 2016 年财政系统性风险具体测度

根据前面介绍的风险测度方法，利用中国 2016 年经济社会方面的各项数据，我们测算出中国 2016 年的财税风险综合得分为 41.34 分，属于中警偏轻警范围，财税风险程度还比较小。财税风险各项指标的 2016 年实际值和风险区间如表 9-4 所示。

表9-4

中国2016年财税风险测度情况表

三级指标	权重	2016年实际值	合理区间（0～20分）	轻警（20～40分）	中警（40～60分）	重警（60～80分）	巨警（80～100分）	实际得分
财政集中度	0.035 5	34.54%	30～35	25～30	20～25	15～20	小于15%	1.84
中央财政收入占全部财政收入比重	0.022 6	45.35%	60以上	55～60	50～55	45～50	45以下	61.4
税收收入占财政收入比重	0.015 5	81.70%	95～98	92～95	89～92	86～89	小于86	81
税收收入增长弹性	0.010 8	0.64	0.8～1.20	0.6～0.8或1.20～1.60	0.4～0.6或1.60～2.00	0.2～0.4或2.00～2.50	0～0.2或大于2.50	24
非税收入增长弹性	0.005 9	1.32	0.8～1.20	0.6～0.8或1.20～1.60	0.4～0.6或1.60～2.00	0.2～0.4或2.00～2.50	0～0.2或大于2.50	32
国有土地出让金占财政收入比重	0.005 9	23.48%	8%～10%	6%～8%或10%～15%	4%～6%或15%～20%	2%～4%或20%～25%	0～2%或大于25%	73.92
财政支出增长弹性	0.005 9	1.10	0.8～1.20	0.6～0.8或1.20～1.60	0.4～0.6或1.60～2.00	0.2～0.4或2.00～2.50	0～0.2或大于2.50	15
财政支出自给率	0.068 6	84.94%	95～98	92～95	89～92	86～89	小于86	80.25
社会保障支出占财政支出比重	0.034 5	11.47%	18%～20%	15%～18%	12%～15%	10%～12%	小于10%	74.7
投资性支出占财政支出比重	0.022 1	19.28%	20%～22%	17%～20%	14%～17%	10%～14%	小于10%	35.2
支出科目法定增长保障率	0.013 4	66.67%	1	0.8～1.0	0.6～0.8	0.4～0.6	小于0.4	46.67
公债借债率	0.083 7	9.05%	3%～5%	5%～10%	10%～15%	15%～20%	大于20%	36.2

（续表）

三级指标	权重	2016 年实际值	合理区间（0~20 分）	轻警（20~40 分）	中警（40~60 分）	重警（60~80 分）	巨警（80~100 分）	实际得分
公债负担率	0.083 7	36.72%	0~30%	30%~40%	40%~50%	50%~60%	大于 60%	33.44
公债偿债率	0.083 7	13.03%	8%~10%	10%~15%	15%~20%	20%~25%	大于 25%	32.12
公债依存度	0.083 7	35.88%	15%~20%	20%~25%	25%~35%	30%~35%	大于 35%	80.27
居民个人债务负担率	0.055 8	45.72%	0~20%	20%~30%	30%~40%	40%~50%	大于 50%	71.44
债务对居民储蓄的弹性	0.055 8	4.81	0.8~1.20	0.6~0.8 或 1.20~1.60	0.4~0.6 或 1.60~2.00	0.2~0.4 或 2.00~2.50	0~0.2 或 大于 2.50	98.48
经济增长率	0.068 2	6.70%	6.5%~7.0%	6.0%~6.5%	5.5%~6.0%	5.0%~5.5%	小于 5.0%	8
城镇登记失业率	0.068 2	4.02%	3%~5%	5%~10% 或 2%~3%	10%~15% 或 1%~2%	15%~20% 或 0~1%	大于 20%	10.2
通货膨胀率	0.068 2	2.00%	<5%	5%~10%	10%~15%	15%~20%	大于 20%	8
国有工业企业资产负债率	0.022 7	56.20%	45%~55%	35%~45% 或 55%~65%	25%~35% 或 65%~75%	15%~25% 或 75%~85%	<15% 或 >85%	24.8
国有银行不良贷款率	0.022 7	1.69%	<5%	5%~10%	10%~15%	15%~20%	大于 20%	6.76
中国 2016 年财政风险综合得分								41.34

（三）对中国 2016 年财税系统性风险的分析

1. 从财税风险成因来看

前面我们将财税风险成因从内生和外在两方面作了分析，因此我们也主要从这两方面分别看哪几个因素是财政综合性风险的主体诱因。财政风险内生性因素中，财政收入风险的综合得分为 37.39 分，属于轻警区间，说明财政收入风险不大；财政支出风险的综合得分为 50.73 分，属于中警区间，风险程度中等；财政债务风险的综合得分为 55.37 分，属于中警区间，风险程度中等；宏观经济运行风险的综合得分为 10.01 分，属于合理区间，风险程度很低。从这四个因素来看，中国 2016 年财政综合性风险主要来源于财政债务风险和财政支出风险，虽然这两个因素的风险程度都属于中等，但是在这两个风险因素的作用下，财政整体风险扩大了。同时，财政收入风险程度还比较低，尤其是宏观经济运行风险处于合理区间，这就为我们防范财政风险、积极采取措施化解财政风险提供了一个良好的外部环境，大大地消解了财政支出风险和财政债务风险带来的风险压力。只要社会经济能够持续健康运行，政府能够合法取得各种收入来源，财政风险的压力就可以慢慢消弭。因此，虽然 2016 年中国财政债务风险和财政支出风险进入了一个相对风险较大的区间，但只要财政收入风险和宏观经济运行风险的风险程度较小，财政综合性风险的压力就不大。

2. 从形成财税风险的各指标来看

每个风险指标是财税风险的具体形成要素，通过分析对财税风险影响程度大的具体指标的影响程度，可以为防范财税风险找到具体措施和途径。

（1）进入巨警区间的风险指标。进入巨警区间的财政风险指标，是形成财税风险的主要因素，也是我们需要重点防范的方向。2016 年，中国各类财税风险指标中进入巨警区间的指标有：债务对居民储蓄的弹性（实际得分为 98.48 分）、税收收入占财政收入比重（实际得分为 81 分）、公债依存度（实际得分为 80.27 分）和财政支出自给率（实际得分为 80.25 分）。这些指标主要集中在财政债务风险和财政支出风险以及财政收入风险类因素中，是导致中国 2016 年财税风险进入中警区间的主要原因，如果能采取措施有效降低这些指标的得分，让这些指标进入重警区间甚至中警区间，中国的财税风险得分会显著下降，财税风险也许会进入轻警区间。因此，在防范财政风险时，我们要着重注意应对这类指标带来的风险影响。

（2）进入重警区间的风险指标。进入重警区间的财政风险指标，是形成财政风险比较重要的风险源，也是我们需要防范和注意的方向。2016 年，中国各类财政风险指标中进入重警区间的指标有：社会保障支出占财政支出比重（实际得分为 74.7 分）、非税收入增长弹性（实际得分为 73.92 分）、居民个人债务负担率（实际得分为 71.44 分）和中央财政收入占全部财政收入比重（实际得分为 61.4 分）。进入重警区间的财政风险指标主要集中在财政债务风险、财政支出风险和财政收入风险三类风险因素中，这些指标也是构成财政债务风险、财政支出风险和财政收入风险的重要成因。通过采取有效措施防范和控制这些指标数值，让这些指标进入中警区间，就可以有效地降低财政风险得分。因此，这些指标也是防范和控制财政风险重要的措施和方向。

（四）非税收入增长过快引致风险的测量

2016 年，全国非税收入总量为 29 244.24 亿元，较 2015 年增长 6.94%。其中，国有资源（资产）有偿使用占 23.69%，专项收入占 23.63%，国有资本经营收入（部分金融机构和中央企业上缴利润）占 17.23%，行政事业收入占 16.74%。因此，从非税收入的结构分析，非税收入主要来自国有资源(资产)有偿使用费和专项收入等,并且国有资源(资产)有偿使用收入还在快速上涨,2016 年其增长率达到 26.77%,是非税收入中增长最快的一项(见表 9-5)。

表 9-5　　　　　　　　　　　**2016 年非税收入总量及结构比重**

项　目	2015 年	2016 年	结构比重	增长率
非税收入	27 347.03	29 244.24	100%	6.94%
政府住房基金收入		747.85	2.56%	
专项收入	6 985.08	6 909.26	23.63%	−1.09%
行政事业性收费收入	4 873.02	4 896.01	16.74%	0.47%
罚没收入	1 876.86	1 918.34	6.56%	2.21%
国有资本经营收入(部分金融机构和中央企业上缴利润)	5 389.45	5 037.76	17.23%	−6.53%
国有资本经营收入	690.76	857.65	2.93%	24.16%
国有资源(资产)有偿使用收入	5 463.89	6 926.7	23.69%	26.77%
捐赠收入		127.33	0.44%	
其他收入	2 067.97	1 823.34	6.23%	−11.83%

数据来源:国家统计局网站。

对比非税收入的增长率与财政收入增长及 GDP 增长率可以发现,3 年来非税收入的增长速度超过财政收入的增长速度,并且除 2016 年以低于 GDP 增长速度增长之外,其余年份的增长速度也都超过 GDP 的增长速度,2015 年甚至超过 GDP 增长率的 4 倍在增长,全国非税收入正在以前所未有的速度增长(见表 9-6)。

表 9-6　　　　　　　　　　　**2016 年非税收入风险测量指标**

年份	非税收入/ 财政收入	非税收入/GDP	非税收增长率/ 财政收入增长率	非税收入增长率/ GDP 增长率
2016	18.32%	3.93%	1.440	0.826
2015	17.96%	4.24%	3.424	4.493
2014	15.10%	3.59%	1.559	1.463

数据来源:依据国家统计网站相关数据计算而得。

非税收入的大幅度增长,提高了其在全国财政收入的比重,由 2014 年的 15% 上升到 2016 年的 18%,两年间上升了近 4 个百分点。同时,也提高了全国非税收入在 GDP 中的比重,由 3.59% 上升到近 4%。考虑到中国 GDP 巨大的总量,非税收入的上升可谓巨大。

六、2016 年财税风险成因对 2017 年财税风险预防的启示

通过分析中国 2016 年财税风险形成的主要原因和风险来源点,为我们应对和防范 2017 年财税风险提供参考和启示。因为 2017 年财税风险在 2016 年财税风险原因和风险点的基础上会有延续,因此,针对 2016 年的财税风险成因和风险点,可以提出防范 2017 年财税风险的

对策措施。

（一）严格防范地方政府债务风险

2016 年,财税债务风险是财税综合性风险的主要成因,财税债务风险因素中进入重警区间和巨警区间的风险点有 3 个。而财税债务风险又主要来源于地方政府债务发行过多过快。因此,要有效地防范财政债务风险,必须严格防范地方政府债务风险。

1. 加强地方政府债务制度管理,严格执行法定限额管理

2014 年,国务院办公厅日前下发《关于加强地方政府性债务管理的意见》(国发〔2014〕43号)。该意见提出了加快建立规范地方政府举债融资机制、对地方政府债务实行规模控制和预算管理、完善配套制度等措施。地方政府应严格按照意见的要求加强地方政府债务管理。地方政府在对债务实行限额管理时,限额的确定应参照当地经济社会发展水平和居民储蓄存款增长情况合理设置;合理的债务限额确定后,地方政府应严格执行法定限额管理,不得突破法定限额,否则就是违法。

2. 合理控制地方政府性债务水平,建立债务清理偿还机制

一是控制举债总量。财政部门根据量入为出、量出而入和审慎举债的原则,结合经济社会发展需要和单位偿债能力,对地方债务实行总量控制。二是多措并举,分类化债。按照债务来源、用途和性质的不同,积极采取多种方法对存量债务进行化解:属于政府机关、行政事业单位举借的政府性债务,通过财政部代发地方政府债券偿还资金来源问题,由财政部门统筹安排;对于政府公益事业建设形成的债务,应列入财政预算逐步归还;对于融资平台公司举借的债务,要实行项目审批制度,由平台公司编制项目偿还计划,报财政部门审核批准,统筹安排;对于政策性债务,上级财政应通过转移支付的形式进行消化;因兴办乡镇企业形成的债务,原则上应由企业负担。三是设立债务率、偿债率等量化指标,加强对地区、部门和借债单位的风险评估,监控政府性债务的流动性和偿还能力,做到问题早发现、风险早预防、困难早解决。四是设立偿债风险准备金。这是世界各国实施债务调整和解决债务困难的重要措施。偿债风险准备金的来源,除预算安排一定资金外,可按债务收入的一定比率提取,做到未雨绸缪,有备无患,防止债务风险转化为财政危机和经济危机。

3. 建立债务投资项目绩效评价和问责制度

绩效评价是债务投资项目落到实处、取得实效的关键,也是全部工作的重要环节。一要建立债务项目投资绩效评价制度。将项目数据信息输入部门预算管理系统,定期组织专家开展逐项绩效评价,在财政内部和政府部门之间使政府、部门和项目责任人对投入(资金)、产出(效益)情况了然于心。二要建立绩效评价结果通报制度。在项目绩效评价基础上,将评价结果向项目主管部门通报,及时反馈评价中发现的问题,以提高债务投资项目管理水平。三要建立评价结果公开制度。通过网络、报刊等媒体向社会公开评价结果,提高债务资金使用的公开性和透明度,接受社会和公众监督。四要建立绩效问责制度。政府性债务投资项目,既要统筹安排,降低融资成本,更要加强绩效管理,提高债务资金的使用效益。对因决策失误造成资金损失的项目,要实行问责制度,追究项目责任人的行政责任。

（二）规范政府支出行为,提高财政资金使用效益

2016 年,财政支出风险也是中国财税风险的重要成因,财政支出风险指标中进入巨警区间的指标 1 个,进入重警区间的指标 1 个,财政支出增长过快而财政支出自给率低是财政支出风险的突出矛盾。针对这种现象,应该从以下方面采取措施规范政府支出行为,提高财政资金

使用效益。

(1) 规范政府支出行为,优化财政支出结构。一是应该明确政府和市场的界限,建立政府行为的正面清单和负面清单。根据市场经济理论,政府应该发挥弥补市场失灵的作用,做市场"不能做""不愿做"和"做不好"的事情。根据这一理论,政府应该提供市场不能提供或提供不好的纯公共产品(服务)和部分准公共产品(服务),这就需要政府和社会根据市场经济发展需要,合理确定政府的正面清单和负面清单,防止政府"越位""缺位"和"错位"的行为。二是政府应该建立中长期平衡预算,政府应该根据自身的职责范围和未来 5 年或 10 年的发展规划,"量入为出",建立中长期平衡预算,合理安排财政支出项目,防止财政支出过快增长。

(2) 全面推进预算绩效管理,提高财政资金使用效益。中共十九大明确提出,"加快建立现代财政制度,建立权责清晰、财力协调、区域均衡的中央和地方财政关系。建立全面规范透明、标准科学、约束有力的预算制度,全面实施绩效管理"。不断建立完善"预算编制有目标,预算执行有监控,预算完成有评价,评价结果有反馈,反馈结果有应用"的全过程预算绩效管理机制,推进预算绩效管理与财政业务需求相结合,与预算管理各环节相融合,与预算单位强化项目管理、提升管理成效相契合,切实提高财政资金使用效益。通过绩效评价提高部门使用财政资金的绩效意识,强化部门支出责任,为财政支出结构优化和财政政策的调整提供参考依据。提高财政资金使用效益,可以用更少的财政资金实现预期的财政目标,达到缩小财政收支缺口的目的。

(三) 采取有效措施遏制非税收入过快增长

从本章研究的结果可以看出,中国非税收入增长过快的主要原因在于:①地方政府财政压力;②地方政府利益冲动。因此,从这两点可以看出,要想解决中国地方政府非税收入的快速增长,必须首先解决上述两个问题。

首先,理顺中国各级政府间的财政分配关系。各级地方政府非税收入快速增长的一个重要原因就在于各级地方政府税收收入不足,需要以非税收入来补充。在各级地方政府财力不足的前提下,中央政府也默许了各级地方政府的创收行为,导致各级地方政府非税收入不断膨胀。因此,要想从客观上解决非税收入不断膨胀的问题,就需要给予地方政府足够的财力,形成一级政府、一级事权、一级财权,让各级政府的权、责、事相匹配,从客观上消除各级地方政府创收的压力。

其次,改革中国非税收入的管理制度。从中国非税收入的结构分析,中国非税收入主要来自国有资源(资产)有偿使用费,以及一些专项收入等,这些国有资源(资产)有偿使用费应该是专门用于补偿国有资源(资产)使用成本的。对于公共资源来讲,它属于全国人民所共有,从公共资源(资产)定价的角度分析,公共资源(资产)使用费定价应该遵循成本补偿原则,而不应该过分强调利润。对于某些专项收入来讲,专项收入应该有定向用途,并且当这些专项用途满足之后应该立刻停止这些收费项目,而不应该永无止境地征收。

第三,提高中国非税收入的设立层次。现阶段非税收入的设立权限下放比较普遍,非税收入的设立一般不完全需要经过全国人民代表大会及其常务委员会或地方人民代表大会及其常务委员会的表决通过。这样就导致了非税收入设立层次的下沉,并且分散,这也是中国非税收入快速增长的一个重要原因。未来要想遏制住中国非税收入快速增长势头,就必须收回这种权限,形成"无法不征税""无法不收费"的原则和惯例。将所有"征税权"和"收费权"全部收归全国人民代表大会及其常务委员会或地方人民代表大会及其常务委员会,由人民代表大会统一管理征税权和收费权。

参 考 文 献

［1］阿布力克木·阿不来提.基于指数预警方法的地方政府财政风险预警实证研究［D］.上海:上海交通大学,2013.

［2］白彦峰,王婕,张琦.非税收入和经济增长、税收收入的关系［J］.新疆财经大学学报,2013(2):22-33.

［3］丛树海,李生祥.中国财政风险指数预警方法的研究［J］.财贸经济,2004(6).

［4］范琦.地方政府财政风险绩效评估研究［J］.上海金融学院学报,2013(1).

［5］郭月梅,欧阳洁.地方政府财政透明、预算软约束与非税收入增长［J］.财政研究,2017(7).

［6］贺蕊莉.非税收入扩大收入分配差距问题研究［J］.财政研究,2013(1).

［7］贺忠厚,武永义,张召娣.地方政府债务风险的防化与预警［J］.财政研究,2006(1).

［8］洪源.中国财政风险非参数预警系统构建与实证分析——基于风险因子和 AHP 法的研究［J］.河北经贸大学学报,2011(5).

［9］季家友,吴金友.财税体制改革背景下中国非税收入收缴管理改革研究［J］.西南金融,2014(11).

［10］贾俊雪,郭庆旺,宁静.财政分权、政府治理结构与县级财政解困［J］.管理世界,2011(1).

［11］贾康,白景明.县乡财政解困与财政体制创新［J］.经济研究,2002(2).

［12］贾康,刘军民.非税收入规范化管理研究［J］.税务研究,2005(4).

［13］江道平.宏观经济预测、财政风险评估与财政风险控制决策研究［D］.重庆大学,2004.

［14］刘尚希.论非税收入的几个基本理论问题［J］.湖南财政经济学院学报,2013(6).

［15］刘尚希.财政风险:一个分析框架［J］.经济研究,2003(5).

［16］马恩涛.中国直接显性财政风险预警系统研究［J］.广东商学院学报,2007(1).

［17］孟天广,苏政.“同侪效应”与“邻居效应”:地级市非税收入规模膨胀的政治逻辑［J］.经济社会体制比较,2015(3).

［18］裴育.构建中国财政风险预警系统的基本思路［J］.经济学动态,2003(9).

［19］彭锻炼.地方政府社会保障服务绩效评价指标体系构建与绩效测度［J］.中央财经大学学报,2015(1).

［20］孙帅,卢静波.基于层次分析法的地方财政收入风险评估指标体系优化及实证分析［J］.江苏商论,2013(7).

［21］王佳杰,童锦治,李星.税收竞争、财政支出压力与地方非税收入增长［J］.财贸经济,2014(5).

［22］王乔,汪柱旺.政府非税收入对经济增长影响的实证分析［J］.当代财经,2009(12).

［23］王亚芬,梁云芳.中国财政风险预警系统的建立与应用研究［J］.财政研究,2004(11).

［24］王志刚,龚六堂.财政分权和地方政府非税收入:基于省级财政数据［J］.世界经济文

汇,2009(5).

[25] 许涤龙,何达之.财政风险指数预警系统的构建与分析[J].财政研究,2007(11).

[26] 许多奇.非税收入的合法性探讨[J].法学,2013(4).

[27] 杨志安,宁宇之.中国财政风险预警系统的构建——基于 AHP 评价法的实证研究[J].中国经济问题,2014(4).

[28] 张明喜,丛树海.中国财政风险非线性预警系统——基于 BP 神经网络的研究[J].经济管理,2009(5).

[29] 张亚斌,彭舒.非税收入对经济增长有贡献吗?[J].经济与管理研究,2014(4).

[30] 张振川.财政风险问题理论方法研究[D].天津:天津大学,2003.

[31] 中国财政科学研究院宏观经济研究中心课题组.财政风险指数框架研究[J].财政科学,2016(4).

[32] 周飞舟.分税制十年:制度及其影响[J].中国社会科学,2006(6).

后　　记

经过《中国经济运行风险研究报告(2017)》项目研究团队的辛勤工作,作为集体智慧的结晶,本报告终于定稿付梓,这是我们自《中国经济运行风险研究报告(2007)》以来,连续公开出版的第十一本关于中国宏观经济运行风险的研究成果。

本报告以上海立信会计金融学院的学术骨干为主体,整合了校外研究学者的力量;不论报告框架的构建和研究思路的确定,还是研究主题的选择和具体内容的撰写,无不凝结着本报告项目组全体成员的辛勤耕耘和智慧。

在本报告出版之际,要特别感谢上海市教委领导和相关部门的资助和支持,同时也对学校各位领导的关心支持及为报告研究工作所创造的良好环境表示诚挚的谢意;学校相关职能部门对本报告的研究工作也提供了莫大的帮助,这些支撑和帮助都是本报告得以顺利完成的根本保证。另外,立信会计出版社的领导及编辑为本报告的顺利出版、发行付出了大量卓有成效的劳动,他们的工作态度和敬业精神尤其值得尊敬,在此一并表示最诚挚的谢意。

本报告的出版,是我们继2016年工作的进一步探索,欢迎风险管理领域的同仁批评指正,也非常希望风险管理研究领域的专家学者们提出宝贵建议和提供无私帮助。我们希望本报告的出版,能为有志于风险管理研究和实践的同行们提供一个交流平台,也非常愿意看到我们的工作能够使得越来越多的人关注中国宏观经济运行中的风险问题,关心风险管理相关领域的学术研究工作,虽然本报告有可能在许多方面仍存瑕疵,但我们会尽力在明年的研究报告中继续改进和完善,并且,我们坚信能在中国宏观经济运行风险研究这条路上走得更远。